図表でスッキリわかる

日本語教員試験

合格キーワード1400

言語デザイン研究所　泉 均

晶文社

はじめに

本書は日本語教師の養成段階に求められる「必須の教育内容50項目」に準拠したキーワード集です。精選した用語の解説は、簡潔に説明することを心掛けました。さらに、必要に応じて理解を深めるための図表を豊富につけることで、頭の中がすっきり整理されていくことが実感できると思います。それぞれの図表は、筆者の授業でも大変好評で、「お守り」として試験会場にまで持っていく方がいるほどです。また、ひもづけられた関連語のチェックと合格アドバイスでより強固な知識のネットワークが構築されていくでしょう。

本書では、キーパーソンに興味深いエピソードがあれば、それも重要な情報の一つとして取り上げました。理論だけでなく、人と人のつながりや時代背景までカバーすることができれば、本当に楽しい知的な旅になると思います。合格キーワードは、いつでもどこでもそのお供になります。

筆者の教員養成歴は、35年以上になります。実にたくさんの試験問題と受講者に接してきました。キーワードの解説から巻末の参考資料までのすべてが筆者の経験を反映したものになりました。刊行までの道のりは、苦しくもありましたが、楽しいものでした。筆者が楽しくなければ、読者の皆様に楽しさをお伝えすることはできないでしょう。暗記中心の学習ではつまらないし、継続した学習も試験の合格も望めません。皆様は、合格キーワードを手に新たな一歩を踏み出すだけです。

本書の刊行にあたり、長期間にわたってサポートしていただいた晶文社編集部の藤川明代さんに感謝申し上げます。

最後に、本書は登録日本語教員や日本語教育能力検定試験を目指す方だけではなく、大学院の受験者や現職者・ボランティアの方などにも役立つものです。一人でも多くの方々に活用していただければ幸いです。

2024年6月

泉　均

登録日本語教員と日本語教員試験

登録日本語教員

● 日本語教育機関認定法の施行

2024年４月に「日本語教育の適正かつ確実な実施を図るための日本語教育機関の認定等に関する法律（令和５年法律第41号）」が施行されました。この法律により日本語教育機関を認定する制度が創設され、認定日本語教育機関で日本語を指導することができる「登録日本語教員」の資格制度が設けられました。

● 日本語教育機関の認定

認定は、「留学」「就労」「生活」の３分野の日本語教育課程に区分されています。日本語学校や大学の留学生別科などが引き続き「留学生」を受け入れるためには、2029年３月31日までに文部科学大臣の認定を受ける必要があります。

● 登録日本語教員とは

「登録日本語教員」とは、「認定日本語教育機関」で日本語を教えるために必要な国家資格です。認定日本語教育機関で日本語教師として働くためには、2029年3月31日までにこの国家資格を取得しなければなりません。

● 登録日本語教員の資格取得

登録日本語教員になるためには、認定日本語教育機関において日本語教育を行うために必要な知識および技能についての「日本語教員試験」（基礎試験と応用試験により構成）に合格し、文部科学大臣の登録を受けた登録実践研修機関が実施する「実践研修」を修了する必要があります。登録手続きは「日本語教育機関認定法ポータル」（https://www.nihongokyouiku.mext.go.jp/top）から行います。

また、文部科学大臣の登録を受けた登録日本語教員養成機関が実施する養成課程を修了した人は、申請により日本語教員試験の基礎試験の免除を受けることができ（図１）、さらに現職の日本語教員の人を中心に、一定の要件を満たす場合には、日本語教員試験や実践研修を免除する経過措置が設けられています（巻末資料９「登録日本語教員の資格取得に係る経過措置」参照）。

図1　登録日本語教員の資格ルート

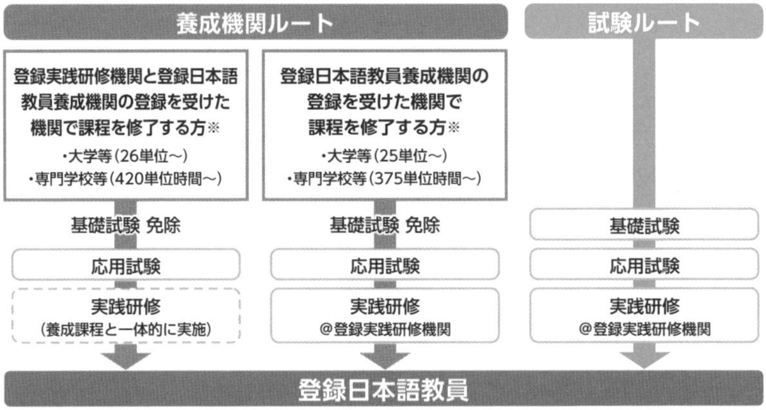

※応用試験の受験や実践研修の受講にあたっては、修了見込みでも可能とし、討論日本語教員の登録までに修了を求めることを想定。

（文化庁国語課「登録日本語教員の登録申請の手引き」より）

日本語教員試験

令和６年度日本語教員試験実施要項

1. **実施主体**：文部科学大臣
2. **受験資格**：特になし
3. **試験の構成**
   - ① 基礎試験：120分
     100問・選択式・１問１点（計100点）
   - ② 応用試験：聴解50分・（休憩）・読解100分
     聴解50問・読解60問・選択式・１問１点（計110点）
4. **出題範囲**
   「登録日本語教員 実践研修・養成課程コアカリキュラム」（令和６年３月18日中央教育審議会生涯学習分科会日本語教育部会決定）の養成課程コアカリキュラムにおける必須の教育内容から出題（「必須の教育内容50項目」P.６～７参照）。
5. **試験実施期日等**
   - ① 試験実施期日：令和６年11月17日（日）
   - ② 試験会場：北海道・東北・関東・中部・近畿・中四国・九州・沖縄
6. **出願方法**：日本語教員試験システムよりオンラインで出願
7. **合格基準**
   - ① 基礎試験：必須の教育内容で定められた５区分において、各区分で６割の得点があり、かつ総合得点で８割の得点があること
   - ② 応用試験：総合得点で６割の得点があること。
     ※基礎試験、応用試験とも、年度ごとの難易差等により合格基準の調整を行う。
8. **合格発表**：日本語教員試験システムにより本人宛てにオンラインで通知。

（文部科学省「令和６年度日本語教員試験実施要項」をもとに作成）

● 必須の教育内容50項目

全体目標	一般目標	必須の教育内容	基礎試験おおむねの出題割合（※）
社会・文化・地域	①世界と日本	(1) 世界と日本の社会と文化	約1〜2割
	②異文化接触	(2) 日本の在留外国人施策 (3) 多文化共生	
	③日本語教育の歴史と現状	(4) 日本語教育史 (5) 言語政策 (6) 日本語の試験 (7) 世界と日本の日本語教育事情	
言語と社会	④言語と社会の関係	(8) 社会言語学 (9) 言語政策と「ことば」	約1割
	⑤言語使用と社会	(10) コミュニケーションストラテジー (11) 待遇・敬意表現 (12) 言語・非言語行動	
	⑥異文化コミュニケーションと社会	(13) 多文化・多言語主義	
言語と心理	⑦言語理解の過程	(14) 談話理解 (15) 言語学習	約1割
	⑧言語習得・発達	(16) 習得過程（第一言語・第二言語） (17) 学習ストラテジー	
	⑨異文化理解と心理	(18) 異文化受容・適応 (19) 日本語の学習・教育の情意的側面	
言語と教育	⑩言語教育法・実習	(20) 日本語教師の資質・能力 (21) 日本語教育プログラムの理解と実践 (22) 教室・言語環境の設定 (23) コースデザイン (24) 教授法 (25) 教材分析・作成・開発 (26) 評価法 (27) 授業計画 (28) 教育実習 (29) 中間言語分析 (30) 授業分析・自己点検能力 (31) 目的・対象別日本語教育法	約3〜4割
	⑪異文化間教育とコミュニケーション教育	(32) 異文化間教育 (33) 異文化コミュニケーション (34) コミュニケーション教育	
	⑫言語教育と情報	(35) 日本語教育とICT (36) 著作権	

言語	⑬言語の構造一般	(37) 一般言語学 (38) 対象言語学	約３割
	⑭日本語の構造	(39) 日本語教育のための日本語分析 (40) 日本語教育のための音韻・音声体系 (41) 日本語教育のための文字と表記 (42) 日本語教育のための形態・語彙体系 (43) 日本語教育のための文法体系 (44) 日本語教育のための意味体系 (45) 日本語教育のための語用論的規範	
	⑮言語研究		
	⑯コミュニケーション能力	(46) 受容・理解能力 (47) 言語運用能力 (48) 社会文化能力 (49) 対人関係能力 (50) 異文化調整能力	

※応用試験は複数の区分にまたがる横断的な設問とするため、出題割合を示さない。

（文部科学省「令和６年度日本語教員試験の出題内容及びサンプル問題」より）

本書の構成と利用法

本書は、日本語教育能力検定試験の合格を目指して勉強をしている方のための用語集です。合格水準に達するために必修のキーワードを厳選し、試験に即した内容でわかりやすくコンパクトに解説しています。

キーワードは「見出し語」「小見出し語」「関連語」の三層構造で成っています。

見 出 し 語 … 基本となる重要なキーワード
↓
小見出し語 … 見出し語に深く関連するキーワード
↓
関　連　語 … 見出し語または小見出し語に関連するキーワード

見出し語は、試験の出題範囲である「社会・文化・地域」「言語と社会」「言語と心理」「言語と教育」「言語一般」の５つの区分ごとに50音順に掲載しています。見出し語の下に、一緒に覚えてほしい小見出し語を掲載し、解説しています。見出し語と小見出し語を上から順番に読むことで、理解が深まる構造です。

また、見出し語と小見出し語にはそれぞれ必要に応じて関連語を付記しています。関連語が掲載されているページ数も記載していますので、ぜひ関連語の解説も読んでください。ひもづけ学習で知識をネットワーク化することにより、知識は一層深化します。

索引について

見出し語と小見出し語を掲載しています。また、略語や通称、別称からも引くことができます。

凡例

＊	非用（文法的に適格でない）	L	低いアクセント拍	R	長音
ϕ	ゼロ格（格助詞の省略）	V	母音（Vowel）	[ ]	音声記号
N	名詞（Noun）	C	子音（Consonant）	/ /	音素
V	動詞（Verb）	N	撥音		
H	高いアクセント拍	Q	促音		

❶ 複合動詞　compound verb　❷ ★★★

　複合語のうち、「飛び出す」「取り除く」のように動詞として働くもの。複合動詞の後項は、必ず動詞であるが、前項が動詞以外の名詞の「裏返す」や形容詞語幹の「近寄る」などもある。また、複合動詞は「乗り入れる」から「乗り入れ」のように新たに複合名詞を転成することもある。これらの動詞は、基本動詞に接辞がついた派生動詞とは区別される。❸

❹

複合動詞	食べる＋歩く　⇒食べ歩く（V_1+V_2）
派生動詞	食べる　⇒食べられる／食べさせる（V_1-rare/sase-ru）

❺ 
頭高型の「降る」と「出す」が合成されると、アクセントの統語機能によって、複合動詞「降り出す」全体が中高型（ＬＨＨＬ）になる。

❻ ›› 語彙的複合動詞／統語的複合動詞

　動詞の連用形について複合動詞をつくる動詞のうち、「押し出す」のように後続動詞が本来の意味を残しているものを語彙的複合動詞という。また、「笑いだす」の後続動詞のように本来の語彙的意味が薄れて文法的性格を表すものを統語的複合動詞という。学習者にとって難しいのは、統語的複合動詞のほうである。❸

❹

語彙的複合動詞	飛び出す	持ち込む	かみ切る	打ち上げる
統語的複合動詞	降りだす	考えこむ	逃げきる	書きあげる

▸▸▸複合語（→P.338）、合成語（→P.282）、転成（→P.323） ❼

❶ 見出し語
基本となるキーワード。ふりがなと、必要に応じて英語表記を併記。

❷ 重要度
重要度を★印で３段階に分類。（★★★＞★★＞★）

❸ 解 説
日本語教育の視点から、わかりやすくコンパクトに解説。解説中の重要な用語は青字で表示。

❹ 図 表
知識を整理し、スッキリわかる図表を豊富に掲載。さらに、理解を助ける用例も多数提示。

❺ 合格アドバイス
試験対策のポイントや合格のための＋αの知識を伝授。

❻ 小見出し語
見出し語と一緒に覚えたいキーワード。

❼ 関連語
見出し語や小見出し語に関連するキーワード。掲載ページも付記。

目次

区分1

社会・文化・地域

(1) 世界と日本の社会と文化
(2) 日本の在留外国人施策
(3) 多文化共生(地域社会における共生)
(4) 日本語教育史
(5) 言語政策
(6) 日本語の試験
(7) 世界と日本の日本語教育事情

BJTビジネス日本語能力テスト ★★

Business Japanese Proficiency Test

公益財団法人日本漢字能力検定協会が実施するビジネス日本語の能力を測定するテスト。情報処理能力やビジネス・スキルが主要な測定対象で、結果は受験当日に、0～800点のスコアに応じて「J1+、J1、J2、J3、J4、J5」の6段階で認定される。受験者は、日時と会場（テストセンター）を選び、CBTで受験する。400点以上は、高度人材ポイント制の加点対象。

▶▶▶CBT（→P.185）、高度人材ポイント制（→P.36）

CEFR（セファール） ★★★

Common European Framework of Reference for Languages: Learning, teaching, assessment

ヨーロッパが共同体として機能していくために「共通の言語能力測定の基準」が必要であるとして欧州評議会がまとめた、外国語の学習、教授、評価のためのヨーロッパ共通参照枠（2001）。6段階で、自己評価ができるように、「～できる（Can-do）」という能力記述文で定義している。

熟達した言語使用者（Proficient User）	
C2	話題について知識のない聴衆に対しても、自信をもってはっきりと複雑な内容を口頭発表できる。
C1	複雑な話題について、明確なきちんとした構造をもったプレゼンテーションができる。
自立した言語使用者（Independent User）	
B2	事前に用意したプレゼンテーションをはっきりと行うことができる。
B1	自分の専門でよく知っている話題について、事前に用意された簡単なプレゼンテーションができる。
基礎段階の言語使用者（Basic User）	
A2	身近な話題について、リハーサルをして、短い基本的なプレゼンテーションができる。
A1	非常に短い、準備して練習した言葉を読み上げることができる。例えば、話し手の紹介や乾杯の発声など。

（JF日本語教育スタンダード「Can-doの6レベル」をもとに作成）

▶▶▶能力記述文（→P.54）、JF日本語教育スタンダード（→P.15）

≫ 複言語・複文化主義

「欧州言語年2001」宣言で、欧州評議会は、すべての言語が個人の領域で平等に学習されるべきであるとして「母語＋EU2言語」の習得を推奨した。また、言語に固有の文化に気づき、他者のアイデンティティと多様性を尊重するという複文化主義と合わせて複言語・複文化主義を提唱した。一方、EUは少数派言語を尊重する多言語・多文化主義を採っている。こちらは社会に焦点を当てた考え方である。

多言語・多文化主義	社会レベル	EUの基本原理
複言語・複文化主義	個人レベル	欧州評議会の基本原理

※多言語主義とは、グローバル化社会で多様な言語が存在する事態を指す。

▶▶▶マイノリティ（→P.108）

》行動中心主義（こうどうちゅうしんしゅぎ） action-oriented approach

CEFRでは、言語使用者や言語学習者を、社会的に行動する人（social agents）と位置づけ、生活の中で何らかの課題を遂行することが求められている社会の成員とみなす。これを行動中心主義という。

JFL／JSL ★★★

Japanese as a Foreign Language / Japanese as a Second Language

短期滞在（いずれ帰国）や海外で授業科目や語学教育の一つとして学習される日本語を、外国語としての日本語（JFL）という。これに対して、主に定住型の外国人（児童生徒を含む）が、日本で生活するために学習している日本語を、第二言語としての日本語（JSL）という。

JFL	JSL
日本語環境が薄い	日本語環境にある
学校型教室がほとんどである	教室のあり方が多様（ボランティア等）
媒介語あり	媒介語がない場合が多い
日本語非母語教師の存在	日本語母語教師が多い

▶▶▶JSL児童生徒（→P.17）

JF日本語教育（にほんごきょういく）スタンダード ★★★

JF Standard for Japanese-Language Education

2010年、CEFRの考え方に基づき、日本語の教え方、学び方、学習成果の評価の仕方を考えるための道具として国際交流基金が開発した。これを用いることにより、日本語の熟達度をCEFRに準じて知ることができる。略称、JFスタンダード。

■理念　：相互理解のための日本語（課題遂行能力と異文化理解能力）

■6レベル：日本語の熟達度を「A1, A2, B1, B2, C1, C2」で評価

■Can-do ：課題遂行能力の具体例を「～できる」という能力記述文で示す。

▶▶▶国際交流基金（→P.31）、能力記述文（→P.54）

JFスタンダードの木

CEFRに準拠して、言語によるコミュニケーションの力を整理し、1本の木で例示したもの。木の根の部分が言語能力で、木の枝として広がる部分が言語活動である。カテゴリーと呼ばれる具体例は、Can-doサイトで探すことができる。これを活用することで、日本語の熟達度を把握したり、学習目標を具体的に示したりできる。

コミュニケーション言語活動（木の枝）	
受容	読んだり聞いたりする活動
産出	話したり書いたりする活動
やりとり	人とやりとりして話す・書く活動
コミュニケーション言語能力（木の根）	
言語構造的能力	語彙、文法、発音、表記などに関する能力
社会言語能力	相手や場面に応じて言葉を使い分ける能力
語用能力	談話を組み立てる能力、役割や目的を理解したりする能力

JFにほんごネットワーク ★★

2008年、政府は各国での日本語普及をより効果的に行うために、国際交流基金を通じて「JFにほんごネットワーク(通称：さくらネットワーク)」を構築。世界各地の日本語教育機関や日本語教師会をつなぐネットワークとして、2024年現在、355機関・団体で構成されている。

■各国の言語文化普及政策

JFにほんごネットワーク（さくらネットワーク）	日本（国際交流基金）
ブリティッシュ・カウンシル	イギリス
ゲーテ・インスティトゥート	ドイツ
アリアンス・フランセーズ	フランス
孔子学院	中国
世宗学堂	韓国

▶▶▶国際交流基金（→P.31）

孔子学院（こうしがくいん）

中国が中国語の普及と中国文化の紹介のために、世界各地の大学などと提携して展開している中国語教育機関。大学に設置されるのは孔子学院、それ以外は孔子課堂と呼ばれている。

世宗学堂

韓国語の教育と韓国文化を世界に広く伝えるための韓国政府公認の韓国語教育機関。世宗は、ハングルを制定した世宗大王（1397-1450）。従来の韓国語教育機関は、語学堂と呼ばれていた。

JSL児童生徒 ★★★

日本在住の外国人児童生徒や中国帰国者3世4世、日本人帰国児童など。過去の使用言語あるいは家庭内言語が日本語以外の言語であり、日本語を「**第二言語**」として使用する児童生徒を指す。本来であれば就学前に経験する言語獲得期と就学後、学校で経験する知識獲得期が同時に進行することになり、この点で多くの困難に直面することになる。

JSLカリキュラム

JSL児童生徒への日本語の初期指導の後に、日本語指導と平行して実施される教科指導を統合したカリキュラム。日常的な会話の力ではなく、学年相当の**学習言語能力**が不足している児童生徒が学習に参加するための力、例えば、違いを見つける力、関連づけて見る力などの日本語を使った「学ぶ力」の育成を目標にしている。

■JSLカリキュラム（小学校編）

トピック型	具体物や体験を通して各教科に共通する「学ぶ力」の育成を目指す
教科志向型	特定の教科の学習活動への参加を通して「学ぶ力」の育成を目指す

（文部科学省2003年）

日本語支援のタイプ

学校教育におけるJSLカリキュラム（中学校編）の「日本語支援の考え方とその方法」（文部科学省、2007）に日本語で学ぶ力を身につけるための5つの日本語支援のタイプが挙げられている。直接支援として、①理解支援、②表現支援、③記憶支援、間接支援として、④自律支援、⑤情意支援である。

▶▶▶文部科学省（→P.62）

JSL対話型アセスメント（DLA）　★★

Dialogic Language Assessment for Japanese as a Second Language

教科学習に困難を感じている外国人児童生徒を対象に開発された日本語能力を測定する方法。従来のテストとは異なり、「**対話型**」で指導者が子どもたちと一対一で向き合うことで児童生徒の日本語能力を把握し、その後の指導に必要な情報が得られるツールである。外国人児童生徒の総合的学習支援事業の一環として、文部科学省が作成した。

▶▶▶文部科学省（→P.62）

nippon.com（ニッポンドットコム）　★

公益財団法人ニッポンドットコムが運営する多言語発信サイト。独立した立場から日本の等身大の姿を7つの言語で、広く海外の読者に情報発信を行うことで、国際社会における対日理解の促進を図っている。

アーネスト・サトウ　Satow,E.M.（1843-1929）　★

イギリスの外交官で通訳。日本の激動期に日英外交に従事する。日本学の草分けで、アストン、チェンバレンと並ぶイギリス人三大学者の一人。親日家のサトウは、山を愛し、自身を日本式に佐藤愛之助と名乗った。『Kaiwa Hen（会話篇）』、共著『口語英和辞典』。

▶▶▶アストン（→P.19）、チェンバレン（→P.41）

アイヌ語　★★

系統的に孤立した言語。アイヌ民族の起源は定かではないが、有史以前から極東ロシアや日本の北方に住んでいた。アイヌ語は、長万部、稚内、知床など北海道の地名に使われている。また、固有の文字をもたないため、**口承**文芸を発達させた。長編の叙事詩**ユーカラ**が有名である。2009年には「消滅の危機にある言語」（ユネスコ、第3版）として認定された。

▶▶▶比較言語学（→P.334）、消滅の危機にある言語（→P.88）

≫ アイヌ文化振興法

明治政府は、1899年に「北海道旧土人保護法」を制定し、農耕用の土地と学校教育をアイヌに提供した。政府の**同化政策**によって学校教育は日本語で行われたので、必然的にアイヌ語が衰退。旧法は1997年の「アイヌ文化振興法」（略称）の成立によって廃止された。

その後、アイヌ民族を「先住民族」と明記した「アイヌ民族支援法」(アイヌ新法) が、2019年に成立した。

アストン　Aston,W.G.(1841-1911)　★

イギリスの外交官で通訳として来日。公使パークスのもとでアーネスト・サトウの同僚。明治期日本学のイギリス人三大学者の一人。チェンバレンに教えを施すほどの実力をもち、西欧人として初めて『日本書紀』を英訳。『日本口語小文典』『日本文語文典』などの編纂にも従事する。

▶▶▶アーネスト・サトウ(→P.18)、チェンバレン(→P.41)

伊沢修二 (1851-1917)　★★★

伊沢修二
(伊那市教育委員会)

旧高遠藩（長野県）の生まれ。文部官僚、教育者、貴族院議員。アメリカ留学を経て師範教育、西洋音楽の導入、小学唱歌集の作成・編纂に多大な貢献をした。日清戦争直後に渡台。芝山巌学堂（台湾の小学校の始まり）を設立し、植民地での日本語教育を手がける。後年は、吃音矯正の社会事業に着手し、吃音に悩む多くの人を救済した。

▶▶▶台湾の日本語教育(→P.40)、山口喜一郎(→P.237)

一条校　★★

学校教育法第一条に定められた学校の総称。専修学校（学校教育法第82条の2）や各種学校（学校教育法第83条）、職業訓練校、保育所などは含まれない。補助金や寄付控除等を受けることができるが、反面、一条校は、文科省の定めるカリキュラムを組まなければならず、外国人学校の中には本来の目的を達成することができないため、一条校を避ける学校も多い。

■学校教育法（1947年3月31日）
第一条　この法律で、学校とは、幼稚園、小学校、中学校、義務教育学校、高等学校、中等教育学校、特別支援学校、大学及び高等専門学校とする。

▶▶▶外国人学校(→P.24)

インドシナ難民　★★

インドシナとは、もとフランス領の「ベトナム・ラオス・カンボジア」の3国。1975年のベトナム戦争終結時に発生したこれらの3国からの難民の総称。日本におけるインドシナ難民の受け入れは、1979年にピークを迎えた。多くは第三国へ定住し、一部の難民の本国への帰還も進み、国際社会から見たインドシナ難民問題は、一応の終息を迎えている。

▶▶▶第三国定住（→P.40）、難民条約（→P.45）

》定住促進センター

政府の委託を受けて、アジア福祉教育財団（難民事業本部）が実施したインドシナ難民の救援事業。兵庫県姫路市（1979）と神奈川県大和市（1980）に開設。東京都品川区の国際救援センター（1983）と併せて、日本語教育、職業紹介・訓練などを実施した。難民救援事業は、2006年に終了し、各施設も閉所された。

インドネシア賠償留学生制度 ★

第二次世界大戦後の留学生政策は、国費留学生招致制度（1954）から本格化していたが、これとは別に、戦後処理の一環として「日本国およびインドネシア共和国賠償協定」（1958）に基づく留学生制度があった。この制度で派遣された留学生は、**賠償留学生**と呼ばれ、1960年から65年までに、約400人が来日した。

永住／帰化 ★★

永住は、在留資格を有する外国人に対して在留資格「**永住者**」へ資格の変更をするもの（入管法第22条）。永住権の取得には一定の要件を満たす必要があるが、これにより在留活動、在留期間の制限がなくなる。一方、**帰化**は、外国の国籍を離脱して日本国籍を取得するもので在留資格ではない。母国の国籍のまま永住することができる永住権とは異なる。

	永住（永住者）	帰化
申請先	出入国在留管理庁（入管法）	法務局（国籍法）
国籍	外国籍	日本国籍
参政権	×（一部の自治体除く）	○

永住権の取得によって在留活動、在留期間はいずれも無制限になるが、在留カードは、一定期間ごとに「更新」しなければならない。

▶▶▶在留資格「永住者」（→P.34）

エンパワーメント　empowerment　★★

能力の発揮の意。特に女性や障害者などの社会的弱者や少数民族などの被差別者が、自らの力に基づき、その力を全面的に発揮できるような環境や他者との関係を作り上げて社会的地位の向上を実現すること。

欧州評議会（CoE）　Council of Europe　★★

1949年の設立。本部は、フランスのストラスブール。人権、民主主義、法の支配の分野で国際社会を主導することを目的としている。欧州の統合という面では、現在のEUが担ってきたが、一方で、文化や言語の面では、統合ではなく相互理解を重視して、多様性を維持するという思想を貫くCoEが担ってきた。日本は、アメリカなどと共にオブザーバー国である。

■言語教育に与えたインパクト
1972年「概念・機能シラバス」提案（→コミュニカティブ・アプローチ）
2001年「欧州言語年2001」宣言（→CEFRの制定）

▶▶▶CEFR（→P.14）、概念・機能シラバス（→P.205）

欧州連合（EU）　European Union　★

欧州共同体（EC）を核に、1993年のマーストリヒト条約により設立された、ヒト・モノの自由な移動を基本に経済の単一市場と通貨統合の実現を目的としたヨーロッパの政治・経済統合体。ベルギーのブリュッセルを本部とした欧州連合と欧州評議会は、目的の異なる独立した機関である。

≫ エラスムス計画（ERASMUS）
The European Community Action Scheme for the Mobility of University Students

1987年開始のEU加盟国の大学生・研究者の相互交流推進計画。「ヨーロッパ大学間ネットワーク」を構築して、マルチ・リンガルのヨーロッパ市民の育成を目指している。

オールドカマー／ニューカマー　old comer / new comer　★★

一般にオールドカマーは、第二次世界大戦前に来日し、戦後も引き続き日本に居住する旧植民地の韓国・朝鮮人、および台湾人とその子孫を指す。政府が救済措置により特別永住者として引き続き在留を認めた者。一方、ニューカマーは、主に1970年代後半以降に来日し、定住した新来外国人を指す。来日の目的は、就労、国際結婚、留学など多岐にわたる。

指紋押捺制度の廃止

1955年から2000年まで、外国人登録に際して**指紋押捺制度**があった。制度の発足時、対象者の約8割が在日の韓国・朝鮮人であった。その後、押捺拒否事件や人権保障などの紆余曲折を経て、**廃止**された。

在留資格「定住者」の創設

1980年代後半、ブラジル景気の悪化と日本のバブル景気を背景に、**1990年の入管法改正**で、日系2世の配偶者やその子（日系3世）に対して、就労の制限がない在留資格「**定住者**」が創設された。これにより南米から多くの日系人が来日することになった。

▶▶▶在留資格「定住者」(→P.36)、在留資格「特別永住者」(→P.38)

尾崎行雄（1858～1954） ★

神奈川県生まれの政治家。藩閥による官僚政治に対し、議会政治の実現に尽くしたため「憲政の神様」と呼ばれた。第二次世界大戦後の占領期、漢字の廃止、ローマ字の採用という漢字亡国論を発表し、英語国語化論を展開した。尾崎は、少年期に英語を学び、キリスト教の洗礼を受けている。

御雇外国人 ★★

日本の近代化のために幕末から明治前期にかけて、欧米の学問・技術・産業・政治制度などを急速に取り入れるため藩や政府、民間の機関などが指導者として雇った外国人。産業革命をいち早く成し遂げた**イギリス**は、日本にとっては、近代化のお手本であり、同時期に御雇外国人として日本の土を踏んだ約1800人のうち、その7割以上がイギリス人だった。

▶▶▶チェンバレン(→P.41)

海外産業人材育成協会（AOTS） ★

The Association for Overseas Technical Cooperation and Sustainable Partnerships

前身は1959年創立の海外技術者研修協会。幾多の統合を経て、2017年、現在の一般財団法人に移行。創立以来の技術研修生向け研修のほか、看護師・介護福祉士候補生向けの日本語研修などの日本語教育サービスを提供している。AOTSが開発した教材に「新日本語の基礎」シリーズがある。

海外日本語教育機関調査 ★★★

国際交流基金が1974年から海外における日本語教育機関の状況を把握するために行っている調査（近年は3年ごと）。学習者数は、2012年度の調査では、過去最高の約399万人に達したが、2015年度の調査では、初めて減少した。この他に、本調査で対象としていない書籍・テレビ・ラジオ・インターネット等で日本語を独習している学習者が存在している。

	2012年度	2015年度	2018年度	2021年度
機関数	16,046機関	16,179機関	18,661機関	18,272機関
教師数	63,805人	64,108人	77,323人	74,592人
学習者数	3,985,669人	3,655,024人	3,851,774人	3,794,714人

（国際交流基金「海外日本語教育機関調査」より作成）

▶▶▶国際交流基金（→P.31）

≫ 国・地域別の日本語学習者

2021年度の日本語学習者数は「中国・インドネシア・韓国」が上位を占め、これらの3カ国で全体の約半分を占める。教育段階別の機関数と学習者数は、中等教育（中学・高校に相当）が全体の約半分を占め、教師数は学校教育以外が最も多かった。全機関の63.1%でオンライン授業を実施していることも明らかになった。

■国・地域別状況（2021年度）

1	中国	1,057,318人	（+ 5.2%）
2	インドネシア	711,732人	（+ 0.3%）
3	韓国	470,334人	（▲11.5%）
4	オーストラリア	415,348人	（+ 2.5%）
5	タイ	183,957人	（▲ 0.5%）

（国際交流基金『海外の日本語教育の現状　2021年度日本語教育機関調査より』より作成）

日本語学習の目的・理由は「マンガ・アニメ・J-POP・ファッション等への興味」が多く、中等教育機関の学習者の関心が反映されている。

外国人受入れ政策 ★★★

日本は、人口の割合に対して外国人の受入れが少ない国といわれるが、近年は、日本の労働力人口が減っていく中、外国人労働力に頼らざるを得ない状況になっている。政府は、高度な外国人材を除く単純労働者の受入れに消極的な姿勢を取っていた。しかし、今、日系人、看護・介護候補者、技能実習生などの部分的な受入れから大きな政策転換が迫られている。

■外国人受入れのための3政策

受入れ政策	誰を受入れるのか
出入国・在留管理政策	どのように受入れ、管理するのか
社会統合政策	基本的人権に配慮しながらいかに社会に統合させるのか

外国人労働者・移民の受入れが進んでいるEUでは、1990年代後半から社会統合政策の重要性を強く認識するようになってきている。

▶▶▶多文化共生推進プラン(→P.41)、外国人集住都市(→P.24)

外国人学校 ★★

外国人学校は、日本国内において外国にルーツをもつ子弟を対象とする学校の総称で、教育基本法で各種学校に分類される。欧米系のインターナショナル・スクールと民族学校などがある。外国人学校の多くは、大学の受験資格が認められていなかったが、近年、文部科学省が外国の高等学校と同等とした外国人学校修了者にも、高卒資格を認めるようになった。

›› 民族学校

日本の外国人学校は、主に英語で授業を行うインターナショナル・スクールのほか、中華系の民族学校、朝鮮・韓国系の民族学校など、さまざまなナショナル・スクールがある。近年、ブラジルやインドの民族学校も増えている。民族学校では、母語で教科学習を行い、本国政府からの認定や財政支援を受けている学校もある。

外国人市民代表者会議 ★★

1996年に川崎市が条例で外国人に地方参政権がないことの代償的措置から外国人の意見の聴取を行うために設けた会議。外国人市民の代表者が自主的に運営し、自らにかかわる問題を話し合い、市長に報告・提言する。

▶▶▶定住外国人(→P.42)

外国人集住都市 ★★★

1990年の入管法改正以降に日本にやってきたニューカマーのうち主に日系南米人が多数居住する都市。外国人住民の比率が全国トップ級の群馬県の大泉町では、人手不足のため日系人の労働者を積極的に誘致し、現在は、これらの外国人在住者が8,306人、町の全人口の約20%(大泉町人口・

世帯2023年12月末現在）を占めるようになっている。

▶▶▶在留資格「定住者」（→P.36）

›› 外国人集住都市会議（がいこくじんしゅうじゅうとしかいぎ）

2001年、第1回会議開催（浜松市）。第1回の浜松宣言のときは、13都市であった加盟自治体は、ピーク時の29都市からその後脱退が続き、2023年度には11都市になり、過渡期を迎えている。

2010年	日本語の学習機会を保障する制度の導入（おおた宣言）
2013年	多文化共生社会の構築に向けて邁進（ながはま宣言）
2016年	外国人庁の設置と多文化共生社会の実現（豊橋宣言）

外務省（がいむしょう）（MOFA） Ministry of Foreign Affairs ★★★

1869年に設置の外交政策を取り扱う行政機関の一つ。海外の在外公館として大使館、総領事館、政府代表部を有する。国際交流基金（日本語専門家の海外派遣、JFにほんごネットワークなど）と国際協力機構（ODAの実施、JICAボランティア事業など）の独立行政法人を所管し、海外における日本語教育に対する支援事業を実施している。

▶▶▶国際交流基金（→P.31）、国際協力機構（→P.29）

›› 日本語教育推進関係者会議（にほんごきょういくすいしんかんけいしゃかいぎ）

「日本語教育の推進に関する法律」（2019年6月28日公布・施行）の規定に基づき、関係行政機関が日本語教育の総合的、一体的かつ効果的な推進を図るための相互の調整を行うに際し、広く関係者から意見を聴くために設置された会議。外務省と文化庁の共同開催。

▶▶▶日本語教師（→P.49）

›› JENESYS2.0 Japan-East Asia Network of Exchange for Students and Youths

外務省が行う日本とアジア大洋州諸国および地域との青少年交流事業。2007年から実施のJENESYSの後継プログラム。訪日外国人数の増加や日本ブランド、日本的な価値への国際理解を増進することを目的とする。

▶▶▶日本国際協力センター（→P.51）

漢字文化圏 ★★

文字文化圏の一つ。中国文化が「漢字」を通じて周辺の諸民族に影響を与えた地域。かつてこれに属していた国・地域は「中国、台湾、ベトナム、朝鮮半島、日本」である。明治時代の初期まで、東アジアのこれらの地域は、口語レベルの読み方は違っていても、文語レベルでは、漢字を共有しており、それがリンガフランカの役割を果たしていた。

ベトナムは、現在、フランスの植民地以降に普及したローマ字表記を採っているが、かつては「漢字文化圏」に属していた。

▶▶▶リンガフランカ（→P.111）、漢字（→P.270）

キリシタン版 ★★

1590年、バリニャーノが活字印刷機を伝えてから イエズス会が約20年間、主として九州地方で刊行した活字本の総称。キリシタン資料ともいわれ、30種前後ある。国語史的・文化史的に大変貴重な文献として知られている。これらは、成立年代が明らかで、ポルトガル語式のローマ字で対訳があるものが多く、当時の「生きた話し言葉」として極めて価値が高い。

1592年　天草版『平家物語』（ローマ字。日本の歴史の学習用）
1592年　天草版『伊曽保（イソップ）物語』（ローマ字の口語体）
1603年～『日葡辞書』（日本語とポルトガル語の対訳辞書）
1604年～『日本大文典』（ロドリゲス。当時の日本語口語文法）

▶▶▶通事ロドリゲス（→P.42）、ローマ字（→P.364）

経済連携協定（EPA） Economic Partnership Agreement ★★

2つ以上の国（または地域）の間で行う協定。関税の撤廃・削減を定める自由貿易協定（FTA；Free Trade Agreement）だけではなく、知的財産の保護や人の移動、投資などで、より幅広く関係を強化しようとする協定。看護・介護の分野で、EPAによる外国人候補者の受入れが2008年に開始され、3カ国に拡大している。

■看護師・介護福祉士候補者受入れの開始

2008年	日本・インドネシア経済連携協定	（208人来日）
2009年	日本・フィリピン経済連携協定	（310人来日）
2014年	日本・ベトナム経済連携協定	（138人来日）※JLPT N3以上

▶▶▶EPA看護師・介護福祉士候補者（→P.30）

言語景観（げんごけいかん） linguistic landscape ★★

都市景観のうち、道路標識、広告看板、公共施設、地名・店名表示などに含まれる可視的な言語の総体。日本には日本語オンリーの**単一言語表示**と、日本語以外の言語を含む**多言語表示**がある。最近の日本の言語景観の特徴は、大都市部の交通機関で多言語表示が進んでいることである。

言語（げんご）サービス ★★★

外国人住民に対する**行政**の行う**情報サービス**。①生活情報や災害、事故、医療などの緊急情報、②相談窓口、③公共の掲示物や配布物、④日本語教育や母語保持教育、⑤司法通訳など。公的機関の多くは、中国語、韓国語、英語、スペイン語、ポルトガル語による情報提供を行っている。①～③については、減災のための「**やさしい日本語**」の導入も進んでいる。

都道府県によって対応する言語は異なるが、運転免許（普通第一種）の学科試験を「英語、中国語」などの外国語で受験することができる。

▶▶▶やさしい日本語（→P.63）

言文一致運動（げんぶんいっちうんどう） ★★

「此ノ如ク御座候」、「萬機公論ニ決スベシ」といった書き言葉（文）を日常生活で使う話し言葉（言）に近づけようとする、明治初期から大正にかけて行われた運動。新しい文体を模索した小説家から**二葉亭四迷**の「ダ」体、**山田美妙**（びみょう）の「デス」体、**尾崎紅葉**の「デアル」体が試みられ、その後次第に普及して、今日の口語文に至った。それらを**言文一致体**と呼ぶ。

国語（こくご） ★★★

国語という名称は、**近代**（明治時代）に成立した。1894年、日清戦争の開戦のころ、**上田万年**（かずとし）は講演「国語と国家と」で国体の標識としての国語という名称を用いて、国語と国家を初めて結びつけた。上田は「一国家、一民族、一言語」が日本の特徴であるととらえ、それが近代化に有利であると考えた。**標準語**という概念を初めて導入したのも上田だった。

▶▶▶上田万年（→P.71）、標準語（→P.101）

国語科の誕生

1900年、小学校令施行規則改正で「読書・作文・習字」を一括した「国語科」が誕生。国定教科書の名称も「国文読本」から「国語読本」へと変わった。日清戦争の勝利によるナショナリズムの昂揚もあって、それまでの「漢文」に代わって「**国語**」が優越した地位を占め、**国民統合の象徴**としての役割を担うようになった。

国語科・学習指導要領

1998年度の小学校学習指導要領の国語科の目標に、「伝え合う力」という言葉が新しく登場。言語コミュニケーション能力が注目され、国語科の目標に伝え合う力を高めることが盛り込まれた。この方針は、現行の新しい学習指導要領「生きる力」にも踏襲されている。

国語教育／日本語教育 ★★★

teaching Japanese as a native language / teaching Japanese as a foreign language

日本では、学校の「教科」としての教育を**国語教育**、広義の「外国語」としての教育を**日本語教育**として区別している。国語教育は、児童生徒を対象とし、学習指導要領にも「国語に対する関心を深め国語を尊重する態度を養う」という表現があり、一般にも**国語辞典**という呼び方が定着している。一方、日本語教育は、年少者から成年に至るあらゆる年齢層の人を対象とし、白紙の状態から出発するのを原則としている。

国語講習所 ★

第二次世界大戦前、日本統治下の台湾で**皇民化**政策（日本人への同化）による国語普及のための国語講習所があった。これとは別に、戦後、日本各地に生まれた在日朝鮮人による国語講習所（教育用語は朝鮮語）がある。

▶▶▶台湾の日本語教育（→P.40）

国語国字問題 ★★

国家の機関などがその国民の言語を対象として実施する政策を**言語政策**という。日本では明治時代から今日に至るまで最も多く関心を呼び、国語問題の中心となっているのは、**文字**と**表記**に関するものである。この背景には、漢字と仮名の併用やローマ字化の推進などの日本特有の複雑な文字事情がある。そのため、日本の国語問題は、**国語国字問題**と呼ばれる。

■国字に関するさまざまな言説

前島密	漢字御廃止之議（1866）。仮名派。言文一致の提言
森有礼	ローマ字派。簡易英語推進。初代文部大臣。
西　周	ローマ字派。『洋字ヲ以テ国語ヲ書スルノ論』（1874）
田中館愛橘	ローマ字派（日本式）。ローマ字国字運動（1885～）
山本有三	ふりがな廃止論（1938）
志賀直哉	フランス語国語化論（1946）

国際観光振興機構（JNTO）　★★★

Japan National Tourism Organization

通称「**日本政府観光局**」。正式には、独立行政法人国際観光振興機構。1964年の東京オリンピックを機に設立され、外国人観光旅客の訪日促進、観光案内などの実施主体として魅力ある観光地づくりを推進している。

》訪日外客数

日本を訪れた外国人旅行者の数。永住者などの外国人を除く正規入国者に、一時上陸客、駐在員やその家族、留学生などの入国者・再入国者が含まれる。同一人物が3月と9月に入国した場合、2人とカウントされる。2019年の訪日外客数は、3,188万人に達し、JNTOが統計を取り始めて以降、過去最高を記録した。

■観光立国実現に向けた多言語対応の改善・強化のためのガイドライン

英語の表記法〈例〉

・成田空港　Narita Airport　　日比谷公園　Hibiya Park

・月山　Mt. Gassan　　清水寺　Kiyomizu-dera Temple

（国土交通省観光庁，2014年）

国際協力機構（JICA）　★★

Japan International Cooperation Agency

外務省所管。旧「国際協力事業団」を経て独立行政法人に。開発途上地域に対する技術協力のための**政府開発援助**（ODA）を実施する機関。日本語教育協力では**青年海外協力隊**やシニア海外ボランティアなどの派遣事業が知られている。日本語教育の場合、雇用形態（有給・無給）を問わず、日本語教師としての直接的な指導経験が求められる。

■日本語教育の資格条件（大卒で下記のいずれかを満たすこと）
(1) 420時間程度の日本語教師養成講座（通信講座を含む）の修了
(2) 大学または大学院の日本語教育主専攻・副専攻などの修了
(3) 日本語教育能力検定試験合格
(4) 登録日本語教員

›› 政府開発援助（ODA） Official Development Assistance

1954年開始の政府開発援助は、開発途上国（二国間援助）、または国際機関（多国間援助）に対して、開発途上国の経済や社会の発展、福祉の向上に役立てるために資金・技術提供を行うものである。

国際厚生事業団（JICWELS） ★★★
Japan International Corporation of Welfare Services

国際的な保健・福祉の発展に貢献することを目的として、1983年厚生省の認可を受け設立。現在、公益社団法人。経済連携協定（EPA）に基づき、入国する外国人看護師・介護福祉士候補者の円滑かつ適正な受入れを行うとともに、国家資格の取得に向けた支援を実施している。

›› EPA看護師・介護福祉士候補者

在留資格「特定活動」が付与され、病院・施設での就労・研修中に、看護師候補者（在留期間3年）は、年1回国家試験が受験でき、合計3回のチャンスがある。一方、介護福祉士候補者（在留期間4年）は、3年間の実務経験が必要なため、最終の4年目に1回のみ国家試験を受験することになる。

■日本語研修
- インドネシア、フィリピン
  「訪日前日本語研修」（JLPT・N5程度以上）→「訪日後日本語研修」
- ベトナム
  「訪日前日本語研修」（JLPT・N3以上）→「訪日後日本語研修」

■国家試験の見直し（例）
- 難解な用語の平易な用語への置き換え　光源 → 照明
- すべての漢字にふりがなを付与　麻痺（まひ）
- 疾病名への英語の併記　結核（tuberculosis）
- 試験時間の延長

▶▶▶在留資格「特定活動」（→P.37）

国際交流基金（JF） Japan Foundation ★★★

1972年、外務省所管の特殊法人として設立。日本の国際文化交流事業を担う中心的組織で、2003年、独立行政法人になった。海外に25の拠点をもち、文化芸術交流、日本語教育、日本研究・知的交流の３つの事業を柱とする。日本語教育では、日本語教育専門家の海外派遣、海外の日本語教師の研修事業、教材の開発や制作事業など広く支援を行っている。

▶▶▶日本語能力試験（→P.52）、JFにほんごネットワーク（→P.16）

›› 日本語パートナーズ

国際交流基金・アジアセンターの派遣事業。ASEAN諸国の中学・高校などの日本語教師や生徒のパートナーとして、授業のアシスタントや日本文化の紹介を行うプログラムで、2014年から2020年までに3,000人以上のパートナーズを派遣することを目標に掲げていた。

›› 日本語基礎テスト（JFT-Basic） Japan Foundation Test for Basic Japanese

海外の会場でCBT方式により実施される、在留資格「特定技能１号」を得るために必要な日本語能力水準を測るテスト。「文字と語彙」「会話と表現」「聴解」「読解」の４セクションから出題される。就労のために必要な日常会話ができ、生活に支障がない程度の日本語力（A2レベル）をもっているかどうかを判定する。

▶▶▶在留資格「特定技能」（→P.37）、CBT（→P.185）

国際人材協力機構（JITCO） ★★★

Japan International Trainee & Skilled Worker Cooperation Organization

1991年設立の内閣府所管の公益財団法人。略称ジツコ。技能実習生、および特定技能外国人などの外国人材の受入れ促進を図り、その総合支援機関として、国際経済社会の発展に寄与することを事業目的とする。

■日本語教育支援

- 日本語指導担当者実践セミナー／日本語指導トピック別実践セミナー
- オンライン日本語学習コンテンツ（JLPT対策、JFT-Basic対策）
- JITCO日本語教材ひろば（Web）

›› 外国人技能実習機構（OTIT） Organization for Technical Intern Training

2017年新設の法務省と厚生労働省が所管する認可法人。技能実習生受入れの監理団体の許可（取り消し）や技能実習計画の認定（取り消し）や技能実習生に対する相談・支援などを行う。

▶▶▶在留資格「技能実習」（→P.35）、在留外国人（→P.33）

国際日本語普及協会（AJALT） ★

Association for Japanese-Language Teaching

1977年文部省認可。2010年内閣府認定の公益社団法人。日本語教育、教え方講習などのほか、初級日本語教材として開発された『Japanese For Busy People』シリーズが、国内外の学習者に広く愛用されている。

国立国語研究所（NINJAL） ★★★

National Institute for Japanese Language and Linguistics

1948年、国語に関する総合的研究機関として発足。大学共同利用機関法人・人間文化研究機構・国立国語研究所。国内外の研究機関と連携して、言語の研究、日本語の特質の解明を目指している。また、研究成果や関連情報を広く発信し、日本語教育などに資することを使命としている。国研由来の重要な術語に「**全国共通語**」と「**言語生活**」がある。

▶▶▶共通語（→P.101）、コーパス（→P.82）

›› 言語生活

第二次世界大戦後、国立国語研究所が重視した概念。従来の国語学は、現代語をほとんど対象にしていなかった。国研では、生きた日本語を扱うことを目的に、全国各地の「生活の中の言葉」を重要な研究課題とした。この視点からの研究手法は、日本の**社会言語学**の発展に大きく寄与した。

▶▶▶社会言語学（→P.85）

国連難民高等弁務官事務所（UNHCR） ★

The Office of the United Nations High Commissioner for Refugees

第二次世界大戦後の1950年に設立された国連の難民支援機関。本部はジュネーブ（スイス）。当初は3年の予定であったが、現在も引き続き、難民問題解決へ向けた国際的な活動を行っている。

▶▶▶第三国定住（→P.40）

在留外国人ざいりゅうがいこくじん

★★★

2012年の入管法改正で、外国人登録制度が廃止され、これに伴って、中長期在留者（主に3カ月以上の在留期間が決定された外国人）と特別永住者を「在留外国人」と呼ぶようになった。中長期在留者には、入国時に在留カードが交付（主要空港）され、特別永住者には、特別永住者証明書が交付される。2023年末の在留外国人数は約341万人であった。

■国籍・地域別（2023年末）

(1) 中国	821,838人	(+60,275人)
(2) ベトナム	565,026人	(+75,714人)
(3) 韓国	410,156人	(− 1,156人)
(4) フィリピン	322,046人	(+23,306人)
(5) ブラジル	211,840人	(− 2,410人)

■在留資格別（2023年末）

(1) 永住者	891,569人	(+27,633人)
(2) 技能実習	404,556人	(+79,616人)
(3) 技術・人文知識・国際業務	362,346人	(+50,385人)
(4) 留学	340,883人	(+40,245人)
(5) 特別永住者	281,218人	(− 7,762人)

（出入国在留管理庁「在留外国人統計」より作成）

試験対策上、前年末の①在留外国人数、②国籍・地域別と在留資格別のランキング、③増減の大きいものを押さえておく必要がある。

在留資格／査証（VISA）ざいりゅうしかく　さしょう

★★★

在留資格と査証（VISA）は異なる。入管法に定められた在留資格は、外国人が日本に滞在する根拠となるもので、査証は、国外の旅券所持者を日本に入国させても問題がないというもの。日本語学校に入学する場合は、学校から入学許可証と入管から在留資格認定証明書を得て、現地の外務省の日本国在外公館に査証の発給申請を行って、日本上陸ができる。

在留資格は、日本での活動内容に応じた資格（就労・留学・家族滞在など）と身分や地位に応じた資格（永住者・日本人の配偶者や子）がある。

■在留資格一覧表（抜粋）

在留資格	該当例
高度専門職	ポイント制による高度人材（1号：5年）
技術・人文知識・国際業務	機械工学者等の技術者、通訳、デザイナー、私企業の語学教師、マーケティング業務従事者等（5年～3月）
興行	俳優、歌手、ダンサー、プロスポーツ選手等（3年～30日）
技能	外国料理の調理師、スポーツ指導者等（5年～3月）
特定技能	特定産業分野（外食業、建設、宿泊、農業、漁業等）の各業務従事者（1号:1年を超えない範囲）
技能実習	技能実習生（1号：1年を超えない範囲。更新により最長5年）
特定活動	外交官等の家事使用人、ワーキング・ホリデー、経済連携協定に基づく外国人看護師・介護福祉士候補者等（5年～3月）
永住者	法務大臣から永住の許可を受けた者（入管特例法の「特別永住者」を除く）　＊無期限
日本人の配偶者等	日本人の配偶者・子・特別養子（5年～6月）
定住者	第三国定住難民、日系3世、中国在留邦人等（5年～6月）
留学	大学、短期大学、高等専門学校、高等学校、中学校及び小学校等の専門学校・各種学校等の学生・生徒（4年3月を超えない範囲）
短期滞在	観光客、会議参加者等（90日～15日以内）
家族滞在	在留外国人が扶養する配偶者・子（5年を超えない範囲）

※「留学」以下は、就労不可。　（出入国在留管理庁2024年4月現在）

在留資格認定証明書（ざいりゅうしかくにんていしょうめいしょ）

入管法に定められた証明書で、日本に上陸しようとする外国人が事前に審査され、上陸のための条件に適合すると認められた場合に交付されるもの。査証の発給の際に当該証明書を提示することにより、上陸審査が迅速に行われる。

在留資格（ざいりゅうしかく）「永住者（えいじゅうしゃ）」 ★★★

永住者とは、原則**10年以上**継続して在留している外国人で、「善行善良」「独立生計」「国益」の要件を満たして、法務大臣の**許可**を受けた者。通常、現在持っている在留資格の変更申請を行って、永住許可の審査を受けなければならない（入管法第22条）。この在留資格「永住者」は、身分や地位に応じた在留資格の一つで、国籍を変えることなく、活動内容および在留期間の制約を受けずに日本国内に滞在することができる。

▶▶▶永住／帰化（→P.20）

在留資格「家族滞在」 ★★

「教授」「芸術」「宗教」「報道」「高度専門職」「経営・管理」「法律・会計業務」「医療」「研究」「教育」「技術・人文知識・国際業務」「企業内転勤」「介護」「興行」「技能」「特定技能２号」「文化活動」「留学」のいずれかを有して在留する外国人の扶養を受ける配偶者または子が、日本に在留することを希望する場合に与えられる。

在留資格「家族滞在／留学／研修／文化活動／短期滞在」は、就労制限がある。資格外活動の許可を受けていない限り就労できない。

在留資格「技能実習」 ★★★

技能実習生に付与される資格で、建設関係や農業関係などの８区分に分かれ、職種と作業が規定されている。現行の**技能実習制度**は、人材の育成（最長５年間）を通じた国際貢献を目的とするが、その実態は、慢性的に不足する労働力を確保する手段になっていた。制度の形骸化が指摘される一方で不当な待遇、ハラスメント、犯罪や失踪などの問題を抱えていた。2024年、政府は技能実習制度（特定技能制度は存続）を発展的に解消し、これに代わる**育成就労制度**を創設することを決定した。

▶▶▶国際人材協力機構（→P.31）

在留資格「興行」 ★★

興行とは、特定の施設において、公衆に対して映画、演劇、音楽、スポーツ、演芸または見世物を見せ、または聞かせること。日本で興行を行うために来日する俳優、歌手、演奏者、モデル、ダンサーやプロスポーツ選手、専属トレーナーなどの活動に対して与えられる。

在留資格「高度専門職」 ★★★

一定の学歴、実務経験を有する事務系の職種に就く外国人に付与される就労資格に「技術・人文知識・国際業務」がある。一方、「高度専門職」は、就労資格に関する要件を満たす者の中から**高度外国人材**を認定して付与する資格で、一般的な就労資格に比べて、出入国在留管理上の優遇措置が受けられる。なお、2023年から大学教授や研究者等に、現行よりも拡充した優遇措置を認めた**特別高度人材制度**（J-Skip）が導入された。

■出入国在留管理上の優遇措置

1．複合的な在留活動の許容
2．在留期間「５年」の付与
3．在留歴に係る永住許可要件の緩和
4．入国・在留手続の優先処理
5．配偶者の就労
6．一定の条件のもとでの親の帯同
7．一定の条件のもとでの家事使用人の帯同

高度人材ポイント制

法務省の高度外国人材に対するポイント制による優遇制度。高度な能力や資質をもつ外国人を対象に、「学歴」「職歴」「年収」などの項目ごとにポイントを設け、合計が一定点数（70点）に達した者を「高度外国人材」と認定し、出入国管理上の優遇措置を講ずる制度。

■日本語能力による特別加算

JLPT	BJT	特別加算
N1取得者	480点以上	15点
N2取得者	400点以上	10点
日本語専攻で外国の大学を卒業した者		15点

※重複加算はしない。　（出入国在留管理庁）

▶▶▶日本語能力試験（→P.52）、BJTビジネス日本語能力テスト（→P.14）

在留資格「定住者」 ★★★

1990年に創設。法務大臣が特別な理由を考慮し、５年を超えない範囲で一定の居住を認める者で、永住者と同様、就労活動の制限はない。第三国定住難民（タイに一時的に庇護されているミャンマー難民など）、日系３世、中国在留邦人などが主な対象者。在日韓国人などに「特別永住者」を付与したこととのバランスで、「定住者」を付与するものであったが、当初の意図とは異なり、この資格を使って南米からの日系人が大量に来日した。

▶▶▶外国人集住都市（→P.24）、ニューカマー（→P.21）

日系人

海外へ移住した日本人、およびその子孫。日本人の子孫であっても必ずしも日本国籍とは限らないので、この場合、在留資格「定住者」を申請する必要がある。条件は、日系３世（日本人の孫）、日系人の配偶者や同行の未成年の子どもであること。なお、日系２世（日本人

の子ども）の場合の在留資格は「日本人の配偶者等」になる。

在留資格「特定活動」 ★★★

他の在留資格に該当しない場合、**法務大臣**が個々の外国人について特に指定する活動の範囲内で認めるもの。特定活動には、入管法に規定されている特定活動以外に、法務大臣が告示した40種類以上の告示特定活動と、告示されていない特定活動がある。最大で５年付与される。

■告示特定活動（例）

1号　外交官・領事官の家事使用人

6号　アマチュアスポーツ選手　　※プロスポーツ選手は「興行」

16号～19号　インドネシア人看護研修生、介護研修生およびその家族

20号～24号　フィリピン人看護研修生、介護研修生およびその家族

27号～31号　ベトナム人看護研修生、介護研修生およびその家族

▶▶▶EPA看護師・介護福祉士候補者（→P.30）

›› 特定活動46号（接客ビザ）

2019年の入管法改正で、国内の大学・大学院を卒業した留学生の就職支援を目的として、これまで制限されていた販売・接客業務への就労を認可する「特定活動46号」が告示・施行された。

■日本語能力

日本語能力試験N1、またはBJTビジネス日本語能力テスト480点以上

■活動例（翻訳・通訳の要素のある業務）

- 飲食店において、外国人客に対する通訳を兼ねた接客業務を行う
- 小売店において、通訳を兼ねた外国人客に対する接客販売業務を行う
- 工場のラインにおいて、他の外国人に対して伝達、指導しつつ、業務を行う

在留資格「特定技能」 ★★★

2019年、人手不足が深刻な介護やビル清掃、農業などの**特定産業分野**で働く外国人材のために創設された在留資格。特定技能１号（上限５年）では、分野ごとの「**技能水準**」と「**日本語能力水準**」（業務上必要な日本語能力）についての試験が課される。現行の技能実習２号を良好に修了した者は、上記の試験が免除される。特定技能２号では、熟練した「技能水準」について分野ごとの所管行政機関が定める試験等で確認する。

日本語能力を確認する試験は、国際交流基金の「日本語基礎テスト」か、「日本語能力試験（N４以上）」。介護は「介護日本語評価試験」も課す。

▶▶▶日本語基礎テスト（→P.31）、日本語能力試験（→P.52）

在留資格「特別永住者」 ★★

第二次世界大戦前から日本国民として日本（内地）に居住していた韓国・朝鮮人、台湾人、樺太人とその子孫の在留資格。これらの旧植民地出身者は、サンフランシスコ講和条約（1952）により、日本国籍を喪失。その後、紆余曲折を経て入管特例法（1991）に基づき特別に永住が許可された。特別永住者には在留カードの代わりに「特別永住者証明書」が交付される。

▶▶▶オールドカマー（→P.21）

在留資格「留学」 ★★★

国内の大学、専門学校などで教育を受ける活動。法務省告示日本語教育機関のいわゆる日本語学校もこれに含まれる。この資格は、就労不可であるため、「資格外活動許可」を得なければ、アルバイトはできない。授業期間中は週28時間以内で、風俗営業などの従事を除く範囲（夏期・冬期などの休暇中は、1日8時間以内）で就労を許可されるが、これに違反した場合は、強制退去などになる。

▶▶▶外国人留学生在籍状況調査（→P.48）

シーボルト　Siebold,P.F.（1796-1866） ★★★

オランダ商館医のドイツ人で日本学の大家。帰国の際、国禁の日本地図や葵紋つき衣服などを持ち出そうとした、いわゆるシーボルト事件（1828）で、翌年国外追放、門人ら多数が処罰された。外国人が自由に国内を旅することが禁じられていた江戸時代の日本で収集した膨大なコレクションは、オランダのライデン大学に所蔵され、欧州での日本学のメッカとなった。帰国後、『NIPPON』（1832）を出版し、海外に日本を広めた。

≫ ホフマン　Hoffmann,J.J. 1805-1878

ドイツ生まれ。アムステルダムでシーボルトに出会い、助手となる。その後、世界で初めて日本学科を開設したライデン大学の初代日本学教授となった。幕末、西周や津田真道らオランダ留学生が世話になった。一度も来日することなく文法書『日本文典』（1867）を著した。

志賀直哉 (しがなおや) (1883-1971) ★★

宮城県生まれの小説家。「小説の神様」と呼ばれた作家で、国語問題では、第二次世界大戦後、志賀は森有礼（ありのり）の英語化論に触れ、それが実現していたら日本の文化は今よりもはるかに進んでおり、戦争も起こっていなかっただろうと述べ、「世界でいちばんいい言語、いちばん美しい言語である」フランス語を国語にするべきであるというフランス語国語化論を唱えた。

▶▶▶国語国字問題(→P.28)

識字 (しきじ) literacy ★★

文字の読み書きができること。15歳以上で日常生活の簡単な内容についての読み書きができる人口の割合を識字率という。識字率は、先進国では100％に近いが、南アジアやアフリカなどに低い国が集中しており、識字教育が必要とされている。1965年、識字の重要性を世界に訴えかける日として、ユネスコが9月8日を「国際識字デー」と制定した。

▶▶▶ユネスコ(→P.64)

≫ 学習権宣言 (がくしゅうけんせんげん)

1985年のユネスコの宣言。この「学習権宣言」以降は、教える側に立つ「教育（education）」ではなく、学ぶ側の主体性を尊重するという意味で「学習（learning）」が好まれるようになった。学習権を基本的人権の一つとみなす民主的教育運動の中から「生涯学習（lifelong learning）」という概念も成人教育に普及した。

自治体国際化協会 (じちたいこくさいかきょうかい) (CLAIR) ★★
Council of Local Authorities for International Relations

地域の国際化を支援するための地方自治体の共同組織として1988年に設立された一般財団法人。自治体が行う海外経済活動支援、物産や観光など自治体の地域活性化のための経済交流支援、さらには、災害時の多言語支援など、地域の国際化のために幅広い活動をしている。通称クレア。

≫ JETプログラム The Japan Exchange and Teaching Programme

世界最大規模の人的交流プログラムで、語学指導などを行う外国青年招致事業。地方自治体が任用し、全国の学校で語学指導や地域の国際交流活動に携わる。参加者には、CLAIRを通して日本語能力向上と対日理解の促進のために日本語研修を行っている。

下関条約 ★★★

1894年に起こった日清戦争の翌年に下関で結ばれた講和条約。ここで台湾を日本に割譲することが決まり、同年伊沢修二が総督府学務部長心得として6人の教員を率いて渡台、台北郊外の芝山巌学堂で日本語教育を始めた。清国（当時）は日清戦争の敗戦に強い衝撃を受け、1896年、最初の清国留学生13人を日本へ送り、文部省の手配によって嘉納治五郎に預けられた。

▶▶▶伊沢修二（→P.19）、嘉納治五郎（→P.194）

第三国定住 ★

本国から逃れ難民キャンプなどで一時的に庇護している難民を、新たに受け入れに合意した第三国（他国）へ移動させる制度。日本は、2010年から受け入れを開始。日本で受け入れる第三国定住難民は、難民キャンプで日本語などの出国前研修を経て来日、その後日本社会への定住へと進む。

台湾の日本語教育 ★★★

国家的な規模での最初の日本語教育。台湾で公学校（初等教育機関）が設置（1899）されるころになると、伊沢修二が主導した台湾語の対訳法から山口喜一郎らのグアン式教授法を応用した直接法へと次第に切り替えられ、表音式仮名遣いによる教科書が作成された。その後、台湾公学校規則改正（1912）により台湾語の使用は一切禁止され、公学校用国語読本は、歴史的仮名遣いに統一された。

▶▶▶下関条約（→P.40）、伊沢修二（→P.19）、山口喜一郎（→P.237）

›› 芝山巌事件

1896年、伊沢の一時帰国中に芝山巌で6人の教員と用務員が武装集団に惨殺された事件。犠牲になった教員は、台湾の教育に命を捧げた「六士先生」として英雄となり、美談として語り継がれた。そこから芝山巌精神が生まれ、当時の台湾教育界に多くの影響を与えた。

›› 国語常用家庭

1937年以降、台湾全島で国語（日本語）を家庭レベルにまで浸透させようとする国語常用運動が展開された。そして、国語常用家庭制度のもとで選ばれた国語常用家庭（一家全員が国語を話す）には、中学入学許可における配慮や官公署の職員として採用される機会を付与するなどの特典が優先的に与えられた。

田中館愛橘（たなかだてあいきつ） (1856-1952) ★

陸奥（岩手県）生まれの物理学者。地磁気の測定、地震・航空学の研究で日本の地球物理学確立に尽力する一方で、熱心な日本式ローマ字論者でもあった。日本ローマ字会を創立。田中館は好んでタイプライターを持ち歩き、国際会議の内容などをローマ字で残していた。その重さ約5.5kg。

▶▶▶日本式（→P.365）

多文化共生推進プラン（たぶんかきょうせいすいしん） ★★

2006年にスタートした総務省が主導する自治体の多文化共生推進への取り組み。南米日系人などの増加を背景に、在住外国人を「生活者としての外国人」としてとらえ、これ以降さまざまな場面で、多文化共生という言葉が使われるようになった。2020年に新プランに改訂され、新たな柱として「留学生の地域における就職促進」が加えられた。

▶▶▶在留資格「定住者」（→P.36）、外国人集住都市会議（→P.25）

チェンバレン　Chamberlain,B.H. (1850-1935) ★★

スコットランド生まれ。御雇外国人として海軍で英語教師の職を得る。その後、森有礼（ありのり）の推薦により東京帝国大学で日本初の博言学（言語学）教授。日本語・アイヌ語・琉球語の研究、『古事記』の英訳、ローマ字化運動などに活躍し、日本研究家の草分け的存在になる。門下生に上田万年（かずとし）、英語学者の岡倉由三郎（よしさぶろう）、歌人の佐佐木信綱など。『日本口語便覧』（1888）。

▶▶▶御雇外国人（→P.22）、上田万年（→P.71）、森有礼（→P.62）

中国帰国者（ちゅうごくきこくしゃ） ★★

第二次世界大戦後の混乱期に、中国および樺太などに残された残留邦人で、日中国交正常化（1972）を契機に永住帰国した人々。永住帰国を巡っては、肉親捜しや地域社会への適応など多くの支援が必要とされた。厚生労働省の「中国残留邦人等実態調査」（2015）によれば、本人は3,654人、平均年齢76.0歳で、非識字者を含む高齢者が多い。

▶▶▶日中国交正常化（→P.47）

›› 中国帰国者定着促進センター

1984年、埼玉県所沢市に開所された宿泊型研修施設。中国や樺太からの帰国者と同伴家族は、日常生活を送る上で必要不可欠な日本語の学習と生活指導を帰国直後の４カ月間（当時）受けた。2016年に閉所され、中国帰国者支援・交流センターに統合された。

›› 『生活日本語』

1980年代までは、生活者としての外国人向けの教材はなかった。そこで、日常生活に欠かせない場面（役所、買物、郵便局など）で構成された『中国からの帰国者のための生活日本語』（文化庁、1983）が開発されることになった。教授項目は、場面シラバスとなっており、当時の日本語教育では画期的な教材であった。

▶▶▶場面シラバス（→P.227）

通事ロドリゲス　Rodriguez,J.（1561～1634）　★★

1577年16歳で来日。1580年イエズス会に入会。1596年司祭。日本語に堪能で通訳として活躍。ポルトガル人によくある姓なのでツーズ・ロドリゲスと呼ばれた。豊臣秀吉・徳川家康の知遇を得たが、1610年マカオに追放された。功績は通訳に留まらず、日本とポルトガルの交流史（16世紀後半～17世紀前半）を語る際の象徴ともいえる人物である。

『日本大文典』 長崎刊（1604～1608）	宣教師の日本語修得を目的として、当時の日本語の口語文法を中心にポルトガル語によって詳細に記述。
『日本小文典』 マカオ刊（1620）	日本語を学ぶヨーロッパ人初心者のための学習参考書。口語文法を中心に発音、敬語、文体、位階名などを解説。

▶▶▶キリシタン版（→P.26）

定住外国人　★★

中長期的に日本で生活している外国人は、日韓併合（1910）以前から韓国・朝鮮人が圧倒的に多かった。日本が主権を回復したサンフランシスコ講和条約（1952）後もその傾向が続いていたが、1970年代から1980年代にかけて、中国帰国者やベトナム難民の受入れが本格化。1990年代以降は南米日系人とその家族が定住者となり、全国各地で受入れが広がった。

サンフランシスコ講和条約が発効した1952年の国内の外国人登録者数は約60万人。国籍別では、韓国・朝鮮（約54万人）が圧倒的に多かった。

▶▶▶オールドカマー／ニューカマー（→P.21）

土居健郎（どいたけお） (1920-2009) ★

東京都生まれの精神科医。アメリカ留学時に受けたカルチャーショックの体験から精神分析の中心概念として「甘え」の着想を得る。日本の精神文化を解いた『「甘え」の構造』がベストセラーになる。

》『「甘え（あま）」の構造（こうぞう）』

精神科医・土居健郎の著（1971）。日本独特の「甘え」についての考察と現代社会の問題を「甘え」の観点から論評。土居は、日本語の「甘え」に相当する語は他の外国語には見られなく、それは日本人に固有な心理的特性であるとした。

東北方言（とうほくほうげん）オノマトペ用例集（ようれいしゅう） ★★

国立国語研究所が作成した体調や気分を表すオノマトペ（擬音語・擬態語）を集めた冊子。2011年の東日本大震災のとき、被災地に支援に入った医療チームが現地の人の方言がわからず医療活動が滞ったことがきっかけで、青森県・岩手県・宮城県・福島県の方言と用例を集めて作成された。

■東北方言オノマトペ（例）
- あふらあふら：衰弱し、呼吸が苦しいさま。ふうふう。
- いかいか：するどく刺すように痛むさま。炎症の不快感。ちくちく。
- うらうら：軽いめまい感。目の焦点がよく合わないさま。

（国立国語研究所『東北方言オノマトペ用例集』より抜粋）

▶▶▶国立国語研究所（→P.32）、オノマトペ（→P.257）

外山正一（とやままさかず） (1848-1900) ★

江戸（東京都）生まれの社会学者、教育者。幕府の留学生として英米に留学。ヘボン式のローマ字支持者。漢字廃止を主張し、羅馬字会を創設。「漢字を廃することは国会開設よりも宗教改良よりも急務だ」と唱えた。

▶▶▶ヘボン式（→P.365）

取（と）り出（だ）し指導（しどう） ★★★

日本語指導が必要な児童生徒を在籍学級から取り出して、個別の日本語指導を行う形態。日常会話ができても、教科の学習には参加できない児童生徒が対象となる。必要とされる学習言語能力は、「分数」や「比例」のような抽象的な語彙だけでなく、「○のとき、△の変化はどうなるでしょう」という質問の言い回しなども含まれ、計画的な支援が必要とされる。

特別の教育課程

文部科学省は、それまで正規の教育課程に位置づけられていなかった義務教育諸学校における取り出し指導を、在籍学級の教科課程に替えて「特別の教育課程」として編成・実施を可能とした（2014）。これにより外国人児童生徒への日本語指導が教育課程に正式に位置づけられ、質の担保に向けて第一歩を踏み出した。

■「特別の教育課程」による日本語指導
教員免許を有する教員（常勤・非常勤講師を含む）

■指導内容
当該児童生徒の在籍する学年の教育課程に必ずしもとらわれることなく、当該児童生徒の学習到達度に応じた適切な内容とすること。

▶▶▶入り込み指導（→P.56）、日本語指導が必要な児童生徒（→P.51）

ドンズー（東遊）運動 ★

フランスの植民地支配に不満をもつベトナムの知識人が明治維新を成功させた「東にある近代国家日本」に学ぶために起こした運動（1905-1909）。支援先として日本を選んだ背景に日露戦争でアジアの日本が勝利したことと武器の援助を得る目的があった。多くのベトナム人青年が派遣されたが、日本政府のベトナム人国外追放の方針によって運動は終結した。

中根千枝（1926- ） ★★

東京生まれの社会人類学者で、幼少期を中国北京で過ごしたことによりアジアに関心をもつようになった。代表作の『タテ社会の人間関係』は、日本社会独自の構造を鮮やかに解き明かしたものとして国内外で高く評価された。〈タテ社会〉という語が流行するほど著書の影響力は大きかった。

『タテ社会の人間関係』

女性初の東京大学教授・中根千枝の著（1967）。日本の社会構造を分析したベストセラー。インドはカースト制、イギリスは階級制で、同じ階層でつながるヨコの関係に対して、日本は、常にタテ組織になっている。これは、家や会社といった「場」の共有に基づくもので、日本人は、職種よりも自分の属する家・職場を優先すると説いた。

南部義壽 (1840-1917) ★

土佐（高知県）生まれの漢学者。漢字を廃止し、洋字で日本語を綴るべきだと文部省に建白（1872）。漢学者にして日本初のローマ字論者。

南方派遣日本語教育要員 ★★

第二次世界大戦中の1942年、南方地域での日本語普及が閣議決定され、文部省の「南方派遣日本語教育要員養成所」で軍主導のもと養成が行われた。**南方派遣日本語教育要員**は、英語ができる者という条件があったので人材確保が難しい一方で、講習内容は精神訓話が中心であった。修了者は、軍人として南方占領地（フィリピン、ジャワ、マレー、ボルネオなど）へ派遣され、日本語教育や現地人日本語教員の養成・指導を担った。

▶▶▶南洋群島（→P.46）

難民 ★★

人種、宗教、国籍、あるいは政治的な迫害などの理由で、他国に逃れた人々。日本で難民として認められると、5年間の在留資格「定住者」が与えられ、就労ができるほか、定住支援・生活保護などの援助が受けられる。しかし、難民認定申請の中には、難民条約上の迫害事由に該当しない案件や再申請を繰り返す案件などがあり、極めて低い認定率になっている。

	2019年	2020年	2021年	2022年	2023年
難民申請者数	10,375人	3,936人	2,413人	3,772人	13,823人
難民認定者数	44人	47人	74人	202人	303人

（出入国在留管理庁「令和５年における難民認定者数等について」より作成）

2018年以降、法務省は難民条約に明らかに該当しない申請者は、それまで認めていた難民認定申請中の在留も就労も認めないことにした。

▶▶▶インドシナ難民（→P.19）、在留資格「定住者」（→P.36）

難民条約 ★

難民の保護を目的とする国際連合の「難民の地位に関する条約」（1951）と「難民の地位に関する議定書」（1967）を併せて、**難民条約**と呼ぶ。条約で定義された難民の要件に該当する人を**条約難民**という。**インドシナ難民**の受け入れ当時の日本は、難民条約には加入しておらず、政治的な措置によって対処した。1981年、難民条約に加入。以後、新たに難民認定制度が導入されたが、難民認定数は他国と比べ圧倒的に少ない。

▶▶▶第三国定住（→P.40）

≫ 条約難民に対する日本語教育

文化庁は、条約難民および第三国定住難民（ミャンマー難民）に対して、日本への定住の促進および円滑化を図ることを目的として事業を行っている。（実施は委託機関の定住支援プログラム）

（1）日本語教育プログラム（約180日間）
（2）日本語学習教材の提供
（3）日本語教育相談員による指導・助言

南洋群島 ★★

西太平洋の赤道以北にある旧日本委任統治領の総称。サイパン、パラオ、トラック、ポナペ、ヤルート、ヤップなど千数百からなる島々を日本海軍が**南洋群島**と称した。**第一次世界大戦**（1914-1918）までは、ドイツが領有していたが、1922年ヴェルサイユ条約によって日本が**委任統治**することになった。同年、開拓のための**南洋庁**が設置され、6支庁が置かれた。

≫ 南洋群島の日本語教育

ドイツ領有時代にはキリスト教の布教を目的とした教育が行われていたが、日本統治後は、**国語教育**を中心とした**同化政策**が行われた。南洋群島では抵抗運動もなく、日本語の定着率も高かった。例えば、パラオの年配者は今でも日本語を話せる人が多く、「bento（弁当）」「kets（けち）」など、日本語由来の借用語が非常に多い。

試験対策としては、委任統治のきっかけとなった「第一次世界大戦」と第二次世界大戦終了までの委任統治期間「約30年間」の2つが重要。

西　周 (1829-1897) ★

石見（島根県）生まれの啓蒙思想家。日本近代哲学の父と称され、「哲学」「心理」などの用語を創作した。西らは幕府の留学生として、1862年から**ライデン大学**で社会科学全般を学んだ。帰国した西は、森有礼らと明六社を結成し、『明六雑誌』創刊第一号の論文「洋字ヲ以テ国語ヲ書スルノ論」（1874）で、**ローマ字**の採用を説いた。

▶▶▶ホフマン（→P.38）

虹の架け橋教室 ★

リーマン・ショック後の2009年、「定住外国人の子どもの就学支援事業」（文部科学省）が決定。景気の後退によって、不就学・自宅待機となっている外国人の子どもに対して、日本語指導や学習習慣の確保を図るための「虹の架け橋教室」を外国人集住都市などに設け、主に公立学校への円滑な転入を支援した。事業は2014年度終了。主体は自治体へ委ねられた。

▶▶▶外国人集住都市（→P.24）

日韓併合 ★★

朝鮮半島と満州の権益をめぐる日露戦争（1904-1905）を経て、1910年「日韓併合に関する条約」に基づき、韓国は日本の植民地となり、朝鮮総督府による支配下に置かれた。これにより日本は第二次世界大戦の敗戦によって朝鮮半島を放棄するまで、35年間にわたって韓国を統治した。

›› 国語常用全解運動

朝鮮半島では、「日語」という名で日本語教育が行われていたが、日韓併合後は「国語」と改められ、1938年に「第３次朝鮮教育令」が出され、国語教育の一層の徹底化が図られた。国語としての日本語普及政策は、学校教育を中心に展開されたが、日中戦争（1937）前後になると、学校だけでなく官庁や新聞社、放送局など、社会全体で日本語を用いるべしとする「国語常用全解運動」が推進された。

▶▶▶時枝誠記（→P.326）

日中国交正常化 ★★

1972年、田中角栄首相（当時）と中国の周恩来首相（当時）が北京で、日中共同声明に署名し、両国は「恒久的な平和友好関係を確立する」ことで日中国交正常化に合意した。これによって、日本は台湾と断交、中国は日本に対する戦争賠償の請求を放棄した。その後1978年、日中平和友好条約が締結された。

▶▶▶中国帰国者（→P.41）

›› 日本語研修センター（大平学校）

日中国交正常化により中国では日本語ブームが訪れ、多くの大学で日本語教育が開始された。1980年、大平正芳首相（当時）の提唱を受ける形で北京に在中国日本語研修センター（通称「大平学校」）が設立され、5年間で、のべ600人の中国人の大学日本語教師を再教育・研修した。現在は、北京日本学研究センターに事業が継承されている。

日本学生支援機構（JASSO） ★★★

Japan Student Services Organization

2004年、従来の関係法人を整理・統合して設立された独立行政法人。学生支援のナショナルセンターとして、奨学金、外国人留学生の受入れ・日本人留学生の派遣の両面からの留学生支援、学生生活支援の3つの支援事業を行う。また、これまで多くの高等教育機関が義務づけていた「旧・日本語能力試験」と「私費外国人留学生統一試験」（2001年廃止）の2つの試験に代わる「日本留学試験」を国内外で実施している。

▶▶▶日本留学試験（→P.55）

外国人留学生在籍状況調査

毎年5月1日現在の外国人留学生の在籍状況を把握するための調査。日本語教育機関で学ぶ留学生数についても在留資格「留学」「就学」が一本化されたことに伴い、JASSOの調査対象となった。2019年、留学生総数が30万人に達したが、その後のコロナ禍で減少した。

■留学生総数279,274人（20.8%増）（うち日本語教育機関90,719人）

中国	115,493人	中国	27,704人
ネパール	37,878人	ネパール	23,441人
ベトナム	36,339人	ベトナム	13,986人

（日本学生支援機構2023年5月現在）

日本語教育機関への入学を希望した外国人への「在留資格認定証明書」の交付は、不法残留・不法就労が多い国からの申請に厳しくなった。

日本語学校 ★★★

外国人を対象に日本語教育を行う施設（専修学校日本語科や大学・短期大学留学生別科を除く）で、個人や株式会社等の民間の事業体により設立されたものが多い。従来、法務省の告示基準を満たす教育機関に在留資格「留学」が付与されていたが、2023年「日本語教育機関認定法」の成立により、留学生の受入れ機関は文部科学大臣の認定が必要になった。

▶▶▶在留資格「留学」（→P.38）

日本語教育学会 ★★
にほんごきょういくがっかい

The Society for Teaching Japanese as a Foreign Language

　公益社団法人。1962年、「外国人のための日本語教育学会」として発足。日本語を第一言語としない者に対する日本語教育の研究促進と振興を図り、そのことを通じて内外の相互理解と学術文化の交流に寄与することを目的としている。学会の看板事業として、春季と秋季の年2回開催される大会と学会誌『日本語教育』が広く知られている。

日本語教育振興協会 ★★
にほんごきょういくしんこうきょうかい

Association for the Promotion of Japanese Language Education

　1989年設立の一般財団法人で、略称「日振協」の名で知られる。新規に開設する日本語教育機関の審査・認定を行っていたが、2010年以降は、日本語教育機関の支援、第三者評価、各種研修事業などを行っている。

　日振協と類似した名称の団体に、第二次世界大戦の戦前・戦中に組織的に日本語教育に取り組んだ「日本語教育振興会」（文部省）がある。

日本語教師 Japanese teacher ★★★
にほんごきょうし

　日本語を母語としない人に日本語を教えるという意味で、学校教育での国語教師とは対象・目的などが異なる。学習者が多様化した現在、日本語教師にもそれに応じた資質・能力が求められるようになった。このような状況の下で、日本語教育の質の確保のために現行の法務省告示基準に代わって日本語教育機関の認定制度が創設され、そこで日本語を指導することができる登録日本語教員が国家資格として制度化された。

　登録日本語教員になるためには、日本語教員試験に合格し、実践研修を修了する試験ルートと、基礎試験が免除される養成機関ルートがある。

》 国内の日本語教育の概要
こくない　にほんごきょういく　がいよう

　文化庁では、国内の日本語教育の現状把握のために「日本語教育実施調査」を実施している。日本語教師は、ボランティアが最も多く、全体の半数以上を占めている。また、年代別の構成では60代が最も多く、40代〜60代で全体の半数以上を占めている。

■日本語教師等の数

	常勤	非常勤	ボランティア	合計
2022年度	6,571人	15,891人	21,568人	44,030人
2021年度	6,166人	14,230人	18,845人	39,241人
2020年度	5,868人	13,989人	21,898人	41,755人

（文化庁国語課「日本語教育実態調査」より作成）

日本国際教育支援協会（JEES） ★★★

Japan Educational Exchanges and Services

公益財団法人。1957年設立の日本国際教育協会が母体。国際学友会などの関係団体を整理統合して現在に至る。日本人学生・外国人留学生などへの就学・生活支援事業、外国人の日本語能力および日本語教育に関する水準向上のための事業を主に行っている。

■主催　「日本語能力試験」（国内の実施機関。海外は国際交流基金）
「日本語教育能力検定試験」

▸▸▸日本語能力試験（→P.52）

日本語教育能力検定試験　Japanese Language Teaching Competency Test

日本国際教育支援協会の主催。1987年度から年1回、国内で実施されている。年齢や学歴に制限はなく、外国人でも受験できる。また、病気や障害のある受験者にも対応している。日本語教育機関の告示基準（法務省）の教員資格の一つとして、2024年3月31日までに合格した者が規定されている。検定試験は民間試験であり国家資格の日本語教員試験とは異なるが、一定の要件を満たした合格者には登録日本語教員の資格取得のための経過措置が設けられている。

■目的　日本語学習者の多様なニーズに応じた日本語教育を行おうとする方に必要とされる基礎的な知識・能力を検定する。

■試験の内容

試験Ⅰ	100点 (90分)	原則として、出題範囲の区分ごとの設問により、日本語教育の実践につながる基礎的な知識を測定する。
試験Ⅱ	40点 (30分)	試験Ⅰで求められる「基礎的な知識」および試験Ⅲで求められる「基礎的な問題解決能力」について、音声を媒体とした出題形式で測定する。
試験Ⅲ	100点 (120分)	原則として、出題範囲の区分横断的な設問により、熟練した日本語教員の有する現場対応能力につながる基礎的な問題解決能力を測定する。

（日本国際教育支援協会）

日本国際協力センター（JICE） ★

Japan International Cooperation Center

1977年設立の一般財団法人。国際協力機構や外務省などの関係省庁から主に開発途上国を対象とした国際協力関連業務を受託して実施している。

▶▶▶ JENESYS2.0（→P.25）

日本語指導が必要な児童生徒 ★★★

日本語で**日常会話**が十分にできない児童生徒、および日常会話ができても、学年相当の**学習言語**が不足し、学習活動への参加に支障が生じている児童生徒を指す。1990年、在留資格「**定住者**」の創設により日系人を含む外国人の滞日が増加し、これらの外国人に同伴される児童生徒が増加したことを契機に、1991年から受入状況等に関する調査が開始された。

■日本語指導が必要な児童生徒（公立・小・中・高など）

	2014年	2016年	2018年	2021年
外国籍	29,198人	34,335人	40,755人	47,627人
日本国籍	7,897人	9,612人	10,371人	10,726人
合計	37,095人	43,947人	51,126人	58,353人

（文部科学省「日本語指導が必要な児童生徒の受入状況等に関する調査（令和３年度）」より作成）

≫ 母語別在籍状況

外国籍の児童生徒の母語別在籍状況は、**ポルトガル語**を母語とする者の割合が以前から最も多く、次いで、中国語、フィリピノ語、スペイン語の順であり、これらの４言語で全体の約80％を占める。2016年、文部科学省の有識者会議は、日本語指導が必要な外国籍児童生徒を集めて指導する拠点校の設置や専任教員の確保を提言した。

■日本語指導が必要な外国籍児童生徒の母語別在籍状況

1 ポルトガル語　11,957人
2 中国語　9,940人
3 フィリピノ語　7,462人
（公立学校の外国籍の児童生徒数 114,853人「学校基本調査」）

（文部科学省「日本語指導が必要な児童生徒の受入状況等に関する調査（令和３年度）」より作成）

日本語指導が必要な児童生徒は年々増加している。多くは在籍学級以外の教室等で行われる「特別の教育課程」による日本語指導を受けている。

▶▶▶ 在留資格「定住者」（→P.36）、BICS／CALP（→P.126）

日本語能力試験（JLPT）　★★★

Japanese Language Proficiency Test

日本語を母語としない人の日本語能力を測定し、認定する試験として、1984年から1級～4級の4レベルで開始。開始当初の受験者数は、全世界で7,000人ほどであったが、2018年の受験者数は、100万人に達し、**世界最大規模**の日本語試験に発展してきた。2009年には、新試験に移行する前の駆け込み受験の影響で一時、受験者数が増えた。

■主催者　海外　国際交流基金（JF）　※台湾 財団法人交流協会
国内　日本国際教育支援協会（JEES）
※国内では年間2回（7月と12月）実施されている。
■受験資格　年齢制限はない。母語が日本語でなければ誰でも受験できる。
■受験者数　国内より海外で受験する人が圧倒的に多い。
（2023年に海外応募者数が初めて100万人を突破した）

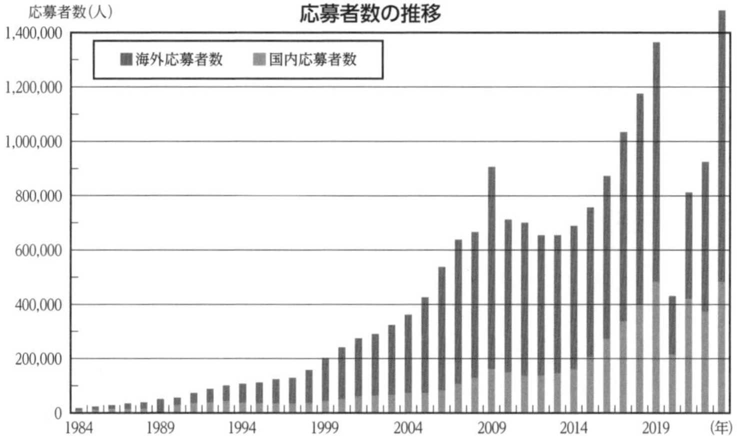

（日本語能力試験「図で見る日本語能力試験」より）

◇受験者層は、小学生から社会人まで幅広い。
◇点字問題冊子の用意など、障害の種類・程度に応じて特別措置がある。

▶▶▶国際交流基金（→P.31）、日本国際教育支援協会（→P.50）

≫ 新しい日本語能力試験

2010年に現行のN1～N5の5レベルの試験に改定された。新試験では、実際に運用できる日本語能力を重視し、言語知識（文字・文法・語彙）、およびその言語知識を利用してコミュニケーション上の課題を遂行する能力を測る。「N」は「Nihongo」「New」を表す。

■改定のポイント

① 課題遂行のための言語コミュニケーション能力重視
② 認定レベルが4段階から5段階に（N3の新設）
③ 得点等化の実施（等化による尺度得点の採用）
④「日本語能力試験 Can-do 自己評価リスト」の提供

新・日本語能力試験	N1	N2	N3	N4	N5
旧・日本語能力試験	1級	2級		3級	4級

■課題遂行のための言語コミュニケーション能力

言語知識（文字・語彙・文法）	
読　解	聴　解
文字テキストを理解して、課題を遂行する能力	音声テキストを理解して、課題を遂行する能力

■認定の目安

<table>
<tr><th>レベル</th><th colspan="3">試験科目</th></tr>
<tr><td rowspan="2">N1</td><td colspan="3">幅広い場面で使われる日本語を理解することができる
（総合得点0～180点・合格点100点）</td></tr>
<tr><td>言語知識（文字・語彙・文法）
0～60点</td><td>読解
0～60点</td><td>聴解
0～60点</td></tr>
<tr><td rowspan="2">N2</td><td colspan="3">日常的な場面で使われる日本語の理解に加え、より幅広い場面で使われる日本語をある程度理解することができる
（総合得点0～180点・合格点90点）</td></tr>
<tr><td>言語知識（文字・語彙・文法）
0～60点</td><td>読解
0～60点</td><td>聴解
0～60点</td></tr>
<tr><td rowspan="2">N3</td><td colspan="3">日常的な場面で使われる日本語をある程度理解することができる
（総合得点0～180点・合格点95点）</td></tr>
<tr><td>言語知識（文字・語彙・文法）
0～60点</td><td>読解
0～60点</td><td>聴解
0～60点</td></tr>
<tr><td rowspan="2">N4</td><td colspan="3">基本的な日本語を理解することができる
（総合得点0～180点・合格点90点）</td></tr>
<tr><td colspan="2">言語知識（文字・語彙・文法）・読解
0～120点</td><td>聴解
0～60点</td></tr>
<tr><td rowspan="2">N5</td><td colspan="3">基本的な日本語をある程度理解することができる
（総合得点0～180点・合格点80点）</td></tr>
<tr><td colspan="2">言語知識（文字・語彙・文法）・読解
0～120点</td><td>聴解
0～60点</td></tr>
</table>

※得点はすべて尺度得点

（日本語能力試験より作成）

◇回答方式：多肢選択によるマーク方式（記述式はない）
◇優遇措置：
・N1、N2の合格者→高度外国人材に対するポイントの加算対象。
・N1かN2の合格者→中学校卒業程度認定試験で国語の試験が免除。
◇条件：
・EPA看護師・介護福祉士候補者→インドネシア、フィリピンN5程度。
ベトナムN3以上。
・日本の医師国家試験→N1が受験資格として必要。
◇目安：
・進学を目指す日本語学校留学生→最低でもN2レベル。
・日本に留学を希望する場合→N5レベル相当（または日本語学習150時間）

尺度得点（しゃくどとくてん）

受験者の日本語能力と試験結果（得点）を、より公平に対応づけるため、共通の尺度に基づいて表示した得点。JLPTの新試験で導入された。これにより、試験問題の難易にかかわらず、いつの回の試験でも、同じ日本語能力があれば、同じ得点になるように計算される。

能力記述文（のうりょくきじゅつぶん）　Can-do statements

日本語能力試験Can-do自己評価リストやJF日本語スタンダードでは、学習者が自己評価できるリストが能力記述文（～ができる）の形で提供されている。例えば「簡単なアナウンスを聞いて、理解することができる（場所、出発時刻など）」など。何がどれだけできるかを確認して、今後の学習の目標をもつことができる。

▶▶▶JF日本語スタンダード（→P.15）、日本語能力試験（→P.52）

日本人学校（にほんじんがっこう）　★★

海外に在留する日本人のために、日本国内の小・中学校と同等の教育を行うことを目的とした全日制の在外教育施設の一つ。ほかに、補習授業校、私立在外教育施設がある。日本から派遣された教員によって学習指導要領に準拠した教育が行われており、言語教育は「国語科」である。

補習授業校（ほしゅうじゅぎょうこう）

海外で、平日は現地の学校に通学している児童生徒が週末などに日本の小・中学校の基幹教科を日本語で学ぶ施設。再び日本国内の学校に編入した際に、スムーズに適応できるよう、基幹教科の基礎と日本の学校文化を学ぶ。

日本貿易振興機構（JETRO） ★
にほんぼうえきしんこうきこう

Japan External Trade Organization

　2003年設立の経済産業省所管の独立行政法人。前身は日本貿易振興会。国内外に多数のネットワークを有し、海外マーケットの調査・研究を行い、貿易の拡大と経済協力の促進に邁進している。1996年から主催していた「ジェトロビジネス日本語能力テスト」は、2009年「BJTビジネス日本語能力テスト」として、日本漢字能力検定協会に移管された。

▶▶▶ BJTビジネス日本語能力テスト（→P.14）

日本留学試験（EJU） ★★★
にほんりゅうがくしけん

Examination for Japanese University Admission for International Students

　外国人留学生として、日本の大学などで必要とする日本語力および基礎学力の評価を行うことを目的に実施される試験。日本留学試験は、日本語科目の「記述」を除き、素点ではなく個々の問題（項目）の統計的性質をもとにして、TOEFL のような得点等化を行う。日本留学試験を利用する大学などは、その成績をJASSOに照会して入学選考を行うため、渡日前に海外から出願して合否を受けることができる。

■主催者　　日本学生支援機構（JASSO）
　　　　　　※国内では年間2回実施。海外では現地の事情による。
■受験資格　ない。（ただし、日本の大学には12年の学校教育を修了して年齢が18歳以上という入学資格がある）
■出題言語　日本語と英語から選択（日本語科目のみ日本語）
■解答方法　多肢選択式（マークシート）、日本語科目は記述式含む。

■出題科目等
受験希望の大学等の指定に基づき、以下の科目の中から選択して受験。

科目		目的	時間	得点範囲
日本語		日本の大学等での勉学に対応できる日本語力（アカデミック・ジャパニーズ）を測定。	125分	読解 聴解・聴読解 0～400点
				記述 0～50点
基礎学力	理科	日本の大学等の理系学部での勉学に必要な理科（物理・化学・生物）の基礎的な学力を測定。	80分	0～200点
	総合科目	日本の大学等での勉学に必要な文系の基礎的な学力、特に思考力、論理的能力を測定。	80分	0～200点
	数学	日本の大学等での勉学に必要な数学の基礎的な学力を測定。	80分	0～200点

（日本学生支援機構）

◇成績の有効期限：過去4回（2年間）。利用する回は大学により異なる。

中国本土（香港を除く）では、「日本語能力試験」は実施されているが、「日本留学試験」は実施されていない。多くの場合、日本で受験する。

▶▶▶日本学生支援機構（→P.48）

日本語科目

日本語科目の目的は、日本の大学などでの勉学に対応できる日本語力（アカデミック・ジャパニーズ）を測定すること。理解にかかわる能力を問う領域（読解、聴解・聴読解）と、産出にかかわる能力を問う領域（記述）の３領域から構成されている。

■読解、聴解・聴読解領域のシラバス

・直接的理解能力：
言語として明確に表現されていることを、そのまま理解することができるか

・関係理解能力：
文章や談話で表現されている情報の関係を理解することができるか

・情報活用能力：
理解した情報を活用して論理的に妥当な解釈が導けるか

（日本学生支援機構）

アカデミック・ジャパニーズ　Academic Japanese

日本留学試験の導入に伴って登場した用語。「日本の大学での勉学に対応できる日本語力」とされ、大学・大学院での講義、研究発表、レポート、論文の執筆などに不可欠な日本語のスキル。

入り込み指導　★

日本語指導が必要な児童生徒の在籍学級に、日本語教員、あるいは母語支援者などが入り込んで、通常の教育課程に沿って学習を支援する形態。

▶▶▶取り出し指導（→P.43）

原　敬（1856-1921）　★

岩手県生まれの政治家。大阪毎日新聞の社長時代に紙面の平易化に努め、漢字減少論を主張（1900）。当時の漢字は、「圓（円）」、「體（体）」のように画数が多く複雑な字体をしていた。原は、その後、平民宰相として初の政党内閣を組織（1918）するも、東京駅で暗殺された。

ピクトグラム　pictogram　★★

案内所や救護所の案内など、言語から独立して視覚的に知覚されるシンプルな図形。日本では、1964年の東京オリンピックを契機に導入。日本政府観光局では、多言語表示のほかに外国人観光客にわかりやすい**ピクトグラム**の普及を推進している。

案内所
(JIS Z8210案内用図記号)

漂流民(ひょうりゅうみん)　★★

主体的に日本語を学んだキリシタンに対して、江戸時代に偶発的な形で日本語教師に仕立てられた各藩の**漂流民**が存在する。南下政策の一環として日本と通交を望み、カムチャッカ半島に漂着した日本人を日本語教師にしたのがロシアであった。漂流民たちがロシアに残した日本語は、出身地の当時の**方言**であり、**方言資料**として価値が高く評価されている。

伝兵衛 （大坂商人）	1696年漂着。1705年、ペテルブルグ日本語学校創設。伝兵衛（後に帰化）、最初の日本語教師となる。日本人初の正教徒。
ゴンザとソウザ （薩摩藩）	1728年漂着。1736年、ペテルブルグの科学アカデミー付属日本語学校で日本語を教える。ゴンザの残した業績は天才的と世界から絶賛されている。
大黒屋光太夫 （伊勢商人）	1783年漂着。『欽定全世界言語比較辞典』の日本語項目を改定する。ラクスマンの援助を得てエカテリーナ女帝に帰国を直訴。1792年、許されて日本に帰国を果たす。

›› ゴンザと薩摩方言(さつまほうげん)

11歳のゴンザと35歳のソウザは、漂着から2年後、アンナ・ヨアノヴナ女帝に謁見する。女帝はロシア語を流暢に話すゴンザに感銘を受け、科学アカデミーでロシア語文法を学ばせた。ソウザ没後、ゴンザは、図書館司書ボグダーノフの指導により**『新スラヴ・日本語辞典』**（1736-1738）などをまとめ、21歳で没した。この辞書は12,000語の**薩摩方言**で書かれており、言語資料として高い価値があるといわれる。

›› 大黒屋光太夫(だいこくやこうだゆう) (1751-1828)

伊勢の船頭。ロシアに漂流。パラス編の**『欽定全世界言語比較辞典』**の改訂に参加。掲載された300近い日本語の語彙には光太夫の出身地の**伊勢方言**が残されている。10年に及ぶ漂白の旅を経て、遣日使節ラックスマンに伴われて北海道、根室に念願の帰国を果たす。

福沢諭吉（ふくざわゆきち） (1835-1901) ★

中津藩(大分県)の下級武士の子として大坂で生まれる。慶應義塾創設者。児童向けの教科書『文字之教（もじのおしえ）』(1873) の序文で**漢字の制限**を主張して、本文でそれを実行した。また、1881年、福沢は来日した朝鮮視察団の随行員のうち2名を、初の朝鮮人留学生として慶應義塾に受け入れた。

フレイレ Freire ,P. (1921-1997) ★★

ブラジルの教育思想家。ブラジルの**識字教育**をスラムで実践。貧困層の**意識化**（自分の境遇を考え、生活を変えていく）を目的とした識字教育法を1950年代の後半から実践し、第三世界の民衆教育運動や批判教育学の基礎を築いた。フレイレは、従来の垂直的な**銀行型教育**に対して、教師と生徒の対等な「**対話**」に基づいた**課題提起型教育**を実践した。

銀行型教育 Banking model of education	課題提起型教育 Problem-posing education
教師（預金者）が一方的に生徒（容器）の頭に知識を注入する垂直的な教育	スラムの絵や写真を示し、教師と生徒の対等な「対話」に基づいた識字教育

▶▶▶識字(→P.39)

文化庁（ぶんかちょう） Agency for Cultural Affairs ★★★

文部科学省の外局である**文化庁国語課**では、主として国内の日本語教育の充実へ向けて、文化審議会国語分科会（旧国語審議会）で審議を行うとともに、日本語教育関連機関との連携・調整を担当しながら、日本語教育推進会議、教師養成・研修、日本語教育実態調査、地域日本語教育の充実、文化庁日本語教育大会の実施など、さまざまな施策を推進している。

›› 日本語教育小委員会（にほんごきょういくしょういいんかい）

2007年、文化審議会国語分科会に設置。日本語教育を推進する上で、基本的な考え方を整理し、具体的な施策の方向性や推進方策を審議する。「**生活者としての外国人**」に対する日本語教育の体制整備を始め、最近は「日本語教員の養成・研修について」「日本語教育の資格について」など、日本語教育能力について議論している。

生活者としての外国人

「生活者としての外国人」のための日本語教育事業は、日本国内に定住している外国人などを対象とし、日常生活を営む上で必要となる日本語能力を習得できるよう、各地の優れた取り組みを支援し、日本語学習機会の確保を図ることを目的としている。

■地域日本語教育実践プログラム（A）
① 日本語教育の実施
② 日本語教育を行う人材の養成・研修の実施
③ 日本語教育のための学習教材の作成

（文化庁2021年）

▶▶▶多文化共生推進プラン（→P.41）

地域日本語教育

文化庁は、都道府県・政令指定都市に地域日本語教育の司令塔の役割を果たす地域日本語教育コーディネーターを置くとともに、その養成・研修を行っている。行政に属する地域日本語教育コーディネーターが地域の状況を踏まえながら、市民ボランティアと連携して多文化共生のための日本語教室づくりを支援している。

■地域日本語教育コーディネーターの役割
① 地域日本語教室の現状把握と課題設定
② 課題解決のプロセスの可視化（ファシリテーション）
③ 組織内外との調整や地域・組織・人の連携（ネットワーク）
④ 日本語教育のリソースの把握と課題に応じた適切な活用
⑤「生活者としての外国人」に適した日本語教育の方法の開発

「生活者としての外国人」に対するカリキュラムには、地震や台風などの災害に備え、対応するなどの社会・文化的情報が含まれている。

ベネディクト　Benedict,R.F.（1887-1948）　★★

アメリカの文化人類学者。結婚前は語学教師として数年過ごし、結婚後、コロンビア大学のボアズの指導のもとで文化人類学の学位を取得。ボアズ退任の後を受けて人類学科主任教授になる。日本の文化研究の書として、『菊と刀』が第二次世界大戦後の日本に大きな衝撃を与えた。

▶▶▶ボアズ（→P.171）、文化相対主義（→P.171）

『菊と刀』 The Chrysanthemum and the Sword

ベネディクトによる日本文化論（1946）。第二次世界大戦下の戦時研究の中から生まれた。欧米の「罪の文化」と対比して日本人特有の文化を、他人の目によって行動を律する「恥の文化」だとした。「文化」という用語を一般に広めることにも寄与した。

法務省 Ministry of Justice ★★★

基本法制の維持および整備、法秩序の維持、国民の権利擁護、出入国の公正な管理を図ることを任務とする国の行政機関の一つ。特別な機関として検察庁、施設等機関として刑務所等の刑事施設が、外局として公安審査委員会、公安調査庁、出入国在留管理庁がある。在留資格「留学」を付与することができる新規開設の日本語教育機関については、これまで日本語教育振興協会の審査事業を引き継いだ法務省が告示基準で定めていたが、日本語教育機関認定法（2023年成立）の施行（2024年）に伴い、法務省での新たな告示は行わないことになった。

出入国在留管理庁 Immigration Services Agency

2019年、法務省の入管行政の中核を担う入国管理局を格上げした出入国在留管理庁が設置された。主な業務として、出入国審査、外国人の在留審査・在留管理、不法滞在者対策、難民の認定・受入れ等を行っている。なお、在留資格「留学」が認められる教育機関は、従来の法務省告示機関（ただし、引き続き留学生を受け入れる場合は経過措置期間内に文部科学大臣からの認定を受ける必要がある）、または新しい制度による認定日本語教育機関になる。

教員の資格

法務省（出入国在留管理庁）は、日本語教育機関を認定する制度の創設を受けて、「日本語教育機関の告示基準」の教員の資格の一部を改訂（第一条の十三）した。民間試験の日本語教育能力検定試験の合格者は、「令和6年3月31日までに合格した者」とし、さらに「日本語教育機関認定法に基づき、登録日本語教員の登録を受けた者」を新たに教員の資格として追記した。

〔校長、教員、事務職員、役員〕
十三　全ての教員が、いずれかに該当する者であること。
イ　大学（短期大学を除く。以下この号において同じ。）又は大学院において日本語教育に関する教育課程を履修して所定の単位を修得し、かつ、当該大学を卒業し又は当該大学院の課程を修了した者
ロ　大学又は大学院において日本語教育に関する科目の単位を26単位以上修得し、かつ、当該大学を卒業し又は当該大学院の課程を修了した者
ハ　令和6年3月31日までに公益財団法人日本国際教育支援協会が実施する日本語教育能力検定試験に合格した者
ニ　学士の学位を有し、かつ、日本語教育に関する研修であって適当と認められるものを420単位時間以上受講し、これを修了した者
ホ　日本語教育機関認定法に基づき、登録日本語教員の登録を受けた者
ヘ　その他イからホまでに掲げる者と同等以上の能力があると認められる者
（日本語教育機関の告示基準　出入国在留管理庁　令和6年4月26日）

主任教員は、法務省告示日本語教育機関で常勤として3年以上の経験を有することと規定されている。（告示基準第一条十五）

▶▶▶日本語学校（→P.48）、在留外国人（→P.33）、日本語教育振興協会（→P.49）

前島密 (1835-1919)　★★★

越後（新潟県）生まれの官僚、政治家。幕府の翻訳筆記方を担当していた前島は、欧米で近代化が進展した一因を表音文字が習得しやすいことに求めて、漢字を廃止して仮名にしなければ教育が立ち遅れると考え、将軍慶喜に「漢字御廃止之議」を提言。一方で「近代郵便の父」として「郵便」「切手」などの漢字を創った。

前島密
（前島記念館）

漢字御廃止之議

前島密が漢字を廃して、仮名文字の採用を訴えて将軍慶喜に提出した「漢字御廃止之議」（1866）が日本で最初の漢字廃止論とされる。学習上困難な漢字・漢文を公用語としていては、西欧列強の新知識を正しく記述できず、教育の普及にも障害になると述べている。

▶▶▶国語国字問題（→P.28）

森有礼(もりありのり) (1847-1889) ★★

鹿児島県生まれの外交官、政治家。薩摩藩の留学生として渡英。通商語としての「簡易英語」の導入案は、センセーショナルに受け取られたが、森は、漢文に基づく従来の教育方法を改めるべきとし、日本語による教育法の確立を求めて日本語のローマ字化を企てた。初代文相となり学制改革に尽力するも暗殺された。

▶▶▶国語国字問題(→P.28)、チェンバレン(→P.41)

森有礼
(国立国会図書館ウェブサイト)

文部科学省(もんぶかがくしょう) ★★★

Ministry of Education, Culture, Sports, Science and Technology

略称MEXT（メクスト）。2001年、文部省と科学技術庁が統合。外局に文化庁、スポーツ庁がある。高等教育局において、外国人留学生への日本語教育施策を担当している。また、総合教育政策局において、日本語指導が必要な児童生徒に関する施策やJSLカリキュラムの開発、年少者のための日本語教材の開発、支援ツールなどの施策を展開している。

» CLARINET　Children Living Abroad Returnees Internet

文部科学省（総合教育政策局国際教育課）の提供。「海外子女教育、帰国・外国人児童生徒教育等」に関する総合ホームページ。該当する関係者との教育相談や情報の提供、並びに海外の日本人学校・補習授業校と国内の学校等の情報交換などを行う。愛称クラリネット。

» かすたねっと

文部科学省（総合教育政策局国際教育課）の運営。外国につながりのある児童・生徒の学習を支援する情報検索サイトで、生徒や保護者向けの教材・文書検索ツール、学校関係者向けの多言語の学校関係支援ツールがある。

» 生徒の学習到達度調査(せいとのがくしゅうとうたつどちょうさ)（PISA）　Programme for International Student Assessment

OECD（経済協力開発機構）が3年ごとに実施する国際学力調査。15歳児（高校1年生）を対象に、これまでの知識や技能を、実生活のさまざまな場面で直面する課題にどの程度活用できるかを調査する。「読解力、数学的リテラシー、科学的リテラシー」の3分野について、国立教育政策研究所が調査の実施を担当している。

▶▶▶日本語指導が必要な児童生徒（→P.51）、JSLカリキュラム（→P.17）、日本人学校（→P.54）

夜間中学 ★★

夜の時間帯等に授業が行われる公立中学校夜間学級の略称。全国に44校（2023年）ある。第二次世界大戦後、さまざまな事情で義務教育が未修了の人のために設置された。しかし近年は、本国や日本の義務教育を受けられなかった外国籍の人や不登校などの理由で十分に教育を受けないまま卒業した人たちが増え、学び直しの場としての役割も期待されるようになった。

夜間中学の現在。①外国人が圧倒的に多い、②国籍別では中国が多い、③日本語習得の目的が多いため、「特別の教育課程」を編成している。

▶▶▶特別の教育課程（→P.44）

やさしい日本語（EJ） Easy Japanese ★★★

災害時に必要な情報を外国人に伝える簡単でわかりやすい日本語のこと。1995年の「阪神・淡路大震災」で多くの外国人が情報弱者となったことがきっかけ。災害時に多言語による情報提供体制が整うまでの間に緊急度の高い情報の伝達を目指している。

■作成ルール（例）

- 1文を短くしたり、文節にポーズを入れたりする。
- 難しい語彙「消防車」を「火を　消す　車」のように言い換える。
- まぎらわしい表現を使用しない。「揺れがあった」⇒「揺れた」
- 「非常に」「たぶん」「やや」などのあいまいな表現を避ける。

>> Webによる情報提供

2012年には、NHKがインターネットで、やさしい日本語ニュース（NEWS WEB EASY）を開始した。やさしい日本語による情報提供は、ほかにもHiragana Times Magazine（日本語学習、日本生活情報マガジン）、MATCHA（訪日外国人観光客向けWebマガジン）など。

山本有三（1887-1974） ★

栃木県生まれの劇作家、小説家。劇作家として出発した山本は、耳で聞いてわかる、ふりがな無しの漢字表記によるわかりやすい文章を目指した。

第二次世界大戦後間もなく、三鷹の邸内に国語研究所を開設し、新憲法の草案が片仮名・文語体だったことに異を唱え、平仮名・口語体を進言した。

>> ふりがな廃止論

ふりがなをめぐって、山本有三が『戦争と二人の婦人』（1938）の巻末で、ふりがなつきの漢字を使わないことを宣言し、自らの小説で実践した。山本は、第二次世界大戦後の漢字施策における中心的な人物の一人で、当用漢字表の注意事項の「ふりがなは原則として使わない」という条項は、山本が強く主張したといわれる。

▶▶▶当用漢字（→P.325）

ユネスコ（UNESCO） ★

United Nations Educational, Scientific and Cultural Organization

国連教育科学文化機関。諸国民の教育、科学、文化の協力と交流を通じて、国際平和と人類の福祉の促進を目的とした国際連合の専門機関。

▶▶▶識字（→P.39）、消滅の危機にある言語（→P.88）

留学生30万人計画 ★★

2008年、福田康夫首相（当時）は産学官連携による海外の高度な人材の大学院・企業への受入れ拡大を進めることを表明。その骨子が取りまとめられ、2020年を目途に留学生数を30万人とする「留学生30万人計画」が策定された。計画の骨子では、来日前の段階から日本の文化を発信して、日本のファンを増やして留学希望に結びつけることが掲げられた。

>> グローバル30

留学生30万人計画のプログラムの一つで、国際化拠点整備事業を指す。国際化の拠点となる大学（採択13校）を選定して、**英語のみ**による学位取得を可能にするなど、大学のグローバル化を推進した。一時、事業仕分けの対象となったが、現在は留学生の受入れだけでなく、日本人の海外留学、留学生のキャリア支援も行っている。

留学生受入れ10万人計画 ★★★

中曽根康弘首相（当時）の提唱による日本の**知的国際貢献**をスローガンに掲げた計画（1983）で、第二次世界大戦後の留学生政策を大きく前進させた。当時は留学生数8,116人と他の先進諸国に比べて際立って少なく、留学生数を2000年までに10万人（当時のフランス並み）にしようとするものであった。当計画の策定をきっかけに「日本語能力試験」（1984）と「日本語教育能力検定試験」（1988）が開始された。

入国審査方針の見直し

留学の入国在留審査の際の「身元保証人制度」が廃止（1996）され、次いで、2000年、在留管理が適切に行われている適正校（不法残留率5％未満）の申請書類が大幅に簡素化された。この方針転換によって、留学生受入れ10万人計画の策定から20年後の2003年に留学生は10万9,508人に達した。

▶▶▶在留資格「留学」（→P.38）、日本語能力試験（→P.52）、日本語教育能力検定試験（→P.50）

区分2

言語と社会

LOTE　Languages Other Than English　★★

オーストラリアの言語教育政策で、「英語以外の言語」教育。1980年代後半から初等・中等課程で推進され、日本語を含む9つの優先言語が選定された。LOTE教育によって、非英語系移民の権利の保障とともに言語と文化に対する理解が促進されると考えられたのである。オーストラリアの外国語教育は、政権交代による変動もあり、日本語に限らず一様ではない。

オーストラリアでは、「外国語」と言わずに、数学や理科の教科名と同じようにLOTEと呼ぶ。LOTEの中で日本語が最も学習者が多い。

▶▶▶国・地域別の日本語学習者（→P.23）

挨拶　greetings　★★

人と人との出会いや別れのときに取り交わされる社交的・儀礼的な言葉や動作。そこにはしばしば待遇関係が現れ、十分に敬意を示すべき相手に対しては、長めの挨拶言葉が用いられる。挨拶はまた、交感的な機能をもち、円滑な人間関係の構築に大きな役割を果たしている。

›› 挨拶と使用場面

例えば、「こんにちは」は、日中、人に会ったときや訪問したときの挨拶で、「こんにちは（ご機嫌いかがですか／良い天気です）」などの下を略した形である。「こんにちは」や「こんばんは」は、対外的な挨拶であり、同居の家族には使わないという使用の制限がある。

›› 挨拶と使用法の変化

「お疲れ様です」は、仕事を終わった人にその労をねぎらって言ったり、一緒に作業をした人たちが互いにその労をねぎらったりするときの挨拶。ただ、現代のビジネスメールでは、冒頭で「お疲れ様です」を使うことが多くなった。これは社内ではOKだが、社外にはNGで、その場合は「お世話になっております」などが良いとされる。

▶▶▶交感的言語使用（→P.86）

あいづち　back-channel signals　★★

代表的な聞き手行動。話し手の発話中に聞き手から発せられる短い発話。聞き手が話し手の話を聞きながら、同感・同意の意を表す。特に日本語では、聞き手のあいづちが頻繁に入るので、学習者があいづちを打たないと違和感を覚える。会話指導を行う際は、この点に注意する必要がある。

アコモデーション理論 Accommodation Theory ★★★

ジャイルズ提唱。相手に応じた話し方の調整を社会心理学的に説明する理論。話し手が自分の言語行動を変えることで、聞き手との社会的距離を近づけたり遠ざけたりする現象を、プラス方向に歩み寄る収束とマイナス方向に距離をとる分岐の概念を利用して説明した。ベビートーク、フォリナートーク、ティーチャートークなどは言語的な収束の例である。

▶▶▶フォリナートーク(→P.102)

》収束／分岐 convergence / divergence

相手に心理的に接近するために、自分の話し方のスタイルを相手のスタイルに近づけることを収束、またはコンバージェンスという。逆に、相手に否定的な気持ちを抱き、心理的に距離を置きたい場合の話し方を分岐、またはダイバージェンスという。

■収束（コンバージェンス）
- 校長が朝礼で児童にわかるような表現で話す。(＋)
- 年配の上司が若い部下と話すときに若者言葉で話す。(＋)

■分岐（ダイバージェンス）
- 地方出身者が上京してさらに方言を強調する。(－)
- 外国人が日本語を話すときにわざと外国人なまりを強調する。(－)

アサーション assertion ★★

心理療法で「自己主張」の意味。人との関係において、自分のことだけを考えて相手を踏みにじる攻撃的タイプ、自分よりも相手を優先し自分のことを後回しにする非主張的タイプ、アサーションは、この2つの中間でまず自分のことを考えるが、相手をも配慮する自己主張。アサーティブなやり方を身につける訓練にアサーション・トレーニングがある。

言いさし ★★

話し手が発話を完結させないで、文の途中で言いかけたまま止めること。文としては、不完全ではあるが、意味が理解できるという点で、言い切りの文と等価である。日本語の自然な会話に大きな役割を果たしている。

- 「明日はちょっと都合が悪いんだけど。」（接続助詞）
- 「言ってくれれば用意したのに。」（接続助詞）
- 「他人じゃあるまいし。」（接続助詞）
- 「渋滞に巻き込まれまして。」（テ形）

※接続助詞の多くが、終助詞的に使われている。

イマージョン・プログラム immersion program ★★★

カナダ発祥。ケベック州モントリオールの幼稚園で、英語を母語とする子どもたちの保護者の要求に応えてフランス語による教育が実施された(1965)。英語を使用しないで第二言語によって通常の教科の授業を行うバイリンガル教育プログラムである。フレンチ・イマージョンとも。

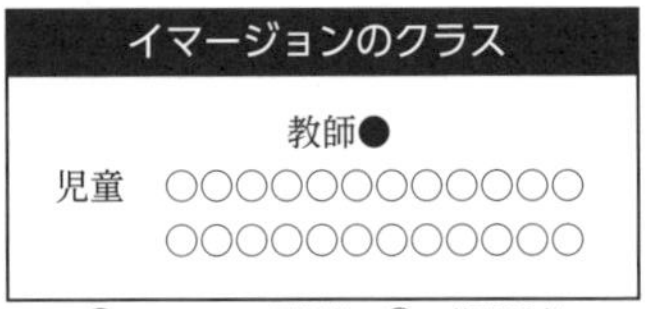

●＝フランス語話者　○＝英語話者

アメリカの一部の州では、日本語の使用割合や時期などは多様であるが、公立小学校に「日本語イマージョン・プログラム」が併設されている。

▶▶▶加算的バイリンガリズム(→P.163)、サブマージョン・プログラム(→P.83)

忌み言葉（いみことば） ★

不吉な連想や縁起が良くないなどの理由から、使用を避ける言葉。婚礼の席での「切る」「去る」など。また、宴席・会合などで「終わる」「閉じる」を嫌って、言い換えた例に「お開きにする」がある。

▶▶▶婉曲表現(→P.72)

隠語（いんご） ★★★

集団語の一つ。集団内部の秘密保持のために、外部の者にはわからない隠し言葉。宮廷女官の女房詞も広い意味で隠語といえる。隠語は、反社会的な集団で用いられるものが多いが、警察関係のホシ（犯人）、ガサ（捜索）、マル暴（暴力団）など、一般社会に知れ渡ったものまである。

▶▶▶集団語(→P.85)、女房詞(→P.98)

インフォーマント informant ★

言語調査の被調査者で、ある特定の言語をありのままに発音・発話して、その言語の分析に必要なデータを提供する人。調査・研究ではないが、ASTPで日系人がインフォーマントとして音声指導を行った例がある。

▶▶▶ ASTP（→P.184）

上田万年（うえだかずとし） (1867-1937) ★★★

江戸（東京都）生まれ。国語学者。東京帝国大学で、チェンバレンに言語学の手ほどきを受け、ドイツ、フランスに留学。帰国直後の論文「標準語に就きて」（1895）において国内で模範として用いられる標準語の制定が急務であるとし、山の手の「教育ある人が話す東京語」が標準語のモデルにふさわしいことを主張した。論文「p音考」など。作家円地文子の父。

上田万年
（東京外国語大学文書館）

≫ 国語調査委員会（こくごちょうさいいんかい）

1902年、政府は国語調査委員会を設置し、主査委員の上田の提言を受けて日本の方言を調査して標準語を選定する作業に入った。

■国語調査委員会の基本方針

1. 文字は<u>音韻文字</u>を採用することとし、仮名ローマ字等の得失を調査すること
2. 文章は<u>言文一致体</u>を採用することとし、これに関する調査をなすこと
3. 国語の音韻組織を調査すること
4. 方言を調査して<u>標準語</u>を選定すること

（文化庁「国語調査委員会決議事項」（1902年7月）より）

※音韻文字の採用は、漢字の廃止を意味する。下線は筆者。

国語という名称は、上田万年の講演「国語と国家と」（1894）で定着。それ以降、国語は、<u>国民統合の象徴としての役割</u>を担うことになった。

▶▶▶ 標準語（→P.101）、チェンバレン（→P.41）

エスノグラフィ ethnography ★

文化人類学、民俗学で使われる中心的な研究手法で、あるフィールドで生活する人たちの生活文化を調べることを目標として、参与観察者の視点から記述した質的データ。民族誌とも。

参与観察（さんよかんさつ） participant observation

フィールドワークによる研究手法の一つ。人類学者が研究対象とするコミュニティでの人間関係に積極的にかかわりながらも、ある一定の距離を保つことによって客観的な観察を行っていく手法。

絵文字（えもじ） ★

インターネット上で、簡単な絵のような形で交わされる1文字サイズのイラストやアニメーション。「😃」「😄」の類。文字だけなら不平と読める内容も、絵文字を使うことで、「怒ってませんよ」や「冗談ですよ」などのニュアンスを含ませることができる。

▶▶▶顔文字（→P.72）

婉曲表現（えんきょくひょうげん） euphemism ★★

直接的な表現を避けて、相手に不快な感情を与えることがないように、遠回しに言うこと。死・不幸・身体・不浄な事物など、**タブーの回避**として多く使われる。「死ぬ→亡くなる」「便所→お手洗い・化粧室」の類。

典型的な婉曲表現は、タブーの言い換えであり慣習化するとまた新しい言い換えが生まれる。直接的な表現を避ける言語行動の現れである。

▶▶▶ぼかし表現（→P.107）、忌み言葉（→P.70）

顔文字（かおもじ） emoticon ★★

文字や記号を組み合わせて表情を表現するもので、日本型の顔文字には、笑い「(^_^)」や泣き「(T_T)」などがある。ほぼ文末で使われ、国や地域で違いがあるが、男女差はあまりない。顔文字と同様の機能をもつものに、「(笑)」や「(泣)」などの表現がある。

▶▶▶絵文字（→P.72）

菊沢季生（きくざわすえお） (1900-1985) ★

日本語学の研究に初めて「**位相**」の概念を導入し、日本語の研究分野に位相論を設けることを提唱した。この用語は「水と氷と水蒸気」の相違を物理学で位相（phase）と名づけているところから採用された。

位相語

菊沢は、話者の年齢・性、職業・階級などによって言葉の違いが現れる現象を位相とし、それらを位相語と呼んだ。特に、幼児語や男性語・女性語、学生語、職業語などの語彙において顕著である。この視点は、社会言語学の先駆的なものと認められている。

▶▶▶社会言語学(→P.85)

気づかない方言 ★★

共通語と語形が同じ語彙であるため話者自身が気づかないまま使用している方言。例えば、「捨てる」を意味する東北地方のナゲルや、「片づける」を意味する西日本のナオスなどの類。方言の研究で、新方言、ネオ方言に続いて、1980年代以降、この現象についての考察が相次いだ。

■共通語と違う意味の方言

「こわい（北海道）／えらい（東海）／せこい（徳島）」→「疲れた」の意味。

「からかってやっと直した」→山梨弁で「手を尽くす」「修理する」の意味。

■共通語に取り入れられた方言

「はまなす」→東北・北海道の海岸に生える「浜梨（はまなし）」がなまったもの。

▶▶▶新方言(→P.89)、ネオ方言(→P.98)

規範／記述 prescription / description ★★★

規範とは、言語のあるべき姿を規定するもので、言語教育では、正しいとされる規範に従って教えて、それを逸脱した場合は、〈直す〉ことが求められる。一方、記述とは、社会言語学の立場で、言語のあるがままの姿を観察・記録する。誤用については、批判するのではなく、なぜそのような事象が生ずるのかを分析し、その法則性や将来の予測に関心をもつ。

規範主義	あるべき姿。言語使用において〈正しさ〉を重視する態度
記述主義	あるがままの姿。現実の使用実態を重視する態度

言語規範

規範のレベルは、順に「言語規範＜社会言語規範＜社会文化規範」という階層構造を成している。特に言語規範は、現実の使用実態との違いがわかりやすく、検定試験にも取り上げられることが多い。

	規範	変種	
可能形	食べられる	食べれる	ら抜き言葉
	行ける	行けれる	れ足す言葉
使役形	行かせる	行かさせる	さ入れ言葉

一段動詞・可能形の「ら抜き言葉」は、受身形から分化する一方、語尾の「れる」が、五段動詞・可能形の「れ足す言葉」と一本化しつつある。

▶▶▶社会言語学(→P.85)、可能(→P.267)、使役(→P.291)

共同発話 co-construction ★★

日本語の会話のスタイルに特徴的な発話。相手の言いたいことを察して、一つのまとまりをもった発話をつくること。話し手が順番をとって一方的に話し、聞き手がそれをただ聞くというパターンではなく、参加者が相互に深くかかわり合って、動的に談話を構成しているとみることができる。

X：毎日蒸し暑くて……。
Y：嫌になりますよね。

▶▶▶ターン・テイキング(→P.91)、同時発話(→P.96)

近接空間学（プロクセミクス） proxemics ★

文化人類学者ホールらによるパーソナル・スペースの研究。他人がこの中に入ってくると、侵害されたという感じをもつことがある。人が他人との距離感や空間をどのように用いるかについて、さまざまな文化における対人距離、縄張り意識、座席の位置などの空間概念とコミュニケーションの関係をプロクセミクスという用語で表現し、明らかにした。

≫ パーソナル・スペース personal space

個人が自分の周りにもっている空間で、対人行動の際に、意識的・無意識的に相手との間にとる距離。他人がこの中に入ってくると、人は無意識に防衛しようとする。このような個人空間は、物理的な空間ではなく、自我の延長としてとらえられている。

▶▶▶ノンバーバル・コミュニケーション(→P.99)

繰り返し repetition ★

話し手の発話をすぐに他の会話参加者が繰り返す現象。聞き手行動での繰り返しは、話者の交替を起こし、会話の参加者間での結束性を確立し、対人関係を築きあげる機能を果たす。繰り返される発話は、そのまま全部または一部、言い換え、情報の付加などを行って、会話を発展させていく。

▶▶▶ターン・テイキング（→P.91）

敬語　honorifics　★★★

敬語は、話し手（書き手）が相手や周囲の人に対して「敬い」や「へりくだり」などの気持ちを示す言語表現である。狭義には、他者を上位者として待遇する場合の**敬意表現**であるが、例えば、初対面のときの疎遠な人との間に適度な距離を置く場合の**敬遠表現**まで、その場の状況についての自らの気持ちに即した、自己表現の現れとみることもできる。

▶▶▶待遇表現（→P.92）、ポライトネス・ストラテジー（→P.351）

≫ 話題敬語／対者敬語

敬語は、文の話題になっている人物や話の材料になっている事物に対する敬意の表現である**話題敬語**（**素材敬語**とも）と、聞き手に対して直接的に丁寧な気持ちや態度を表す**対者敬語**に分かれる。

敬　語	話題敬語	尊敬語・謙譲語Ⅰ
	対者敬語	謙譲語Ⅱ（丁重語）・丁寧語

≫ 絶対敬語／相対敬語

韓国語、ジャワ語などは、上下関係重視で、常に一定の敬語が使われる**絶対敬語**の体系をもつ。一方、現代日本語の敬語は、ウチ・ソトの対立的な関係によって使い分ける**相対敬語**である。しかし、上代の高貴な人などが自らに尊敬語を用いる自尊表現や地域的には西日本方言などの身内に対する用法に絶対敬語の形跡がある。

・韓国語（絶対敬語）：社長様は、今いらっしゃいません。
・日本語（相対敬語）：社長は、今おりません。

日本語の敬語は、上代における絶対性が薄れて相対性を強めながら変化してきた。身分制から現代社会への変化に言語も影響を受けている。

▶▶▶身内尊敬用法（→P.106）、敬語の変遷（→P.76）

敬語5分類　★★★

文化審議会国語分科会は、『**敬語の指針**』（2007）と題する答申で、これまで学校教育で行われていた敬語の3分類の考え方に対して、現代社会における敬語の用法や働きを的確に理解したり説明したりできるために、謙譲語を「謙譲語Ｉ」と「謙譲語Ⅱ」に分け、丁寧語のほかに「美化語」を加えて、敬語を５分類にする考え方を提言した。

3分類	5分類	
尊敬語	尊敬語	「いらっしゃる・おっしゃる」型
謙譲語	謙譲語Ⅰ	「伺う・申し上げる」型
	謙譲語Ⅱ（丁重語）	「参る・申す」型
丁寧語	丁寧語	「です・ます」型
	美化語	「お酒・お料理」型

敬語の変遷 ★★

敬語の発生には諸説あるが、上代には話し手（書き手）が自分に「賜ふ」のような尊敬語を用い、聞き手の行為には「まかる」のような謙譲語を用いる**絶対敬語**の用法が見られた。しかし、この身分的・階層的な上下関係をもとにした絶対敬語は、時代とともにすたれて、現代の日本語の敬語は、ウチとソトで敬語を使い分ける**相対敬語**の用法になった。

▶▶▶絶対敬語／相対敬語（→P.75）、敬意低減（逓減）の法則（→P.290）

継承語 heritage language ★★

移住者など海外にルーツをもつ親や祖父母の言語。現地語が**主流言語**で、継承語が**少数言語**という**バイリンガル環境**下では、子どもは現地語への置き換えが早くなる傾向にあり、現地語が堪能でない親にとっては、親子間の意志の疎通を図る上でも継承語が必要とされる。3世、4世と世代が進むにつれて、継承語が失われることも多く、保持・育成が課題になっている。

継承語教育 heritage language education ★★

放課後や週末を使って、移民や先住民などの**少数言語**の環境にある子どもに自分のルーツである親の言語や文化を継承する教育。**ヘリテージ**とも。ノルウェーやスウェーデン、**多文化主義**を掲げるカナダ、オーストラリアで始まった。継承語教育は、世界中で移民や難民として、自分の母語とは異なる環境で暮らす人々が増加していることと深く関係している。

≫ 継承日本語教育

在外日本人のほとんどは子弟には、日本語教育を受けさせようと考えている。例えば、ブラジル移民の初期のころは、国語としての日本語教育が行われていた。同族のメンバー間の相互交流があると継承語が保持される傾向にあるが、3世以降になると、外国語としての日本語をゼロから継承する時代になっている。

▶▶▶JFL／JSL(→P.15)

言語計画（げんごけいかく） language planning ★★

ある言語に関する問題を解消するために、その言語状態に対して人為的な働きかけを行うこと。基本方針を決定するのが言語政策で、言語計画は、それを実行するための計画であり、席次計画、実体計画、普及計画の3つの下位区分をもつ。明治末期からの日本語の標準語化も、山の手の言葉→方言調査→国定教科書による普及と、同じようなステップで行われた。

①**席次計画** (status planning)	「言語使用」に対するアプローチ 公的な言語の選択、標準語の制定など
②**実体計画** (corpus planning)	「言語」に対するアプローチ 席次計画で決定した言語の正書法、表記法、標準化など
③**普及計画** (acquisition planning)	「言語使用者」に対するアプローチ 習得・普及のためのプログラムなど

▶▶▶標準語(→P.101)、言語政策(→P.77)

言語権（げんごけん） language rights ★★

ある社会で言語的に多数か少数かにかかわらず、自ら望む言語を使うことができる権利。世界的に移民・難民が急増する現在、少数派言語の話者に母語学習の機会を保障する中で主張された。言語権は、生存権や教育権などと同様の人権の一部であるとする考え方が、近年注目されている。

言語（げんご）シフト Language shift ★

言語移行を意味する。少数言語の話し手が使用言語を別の言語へ替えることで、日本では、アイヌ語や琉球諸語から日本語への言語移行がある。

▶▶▶アイヌ語(→P.18)、消滅の危機にある言語(→P.88)

言語政策（げんごせいさく） language policy ★

政府などの公の機関が行う、言語の採択、普及、改革などの取り組み。多民族国家や新しく建国された国家では、国語や公用語の選定が重大問題となる。イスラエルの公用語である現代ヘブライ語は途絶えた古代語が、政府の言語政策によって言語復活し、1970年代にはスペインでバスク語とカタロニア語の復権が見られた。

▶▶▶言語計画(→P.77)、言語復活(→P.79)

言語接触（げんごせっしょく） language contact ★★★

異なる言語を話す者同士が接触するとき、意思疎通を図るために互いの言語が影響を及ぼすことを言語接触という。その初期の段階の接触言語をピジンという。多くのピジンが消滅していく中、それが世代を超えて受け継がれ、母語化したピジンを、言語学でクレオールと呼ぶ。

›› ピジン pidgin

ピジンの多くは、欧米諸国が行った海外進出や植民地政策によって、カリブ海、中南米、アフリカ、東南アジア、太平洋諸島などの沿岸の地域に見られた。双方の言語体系が混ざり合い、文法構造が簡略化された混成言語。母語に影響された音声ではあるが、いずれの母語でもないので定義上、ピジンには母語話者が存在しない。

■特徴
- 音声は使用者の母語に影響される。
- 語彙が少なく、1つの語彙の意味範囲が広い。
- もとになる言語の音声や文法を大幅に簡略化する。

›› クレオール creole

交易上、簡略化されたピジンが定着して、それを母語とする子どもたちに受け継がれたもの。母語化されたクレオールは、語彙も増え、不完全なところが補充され、発音や文法がピジンよりも複雑になる。もとフランス領のハイチ・クレオールは、フランス語と共にハイチの公用語になっている。

名　称	基　盤	国・地域
ハイチ・クレオール	フランス語	ハイチ
ジャマイカ・クレオール	英語	ジャマイカ
トクピシン（Tok Pisin）	英語	パプアニューギニア

▶▶▶ダイグロシア(→P.93)

言語相対論（げんごそうたいろん） linguistic relativity ★★

言語がその使用者の思考様式や精神構造に一定の影響を及ぼしているという主張。強い形の主張では、言語によって世界観まで完全に決定される（言語決定論）と考える。弱い形の主張は、サピア・ウォーフの仮説とも呼ばれ、言語が特定の範囲において思考に影響を与えると考える。

▶▶▶サピア・ウォーフの仮説（→P.83）

言語復活（げんごふっかつ） language revival ★

衰退した言語が再び活力を取り戻し、話者の数が増していくこと。成功例に、イスラエルの現代ヘブライ語がある。口語が途絶えた古代語（文語は継承）が政府の言語政策によって復活した言語として知られる。

▶▶▶言語政策（→P.77）

言語変種（げんごへんしゅ） language variety ★★★

共通語（東京方言）と薩摩方言のように同一言語内に見られる言葉の差、位相のこと。地域方言のほか、社会方言と呼ばれる男女差、年齢差、職業などによる言葉の違いがある。社会言語学は、言語形式の位相を扱うだけでなく、言語接触の際の言語変種の選択やスタイルの切り替えなど、複数の言語ないし言語変種を併用する話者の言語行動も研究対象とする。

▶▶▶位相語（→P.73）、文体（→P.103）

謙譲語（けんじょうご）Ⅰ ★★★

話題敬語の一つ。自分側からの行為・ものごとなどについて、それらが向かう先の人物を立てて述べるもの。「伺う・申し上げる」の類。「先生のところに伺いたいんですが」の行為者は、話し手で、その行為の向かう先の人物が先生である。話し手は、先生（あるいは家族等）に向かって直接言うこともできるし、その他の人に向かって言うこともできる。

- 特定形　：伺う（←聞く・訪ねる）　申し上げる（←言う）＊申す＝丁重語
  お目にかかる（←会う）　差し上げる（←与える・やる）
- 一般形　：お届けする　　御案内する
  お読みいただく　御指導いただく
- ものごと：（立てる人物への）お手紙　御説明

▶▶▶敬語（→P.75）、待遇表現（→P.92）

謙譲語Ⅱ（丁重語） ★★★

対者敬語の一つ。「参る・申す」の類で丁重語とも。「私は明日から海外へ参ります」のように基本的には自分側のことを改まって述べるもので、これが丁重さをもたらし、聞き手に対する敬語として働く。この意味では、謙譲語Ⅱは、丁寧語と近い面をもつ。また、用法としては言い切りの形では使えなく、現代では丁寧語を伴うという特徴がある。

・特定形	：参る（←行く・来る）	申す（←言う）
	いたす（←する）	おる（←居る）　＊おる＝西日本方言
・使用場面	：①自分の行為	「私は田中と申します」
	②自分側の行為	「〇〇さんの結婚式には母が参ります」
	③自分側以外の行為	「お車が参りました」

▸▸▸敬語（→P.75）、待遇表現（→P.92）

›› 謙譲語Ⅰと謙譲語Ⅱの違い

従来の3分類では同じ謙譲語として扱われてきたが、謙譲語Ⅰは話題敬語、謙譲語Ⅱは対者敬語である点で両者は決定的に異なる。仮に、配慮の対象を「先生」と「弟」とでチェックすると、「伺う」は「弟」を立ててしまうので不自然であるが、「参る」は、聞き手に丁重に述べるので問題はない。

謙譲語Ⅰ	自分の動作、行為が「向かう先」に対する話題敬語
	○：先生のところに伺います。（伺う→配慮の対象＝先生） ×：弟のところに伺います。（伺う→配慮の対象＝＊弟）
謙譲語Ⅱ	直接、話をしている「聞き手」に対する対者敬語
	○：先生のところに参ります。（参る→配慮の対象＝聞き手） ○：弟のところに参ります。（参る→配慮の対象＝聞き手）

▸▸▸敬語5分類（→P.75）

交渉会話／交流会話 ★★

会話は、人と人の対話であるが、面接のように談話管理者がいるものではない。会話は、人が言葉を交わす目的によって、交渉会話と交流会話に分けられる（Brown&Yule,1983）。前者は、具体的なものごとの処理を目的に行う会話で、後者は、雑談のように話すこと自体を目的とする会話である。実際の会話では1つの会話の中に両者が含まれることもある。

▸▸▸社交的言語使用（→P.86）

公用語　official language　★★★

ある国家内で、行政・教育・メディアなどの公的な使用域において使用が定められた言語。1言語のみとは限らない。例えば、ニュージーランドの公用語は、英語、マオリ語（1987）、ニュージーランド手話（2006）の3つである。これにより、英語以外の少数派言語の地位を保持し、援助している。また、世界で最初に手話を公用語にしたことでも知られる。

■公用語を複数もつ国

カナダ	英語、フランス語
スイス	ドイツ語、フランス語、イタリア語、ロマンシュ語
シンガポール	英語、中国語、マレー語、タミール語
イスラエル	ヘブライ語、アラビア語

▶▶▶手話（→P.87）、マイノリティ（→P.108）、言語政策（→P.77）

コード・スイッチング　code-switching　★★★

言語接触の際、バイリンガルが使用言語を別の言語（または言語変種）に切り替えて使うこと。コード・スイッチングは、移民コミュニティではしばしば見られる言語行動で、自分たちの仲間意識を高めたり、アイデンティティを確認したりといった機能を果たしている。

≫ 隠喩的コード・スイッチング　metaphorical code-switching

ある話題に微妙な意味合いをもたせるという内的要因によって起こる言語の切り替え。バイリンガル同士が仕事の愚痴を言うときにスイッチする、親の前で兄弟が若者言葉で内緒話をするなどがある。親密度を高めると同時に、他者を疎外するという機能を果たす。

≫ 状況的コード・スイッチング　situational code-switching

場面や状況の変化という外的要因によって起こる言語の切り替え。例えば、インターナショナルスクールに通う子どもが学校では英語を、家庭では日本語を使う。観光客と共通語で話しているところに、地元の友人が来たので方言に切り替えるなどがある。

隠喩的コード・スイッチングは、話し手が言語の選択を認識しているが、状況的コード・スイッチングでは、切り替えに気づかないこともある。

▶▶▶バイリンガリズム（→P.99）、バイリンガル（→P.162）、ダイグロシア（→P.93）

コード・ミキシング　code-mixing　★

バイリンガルの子どもに広く観察される現象で、2言語の要素を混用すること。2言語を同時に習得するために、両言語から受ける干渉が原因と考えられている。コード・スイッチングと似た現象であるが、十分な言語の使い分け能力があるかどうかという点で大きく異なっている。

▶▶▶バイリンガル(→P.162)

コーパス　corpus　★★

生の言語資料を意味する。言語を分析するための基礎資料として記述・集積されたもの。現在では、コンピュータによって検索・分析ができるようにデータベース化されたサンプルが提供されている。具体的な使用例や使用頻度などありのままの日本語の姿がわかる。なお、コースデザインの際、目標言語調査で収集された言語資料もコーパスの一つである。

■国立国語研究所・コーパスリスト（抜粋）
- 現代日本語書き言葉均衡コーパス
- 日本語話し言葉コーパス
- 日本語歴史コーパス

▶▶▶目標言語調査(→P.235)

コミュニケーション能力（のうりょく）　communicative competence　★★★

チョムスキーの言語能力を批判した社会言語学者ハイムズ（1972）は、初めてコミュニケーション能力という用語を提示した。実際の場においては、文法的な正しさだけでは不十分で、状況に応じて適切に使用する言語能力まで拡大するべきだとした。1980年代になり、カナルとスウェインは、これを拡張して、4つの能力から構成されるとした。ハイムズのコミュニケーション能力は、社会言語能力に相当する。

①**文法能力** (grammatical competence) 形態、語彙、統語などの知識をもとに文を作成する能力
②**談話能力** (discourse competence) 文をつなげて結束性や一貫性のある会話・文章にする能力
③**社会言語能力** (sociolinguistic competence) 言語が使われる文脈を理解し、適切に言語を使用する能力
④**ストラテジー能力** (strategic competence) コミュニケーションが破綻したときにそれを埋め合わせる能力

4つの能力から成る「コミュニケーション能力」のモデルは、1980年代に提示され、現在では第二言語教育で目指すべきゴールとなっている。

▶▶▶社会言語能力(→P.86)

コンテクスト　context　★★★

文脈、コンテキストとも。コンテクストは、文章（テクスト）を取り巻く状況、背景の情報で、ある特定の発話の焦点となる出来事を適切に理解し、解釈する上での枠組みを提供するものである。これは、テクスト以外の行動主体の非言語行動や文化的・社会的背景から重層的に形成される。

▶▶▶高コンテクスト文化／低コンテクスト文化(→P.172)

サピア　Sapir,E. (1884-1939)　★★★

ドイツ生まれのアメリカの言語学者、人類学者。アメリカ言語学会初代会長。ボアズの門下で、北米インディアン諸語の研究で知られる。我々の外界に対する見方は、言語ごとに影響を受けているという言語相対論は、サピア・ウォーフの仮説と呼ばれている。

▶▶▶ボアズ(→P.171)、アメリカ構造主義言語学(→P.283)

›› ウォーフ　Whorf,B.L. (1897-1941)

アメリカの言語人類学者。マサチューセッツ工科大学で化学を専攻し、火災保険会社に就職するが、休暇を使って独学で言語研究のフィールドワークに励み、とうとうサピアの研究室へ身を転じた。ホピ族の言語研究に力を注ぎ、言語と思考様式の間に密接な関係があることを確信するに至った。

›› サピア・ウォーフの仮説　Sapir-Whorf hypothesis

人の思考において、言語を介さない思考はなく、使用言語が違えば認識する世界が違うという仮説。ネーミングは、2人の命名によるものでも、共同の研究というものでもなく、後世の学者が彼らのよく似た考えをひとまとめで呼んだことに由来している。この仮説は、言語と思考や認識とのかかわりを示唆した点で評価されている。

▶▶▶言語相対論(→P.79)

サブマージョン・プログラム　submersion program　★★

現地語の教育現場に、少数派の言語を母語とする児童を入れて、現地語の教育を受けさせるプログラム。アメリカの英語ネイティブの教育現場に、就学時に英語がほとんど話せないスペイン語ネイティブの児童を問答無用で入れた例が有名。このプログラムは、大量の退学者を生産し、失敗した。

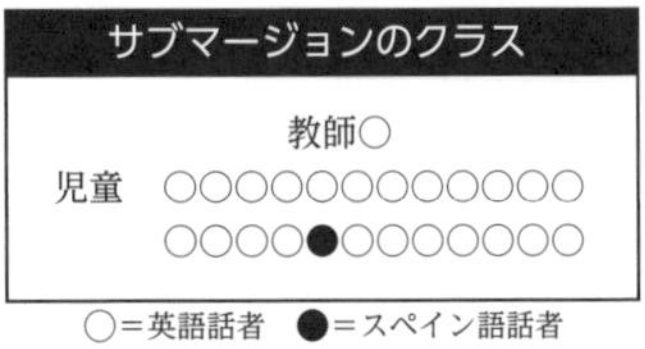

▶▶▶減算的バイリンガリズム（→P.163）、イマージョン・プログラム（→P.70）

ジェンダー gender ★★

生物学的な男女の差異を性別と呼ぶのに対して、ジェンダーは、社会的、文化的に規定された男性らしさと女性らしさという意味で使われる。訳語では、性差。社会言語学では、性差による言語変種（男性語・女性語）と、性差を固定する表現の2つが取り扱われる。性差別的な意味合いを回避した表現として、近年、「看護婦」を「看護師」に言い換えた例がある。

≫ リポート・トーク／ラポート・トーク report-talk/ rapport-talk

会話スタイルの性差。男性は、情報中心のリポート・トークを用い、女性は、心理的なつながりを求めるラポート・トークを用いる傾向にある。男性は、社会的立場の保持を意識した話し方をしがちであるが、女性は、相手と似たような経験や考えを共有することで居心地の良さ、親密感を作り出す話し方が多い。

▶▶▶言語変種（→P.79）、ポリティカル・コレクトネス（→P.108）

ジェンダーフリー gender free ★

和製英語。「男は仕事、女は家庭」のような従来の固定的な性別分担にとらわれず、それぞれの個性を発揮して自分に合った生き方をしようという考え方。1990年代半ばから、学校教育の場を中心に広がった。

色彩語彙（しきさいごい） color terminology ★

色彩を示す語の総称。あるいは色彩語とも。日本語は「白」「黒」「赤」「青」の4語とする説があり、語尾に「い」をつけた形容詞として違和感がない。比喩的に意味拡張された「黒い噂」「灰色の人生」のような例も見られる。なお、色の知覚と民族の色彩認識構造は異なるとみられている。

▶▶▶言語相対論（→P.79）

柴田武（しばたたけし） (1918-2007) ★★

愛知県生まれの方言地理学、社会言語学者。第二次世界大戦後、日本語のローマ字化を企てた連合国軍最高司令部（GHQ）は「日本人の読み書き能力調査」（1948）を提案し、当時東京大学助教授の柴田らがこれを実施した。GHQは想定外の識字率の高さに驚き、この結果では都合が悪いと報告書の書き直しを要求するが、柴田はこれを断った。

›› 集団語

ある特定の集団や階層、もしくは職業などを特徴づける言語変種。1958年、柴田武が「位相語・社会方言・特殊語」などと呼ばれていたものを集団語と名づけた。専門用語・術語を除けば、その多くは俗語に属する。孤立した集団で発生しやすく、部外者・よそ者にはわからない言葉で、言葉の伝達以外に、娯楽・連帯機能をもつ。

専門用語	特定の分野の学問や仕事で用いられる語
術語	学術上で特に定義され限定されて用いられる語
隠語	特定の職業・社会の者の間だけで通用する特殊な語 舞台用語「じゃり（子ども）」、警察用語「マル被（被疑者）」など
スラング	ある特定の社会集団の中で用いられる俗語 ギャラ、チョベリバ、KY（空気が読めない）など

▸▸▸位相語（→P.73）、若者言葉（→P.112）

ジャーゴン jargon ★

特定の内集団で通用し、その集団外の人には理解できない特殊な用語。また、失語症研究においては、訳のわからない意味不明の発話を指す。

▸▸▸内集団／外集団（→P.97）

社会言語学（しゃかいげんごがく） sociolinguistics ★★★

現在、社会言語学として行なわれている研究はきわめて多様であるが、言語現象や言語運用を社会とのかかわりでとらえる応用言語学の一分野であると定義する。研究領域は、属性と言葉（年齢差、性差、集団語など）、言語行動（待遇表現、伝達行動など）、言語生活、言語接触（方言と共通語、バイリンガリズムなど）、言語意識、言語変容など多岐にわたる。

▸▸▸規範／記述（→P.73）

社会言語能力／社会文化能力　★★★

sociolinguistic competence / sociocultural competence

発音や文法などの言語能力をもとにして、場面に応じて言語を適切に使い分ける能力を、社会言語能力という。さらに、言語能力と社会言語能力の２つを内包する社会文化能力は、その社会の規範を逸脱せずに、適切な表現形式を用いる能力を意味する。もし、これを逸脱することがあれば、聞き手に不快感や違和感を与えることになる。

「言語能力＜社会言語能力＜社会文化能力」という図式は、〈規範〉という観点から見れば「言語規範＜社会言語規範＜社会文化規範」になる。

社交的言語使用　social communication　★★★

人が言葉を交わす際には、情報伝達の目的以外に、相手に対する社交的・儀礼的な工夫を凝らしている。日常生活における挨拶、交感的言語使用、注釈、決まり文句などの言語行動を社交的言語使用と呼ぶ。話し手と聞き手の間の言葉を人間関係維持の道具としてとらえると、これらの言語行動は、非常に重要な機能を果たしている。

≫ 交感的言語使用　phatic communication

ポーランド生まれの文化人類学者マリノフスキー提唱（1923）。具体的な情報伝達機能をもたない話し言葉で、挨拶や世間話、おしゃべり（small talk）など、話し手と聞き手の間に一体感が生まれるようなやりとり。交話的言語使用とも。後年ヤコブソンによって言語の6機能モデル（交話的機能）の中に取り入れられた。

▶▶▶挨拶（→P.68）、言語の6機能モデル（→P.110）

≫ 注釈　meta-utterance

社交的言語使用の一つ。「こんなに夜分遅く申し訳ありませんが」「僭越ながら申し上げます」など、何かを言う前に発する決まり言葉として社会の成熟した成員がよく使用する前置き。ことわり。

▶▶▶メタ言語行動表現（→P.109）

≫ 接触話題　contact topic

初対面の人やあまりつき合いのない人とうまく会話を始め、無難な会話を続けるのに適した話題。内容は、スピーチ・コミュニティのもつ文化、会話の場面によりさまざまに異なる。日本では、天気を話題にすることが多いが、スウェーデンでは、休暇の話題が多い。

▶▶▶スピーチ・コミュニティ(→P.89)

シャノン　Shannon,C.E. (1916-2001)　★★

アメリカの科学者で、情報理論の父。シャノンは、ウィーバーとの共著で情報伝達のプロセスをコミュニケーションモデルとして描いた。情報源の発信者は、伝えたいメッセージを選択し、さまざまなチャンネルを通して受信者に送る。ノイズの干渉を受けて情報が正確に伝達されない場合、受信者が再び解読することによって、発信者の情報が伝わるとした。

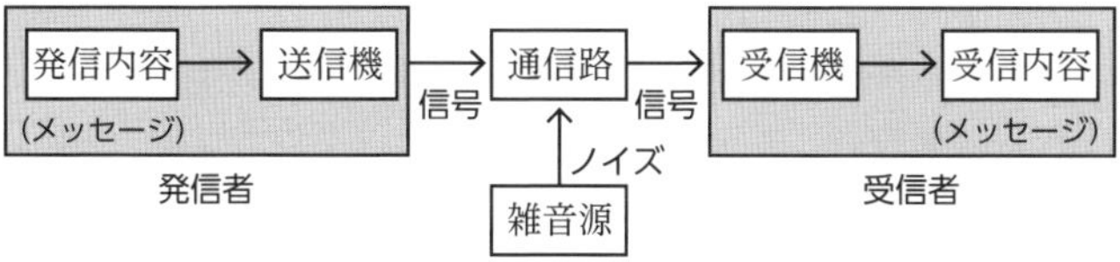

(情報伝達に関するシャノン・モデルをもとに作成)

ノイズ　noise

情報理論で、雑音や干渉、ひずみなど情報伝達の妨げになるもの。人とのコミュニケーションの場面でも同様のノイズが問題となる。特に、異文化間では、通常のノイズ以外に言語の違い、文化や習慣の違いやコミュニケーション・スタイルの違いなどもノイズとなる可能性があるので、これらを乗り越えて情報の伝達を行う必要がある。

▶▶▶コミュニケーション・スタイル(→P.137)

修復（しゅうふく）　repair　★★

会話分析の用語。言語形式や表現の不適切さによってやりとりが破綻しそうなときに、言い直したり、言い換えたりすること。話し手自身による自己修正（self-repair）の場合、破綻した直後だけでなく、話し手が話しながら修復することもある。また、聞き手による修復の場合は、話し手のメンツを保ちながら各言語文化に応じて行われる。リペアとも。

▶▶▶リペア(→P.179)

手話（しゅわ）　sign language　★★

音声によらない聴覚障害者の視覚言語。手話の構造は、世界共通ではなく、日本手話、アメリカ手話のようにそれぞれ異なる。聴覚障害教育では、第二次世界大戦後、手話を禁止して、相手の口の動きを読み取る口話法を主とする時期があったが、現在では、手話と口話を組み合わせたトータル・コミュニケーションという考え方が主流になっている。

生まれながらの聴覚障害者には、第一言語が手話であり、日本語のような音声言語・文字言語は、第二言語ということになる。

▶▶▶公用語(→P.81)

消滅(しょうめつ)の危機(きき)にある言語(げんご) ★

ユネスコによれば、世界で約2,500の言語が消滅の危機にある。日本では、8言語・方言が消滅の危機にある。保存・継承のための主な取り組みとして、文化庁の「危機的な状況にある言語・方言サミット」、高知大学の医療・福祉・介護従事者向け「方言データベース」の提供などがある。

■危機の度合

【極めて深刻】	アイヌ語
【重大な危機】	八重山語、与那国語
【危険】	八丈語、奄美語、国頭(くにがみ)語、沖縄語、宮古語

(ユネスコ"Atlas of World's Language in Danger"第3版より)

▶▶▶アイヌ語(→P.18)、ユネスコ(→P.64)

省略語(しょうりゃくご) ★

略語の一種で、和語、漢語、外来語などを自在に組み合わせて、省略して短縮した語。日本語は「食パン」「ドタキャン」「筋トレ」など、4拍語の造語にすることが多い。最近の若者言葉では、「それな（そうだよな）」「タピる（タピオカドリンクを飲む）」などもこれに相当する。

▶▶▶若者言葉(→P.112)

身体動作(しんたいどうさ) ★★★

ノンバーバル・コミュニケーションで、私たちが身体の一部を動かしてメッセージとしているもの。具体的には、ジェスチャー、アイコンタクト、顔の表情、姿勢などが含まれる。「こんなに大きな魚」と言いながら両手を左右に広げるジェスチャーは、発話とともに現れ、その内容を補足したり強調したりする機能を果たす。

» エンブレム　emblem

非言語行動の一つで、表象動作とも。特定の文化圏で動作の形と意味が社会慣習として定着している身体動作。日本では人差し指と親指で丸を作って「お金」を表すが、欧米では親指とそれ以外の指をすり合わせる。エンブレムは、同じ文化圏であれば、発話を伴わなくても通用するが、異なる文化圏では別の動作になったり、タブーになったりすることがある。

- ・インドネシアでは、左手が不浄。
- ・タイやインドでは、子どもの頭をなでてはいけない。（神聖な場所）
- ・アラブ諸国では、靴底を相手に見せることは最大の侮辱行為になる。
- ・ドイツでは、人差し指を立てて挙手する。（通常の挙手はナチスを連想）

ジェスチャーは、まだ動作と意味が定まっていないため発話を伴うが、エンブレムは、発話を伴わなくても同一の文化圏であれば伝わる。

▶▶▶ノンバーバル・コミュニケーション（→P.99）

新方言 ★★

井上史雄の提唱。「ヤッパ」「〜みたく（みたいに）」「〜じゃん」の類。若い世代に向けて使用者が多くなりつつある非共通語形で、使用者自身も方言扱いしているもの。不快感を意味するウザッタイは、東京の多摩地域で生まれた新方言とされるが、現在では、ウザイが全国に広がっている。「非常に、大変に」を意味する程度副詞は、東京でのチョー、名古屋でのデラ、大阪でのメチャ、広島でのブチなどが現れ、注目されている。

▶▶▶ネオ方言（→P.98）

スティグマ stigma ★★★

ギリシア語で、烙印、汚名を意味する。アメリカの社会学者ゴフマンは、社会的に差別され否定的なアイデンティティをもつようになることを指して用いた。ハンディキャップなどの属性によってスティグマを負った人は、社会的に偏見をもたれ、差別される。方言しか話せない人や外国人特有の話し方に対しての低い評価などがこれに相当する。

▶▶▶偏見／差別（→P.170）

スピーチ・コミュニティ speech community ★

社会言語学者ハイムズ提唱。言語（または言語変種）が共通である言語使用者の共同体。ハイムズは、スピーチ・コミュニティの中で起こる特定のコンテクストにおける人々の話し方（言語選択）を、そのコミュニティの中に入り込んで観察することにより明らかにしようとした。

▶▶▶コード・スイッチング（→P.81）、言語生活（→P.32）

スピーチレベル speech level ★★★

話し言葉における、丁寧体（デス・マス体）と普通体（ダ体）のような丁寧さのレベル。前者を敬体、後者を常体ともいう。日本語教育は、文末形式のデス・マス体から入り、それからダ体へと進む。実際の会話では、場面に応じた敬語の使用・不使用の操作を含めて、スピーチレベルの選択が待遇表現とも深くかかわっているため、高い運用能力が求められる。

›› スピーチレベルシフト speech level shift

話し言葉で、同一の話者が丁寧体から普通体へ交替（あるいはその逆）する現象。話題の転換や心理的距離の変化や人間関係を調整する方策として用いられる。同一の話者の同一会話であっても常に同じスピーチレベルが維持されるとは限らない。

■丁寧体→普通体

「何ですか。私は甘いもんも食うけど酒だって飲むんだ。いけませんか」
「限界なんです。もうやってられない。ほんと息が詰まるんです」
（映画『12人の優しい日本人』より）

▸▸▸待遇表現（→P.92）、文体（→P.103）

制度的談話（せいどてきだんわ） institutional discourse ★★

家族や友人の間で交わされる日常の会話とは異なる、教室、医療、法廷など特定の制度的規範の中で行われるやりとり。制度的規範は、社会規範の一種。このような談話の当事者は、制度的に特殊なターン・テイキングを通じて、そのやりとりを継起的に構築していると考えられている。

- 教室談話／クラスルーム・ディスコース（classroom discourse）
- メディカル・ディスコース（medical discourse）
- リーガル・ディスコース（legal discourse）
- ポリティカル・ディスコース（political discourse）
- メディア・ディスコース（media discourse）

▸▸▸ターン・テイキング（→P.91）

›› 教室談話（きょうしつだんわ） classroom discourse

制度的談話の一つ。教師主導型の談話で、〈専門家〉と〈素人〉という知識の非対称性の中で交わされる特殊なやりとり。教師の提示質問によって談話が開始（Initiate）され、学習者がそれに応答し（Response）、その応答に対して教師が評価（Evaluation）を与えるという連鎖で、1つの談話が収束する。

IRE/IRFの構造

教室談話の特徴は、IRE(Initiation-Reply/Response -Evaluation)の構造にある。その上位概念のIRF (Initiation-Reply/Response-Feedback) の構造は、日常の会話で、時間を尋ねた場合、「今、3時です」などの応答があり、それに対して「ありがとうございます」などの謝辞が反応 (Feedback) として現れる。一方、教室談話では、提示質問の応答に対する教師の「評価」が行われる。ほかに、「さあ」「はい」「じゃあ」などの独特の談話標識も特徴的である。

教室談話	談話秩序の可視化
T：(時計を指して) 今、何時ですか。	発問〈I〉: Initiation
S：3時です。	応答〈R〉: Reply / Response
T：はい、そうですね。	評価〈E〉: Evaluation

▶▶▶ティーチャートーク(→P.102)、提示質問／指示質問(→P.218)、談話標識(→P.93)

尊敬語 ★★★

話題敬語の一つ。話し手（書き手）が、行為者（相手側または第三者）を立てることで、上位者として高く位置づけて述べるもの。「いらっしゃる・おっしゃる」の類。「先生は来週から海外にいらっしゃるんでしたね」の行為者は「先生」である。話し手は、先生（あるいは家族等）に向かって直接言うこともできるし、その他の人に向かって言うこともできる。

- 特定形　：いらっしゃる（←行く・来る・居る）　おっしゃる（←言う）
  なさる（←する）　くださる（←与える・くれる）
- 一般形　：お使いになる　御利用になる　読まれる　始められる
- ものごと：お名前　御住所　（立てる人物からの）お手紙
- 状態など：お忙しい　御立派

日本語の場合、目上の人の意向を直接尋ねたり、能力などの私的な領域に言及したりすることは、たとえ尊敬語を使っていても失礼になる。

▶▶▶敬語(→P.75)、待遇表現(→P.92)

ターン・テイキング turn taking ★★★

話者交替のこと。日常の会話は、沈黙や繰り返し、修復など、話し手と聞き手の相互作用によって話す順番が交替することで、進んでいく。日本語では、相手の発話をサポートして協調関係をつくっていくことが重要である。自然な話者交替は、文や句の切れ目で生じるが、日常の会話と面接試験が異なるように、状況や文化によって異なる場合がある。

›› ターン移行関連場所（TRP） transition relevance place

先行の発話が終了したところや統語的な切れ目など、話者交替が可能な場所を指す。次の話し手は、これを予測し、そこでターンを得て、**話者交替**が起こっていく。万が一、発話順番に問題が生じた場合、話し手は再構築するためターンの保持という行動をとる。

▸▸▸共同発話（→P.74）、同時発話（→P.96）

待遇表現（たいぐうひょうげん） hearer-oriented language use ★★★

話し手（書き手）が相手との社会的・心理的距離に応じて処遇する言語手段。多様な人間関係や場面を考慮して使い分けられる。ニュートラルなレベルの表現を0とすると、それより丁寧な表現を＋、それよりくだけた表現を－として、3つに大別できる。いわゆる**敬語**は、プラスの方向への待遇であるが、**待遇表現**はマイナスの方向への待遇の両方を含む。

「Xさんも　こちらへ　<u>いらっしゃる</u>　そうです」〈+〉
「Xも　ここへ　<u>来る</u>　そうだ」〈0〉
「Xのやつも　こっちへ　<u>来やがる</u>　ってよ」〈－〉

▸▸▸敬語（→P.75）、ポライトネス理論（→P.350）

›› 敬意表現（けいいひょうげん）／軽卑表現（けいひひょうげん）

待遇表現の中で、プラスの方向に待遇する表現を**敬意表現**、逆にマイナスの方向に待遇する表現を**軽卑表現**という。さらに軽卑表現には武士の言葉で「近う参れ」のように話者自身を高い位置において表現する**尊大語**や、「こいつ」「てめえ」「きさま」「～やがる」のように他者を低い位置においてぞんざいに表現する**軽卑語**がある。

	敬意表現	軽卑表現
他者	尊敬語（立てる）	軽卑語（低める）
自己	謙譲語（へりくだる）	尊大語（高める）

古典語では、天皇や高貴な人などが自分に対して敬語を用いる身分的・固定的な「自敬表現」が存在したが、現代語では使われない。

▸▸▸敬意低減（逓減）の法則（→P.290）

親疎関係

待遇表現で考慮される人間関係には、上下関係（上司と部下）や恩恵関係（医者と患者）などがある。中でも相手が親しい人か、逆に疎遠な人かによる「親疎関係」が敬語使用に大きく影響する。通常、初対面のときは、敬語表現を多用するが、親しくなるにつれてそれが徐々に崩れ、言葉の上での相手への配慮を必要としなくなる。

▶▶▶フォーマル／インフォーマル（→P.102）

ダイグロシア　diglossia　★★★

社会的な言語の使い分けを指す。社会言語学者ファーガソンの用語で、1つの社会で互いに異なる機能をもった2言語（または変種）が存在している状態。2言語が使用される場面によってはっきり分かれるという特徴がある。なお、3つ以上の言語変種の場合を、ポリグロシアという。

▶▶▶バイリンガリズム（→P.99）、コード・スイッチング（→P.81）

威信の高い言語／威信の低い言語　high variety / low variety

ダイグロシアでは、2つの言語に威信の高い言語と威信の低い言語という格づけのような縦の関係が生まれる。例えば、フィリピンでは、公的な場で用いられる英語の威信が高く（High変種）、家庭や地域で用いられるフィリピノ語（タガログ語）の威信が低い（Low変種）。

	威信の高い言語	威信の低い言語
スイス	標準ドイツ語	スイス・ドイツ語
ハイチ	フランス語	ハイチ・クレオール
フィリピン	英語	フィリピノ語

▶▶▶クレオール（→P.78）

談話標識　discourse marker　★★

談話の境界や流れを決める言語形式で、例えば、教室談話で教師が行う、切り替えの「はい」や促しの「じゃあ」など。日常の会話にも多く用いられ、「あの」「なんか」「まあ」「つまり」などが、文頭で談話を円滑に運ばせている。若者言葉の「ぶっちゃけ」「ていうか」なども談話標識として機能している例である。

▶▶▶教室談話（→P.90）、若者言葉（→P.112）

話題転換(わだいてんかん) topic-changing

会話の話題が転換すること。「ところで」のように談話標識で意図的に示されることもあれば、自然に転換することもある。

地域方言(ちいきほうげん)／社会方言(しゃかいほうげん) regional dialect / social dialect ★★

方言の定義は、地域差による言語変種を指す地域方言と、類似した社会的背景をもつ話者集団により用いられる言語変種を指す社会方言とがある。社会的背景とは、一般に年齢、性別、職業、専門分野、俗語や隠語が派生する状況などのこと。私たちは「足」を「あんよ」、「勘定」を「お愛想」と言うなど、複数の社会方言を用いながら生活を営んでいる。通常、方言と言った場合、地域方言を意味する。

▸▸▸方言(→P.104)、位相語(→P.73)

逐次通訳(ちくじつうやく)／同時通訳(どうじつうやく) ★
consecutive interpretation / simultaneous interpretation

通訳とは、スピーチ、討論などの音声による言語活動を、その場で他の言語へ変換し伝える行為。話し手の発言を、要所要所で区切って通訳する逐次通訳と、話し手の発言を聞きながら通訳する同時通訳の２種類がある。

▸▸▸サイト・トランスレーション(→P.206)、シャドーイング(→P.210)

丁寧語(ていねいご) ★★★

対者敬語の一つ。話し手が聞き手への配慮を直接的に示すもの。「です・ます」の類。かつては、美化語も丁寧語として扱われていたが、美化語は話し手の気持ちを表現素材に託して述べる敬語であるのに対し、丁寧語は話し手の気持ちを直接聞き手に述べる敬語であるという違いがある。

◇敬意の対象	話題の人	聞き手	＋は敬意を表す
・先生が来る。	−	−	
・先生が来ます。	−	＋	(丁寧語)
・先生がいらっしゃる。	＋	−	(尊敬語)
・先生がいらっしゃいます。	＋	＋	(尊敬語・丁寧語)

▸▸▸敬語(→P.75)、待遇表現(→P.92)

デジタルサイネージ digital signage ★

電子看板・電子掲示板のこと。表示と通信にデジタル技術を活用して、映像や文字を表示する情報・広告媒体である。単にサイネージとも。

デノテーション／コノテーション denotation / connotation ★

記号論で、記号が意味を指し示す方法として対で使われる概念。例えば、「バラ」は、デノテーション（顕在的な意味）では「バラ科の植物」であるが、コノテーション（潜在的な意味）では「愛」や「情熱」などの象徴的意味をもつ。それぞれを外示、共示ともいう。

記号論	「メルセデス・ベンツ」	
デノテーション（外示）	ドイツの車	辞書的な意味
コノテーション（共示）	高級車、勝ち組の車、見栄を張る、…	言外の意味

てよだわ言葉 ★★

「とても楽しくってよ」「嫌だわ」のように文末に特徴的に現れる明治期の中上流階級の女子学生の言葉。女学校で流行したお嬢様言葉は、当時の知識人やマスコミから軽薄な言葉遣いとして相当非難された。

▶▶▶役割語（→P.109）

トゥーボン法 Toubon Low ★

1994年制定の「フランス語の使用に関する法律」。公共性の高い分野で外来語（特に英語）の使用を減らしてフランス語の使用を原則的に義務づけるという法律。通称は、当時のトゥーボン文化大臣の名から。

東西方言境界線 ★★

古くから漠然と認識されていた東西方言の文法現象の対立を示す境界線。標準語制定のために設置された国語調査委員会が、日本海側の富山・新潟の県境から太平洋側の浜名湖を結ぶ境界線として画定した（1905、1906）。「糸魚川－浜名湖線」とも呼ばれる境界線は、当時、一般の人々が素朴に感じていた境界を科学的に証明した点で大きなインパクトを与えた。

	西部方言	東部方言
打消表現	「行かん（ぬ）」	「行かない」
指定表現	「雨じゃ（や）」	「雨だ」
一段動詞命令形	「起きよ（い）」	「起きろ」
ワ行五段動詞音便形	「買うた」	「買った」

▶▶▶国語調査委員会（→P.71）、方言の地理的分布（→P.106）

同時発話（どうじはつわ） simultaneous speech ★★

会話は、複数の参加者が話者交替（turn taking）のルールに従って進められるが、複数の話者が同時に発話する場合もあり、これを同時発話という。これには、話者交替のルールに従うオーバーラップと、適切な移行場所を無視し、話者交替のルールから逸脱する割り込みがある。

›› オーバーラップ overlap

重複。複数の会話参加者の発話が重なる現象。聞き手による発話の重なりは、先行発話への同意や共感、関心、理解などを積極的に表し、会話を促進させ、話者同士の連帯感を強める役目を果たす。

›› 割り込み（わりこみ） interruption

話し手が発話している際に、聞き手が自分の発話を開始する現象。会話では、話し手が話している間、聞き手には話し手の発話を最後まで聞くことが期待される。ところが、実際の会話では、ターンの規則に従わない割り込みで、話し手の発話を侵害することがある。

▶▶▶ターン・テイキング（→P.91）

東条操（とうじょうみさお） (1884-1966) ★

東京生まれの国語学者。東京帝国大学卒業後、文部省国語調査委員会の嘱託となって、標準語を制定するための資料整理に携わる。その後、東条が書いた各地方言の分布図が関東大震災で焼失してしまうという災難に遭うが、この仕事をもとに方言区画論で日本の方言学の基礎を築いた。

›› 方言区画論（ほうげんくかくろん）

日本の方言学は柳田国男を父として、東条操を母として生まれたといわれ、それぞれ方言周圏論、方言区画論で知られる。日本語の方言区画は、東条が方言学の一分野として発案した地理的分類である。定説はないが、東条の方言区画が今も多く参照されている。

本土方言	東部方言	北海道・東北・関東・東海東山・八丈島方言
	西部方言	北陸・近畿・雲伯・中国・四国方言
	九州方言	豊日・肥筑・薩摩方言
琉球方言		奄美・沖縄・先島方言

▶▶▶方言（→P.104）、方言の地理的分布（→P.106）

ドメイン　domain ★

社会言語学者フィッシュマン提唱（1972）。ダイグロシアの社会でどの言語が使われるかについて、その場面を示す概念。例えば、ニューヨークのプエルトリコ系の移民は、「家庭」や「友人関係」というドメインでは、スペイン語を使うということが予測可能であるとした。言語使用領域とも。

▶▶▶ダイグロシア(→P.93)

トラッドギル　Trudgill, P. (1943-) ★★

イギリス生まれの社会言語学者。チョムスキーの生成文法の隆盛期に、ハイムズと共に当時の社会言語学を牽引した。著書『言語と社会』（土田滋訳、岩波書店1975）は、社会言語学の必読文献として広く読まれている。

▶▶▶社会言語学(→P.85)

内集団（ないしゅうだん）／外集団（がいしゅうだん）　in-group / out-group ★★

アメリカの社会学者サムナーの用語で、集団がもつ閉鎖性や排他性という傾向に着目した一対の概念（1906）。内集団は自己が所属する集団で、それ以外の他者と感じられる集団を外集団と呼ぶ。日本でいう「身内」と「よそ者」も、内集団・外集団の区別の一つとみなせる。

■内集団の特徴

- 内集団の他の成員を「ひいき」する。
- 帰属意識が強くなると、愛着や忠誠心が高まる。
- 外集団に対して、ステレオタイプ的認知、偏見・差別が多く見られる。
- 相互に協力し合っている外集団に対しても偏見を抱くことがある。

▶▶▶ステレオタイプ(→P.149)、偏見／差別(→P.170)

›› 内集団（ないしゅうだん）バイアス　in-group bias

自分が所属している集団に好意的な態度をとり、外集団には差別的な態度をとる心理現象。バイアスとは「偏り・歪み」を意味する。所属している集団への帰属意識が強い人ほど内集団バイアスが現れやすい。身びいき、内集団びいきとも。

▶▶▶自文化中心主義(→P.144)

二重敬語（にじゅうけいご） ★★

1つの語について、同じ種類の敬語を二重に使ったもの。例えば「会長がおっしゃられた通りです」は、「言う」を尊敬の特定形「おっしゃる」にした上で、尊敬の一般形「〜れる」を加えたもので、二重敬語ということになる。ただし、「お召し上がりになる」（尊敬語）、「お伺いする」（謙譲語Ⅰ）などのように習慣として二重敬語が定着しているものもある。

▶▶▶敬語（→P.75）

女房詞（にょうぼうことば） ★★

女房とは、宮中に仕える女官の総称で、女房詞は室町時代に宮中の女官が用いた一種の隠語である。それが次第に一般化し、江戸時代には、一般女性語となり、中には現在、普通名詞となったものもある。

省略	ハマ（はまぐり）、タケ（たけのこ）、ナス（なすび）
お〜	おでん（味噌田楽）、お冷（冷水）、おこわ（こわめし）、おなか（腹） おつけ（味噌汁）、おかき（かき餅）、おかず（惣菜）、おみや（土産）
〜もじ（文字）	すもじ（鮨）、こもじ（鯉）、しゃもじ（杓子）、にもじ（ニンニク）
繰り返し	かか（カツオ）、ささ（酒）、こうこう（香の物）、するする（スルメ）
色彩・形状など	白物（塩・豆腐）、青物（野菜）、おあか（小豆）、お壁（豆腐）

※お壁（白い壁に似ていることから）

▶▶▶隠語（→P.70）

ネオ方言（ほうげん） neo-dialect ★★

真田信治（さなだしんじ）の提唱。共通語と方言との接触による新しい混交形式を指す。近畿方言の「キーヘン」（阪神では「ケーヘン」）と共通語の「コナイ」との接触、相互干渉で生まれた中間的なスタイル「コーヘン」がある。方言と共通語の両方の性格を有する方言スタイルであるといえる。

▶▶▶新方言（→P.89）

ネサヨ運動（うんどう） ★★

鎌倉市立腰越小学校から全国展開された教育運動（1957-1966）で、「元気だネ」「大きいサ」「早いヨ」など、日常会話の文末に「ネ・サ・ヨ」を使わないようにする運動。首都圏の住民との言葉の差異や教師・児童・親子間における対人関係の問題の意識化などにその目的があった。

ネハイ運動（うんどう） ★

九州の福岡県筑穂町立大分小学校で展開された教育運動（1961-1965）。「〜ですネ。ハイ」のような応答や呼び捨てにしないで、「〜さん／〜くん」とお互いを丁寧に呼び合う呼称にするなどの美しい言葉の運動。炭坑町にあった小学校の教員・児童の意識や姿勢を変えさせる目的があった。

ノンバーバル・コミュニケーション ★★
nonverbal communication

言葉によるバーバル・コミュニケーションに対応する概念。言葉によらないノンバーバル・コミュニケーションには、①言語以外の音響的要素による伝達と、②音響的要素を伴わない伝達がある。①はパラ言語で、何を言ったかではなく、どのように言ったかに注目する。②は表情や態度、身振りなどの身体動作、相手との距離など、さまざまな非言語要素がある。

▸▸▸パラ言語(→P.100)、近接空間学(→P.74)

バイカルチュラリズム biculturalism ★

2文化併存のこと。1人の人間の中に2つの文化が併存していることを、バイカルチュラル（bicultural）という。バイカルチャーは、和製英語。高いレベルでバイリンガルの人は、同時にバイカルチュラルでもある。

▸▸▸バイリンガル(→P.162)

ハイパーテキスト hypertext ★

コンピュータ上で、文書を相互に閲覧できる仕組み。文字情報以外に、画像、音声、動画などを参照できるようにしたものを、ハイパーメディア（hypermedia）という。インターネット上のウェブページが代表例。

バイリテラル biliteral ★★

バイリンガルのうち、読み書きを含めた「4技能」が2言語で発達している人。読み書き型バイリンガルとも。

▸▸▸バイリンガル(→P.162)

バイリンガリズム bilingualism ★★★

狭義には、個人の日常的な2言語（言語変種を含む）併用の状態をいう。広義には、国や地域のレベルで2つの言語を使用することを指し、2言語の受けもつ機能が完全に分化している2言語併存の場合、ダイグロシアと呼ぶ。3つ以上の言語を併用する多言語使用は、マルチリンガリズム（multilingualism）と呼ばれる。

▸▸▸ダイグロシア(→P.93)、コード・スイッチング(→P.81)

話し言葉／書き言葉 ★★

話し言葉は、音声を媒体として、話すことと聞くことによって成り立つ音声言語である。一方、書き言葉は、文字を媒体として、書くことと読むことで成り立つ文字言語である。話し言葉は、場面情報に支えられているが、その場で消えるという一回性の特徴を有している。

	話し言葉	書き言葉
場面依存性	高い	低い
文の長さ	比較的短い	比較的長い
文の成分の省略	多い	少ない
言いさし	よくある	少ない
指示詞、終助詞	よく使う	比較的少ない

▸▸▸文体(→P.103)

パラ言語 paralanguage ★★★

ノンバーバル・コミュニケーションの一種で言葉によらない音声情報。例えば、「何をやっているの」という表現は、言葉に付随する音響的要素によって、疑問調になったり、詰問調になったりする。このような音声情報をパラ言語、あるいは周辺言語という。声の質、大小、テンポ、沈黙、間、笑い声、せき払いなど、話し手の心的態度を伝える機能がある。

イントネーションは、話し手の感情によって変化するパラ言語であるが、アクセントは、勝手に変えることができないのでパラ言語ではない。

▸▸▸ノンバーバル・コミュニケーション(→P.99)

美化語 ★★★

敬語5分類の一つ。話し手（書き手）がものごとを美化して述べるもの。「お酒・お料理」の類。美化語は、上品な言い回しに主眼があるもので、誰かへの敬意を示すものではないが、広い意味で敬語とされる。「お机」のように用いるのは濫用とされる。また、「ご令息」のようにすでに「令息」で尊敬の意が含まれている場合は、不必要な重複である。

- お＋和語：お米、お水、おなか（←腹）、おいしい（←美し）
  例外：お肉、お食事（お＋漢語）、おビール（お＋外来語）
- 御＋漢語：御飯、御本、御兄弟、御祝儀
  例外：ごゆっくり（ご＋和語）

美化語と同じ「お／御」がついた、尊敬語「お加減／御著書／（先生からの）お手紙」、謙譲語Ⅰ「（先生への）お手紙」などに注意したい。

▶▶▶待遇表現（→P.92）、敬語5分類（→P.75）

標準語／共通語（ひょうじゅんご／きょうつうご） standard language / common language ★★★

標準語と共通語は、しばしば混同して用いられることがあるが、両者は歴史的な文脈において区別される。標準語は、明治期の近代的な言語政策において誕生したものであるが、共通語は、第二次世界大戦後、国立国語研究所による言語生活研究の中から提案された概念である。戦後は、方言に対する統制・規範という負のイメージのある標準語を避けて、便宜的・実用的な性質をもつ共通語を使うようになった。

標準語	理想的・規範的（ただし、制定されていない）	方言と共存しない
共通語	便宜的・実用的（東京方言⇒全国共通語）	方言と共存する

▶▶▶上田万年（→P.71）、方言撲滅運動（→P.107）

》共通語の音声（きょうつうごのおんせい）

現代日本語の音声では放送用語が、話し言葉の共通語の役割を果たしている。そこでは、母音の無声化とガ行鼻濁音の現象が注目に値する。これらは、必ずしも規範的に考える必要はないとされるが、日本語教育においては、標準的な音声表現の指導をする立場から、これらの発音現象にも一定の考慮がなされている。

	共通語（東京方言）	方言
母音の無声化	語中：㋖ク（菊）、㋗サ（草） 文末：～デ㋜・～マ㋜。	中部、近畿、中国、四国地方は無声化が目立たない
ガ行鼻濁音	カギ（鍵）、ハルガスミ（春霞） ショーガッコウ（小学校）	衰退傾向だが、東日本で保持され、西日本で保持されない

フィラー filler ★★★

言いよどみ。発話の合間を埋める言葉で、「あのう／ええと」などの類。フィラーを使うと、発話の順番をとったり、次の発話までの時間を確保したり、別の人からの割り込みを防いだりすることができる。会話指導では、円滑なコミュニケーションのための方策・方略として、より自然で、適切なフィラーが使用できるように留意しなければならない。

▶▶▶割り込み（→P.96）、会話指導（→P.194）

フェミニズム feminism ★★

女性の社会的、政治的、経済的権利の拡張と、女性の能力や役割の発展を目指す主張および運動のこと。こうした動きは、言語にも及び、男性のMr.に対し、女性だけ未婚（Miss）、既婚（Mrs.）を区別する必然性はないとして、使い分けの必要のないMs.が導入された。

▶▶▶ポリティカル・コレクトネス（→P.108）、ジェンダー（→P.84）

フォーマル／インフォーマル formal / informal ★★★

場面や相手に応じたスタイルの違い。家族や友人同士の間では、「何を召し上がりますか」「何を食べますか」などと言わずに、「何、食べる？」が普通であろう。改まった場面や親しくない相手などの社会的制限が強いときには、フォーマルなスタイルが求められるが、親しい相手とのくだけた場面では、インフォーマルなスタイルが選択される。

	フォーマル	インフォーマル
自称詞	わたし、わたくし	あたし、僕、おれ
丁寧体・普通体	寒いですね。	寒いね。寒いわね。
縮約形	書いてしまう	書いちゃう、書いちまう

▶▶▶親疎関係（→P.93）、スピーチスタイル（→P.103）、文体（→P.103）

フォリナートーク foreigner talk ★★★

外国人と母語話者との接触場面で起こる言語変種の一つ。対外国人話法。母語話者が使う、簡略化された言語で、社会言語学者ファーガソンによって提唱された。ピジン、クレオールなどの接触言語と共通する点が多い。下位分類に、主に教室場面で教師が用いるティーチャートークがある。

▶▶▶アコモデーション理論（→P.69）

≫ ティーチャートーク teacher talk

教師が教室で学習者に用いる簡略化された話し方で、能力に応じて意識的に、あるいは無意識に修正が加えられたものをいう。

- 教師が答えを知っている提示質問が多い。
- 難しい語彙を一般的に使われるような語彙に変える。
- ポーズを入れたり、一語一語はっきりと発音したりする。
- 非文（非文法的な文）を避け、文法的に簡単な構造の文を使う。

▶▶▶制度的談話（→P.90）、提示質問／指示質問（→P.218）

文体（スタイル）　style　★★★

文章の終端に見られる形式・様式で、普通体と丁寧体があり、書き言葉でも話し言葉でも使い分けがある。普通体には、ダ体とデアル体があり、社説や論文などの公的な文章では後者が用いられる。文体は、もともと書き言葉での表現法として研究されていたが、社会言語学が関心をもつのは、スタイルの切り替えなどの言語行動レベルの現象である。

■普通体
・ダ体
「誰だって、ほんとうにいいことをしたら、いちばん幸せなんだねえ。」
（宮沢賢治『銀河鉄道の夜』より）

・デアル体
「吾輩は猫である。名前はまだ無い。」（夏目漱石『吾輩は猫である』より）

■丁寧体
・デスマス体
「恥の多い生涯を送って来ました。自分には、人間の生活というものが、見当つかないのです。」（太宰治『人間失格』より）

≫ スピーチスタイル　speech style

社会言語学で、ある言語共同体で観察される話し言葉の使い分け。スピーチスタイルは、フォーマルかインフォーマルかに深く関連するため、同じ人が目上の人に対して「お宅はどちらですか」と尋ねることもあれば、親しい人に「うち、どこ？」と尋ねることもある。

▸▸▸レジスター（→P.112）、フォーマル／インフォーマル（→P.102）

ヘッジ　hedge　★★

垣根表現。明言や断言をせずに相手との間に距離をとること。口頭での「ちょっと」「とか」のように断定的な言い方や直接的な言い方を緩和する場合や軽い気持ちで取り上げたりする場合などに用いられる。ヘッジと似た表現に「ぼかし表現」「婉曲表現」がある。

・「それはちょっと引き受けかねます」
・「明日とかならお手伝いできるんですが」
・「間違っているかもしれませんが、……」

▸▸▸ぼかし表現（→P.107）、婉曲表現（→P.72）

方言　dialect　★★★

1つの言語と呼ばれているものの中で、地域的に違った言語の変種を昔から方言と呼んできた。日本語では、本土方言と琉球方言が2大方言とされる。お互いに通じないほどであるから別言語ともいえるが、一国に属しているので、方言とされる。なお、ユネスコの消滅の危機にある言語（2009）では、方言ではなく奄美語、沖縄語などと言語として扱っている。

▶▶▶言語変種（→P.79）、消滅の危機にある言語（→P.88）

》本土方言／琉球方言

琉球方言（奄美方言・沖縄方言・先島方言）は音韻上、5母音体系の本土方言と大きく異なる。具体的には、母音はeがiに、oがuに統合される地域が広く、a・i・uの3母音体系になっている。

酒sake→saki、心kokoro→kukuru、舟hune→funu（fは［ɸ］）

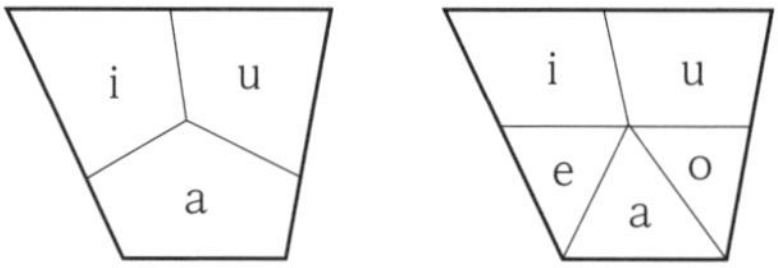

琉球方言　　本土方言

▶▶▶3母音体系（→P.348）

方言イメージ　★★

京都方言は「きれい、味がある、親しみやすい」などの共通のイメージがもたれている。歴史的に文化の中心となった京都や大阪、独自の文化がある沖縄などは、メディアへの露出も高く、好感度が高い。一方で、歓迎挨拶の方言が「おいでませ山口へ」をきっかけに、「めんそーれ」（沖縄）、「寄ってたんせ」（秋田）など、観光誘致に使われる現象も生まれた。

▶▶▶方言コンプレックス（→P.105）

方言コスプレ　★★

現在では方言は、肯定的に受け止められるようになってきている。その表れとして、方言コスプレという現象が見られる。自分が演じたい人物像や雰囲気に合わせて、その時々に方言を用いて、関西の人間でもないのに「なんでやねん」とつっこんだり、西郷隆盛でもないのに「お引き受けしたでごわす」と受け止めたりするステレオタイプ的な言語行動である。

■方言のアクセサリー化
方言の特徴的な語尾や語彙をアクセサリーのように着脱する。

■方言のおもちゃ化
方言をメールなどに織り交ぜたり、娯楽としての価値を見出したりする。

▶▶▶役割語(→P.109)、ステレオタイプ(→P.149)

方言孤立変遷論（ほうげんこりつへんせんろん） ★

金田一春彦の提唱（1953）。日本列島の中央部では規範意識が強いため、音韻は変化しにくいが、周辺部の方が変化しやすいという考え。例えば、連母音「アイ」の発音は、中央部の［ai］の類が古く、周辺部に分布する融合母音[æː][ɛː]の類は、新しい変化であるとした。

▶▶▶方言周圏論(→P.110)

方言（ほうげん）コンプレックス ★★

母なる言葉である方言に対する劣等感。柴田武が自著で使用した用語。共通語は、東京方言であり、本来、方言に優劣はないが、大都市と地方という地域差が人々の意識に反映されて、自分が使う方言は「恥ずかしい」といった否定的な感覚になることもある。首都圏に近い北関東の地域でも「好きじゃないし恥ずかしい」という自己嫌悪の傾向が見られる。

▶▶▶方言イメージ(→P.104)、柴田武(→P.85)

方言（ほうげん）のアクセント ★★

日本語のアクセントは、地域によってさまざまである。代表的なものは「京阪式（甲種）アクセント」と「東京式（乙種）アクセント」で、系譜上、前者が変化して後者が派生したとする説が定説である。一方、九州南部に「一型（いっけい）アクセント」(一つの型)、東北南部・北関東・九州中部などにアクセントが崩壊した「無アクセント」と呼ばれる地帯がある。新しいものほど型の数は、少ないとみられている。

■2拍名詞の型（△は名詞に続く助詞の拍を表す。●と▲は高い拍）

<table>
<tr><th>類</th><th>一類</th><th>二類</th><th>三類</th><th>四類</th><th>五類</th><th rowspan="2">型の数</th></tr>
<tr><th>語例</th><th>飴</th><th>歌</th><th>池</th><th>糸</th><th>雨</th></tr>
<tr><td>京　都</td><td>●●▲</td><td colspan="2">●○△</td><td>○○▲</td><td>○●△</td><td>4種類</td></tr>
<tr><td>東　京</td><td>○●▲</td><td colspan="2">○●△</td><td colspan="2">●○△</td><td>3種類</td></tr>
<tr><td>鹿児島</td><td colspan="2">○●△</td><td colspan="3">○○▲</td><td>2種類</td></tr>
<tr><td>宮崎都城</td><td colspan="5">○○▲</td><td>1種類</td></tr>
</table>

□京阪式アクセント

東京式に比べてアクセント型の数が多い。語頭が高高か低低かでも区別がある。

□東京式アクセント

ピッチの下がり目のみで区別。京阪式を東西からはさむ形で分布している。

▸▸▸アクセントの型（→P.246）

方言(ほうげん)の敬語体系(けいごたいけい)　★★

日本語の方言の敬語は、「**西高東低**」（西日本で複雑、東日本で単純）の様相を呈するといわれる。西日本では、敬語の種類が多く、その分、敬語体系が複雑で敬語の使用頻度も高い。しかし、東日本では、敬語の種類も少なく単純である。また、東日本の一部（会津を除く福島から静岡にかけての太平洋側と紀伊半島南部）に**無敬語**の地域がある。

≫ 身内尊敬用法(みうちそんけいようほう)

関西地方では「～はる」が、共通語の「～れる・～られる」と同様の尊敬語として広く用いられる。これが、身内のことをよその人に話す場合にも「うちの父さん、家にいてはります」のように使われる。共通語の敬語運用システムとは異なる**身内尊敬用法**が使われている。

▸▸▸絶対敬語／相対敬語（→P.75）

方言(ほうげん)の地理的分布(ちりてきぶんぷ)　★★

日本語の方言語彙の分布状況は、言語地図上で等語線が引かれる位置によって、いくつかのタイプに分けることができる。国立国語研究所『日本言語地図』（全6巻、1966-1974）から次のような方言の地理的分布パターンが見い出された。

(1) 周圏分布型（ABA分布）：「顔（ツラ／カオ／ツラ）」
文化の中心地から波紋のように伝播した結果、同心円状に分布。
(2) 東西対立型（AB分布）：「ショッパイ」と「カライ」
文法事項の糸魚川-浜名湖線のように東日本と西日本に二分して分布。
(3) 交互分布型（ABAB分布）：「舌（シタ／ベロ／シタ／ベロ）」
２種類の語形が交互に並んでいるように分布。
(4) 南北対立型：「ユキヤケ」と「シモヤケ」
２種類の語形が日本海側と関東以南の太平洋側に二分するような分布。
(5) 複雑分布型：「メダカ」
多様な語形が全国のさまざまな地域に複雑に分布。

▶▶▶方言区画論（→P.96）、東西方言境界線（→P.95）

方言撲滅運動（ほうげんぼくめつうんどう） ★★★

国語調査委員会で教育ある東京の山の手の言葉が標準語の候補になると、標準語推進の動きが盛んになった。1903年には、国定教科書（通称『イエ・スシ読本』）を通じて、学校教育の場で標準語が励行されていくことになった。方言は、排除されるべき言葉とされ、沖縄や九州・東北地方を典型とする方言撲滅運動が繰り広げられた。

▶▶▶標準語（→P.101）、上田万年（→P.71）

›› 方言札（ほうげんふだ）

1970年代まで沖縄で行われた方言矯正教育。学校内で方言を話した児童が罰として首からぶら下げる木札。児童は、次に方言を話す児童が現れるまで、見せしめとして首にかけ続けなければならなかった。戦前、これを行き過ぎであると批判した人々との間で、賛否両論の方言論争が巻き起こった。

ホームサイン home sign ★

手話を身につけていない、孤立している聴覚障害者が家庭内や周囲の人とコミュニケーションをするために使う身振り・手振り。使用者固有のもので、手話と違って文法がないため、同じ聴覚障害者でも通じない。

ぼかし表現（ひょうげん） ★★

「紅茶のほうお持ちしました」「明日の午後などいかがでしょうか」のよ

うに限定や断定を避けた表現。ほかにも「～とか」など、ぼかし表現を耳にする機会も多い。さらに、若者言葉的な「微妙」「超だるいって感じ」のような新しいぼかし表現も見られる。これらの表現は自分の責任を回避できる便利な言葉として浸透しつつある。

▶▶▶婉曲表現（→P.72）、ヘッジ（→P.103）

母語場面（ぼごばめん）／接触場面（せっしょくばめん）　native situations / contact situations　★

コミュニケーション場面は、内的場面と外的場面に分けられる。前者は、母語話者同士のコミュニケーション場面で、母語場面とも呼ばれる。後者は、参加者の言語、文化が異なる場面で、異文化の人と接触する場面であり、接触場面とも呼ばれる。ネウストプニーは、日本語教育の原点として、母語場面とは異なる、接触場面研究の必要性を唱えた。

学習者が日本語を使用する場面は、接触場面であるから、母語場面でのやりとりを会話のモデルとするのは、現実的ではないということになる。

ポリティカル・コレクトネス　political correctness　★★

政治的公正さを推奨する態度。アメリカで1980年代頃から多用されるようになった用語で、人種・宗教・性別などの違いによる偏見・差別を含んだ表現や認識を是正していく姿勢や運動である。フェミニズムの立場から「ビジネスマン」を「ビジネスパーソン」、マイノリティの尊厳回復の立場から「ブラック（黒人）」を「アフリカ系アメリカ人」に言い換えるなどの中立的な表現が推奨された。

▶▶▶マジョリティー／マイノリティ（→P.108）、フェミニズム（→P.102）、ジェンダー（→P.84）

マジョリティ／マイノリティ　majority / minority　★★

マジョリティは多数派、マイノリティは少数派を意味し、対になる用語として扱われる。しかし、両者は相対的なもので、日本で暮らす日本人はマジョリティであるが、その人が異国で暮らす場合は、マイノリティになるように、置かれた環境に大きく依存する。マイノリティは、偏見や差別の対象になることも多く、自らのアイデンティティを守ろうとする。

マジョリティは、それが当たり前と思うので、自らの特権に気づかない。マイノリティを自らの文化的規範に合わせようと同化主義をとる。

▶▶▶偏見／差別（→P.170）、アイデンティティ（→P.114）

マニュアル敬語 ★

マニュアルとは、コンビニやファミレスなどの接客での言語使用についての具体的な言語表現などを示したもの。気になる言い方として、「こちら、～になります」「1万円からお預かりします」など、**マニュアル敬語**（コンビニ敬語とも）への批判は、日本語の乱れとされることが多い。

メタ言語行動表現 ★★

杉戸清樹提唱（1983）。話の切り出しで、後述する表現主体の言語行動を説明する言語表現。例えば、これから言うことに言及して談話を展開する「単刀直入に申し上げますと」「これは余談ですが」など。このようなメタ言語行動表現は、**注釈**、**前置き**などと共通の性格をもっている。

▶▶▶注釈（→P.86）

役割語 role language ★★★

「よろしくってよ（お嬢様）」「んだ、おら知ってるだ（田舎の人）」など、特定の人物を想起させる言葉遣い。実在の人物がそのような話し方をしているとは限らないのに、人物像と話し方が結びつくという点で「ヴァーチャル（仮想現実の）日本語」であり、言葉の面での**ステレオタイプ**といえる。せりふに作者が役割語を与えると瞬時にキャラクターが伝わる。

「それがし」→武士を想起させる。
「わがはい」→知的階級の男性を想起させる。
「君も一杯やりたまえ（給え）」→明治時代の書生言葉。
「ちがうワン」・「そうだニャー」→犬や猫をイメージさせる。

≫ アルヨ言葉

文末で特徴的な「～あるよ／あるか」「～するよろし」などの表現。幕末から明治にかけて横浜の外国人居留地で発生したピジン日本語で、その後、中国人との接触が増えるにつれて、ステレオタイプな中国人＝アルヨ言葉というイメージが定着した。

▶▶▶ステレオタイプ（→P.149）、ピジン（→P.78）

ヤコブソン Jakobson,R.（1896-1982） ★★

ロシア生まれで、20世紀を代表する言語学者の一人。革命後のロシアを離れ、チェコのプラハ学派に参加、**音韻論**確立の原動力となる。1941年、ナチスから逃れ、アメリカに渡る。50年代半ば、学生時代のチョムスキーを指導、生成文法の成立に寄与する。知の冒険者のごとく言語学、詩学、情報理論などで活躍し、分野を超えて多くの人々に影響を与えた。

▶▶▶音韻論(→P.258)

言語の6機能モデル

ヤコブソンが発表した、情報理論と詩学を組み合わせたコミュニケーションにおける**言語の6機能モデル**（1960）。①②③はソシュール以降の言語学が対象とした純粋な言語レベルでの送受信機能で、④⑤⑥は、従来無視されてきた**メッセージ**、**チャンネル**、**コード**を含めてコミュニケーションレベルまで拡張した機能である。

① 情動的機能	焦点は発信者。心や身体の状況変化を外部に表出する機能。
② 働きかけ機能	焦点は受信者。相手に訴え、相手を動かす機能。
③ 指示的機能	焦点は文脈。言葉を使って描写する機能。
④ 詩的機能	メッセージ。しゃれ、しり取り、ラップなど。
⑤ 交話的機能	チャンネル。互いの一体感を高める機能。挨拶。
⑥ メタ言語的機能	コード。対象を別の言葉で言い換える注釈的機能。

6機能モデルの核心は、④⑤⑥にある。特に挨拶やあいづちなど、言葉を交わし合うことで接触を確認し、波長を合わせる交話的機能が重要。

▶▶▶交感的言語使用(→P.86)

柳田国男 (1875-1962) ★★★

兵庫県生まれの民俗学者。農商務省に入り、朝日新聞論説委員を経て、全国を旅して民間の習俗・伝承を調査、日本民俗学の確立と研究の普及に努めた。『遠野物語』を始めとした膨大な著作があり、カタツムリ（蝸牛）の語彙の分布を調査した『蝸牛考』（1930）で**方言周圏論**を唱えた。

方言周圏論

方言語彙の周圏分布に関する学説。文化の中心地（近畿地方）から波紋のように同心円状に伝播した結果、発生の古い語ほど遠隔地で見い出されるという学説。例えば、「顔」の名称が「ツラ／カオ／ツラ（ABA分布）」であれば、東北と九州のツラは、中央部のカオより古い日本語の状態を残したものと推定される。

▶▶▶方言区画論(→P.96)

ゆれ／乱れ ★★

同じ意味を表す1つの語に、読み方や語形・表記などの点で、2つ以上の形式が併存する場合がある。語形の「にっぽん／にほん」、アクセントの「えいが（HLL／LHH）」のように、どの形式が正しいとも決められない状態を〈ゆれ〉という。一方、例えば、共通語の可能形「食べられる」を正しい形式として、いわゆる「ら抜き言葉」の「食べれる」を否定する立場からは、規範から逸脱したものとして、この状態を〈乱れ〉という。

▸▸▸規範（→P.73）

リンガフランカ lingua franca ★★★

狭義のリンガフランカ（イタリア語で「フランク王国の言葉」）は、14～15世紀ごろの地中海沿岸で、商人たちの通商語として発達した混成語を指す。現代の言語学用語では「リンガフランカとしての英語（English as a Lingua franca）」のように、異なる言語を話す人たちの間で共通語として機能する言語（またはその変種）を指す。

▸▸▸共通語（→P.101）、漢字文化圏（→P.26）

隣接ペアりんせつ) adjacency pair ★★★

会話分析の基本単位で、［挨拶－挨拶］［質問－応答］のような、通常、連続（隣接）して起こる発話ペア。これらの発話ペアは、必ず話者が交替する、一対になった発話の順番が決まっているといった特徴をもつ。

›› 優先応答／非優先応答ゆうせんおうとう/ひゆうせんおうとう) preferred response / dispreferred response

隣接ペアの第二成分の応答には、2つのパターンがある。相手の期待通りの同意を優先応答、相手の期待に反する不同意を非優先応答という。前者は、反応も早く、簡潔な表現で済む。ところが後者は、沈黙や言いよどみがあったり、婉曲に言ったり、なるべく差しさわりのない言い訳を並べたりして、長い答えで対処する必要がある。

> アン：明日、自転車を貸してもらえませんか。
> A子：いいですよ。（優先応答）
> B子：ううん、明日は…、実は、補習で学校へ…（略）…。（非優先応答）

›› 挿入連鎖 insertion sequence

隣接ペアの間に挿入された隣接ペア。［質問－応答］［確認の求めー確認］などに起こりやすく、基本の隣接ペアは、挿入連鎖で拡張されることによって実際には隣接しなくなる。

1A　朝ごはん、何時にする？
　2B　　今、何時？　　　｝挿入連鎖
　3A　　もう7時だよ。
4B　じゃ、7時半ごろにするわ。

▶▶▶ターン・テイキング（→P.91）

レジスター　register　★★

言語使用域、あるいは使用域と訳される。言語が使用される状況に応じて使い分けられる個人の言語変種の使用域を指す。同じ人が同じ依頼をする場合でも、その使用域によって「傘、貸していただけないでしょうか」「傘、貸して？」など、表現形式から音声（パラ言語）まで言葉が異なる。レジスターは、スピーチスタイルと同義に用いられることがある。

飲食店側の隠語で勘定を意味する「お愛想」が、広く世間一般に知られ、客が使うようになることを「使用域の制限がなくなった」という。

▶▶▶スピーチスタイル（→P.103）

わかものことば
若者言葉　★★

集団語の下位に属する「はずい（恥ずかしい）」「～系」など、若い年齢層に特徴的に見られる言葉。仲間内にのみ通じる社会的に低い変種が好まれ、集団の構成員がそれを使うことで、連帯感や仲間意識を確認する機能がある。新語、造語を多く含み、変化が激しく、一時的なものも多いが、何らかの形で定着し、言語変化の原動力になるものもある。代々若者に受け継がれているものの例として、体育会系に多い語尾の「っす」などがある。

▶▶▶社会言語学（→P.85）、集団語（→P.85）、アクセントの平板化（→P.249）

区分3

言語と心理

TOT現象　tip-of-the-tongue　★

舌の先まで出かかる現象。「タイの首都はどこか」のように一般的知識の検索を行うとき、答えがのどまで出かかっているのに思い出せないこと。

▶▶▶既知感（→P.175）

U字型発達　U-Shaped Development　★★

第二言語の発達プロセスは、U字型の曲線を描くという考え。言語形式の正確さについて、最初は誤りが少ないが、徐々に中間言語の仮説を適用するので誤りが増え、その後、再び誤用が少なくなるという傾向を示す。一時期、逆行・後退したかのように見えるが、前進しているととらえる。

▶▶▶中間言語（→P.153）、発達順序（→P.163）

アイデンティティ　identity　★★

アメリカの心理学者エリクソンの青年期の危機を示す用語。自己同一性。「自分は何者か」という、自己を社会の中に位置づける問いかけに対して、肯定的かつ確信的に回答できず、心理的な危機状況に陥ることもある。

▶▶▶文化的アイデンティ（→P.169）、マジョリティ／マイノリティ（→P.108）

アウトプット仮説　Output Hypothesis　★★★

イマージョン教育を調査したカナダのスウェインは、子どもの言語理解能力は、ネイティブ並みに優れているが、文法的な正確性や社会言語能力（子ども同士の話し方を先生にしてしまうなど）は、母語話者レベルには程遠いことを報告した。理解可能なインプットだけでは、ごまかしが利くので、理解可能なアウトプットが言語習得に不可欠（1985）だとした。

■正確さに貢献する3機能

⑴ 気づき機能	アウトプットの機会に、自分が言いたいこと（Want）と言えること（Can）との違いに気づき、新たな知識の獲得につながる。
⑵ 仮説検証機能	アウトプットをし、相手からの訂正フィードバックを得ることで、仮説を検証し、中間言語の規則を修正することにつながる。
⑶ メタ言語的機能	アウトプットを内省することで、インプット時には気づかなかった文法規則にも意識が向くようになる。

インプット仮説の落とし穴：子どもは内容語を理解しているだけなので、話す機会を増やすことが文法的な正確さ、語用論的な適切さに貢献する。

▶▶▶インプット仮説（→P.120）、イマージョン・プログラム（→P.70）

アドラー　Adler,A. (1870-1937)　★★

オーストリアの精神医学者で、個人心理学の創始者。人間は〈劣等感〉を埋め合わせるために、自らより強くより完全になろうとする意志をもっていると考えた。アドラー自身「くる病」による150㎝の低身長であったことが、劣等感の発見につながったとされる。晩年は、ナチスの恐怖から逃れてアメリカへ渡るが講演活動の途上心臓発作で急死する。

›› 異文化適応5段階（いぶんかてきおう だんかい）

アドラーは、カルチャーショックをネガティブにとらえる傾向に対して、文化学習や自己成長の一過程として、ポジティブにとらえることの重要性を指摘。そして、異文化適応のプロセスを「①異文化接触→②自己崩壊→③自己再統合→④自律→⑤独立」の5段階に分け、それぞれの段階での認知面、感情面、行動面の特徴を挙げた。

▸▸▸異文化適応（→P.117）、カルチャーショック（→P.127）

維持（いじ）リハーサル／精緻化（せいちか）リハーサル　★★★

maintenance rehearsal / elaborative rehearsal

リハーサルとは復唱。短期記憶内の入力情報は、繰り返しリハーサルされないと数十秒程度で失われてしまう。そこで、一時的に情報を保持するために繰り返すことを、維持リハーサルという。一方、語呂合わせのように連想的・意味的に既有知識と関連づけて長期記憶へ転送するための情報処理水準の深い処理を、精緻化リハーサルという。

維持リハーサル	情報を単純に、音韻的・形態的に反復するだけの心的活動。 短期記憶内での復唱。
精緻化リハーサル	情報を〈有意味化〉して既有知識と関連づけて長期記憶へ転送する心的活動。

▸▸▸短期記憶（→P.153）、リハーサル（→P.159）、長期記憶（→P.155）

異文化間（いぶんかかん）カウンセリング　cross-cultural counseling　★★

異なる文化における生活経験が原因・きっかけとなって生じる不適応の援助のためのカウンセリングの総称。結婚や留学などによる異文化圏への移住がきっかけとなった不適応を対象とする。異文化間カウンセリングは、別々の文化的背景をもつ個人間で行われるので、多文化的アプローチをとることになり、カウンセラーには柔軟な態度が求められる。

▸▸▸異文化適応（→P.117）、カウンセリング（→P.123）

異文化間トレランス　intercultural tolerance　★

トレランスとは寛容。文化の異なる人に接したときに、文化の多様性を認め、その過程で生じる葛藤に耐えることができる態度・能力。

▶▶▶異文化間コンフリクト(→P.139)

異文化接触　culture contact　★★

人は、ある文化を身につけてしまうと、それと異なった文化に適応することは難しく、自分では当たり前だと思っていた行動様式や価値観が根底からくつがえされるような出来事を経験し、ショックを受けることもある。異文化接触においては、高揚感→拒否感→慣れといった過程をたどると考えられているが、これは誰もが経験する現象であり、基本的特徴である。

▶▶▶文化的気づき(→P.169)、カルチャーショック(→P.127)

異文化シミュレーションゲーム　★★
intercultural simulation game

異文化間教育の体験型訓練プログラム。グループで行うトレーニングで、異文化接触の疑似体験により、現実の異文化間コミュニケーションで生じる現象を理解する。ゲーム形式で楽しく実施する中で自身の事柄として学べるという利点がある。進行役のファシリテーターの役目が重要とされる。

▶▶▶ファシリテーター(→P.165)、文化的気づき(→P.169)

≫ アルバトロス　Albatross

女尊男卑の考え方が根づいている架空の国アルバトロスで、性別による待遇の違いを体験することで、性差別に関する先入観や固定観念について考えさせる異文化トレーニング。

≫ エコトノス　Ecotonos

3文化の代表者が「意思決定」のための話し合いを行うという設定で異文化間における意思決定を疑似体験する。価値観や行動様式などを記したカードが多数用意されており、各文化グループがその場で選んで文化を創造する。熟練したファシリテーターが3名必要。

≫ バファバファ　BaFá BaFá

異文化シミュレーションゲームの中で最も代表的なもので、参加者全員を2つの仮想文化に分け、相互交流を通して適応問題や異文化間の人間関係などの難しさを疑似体験する。仮想文化は、本格的なもので、熟練したファシリテーターが2名必要。

›› バーンガ Barnga

参加者は数名ずつの小グループに分かれ簡単なトランプゲームを学びトーナメント形式で競う。ゲーム中は言葉禁止なので意思疎通のため非言語コミュニケーションを駆使することになる。進行途中で異文化体験をする仕組みになっている。

異文化適応（いぶんかてきおう） cross-cultural adaptation ★★★

さまざまな定義があるが、異文化環境下で調和のとれた好ましい関係が保たれている状態を指す。アメリカでは、戦前から移民の異文化適応に対する関心が強く、研究が進められてきた。適応に成功すれば、**異文化適応**といえるが、逆に適応に失敗すれば、**異文化不適応**になる。適応の困難さが原因となる不適応症状が**カルチャーショック**と呼ばれる。

›› U字型曲線（じがたきょくせん） U-curve

リスガードが提唱したモデル（1955）。異文化環境に入った後の時間の経過に伴う適応プロセスを動的にとらえたものとしてよく知られている。これによれば、異文化での生活に対して気分が高揚した①**ハネムーン期**、次第に生活が落ち着いて周囲が見えるようになるにつれて不満とストレスがたまって落ち込む②**ショック期**を経て、回復と安定の③**適応期**へ至るとされている。

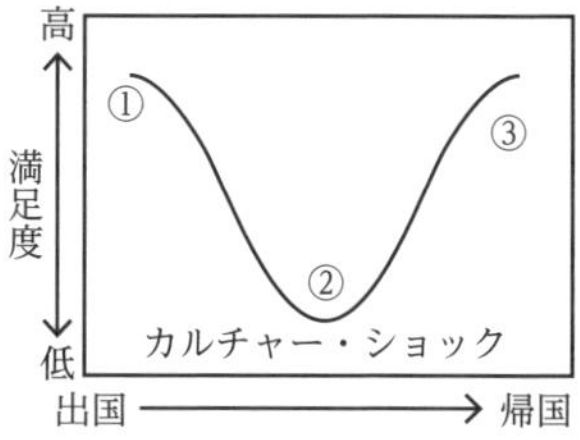

(Lysgard,1955 U-Curve model diagramをもとに作成)

›› W字型曲線（じがたきょくせん） W-curve

U字型曲線を自文化への再帰段階にまで延長した**ガラホーン**らによるモデル（1963）。帰国当初は、自国に戻った喜びに浸る（④）が、やがて周りが自分の異文化体験に興味を示さない、さらに当たり前だった自文化の価値観に疑問を抱くなど、帰国後に自文化にうまく溶け込めずさまざまな障害に直面するリエントリーショック症状（⑤）が表れる。帰国後のショックが大きい場合もある。

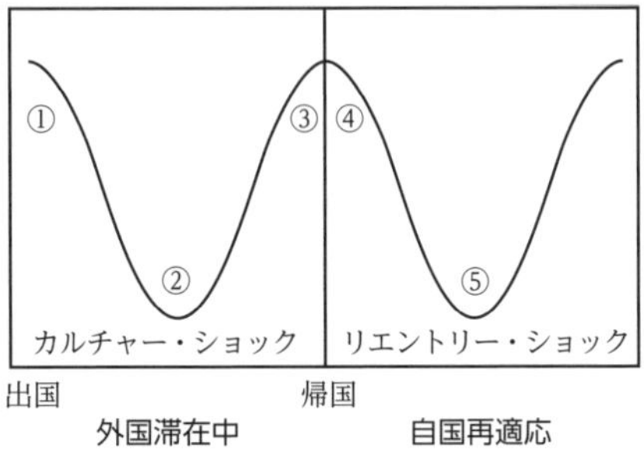

(Gullahorn& Gullahorn,(1963)をもとに作成)

ショックの程度、持続期間などには個人差がある。従って曲線の形は、異文化との心理的な違和感の程度や適応期間によって変わる。

リエントリーショック re-entry shock

留学や研修のプログラムを終えた人が、帰国後に自文化にうまく溶け込めずさまざまな障害に直面する逆カルチャーショック。理由としては、「母国の人が興味を示さない」「母国で通用しない」「自身の文化を理想化してとらえていたこと」などがある。

▶▶▶カルチャーショック(→P.127)、文化的気づき(→P.169)

異文化（いぶんか）トレーニング ★★

異文化接触の場面で起こり得る摩擦を軽減するための訓練。危機的事例に対しての対処法を学ぶカルチャー・アシミレーターや異文化での社会的スキルを学び、より望ましい行動を新たに獲得していく社会的スキル・トレーニングなどがある。教育的な方策としては、学習者に特定の文化的規範や価値観を押しつけないように配慮することが大切である。

▶▶▶社会的スキル(→P.144)、異文化接触(→P.116)

カルチャー・アシミレーター culture assimilator

異文化トレーニングの一つ。クリティカル・インシデント（危機的事例）を読んで、選択肢の中から自分の考えに合うものを選び、その理由を参加者間で話し合う活動。参加者同士で、対話を重ねる過程で、相手文化の人々の価値観、態度、習慣などを帰納的に学んでいく。

情意面でのトレーニングとして広く行われている。異文化同化訓練。

インターアクション仮説（かせつ） Interaction Hypothesis ★★★

アメリカの応用言語学者ロングが提唱した仮説で、学習者と目標言語の母語話者との間に生じる意味交渉が習得に有効であるとする説。ロングは、母語話者が行うフォリナートークのデータを分析し、学習者との対話の中で母語話者が必要に応じて行う〈会話的調整〉が、理解可能なインプットになり、意味理解が促進されると考えた。

■薬局でのインターアクション

薬剤師：この薬は食後に飲んでください。
学習者：え、ショクゴ……、何ですか？　**(←明確化要求)**
薬剤師：ごはんを食べた後で、飲んでください。
学習者：ごはんを食べた後ですね。　**(←理解可能なインプット)**

▸▸▸フォリナートーク(→P.102)

›› 意味交渉（いみこうしょう） negotiation of meaning

接触場面で何らかの原因でコミュニケーションがうまくいかないときや学習者の誤った発話に対して行われる参加者間の調整行動。会話が調整された「理解可能なインプット」（クラッシェン）よりも、母語話者との意味交渉が第二言語習得に重要な役割を果たす。お互いを理解するための意味交渉には、主に3種類ある。

(1) 明確化要求	相手の発話が意味不明のとき、発話を明確にする要求
(2) 確認チェック	相手の発話を自分が正しく理解しているかの確認
(3) 理解チェック	自分の発話を相手が正しく理解したかの確認

インターフェースの立場（たちば） ★

意識的な学習で得た知識も第二言語の習得に影響を与えるという考え方。この立場には、学習した知識が部分的に習得に影響を与えると考える弱いインターフェースの立場と、学習した知識が全面的に習得に作用するという強いインターフェースの立場がある。

▸▸▸習得－学習仮説(→P.146)

インナー・スピーチ inner speech ★

言語心理学で、外的な音声を伴わない思考のための内言語を指す。一般的に定義されている言語は、外へ発せられる外言語である。

インプット仮説　Input Hypothesis　★★★

モニター・モデルの中心仮説。言語習得を促進するためには理解可能なインプットを十分に受けることが必要だとする仮説。学習者の中間言語のレベルをｉとすると、それよりも少し高いレベルのインプット（ｉ+１）を理解することによって、言語を習得する（意識的に学習するのではない）。クラッシェンは、ケアテイカー（養育者）が子どもに話しかける調整された話し言葉が、成人の第二言語学習者にも有効であると主張した。

ケアテイカーの話し言葉は、インプット仮説と一致する。成人の場合、フォリナートークやティーチャートークによる会話調整が効果的だ。

▶▶▶モニター・モデル（→P.177）

インプット処理　input processing　★★

学習者が目標言語を聞いたり読んだりすることによって直接意味（内容）を理解すること。訳読や単語を覚えるようなことは、インプット処理ではない。バンパタンらの研究によって、学習者のインプット処理は、機能語よりも〈内容語〉が優先的に処理されることがわかった。

▶▶▶内容語／機能語（→P.252）、プロセシング・インストラクション（→P.167）

ヴィゴツキー　Vygotsky,L.S. (1896-1934)　★★★

ロシアの心理学者。結核のため38歳の若さで亡くなる。わずか10年間で芸術・哲学・心理学など、幅広い分野で、次々に独創的な研究を手がけ「心理学のモーツアルト」と称される。彼の先駆的な研究は、米ソ冷戦下の西欧諸国で注目されることはなかったが、冷戦終結後、ヴィゴツキーを再評価する研究者が次々と現れ、社会文化的アプローチが誕生した。

▶▶▶最近接発達領域（→P.140）、社会文化的アプローチ（→P.145）

›› 内言／外言　outer speech / inner speech

ヴィゴツキーは、発話を機能の観点から内言と外言とに区別した。子どもは最初から内言と外言とを区別しているのではなく、初めは、外言だけで、「①外言→②自己中心語→③内言」の順に発達していくとした。外言は伝達、内言は思考の道具としての機能を果たす。

外言		音声を伴う「他者のための言葉」
内言	自己中心語	音声を伴う不完全な内言。幼児期の「独り言」
	内言	音声を伴わない「自己のための言葉」

ヴント Wundt,W.M. (1832-1920) ★★

ドイツの哲学者で、心理学者。実験心理学の父。ライプチヒ大学の哲学部で実験心理学のための世界で最初の公式ゼミナールを創設する。ヴントは、古くから続いた哲学的な心理学に終止符を打ち、内観法によって人間の意識内容を分析するという立場をとった。

▶▶▶エビングハウス(→P.121)

内観法 introspective method

ヴントが用いた実験的手法。心理学の対象を人が直接に経験する意識内容に置き、その自己観察（内観）を心理学の直接データとみなして分析する。研究者自身ではなく、第三者による内観という点でそれまでの心理学から一歩前進したともいえる。内観は内省とも。

エピソード記憶／意味記憶 ★★★

episodic memory / semantic memory

長期記憶の宣言的記憶の一つ。どちらも言語で言い表すことができるが、エピソード記憶は、「昨日、ワインをたくさん飲んだ」のような時間的・空間的文脈の中に位置づけることができる個人的な出来事の記憶を指す。これに対して、意味記憶は、「ワインは日本酒と同じ醸造酒である」のような一般的な知識としての記憶を指す。

▶▶▶長期記憶(→P.155)、宣言的記憶(→P.150)

エビングハウス Ebbinghaus,H. (1850-1909) ★

ドイツの心理学者。実験心理学の先駆者の一人。無意味綴り（実験用の意味のない綴り）を創案し、自分自身を被験者として記憶を数量的に測定するさまざまな実験的研究を行った。エビングハウスの保持曲線が有名。

▶▶▶ヴント(→P.121)

エビングハウスの保持曲線 Ebbinghaus curve of retention

エビングハウスは、自ら被験者になって、無意味綴りの完全暗記

（原学習）を行い、その後、一定の時間を置いて再学習する際の時間的な節約率の関係を調べた。この結果、保持曲線は原学習の直後に急激に下降し、その後は一定の水準を保つ下降曲線になった。

エポケー　epokhē　★★★

カウンセリングや異文化接触において、自分とは異なる価値観に遭遇したときに行う判断を保留する態度。原語は「判断中止」を意味するギリシャ語。現象学の創始者で哲学者のフッサールは、私たちの自然的態度に基づく認識を一旦脇に置くエポケーを提唱した。このような判断保留の態度は、しばしば「括弧に入れる」と表現される。

▶▶▶カウンセリング（→P.123）、異文化接触（→P.116）

エンパシー／シンパシー　empathy / sympathy　★

エンパシーは、感情移入を意味する用語。能面が見る人によってさまざまな表情をもつのは、感情移入の働きである。シンパシーは、共感や同情を意味する用語で、相手の心情を感じ取って感情を共有すること。

オピニオン・ギャップ　opinion gap　★

「意見の違い」を意味し、インフォメーション・ギャップと同様、実際のコミュニケーションに近づけるために、教室活動の際に考慮されるべき要素の一つ。ディスカッションやディベートなどの活動に不可欠である。

▶▶▶ディスカッション（→P.218）、ディベート（→P.218）

外国語（がいこくご）の学習（がくしゅう）　★★

外国語の学習について「大人の方が早いが、子どもの方が優れている」（Older is faster, younger is better）という研究が1970年代後半に発表された。大人は、発達した認知能力を使って分析的に考え、子どもよりも早く学習することができるが、子どもはあまり細かい分析をしないので、母語に近いレベルまで自然な習得ができる、というものである。

回避（かいひ）　avoidance　★★

コミュニケーション・ストラテジーの一つ。自信のない言語形式を避けたり、その話題を中断したりすること。シャクターは、学習者が回避ストラテジーを使った場合には、誤用として現れないことを指摘。これが契機になって、学習者が産出した誤用のみに着目した誤用分析では、学習者の言語の全体像が見えないとされ、中間言語分析へと移行した。

▶▶▶コミュニケーション・ストラジー（→P.137）

›› シャクターの関係節の研究

シャクターは、日本語・中国語・ペルシャ語・アラビア語の母語話者に英語で作文を書かせた。「誤用分析の誤り」（1974）によれば、母語に関係節をもつペルシャ語・アラビア語話者の誤用率よりも、母語にない関係節の使用を極力回避した日本語・中国語話者の誤用率のほうが低いという結果になった。

カウンセリング　counseling　★★

心理相談のことであるが、さまざまな心理的問題について解決のための援助・助言を与えること。この基本の一つに傾聴がある。カウンセリングを実施する人をカウンセラー、カウンセリングを受ける人をクライエント（来談者）という。

▶▶▶ラポール（→P.178）、CLL（→P.185）

›› 傾聴

相手の心に耳を傾ける聴き方。来談者が望む、納得のいくゴールを目指すために傾聴が欠かせない。相手をよく理解するために気持ちをくみ取って丁寧に聴くことで、感情が浄化される。来談者が話したくない、話せないことは聴かないのが傾聴の注意点である。

学習者オートノミー　learner autonomy　★★★

オートノミーとは、自律という意味。第二言語教育では、学習者が自らの責任で何をどう学ぶかを決め、自分自身の学習をコントロールする能力が身につけば、学習効果が上がると考える。一方、自律学習における教師には、学習者が次の段階に進むための足場かけ（scaffolding）を行ったり、内発的動機づけを促進させたりする支援が求められる。

・学習の到達目標を明確にし、イメージ化できる。
・現在の自分自身の学習状況をモニターし、評価・検討できる。
・学習に対する自分の不安感情を意識化し、コントロールすることができる。

▶▶▶スキャフォールディング（→P.141）、内発的動機づけ（→P.158）

学習者要因（がくしゅうしゃよういん） learner factors ★★★

第二言語習得の成功を左右する最も大きなものは、学習者自身にかかわる要因であると考えられる。これには生得的な個人差である年齢、性格、言語適性、学習スタイル、動機づけなどの内的要因が考えられる。また、社会的・文化的な要因に影響を受ける外的要因もある。

▶▶▶言語適性（→P.202）、動機づけ（→P.156）

学習（がくしゅう）スタイル learning style ★★

個人の好む学習の仕方・方法。知能や性格とは異なり、ある程度は外からも観察できる。学習スタイルは、学習ストラテジーと密接な関係があり、学習者が多くの学習ストラテジーを使うことによって学習スタイルが形成される。学習スタイルと重なる用語に認知スタイルがあるが、前者は広く学びの個人差を扱うが、後者は情報処理の仕方の個人差を扱う。

▶▶▶認知スタイル（→P.160）、知能（→P.153）

学習（がくしゅう）ストラテジー learning strategies ★★★

学習者の内的要因の一つ。ストラテジーとは、方策、方略のこと。言語学習をより効果的にするために、情報を処理し、理解し、記憶にとどめるときに、学習者が使う思考過程や行動全般を指す。

▶▶▶言語学習ストラテジー（→P.132）、チャンキング（→P.153）

›› ストラテジー・トレーニング

与えられた課題に対して適切なストラテジーを使えるように指導し、学習者の言語習得を促進させる訓練。

学習理論（がくしゅうりろん） ★★★

学習理論は、S-R理論をもとにした行動主義と認知主義に大きく分けられる。S-R理論は、刺激（Stimulus）に結びついて反応（Response）が起こると考える理論で、人間や動物の行動に関する条件づけの基礎理論となっている。一方、認知主義の学習理論は、五感の知覚から得られた情報が、それまでの学習に影響を受けて「認知」されると考える理論である。

行動主義による学習理論	行動ができるようになることを学習したととらえる考え方。経験主義。
認知主義による学習理論	認知は行動に対応する考えで、頭の中に生じる変化によって学習したととらえる考え方。個人の知識の変容。

▶▶▶行動主義（→P.181）、認知主義（→P.160）

カクテル・パーティ現象（げんしょう） cocktail party phenomenon ★★

人は、すべての事柄に注意を向けているわけではない。例えば、講義中に教官の話に注意を向けていると、ほかの物音には注意を払わない。実際にはさまざまな音が存在しており、「聞こえている」はずであるが、主観的には、聞いていない。このような特定の情報が選択される現象をいう。

過剰般化（かじょうはんか） overgeneralization ★★★

学習者が目標言語の規則などを過剰に適用することによって誤りが生じる現象。理由を言う際の「台風だから（N＋ダカラ）」と同様に「だから」を拡大適用して「＊あるだから」「＊難しいだから」とする類。学習者が限られた知識を活用して形成する中間言語の特徴の一つであると同時に、規則の単純化という点でピジン化との類似性も指摘されている。

▶▶▶中間言語（→P.153）

化石化（かせきか）（定着化（ていちゃくか）） fossilization ★★★

中間言語を提唱したセリンカーの用語で、第二言語学習者における特定の誤用がいつまでも消えずにそのまま留まってしまうこと。セリンカーは、その原因として次の5点挙げている。

言語転移	「＊背の高いの人は、私の大阪 φ 友達です」 中国語の「的」のつもりで「の」を使用。逆に落とすことも。
訓練上の転移	「夕食後は、いつも何をしていますか」の問いに「夕食後は、いつもゲームをしています」と省略しないで応答する。
過剰般化	ある規則を別の場合にも適用する。「休みだった（N＋ダ）」と同様に、「＊楽しいだった」とする。
学習ストラテジー	学習効率を上げるための方略。「＊熱は38度がある」「は」の次は「が」か、「ある」は「が」がつくとユニットで覚えた。
コミュニケーション・ストラテジー	「＊先月、私 φ、人力車 φ、乗った」のように助詞の選択が難しいので回避する。あるいは逆に全部「は」を使うなど。

近年、ネガティブな印象を与えがちな「化石化」よりも、中立的な印象を与える「定着化」という表現に言い換えられるようになった。

▶▶▶学習ストラテジー(→P.124)、コミュニケーション・ストラテジー(→P.137)

カテゴリー　category ★★

範疇。同種のものの集合体。柴犬やチワワは「犬」というカテゴリーに属し、三毛猫やベンガルは「猫」というカテゴリーに属す。これらはさらに、「動物」という上位のカテゴリーに属する。カテゴリーは、分類のための〈器〉で、階層構造を成すことが多い。

≫ カテゴリー化　categorization

複数の事物や事象を1つにまとめることを指す。カテゴリー化という脳の働きがあることによって、人間は最小の認知的努力で新しい情報を迅速に理解することができる。

▶▶▶プロトタイプ(→P.167)

カミンズ　Cummins,J. (1949-　) ★★★

カナダのトロント大学オンタリオ教育大学院名誉教授。アイルランド生まれで、バイリンガリズム、バイリンガル教育理論の世界的権威であり、カナダ1級研究者（政府が選考した特別優秀な研究者）の一人。第二言語環境下で、不平等な力関係に根差したマイノリティの子どもたちへの偏見・差別をなくし、学習の機会を促進させることにカミンズの研究動機がある。BICS/CALPの概念の提唱者。

≫ BICS/CALP

マイノリティ言語を母語にもつ児童が日常会話には支障がないにもかかわらず、教科学習に問題があるという事実から、カミンズは生活言語能力（BICS）と学習言語能力（CALP）の2つの言語能力を想定した。この区別は、「表面的には流暢に第二言語を操る子どもたちが、学業の場面においては困難を示す」という現象を説明するために生まれたものである。

生活言語能力 (BICS)	場面に依存し、認知的負担が小さい能力 Basic Interpersonal Communicative Skills
学習言語能力 (CALP)	場面に依存できず、認知的負担が大きい能力 Cognitive／Academic Language Proficiency

›› 言語能力発達モデル

カミンズは、第二言語環境下の子どもたちの言語能力について、BICSは、文脈への依存度が大きく、かつ認知的負担が小さい。習得は比較的容易で1～2年である。一方、CALPは、文脈への依存度が小さく、かつ認知的負担が大きい。言語以外のサポートが比較的少なく、教科学習に必要な言語能力の習得には、5～7年かかるとした。

	高コンテクスト	低コンテクスト
認知的負担（小）	BICS（生活言語能力） 日常生活に必要な言語能力 ・挨拶、ゲーム	・簡単なメモ書き ・地図の案内
認知的負担（大）	・計算課題 ・理科の実験	CALP（学習言語能力） 教科学習に必要な言語能力 ・算数文章題、読解・作文

教科学習に必要とされる学習言語能力には、「比例」「時速」などの抽象的な概念が含まれるため母語の発達・保持も重要である。

▶▶▶均衡理論（→P.131）、敷居仮説（→P.141）、日本語指導が必要な児童生徒（→P.51）

カルチャーショック　culture shock　★★★

文化人類学者オバーグが提起した概念。異なる文化的環境において起こる心理的な違和感や痛みや吐き気、しびれなどの身体的症状、あるいは、強いストレスの総称。自らの文化として獲得したスキーマが通用しないときに経験する。ショックの軽減に役立つ教育的方策に、カルチャー・アシミレーターや異文化での社会的スキルを学ぶ方法などがある。

カルチャーショックは、精神的な衝撃だけでなく、小さな自己崩壊を起こし、不眠や吐き気、食欲不振などの身体的症状を伴う衝撃である。

▶▶▶カルチャー・アシミレーター（→P.118）、社会的スキル（→P.144）

感覚記憶　sensory memory　★★★

感覚刺激を感覚情報のまま保持する記憶。視覚・聴覚・嗅覚などの五感でとらえた情報である。感覚記憶の内容は、意味に符号化されず一時的に保存されるだけで注意を向けられなければ消失するか、次々に入ってくる新しい情報に置き換えられていく。持続時間は、視覚情報より聴覚情報のほうが長い。

感覚記憶	アイコニックメモリー（視覚情報）	1秒以内
	エコイックメモリー　（聴覚情報）	約4～5秒

検定試験の対策では、細かい数値まで暗記する必要はない。感覚記憶は、耳からの聴覚情報の持続時間が長い。声に出す復唱が効果的である。

▶▶▶短期記憶（→P.153）、情報処理モデル（→P.129）

観察学習（かんさつがくしゅう） observational learning ★★

カナダ生まれの心理学者**バンデューラ**の社会的学習理論。**学習**は、自ら直接に経験したり、外部からの強化を受けたりしなくとも、他者（モデル）の行動を観察するだけで学習が成立する。対象は、映像や小説などの登場人物でも成立する。**モデリング**とも。

▶▶▶学習理論（→P.124）、認知的徒弟制（→P.161）

≫ 自己効力感（じここうりょくかん） self-efficacy

バンデューラ提唱。行動を起こす前に感じる「できそう」という、個人の確信や期待感を指す。**セルフ・エフィカシー**とも。

干渉（かんしょう） interference ★★

心理学では、学習した事項を忘れる現象を説明するために用いられるが、第二言語習得では、**母語の干渉**を意味する。**負の転移**とも。

■母語の干渉（例）
- 英語母語話者　「この辞書はとても私を助けます」
- 韓国語母語話者　「みっちゅ（三つ）」「じゃんねん（残念）」
- 中国語母語話者　「今日の授業は、よく了解できませんでした」

▶▶▶転移（→P.156）

キーワード法 ★★

語彙の学習法の一つ。**心的辞書**の研究者から提唱され、記憶を促進する**ストラテジー**として有効とされる。例えば、日本語の「町」の発音と類似した学習者の母語にある英語の「march」をキーワードとして、次に「町」と「march」の間に視覚的イメージを構築して覚えていく方法である。

▶▶▶メンタル・レキシコン（→P.176）、学習ストラテジー（→P.124）

記憶　memory　★★★

過去の体験を保持し、後にそれを再現して利用する機能のこと。記憶には、忘却という特性があるが、通常の記憶は「記銘、保持、想起」という3つの段階を経るとされる。

(1) 記銘　経験したことが記憶として取り込まれること
(2) 保持　記銘されたことが保たれること
(3) 想起　保持されていた記憶がある期間の後に外に現れること

▶▶▶自己関連づけ効果(→P.143)、想起(→P.151)

≫ 情報処理モデル

認知心理学では、記憶の過程は、外界の刺激がもつ情報を取り込み、符号化（人間の内部の記憶に取り込める形に変換）し、貯蔵し、必要に応じて検索し、利用していく一連の情報処理過程とする。

従来の心理学	記銘　→　保持　→　想起
情報処理モデル	符号化　→　貯蔵　→　検索

▶▶▶短期記憶(→P.153)

記憶ストラテジー　memory strategies　★★

古くから記憶術としてよく使われてきた方略。オックスフォードによれば、自分なりのイメージを使う、語の意味の地図を作る、キーワード法で連想するなど、視覚イメージや音を使って記憶することである。

日本語の「イチ・ニー・サン・シー」を英語話者が「itchy (かゆい)、knee(ひざ)、sun(太陽)、sea(海)」と覚えるのもこの例である。

▶▶▶言語学習ストラテジー(→P.132)、キーワード法(→P.128)

気づき　noticing　★★

第二言語習得は、対照分析、誤用分析、中間言語分析へと研究の関心がシフトした。1980年代以降は、中間言語を含む第二言語習得のプロセスの解明が最も盛んになった。第二言語習得の最初のプロセスでは、目や耳から入ってくる情報の中から選択的注意を向けられた断片が取り込まれる。この最初の段階を気づきという。

▶▶▶中間言語(→P.153)

›› インテイク（内在化） intake

取り込みの意味。インプットされた言語データのうち、学習者に認識され、理解されたものが内部に取り込まれる。インテイクは、仮説検証のプロセスでもある。ここで確認された言語知識が学習者の中間言語と統合され、必要に応じてアウトプットされる。

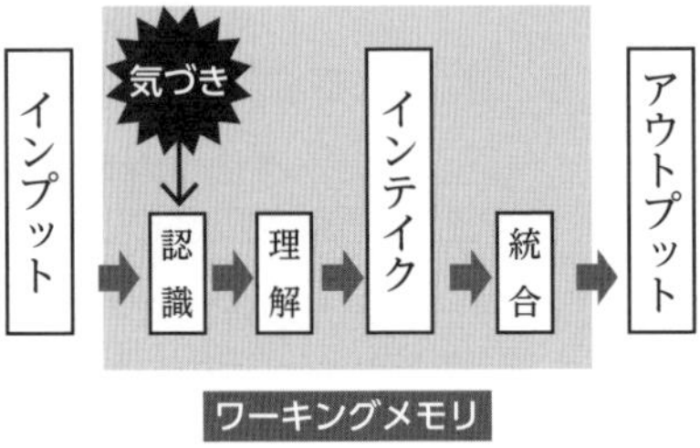

(Grass (1997) SLAモデルをもとに作成)

›› 気づき仮説 Noticing Hypothesis

気づかないことは学習できないという当然のような理論を証明したのがシュミットである。彼は独学でポルトガル語を学習したが、実際に習得したのは、それまで気づかなかった言語形式に教室で気づいたものであった。第二言語習得は、学習者自身の意識的な気づきなくして習得は起こり得ないと唱えた。

意識を重視するシュミットらの気づき仮説は、クラッシェンの無意識の習得とは異なる立場で、これにより教室での文法教育が再認識された。

ギブソン Gibson,J.J. (1904-1979) ★★

アメリカの傑出した知覚心理学者の一人で、独創的な思想家でもある。ギブソンが提唱したアフォーダンスは、英語の動詞afford（与える）からの造語で、環境世界が意味や価値を提供するものであるとした。

›› アフォーダンス affordance

環境世界が知覚者に対して与えるものの意。例えば、木の切り株は「座る」ことを、芝生は「寝転がる」ことをアフォード（提供）している。デザイン分野でも同じ用語が使われ、良いデザインはその使い方をアフォードするものでなければならない。

教室習得環境／自然習得環境 ★★

classroom acquisition/naturalistic acquisition

授業を受けたり、教科書を使ったりして第二言語や外国語を学ぶことを教室習得環境という。形態的・統語的側面の習得に有利とされる。一方、移民など生活の中で第二言語を使いながら習得する場合を自然習得環境という。語用論的側面の習得に有利とされる。母語の習得に似ている。

教室習得環境	自然習得環境
意識的（明示的知識）	無意識的（暗示的知識）
形式に注意が向く	意味に注意が向く
過剰般化が見られる	機能語を省略する傾向がある

▶▶▶ナチュラル・アプローチ（→P.224）、第二言語習得（→P.152）

均衡理論 balance theory ★★

バイリンガル環境のもとでの言語の発達と認知の間にはどのような影響関係があるかについて、1920年代から1960年代には、頭の中に風船があり、第二言語が増えると第一言語が減るというイメージが直感的に支持され、バイリンガルは、モノリンガルより劣るという否定的な考え方が支配的であった。カミンズは、従来の考え方をSUPモデルとし、BICSとCALPの概念を導入したCUPモデルを新たに提示した。

▶▶▶カミンズ（→P.126）、敷居仮説（→P.141）

≫ SUPモデル Separate Underlying Proficiency Model

2つの言語は、転移することなく別々に機能し、限られた容量しかないということを、SUPモデル（分離基底言語能力モデル）という。第1言語の能力と第2言語の能力は別のもので、互いに切り離されているため、第1言語を通して学習された内容や技能は第2言語に転移せず、また、逆方向の転移も起こらないと考える。風船説とも。

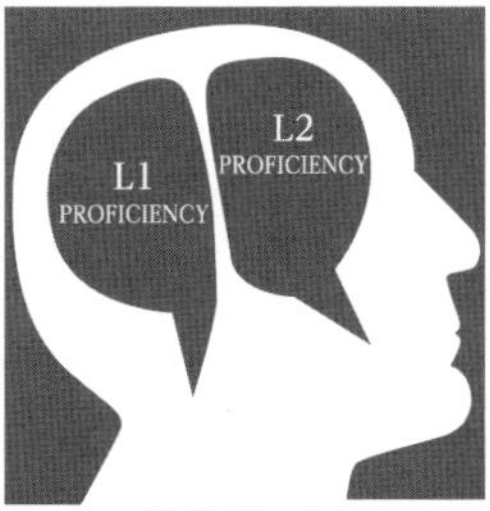

SUP-Model

(An Introductory Reader to the Writings of Jim Cummins, 2001)

›› CUPモデル　Common Underlying Proficiency Model

表面的には別々の2言語が基底部分では共有（抽象的思考力、メタ言語能力など）されるため、2言語が堪能なバイリンガルが存在する。これをCUPモデル（共有基底言語能力モデル）という。共有されるのはBICSではなく、主としてCALPであるとするのが、現在有力な考え方である。ふたこぶ氷山説とも。

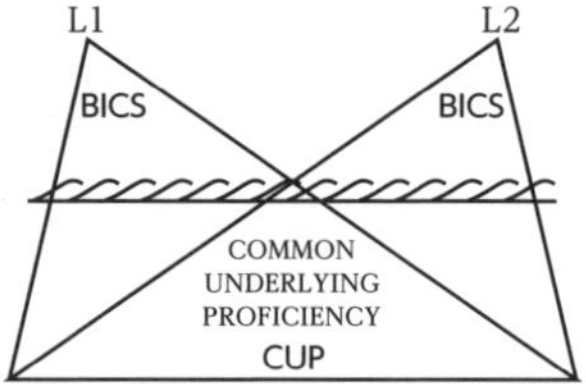

CUP-Model

(An Introductory Reader to the Writings of Jim Cummins, 2001)

▸▸▸発達相互依存仮説（→P.164）、BICS／CALP（→P.126）

クリティカル・シンキング　critical thinking　★

「批判的な思考」の意味。教育的立場からは、知識を鵜呑みにするのではなく、クリティカル・シンキングで、客観的に判断、決断できる習慣をつけさせることの重要性が叫ばれている。

▸▸▸文化相対主義（→P.171）、自文化中心主義（→P.144）

言語学習ストラテジー（げんごがくしゅう）　language learning strategies　★★★

学習者が第二言語を習得するときに自律的に使ういろいろな方略を指す。アメリカの応用言語学者オックスフォードは、外国語教師が知っておくべきこととして、直接ストラテジーと間接ストラテジーに分けた。前者は、言語材料に直接働きかけるもので、後者は、言語学習全体を間接的に支え、習得のための条件を整えるものである。

■オックスフォードの6分類

言語学習ストラテジー	
直接ストラテジー	間接ストラテジー
(1) 記憶ストラテジー	(4) メタ認知ストラテジー
(2) 認知ストラテジー	(5) 情意ストラテジー
(3) 補償ストラテジー	(6) 社会的ストラテジー

分類や名称、定義は、研究者によって異なる。「認知・メタ認知・情意社会的ストラテジー」の３つに分類される場合もある。

▶▶▶学習ストラテジー(→P.124)

言語獲得（げんごかくとく） language acquisition ★★★

訳語は「言語獲得」と「言語習得」の2つがあり、その使用方法については研究者間で相違が見られる。応用言語学の分野では、母語については獲得が、第二言語については習得が好まれる傾向にある。母語は、意識的に習うものではないと考えるからである。幼児の言語獲得についての研究は、後天的なものとする経験説と先天的なものとする生得説などがある。

≫ 経験説（けいけんせつ） empiricism

行動主義心理学の考え方。スキナーは、言語は他の行動と同じく刺激と反応によって習慣形成されるとした。経験説は、周囲の大人が与えていない誤用が幼児期に出現し、それが定着せずに消えてしまう現象が説明できないため、生得説から激しく批判された。

≫ 生得説（せいとくせつ（しょうとくせつ）） nativism

チョムスキーは、人間は生まれながらにして言語能力をもっているとする生得説を唱えた。幼児は「好きくない」のような発話をすることがあり、過剰に規則を適用しているように見える。言語的な環境が異なる中でも、ほぼ均質の言語が短期間に獲得できるのは、遺伝的に規定された普遍文法があるからだとした。

≫ 用法基盤モデル（ようほうきばん） Usage-Based Model

チョムスキーの生得説（普遍文法）に疑問を投げかけた認知言語学のトマセロは、幼児は生まれながらに言語に関する知識をもっているのではなく、言語の使用パターンに基づく経験をボトムアップ的に積み上げて、一般規則を導き出して習得していくとした。

▶▶▶第二言語習得(→P.152)、モニター・モデル(→P.177)

言語獲得装置（げんごかくとくそうち）（LAD） Language Acquisition Device ★★★

生得説を提唱したチョムスキーは、人間である限り、生得的に備わった言語能力が脳に存在すると仮定し、これを言語獲得装置と呼んだ。これは、日本語や英語などの個別言語データのインプットを受けて、普遍文法から個別言語の文法を獲得していくための装置である。言語獲得とは、母語に合わせてパラメータを固定していく過程とみることができる。

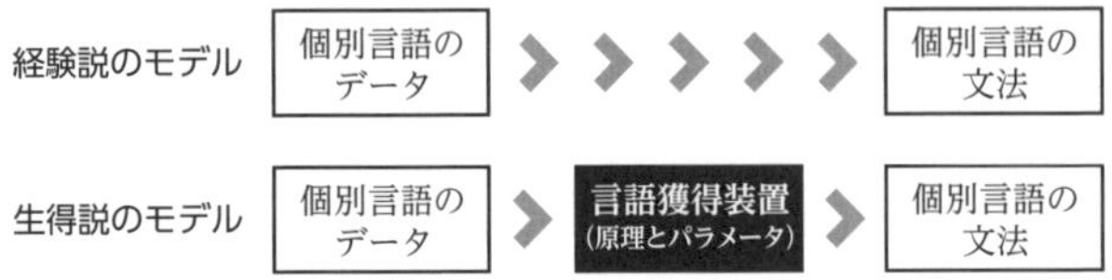

普遍文法（UG） Universal Grammar

言語獲得装置が内蔵する言語の普遍的で抽象的な知識体系。これをチョムスキーは、普遍文法と呼んだ。あらゆる言語に適用可能な共通の文法である普遍文法に、さまざまな個別言語の規則が用いられて、人間は母語を獲得すると考えた。UGは、LADと同義で使われる。

原理とパラメータのアプローチ Principles and Parameters Approach

言語獲得は、生まれながらにもっている言語の不変の「原理」と、その原理に付随する可変な「パラメータ（媒介変数）」との相互作用であると見る考え方。言語主体は、経験に基づいて各パラメータを固定（パラメータ・セッティング）することで個別言語を生み出していくというチョムスキーが提示した新しい理論的枠組み。

普遍文法から個別言語を獲得していくには、英語では、lとrの音を区別するというパラメータ設定が必要であるが、日本語では必要ない。

▶▶▶チョムスキー(→P.319)、生得説(→P.133)

言語能力／言語運用 ★★

linguistic competence / linguistic performance

チョムスキー提唱。理想化された言語使用者の言語知識を言語能力とし、その知識で言語を使用する言語運用とを区別し、言語能力の解明を研究の対象とした。チョムスキーは、文脈と切り離して、脳内で文が生成されるメカニズムを考察したが、各言語の個別文法で正しい文が生み出されても、個々の文脈において適切な表現にならないことがたびたび指摘された。

▶▶▶チョムスキー(→P.319)、言語獲得装置(→P.133)

構成主義 constructivism ★★★

知識は、主体が能動的に〈構成〉するものであるとする立場。構成主義は大まかに、個人的構成主義と社会的構成主義に分けられる。発達心理学の父と称されるスイスのピアジェは、個人の発達を扱ったことから個人的構成主義と位置づけられる。一方、社会的構成主義は、「社会的な営み」として学習を個人と共同体の相互作用とするヴィゴツキーの立場を指す。

▶▶▶ヴィゴツキー（→P.120）

›› 個人的構成主義

ピアジェの知識観。学習者個人が能動的に環境に働きかけ、新しい知識構造を内部に構成することを学習の定義とする。主体と環境との相互作用（大人より学習者同士）により自分で知識を構成していくと考える。

›› 社会的構成主義 social constructivism

知識は、個人の営みとして伝達されるものという受動的な学習観の行動主義に対して、社会的構成主義は、「社会的な営み」としてとらえ直す能動的な学習観に立って、「個人、状況（共同体）、他者」の3つを前提にしている。

	個人的構成主義	社会的構成主義
研究者	ピアジェ	ヴィゴツキー
特　徴	発達段階に合わせて教育すべし （＝発達が教育に先立つ）	教育によって発達を促進すべし （＝教育が発達に先立つ）
知識観	知識は一人一人が自ら構成するもの	知識は社会的な営みの中で構成されるもの

a．学習とは、学習者自身が知識を〈構成〉していく過程である。
b．知識は状況に依存している。置かれている状況の中で知識を活用することに意味がある。
c．学習は、共同体の中での相互作用を通じて行われる。他者（大人・年長者）が想定されている。

近年、ICT（情報通信技術）教育の積極的な推進とともに、構成主義に基づく子どもの主体的な学びの重要性が認識されるようになってきた。

▶▶▶習慣形成理論（→P.145）

肯定証拠／否定証拠 positive evidence / negative evidence ★★

仮説検証の過程で、発話が文法的であるという情報を肯定証拠という。子どもが普遍文法と照合するために必要とされる。反対に、発話が非文法的であるという情報を否定証拠という。非母語話者は、自分の誤用に気づかないことが多いので、他者からの訂正フィードバックによる否定証拠を得て、自らの中間言語と目標言語を比較している。

▶▶▶訂正フィードバック(→P.155)、中間言語(→P.153)

行動主義心理学こうどうしゅぎしんりがく) 　behaviorism　★★★

ヴントの内観主義の心理学に対抗して、ワトソンが提唱した行動主義（1913）の心理学。主観的な意識ではなく直接観察可能な行動を研究対象とし、「刺激－反応」の関係から法則性の解明を目指した。当時、ドイツで台頭したゲシュタルト心理学、フロイトの精神分析とともに大きな潮流になった。意識を排除した行動主義は、1960年代、直接には観察不可能な心的活動を研究する認知心理学の誕生によって主流の座を奪われた。

▶▶▶ヴント(→P.121)、ワトソン(→P.180)

合理主義／経験主義ごうりしゅぎ／けいけんしゅぎ) 　rationalism / empiricism　★★

哲学的な分類。母語の獲得について、遺伝的に規定された生得的な機構を強調する立場を合理主義と呼び、経験の役割を強調する立場を経験主義と呼ぶ。しかし、そもそも生得的な機構を想定しなければ、経験を処理することができないので、どちらか一方の立場をとることはあり得ない。

合理主義	言語習得は、人間の生得的な言語能力が経験よりも重要だと考える。演繹的アプローチ（⇒生得説）
経験主義	経験を重視し、外からの刺激に反応して習慣を形成することにより、知識を得ていくと考える。帰納的アプローチ（⇒経験説）

合理主義は、経験に先立つ知を認めるが、経験主義は、「白紙」の心の知の源泉を経験に求める。心理学では、生得説と経験説の対立。

▶▶▶言語獲得(→P.133)

コーピング　coping　★

「対処の仕方」の意味。自分のストレスに対して緩和したり、除去したりするために行う意図的な対処行動。認知的対処。

コミュニケーション・ギャップ　communications gap　★★

相互に理解しあうべきコミュニケーションの場面で、メッセージの解釈にずれが起こって食い違いが生じること。外国人との接触場面では、文化的、個人的な背景が大きく異なることや相手の日本語力の問題などが原因となって、コミュニケーション・ギャップが生じやすくなる。

▶▶▶母語場面／接触場面(→P.108)、ノイズ(→P.87)

コミュニケーション・スタイル　communication style　★★

異文化間では、見えない文化の部分で誤解が生じやすい。その中の一つに、コミュニケーション・スタイルの違いがある。高コンテクスト文化の日本では、聞き手に察しを求め、婉曲的に話す螺旋(らせん)的スタイルや「ごめん、今日はちょっと…」のように、曖昧に話す飛び石的スタイルが好まれる。一方、低コンテクスト文化では、最初に意見を述べた後に理由を説明する直線的スタイルや言葉を尽くして論理的に状況を説明する石畳的スタイルが多く見られる。

高コンテクスト文化	螺旋的スタイル	飛び石的スタイル
低コンテクスト文化	直線的スタイル	石畳的スタイル

▶▶▶高コンテクスト文化／低コンテクスト文化(→P.172)

コミュニケーション・ストラテジー(CS)　★★★
communication strategies

学習者が、十分に習得していない第二言語で意思疎通するときに用いる方策。具体的には、回避、言い換え、他の言語へのコード・スイッチング、身振り・手振り、助けを求めるなど。コミュニケーション・ストラテジーは、コミュニケーション上の障害を乗り越えるために用いる工夫であるが、中間言語分析のセリンカーは化石化の一因になることを指摘した。

- 回避（話題の回避、メッセージの放棄）
- 言い換え（類似表現、造語、遠回し表現）
- コード・スイッチング
- 身振り、手振り
- ほかへの援助（母語話者、辞書など）

▶▶▶回避(→P.122)、中間言語(→P.153)、化石化(→P.125)

≫ 会話上(かいわじょう)のコード・スイッチング　conversational code-switching

一方の言語で表現したことが正確に伝わっているのか、あるいは、充分に伝わらないおそれがある場合に、情報の補足や話題の導入などのために、もう一方の言語を、差し込んだり、引用したりすること。補償的なコミュニケーション・ストラテジーの機能を果たす。

誤用分析　error analysis　★★★

誤用は予測できるとした対照分析仮説への批判から登場した分析方法。イギリスの応用言語学者コーダーは論文「学習者の誤用の重要性」(1967)で、マイナス要素とされていた学習者の誤用を再評価し、研究者や教師にとって重要な役割を果たしているとした。誤用分析は、第二言語習得研究の発展に寄与したが、誤用として現れない回避の問題などが批判された。

▶▶▶対照分析仮説(→P.152)、中間言語(→P.153)、回避(→P.122)

≫ エラー／ミステイク　error/ mistake

学習者の誤用の原因は、複雑な要素がからみ合っており、瞬時に線を引くのは難しい。コーダーは、繰り返し現れて学習者独自の体系をもつエラーと、軽微なレベルの言い間違いをミステイクとして区別した。そして、エラーの記述・分析を通して、学習者の習得過程を明らかにすることを誤用分析の目的にした。

種　類	エラー	ミステイク
原　因	言語能力の欠如	言語運用の失敗

母語の干渉は、ミステイクではなくエラーの一因である。ミステイクは、学習者だけでなく母語話者でもうっかり犯すこともある。

≫ 言語間エラー／言語内エラー　interlingual error / intralingual error

言語間エラーは、中国語話者の「新しいの車」のように、母語の干渉（負の転移）による誤り。一方、言語内エラーは、母語とは関係なく、学習者に共通に見られる誤り。「高いだった」のように、「休みだった（N＋だ）」と同様に「～だった」を付加する過剰般化が起ったり、規則を単純化したりすることなどがある。

≫ グローバル・エラー／ローカル・エラー　global error / local error

学習者の誤用のタイプは、聞き手が理解可能かという観点で2つのタイプがある。聞き手の母語話者が意味の理解に支障のある全体的な誤用をグローバル・エラーという。一方、母語話者が意味の理解に支障をきたさない軽微な誤用をローカル・エラーという。

グローバル・エラー	ローカル・エラー
「行かない」の文末イントネーション。 （上昇調は勧誘、下降調は否定。）	「ガコ（学校）は休みです」の拍の長さの誤り。
「これは田中さんがもらった本」の「に」と「が」の違い。	「ベトナムでたくさんある」の「で」の誤り。

語用論的転移（ごようろんてきてんい） pragmatic transfer ★★★

学習者の母語の語用論的特徴を第二言語にそのまま当てはめたために、その言語の社会文化規範の制約を受ける現象。通常、「負の転移」の場合に焦点が当てられる。例えば、英語母語話者が「一緒に勉強したいですか」と友人を誘うなど。文法上の間違いはなくても使用場面によっては、相手に失礼な言い方になってしまうことがある。

■学習者の誤用例
- 「＊先生、私が手伝ってあげます」
- 「＊先生、明日は学校に来ないつもりですか」

▶▶▶言語規範（→P.73）、社会言語能力／社会文化能力（→P.86）

コンフリクト conflict ★★

葛藤、衝突。同じ強度をもつ複数の欲求が同時に存在し、一つに定まらない状態。ランチの席でＡも食べたいが同時にＢも食べたいという欲求が存在している状態など。コンフリクトは、欲求不満の源泉ともなりうるが、通常私たちは、認知の仕方を変えたり、コンフリクトの場から逃避したりすることによってこの事態を処理している。

▶▶▶防衛機制（→P.171）

≫ 異文化間コンフリクト（いぶんかかんコンフリクト） intercultural conflict

異文化間では、文化の違いとそれに基づく誤解がコンフリクトを生む主な原因と考えられている。これには、個人の中で生じる葛藤と、異なる集団同士の間で生じる葛藤がある。不一致を克服しようとしないで、回避することも異文化間では有効な対処法である。

▶▶▶異文化間トレランス（→P.116）

≫ コンフリクト・マネジメント conflict management

ネガティブに評価されがちなコンフリクトの存在を早く認識して、問題解決を図ろうとする考え方。これまでは、コンフリクトを引き起こさないことが重視されたが、メンバー間でその存在を早く認知して、積極的にマネジメントすることが有効である。コンフリクトに直面したときの解決策は、5つの態度に分類される。

■マネジメントの態度

(1) 強制	Win-Lose	自分の意見を相手に飲ませる。
(2) 服従	Lose-Win	自分の意見を殺して相手の意見に従う。
(3) 回避	Lose-Lose	対立を避け、話し合うことから身を引く。
(4) 妥協	Win-Win / Lose-Lose	対立する意見の間に中間点を見出す。
(5) 協調	Win-Win	互いの意見を活かし、解決策を探る。

根本的相違仮説　Fundamental-Difference Hypothesis ★

こんぽんてきそういかせつ

応用言語学のブローマン提唱。母語習得は個人差がなく、意欲にかかわらず成功の度合いは均一である。一方、成人の第二言語習得は、個人差が大きく、明示的学習への依存度が高いという点で、母語と第二言語習得のメカニズムが根本的に異なるとする説（1989）。

▶▶▶臨界期仮説（→P.179）

最近接発達領域（ZPD）　zone of proximal development ★★★

さいきんせつはったつりょういき

ヴィゴツキーは、子どもの知的発達の水準を2つに分けて考えることを提唱した。一つは、発達が完了した現在の発達水準であり、もう一つは、独力ではできないが他者からの援助や協働よって達成が可能になる水準である。そしてこの2つの水準の間隔を最近接発達領域（ZPD）と呼んだ。発達の最近接領域とも。

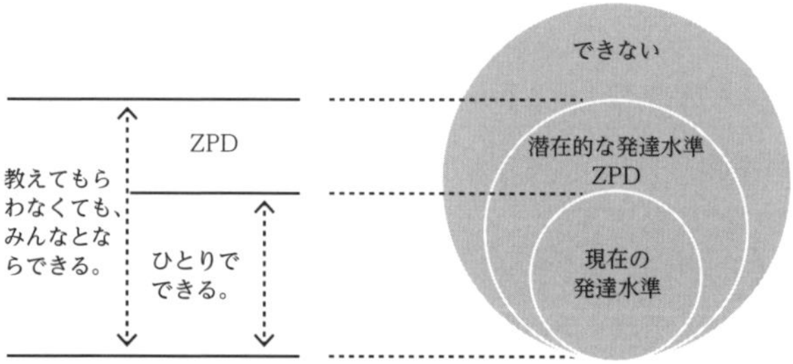

Figure: Original by Mitzub'ixi Quq Chi'j
ZPD, Zone of Proximal Development, зона ближайшего развития.
L.S. Vygotsky: Mind in Society: Development of Higher Psychological Processes, p. 86, Cambridge, Mass.:Harvard University Press.

年少者の教育は「最近接発達領域」に適合したものでなければならない。発達には他者が必要であるという社会的構成主義を代表する考え方。

▶▶▶ヴィゴツキー（→P.120）

≫ スキャフォールディング　scaffolding

　ウッドらによって提唱された概念。特に年少者教育において必要とされる支援で、自転車に乗れない子どもにとっての補助輪に相当する。支援者は子どもが**最近接発達領域**において、自ら問題解決ができるように必要最小限の支援を行う。**足場づくり**とも。

敷居仮説（しきいかせつ）　Threshold hypothesis　★★★

発達相互依存仮説を発展させたバイリンガリズムと認知的発達に関する仮説。**カミンズ**によれば、バイリンガルの言語発達には2つの敷居があり、認知的発達の弊害を防ぐという点では、低いほうの敷居レベル（第一の敷居）を超えればそれでよい。しかし、バイリンガリズムの認知的恩恵を受けるためには、高いほうの敷居レベル（第二の敷居）を超えることが必要である。**閾（いき）仮説**とも。

3階：均衡バイリンガル この段階は、年齢相当の能力を両言語で発揮し、認知的な優位さをもつ、両方の言語能力が母語話者と同じ。	利点 （+）
第二の敷居（しきい）	
2階：弱い均等バイリンガル（モノリンガル） この段階は、年齢相当の能力を片方の言語ではもつが、両方ではもたない。一方の言語能力が母語話者と同じ。	中立
第一の敷居（しきい）	
1階：限定的バイリンガル（リミテッド） この段階は、両言語の能力が低く、認知的にはマイナスの影響を受ける。学力が育たない。	弊害 （−）

（ベーカー『バイリンガル教育と第二言語習得』をもとに作成）

伝統的にはバイリンガルは、認知の発達に悪影響があると考えられていたが、カミンズは、3階レベルではモノリンガルより優れているとした。

≫ リミテッド　limited

　2言語とも語彙数や文型の表現能力などが年齢相当の能力に達していない状態で、敷居仮説の1階レベル。これを**リミテッド**という。同じバイリンガルでも、2言語の達成度の違いにより認知的な発達に違いが見られ、**バイリンガリズム**によって認知的な恩恵を受ける子どもたちがいる一方で、認知的な発達が阻害される子どももいる。

▶▶▶発達相互依存仮説（→P.164）、カミンズ（→P.126）、バイリンガリズム（→P.99）

自己開示／自己呈示　self-disclosure / self-presentation　★★

自分自身に関する情報を特定の他者に言語的に伝える行為を**自己開示**という。一般に初対面の人には表面的な当たりさわりのない話をし、親しくなるにつれて自己開示の度合いが増していく。一方、自分に不利益にならない情報だけを意図的に相手に開示する行為を**自己呈示**という。肯定的な面も否定的な面も表出する自己開示とは異なる。

≫ ジョハリの窓　Johari window

アメリカの心理学者ジョセフ・ルフトとハリー・インガムが発表した対人関係における気づきのグラフモデル。名称は、2人の名前を合わせたもの。「自分は知っている／知らない」「他人は知っている／知らない」という2つの次元から成る4つの窓で現した。

	自分は知っている	自分は知らない
他人は知っている	❶ 開放の窓 (open self)	❷ 盲点の窓 (blind self)
他人は知らない	❸ 秘密の窓 (hidden self)	❹ 未知の窓 (unknown self)

①自分も他人も知っている部分。この窓が大きい人は、初対面の人との会話でも自己開示の積極性が高い。人間関係を形成しやすいタイプとされる。
②自分は知らないが、他人は知っている部分。この窓が大きい人は、頑固で他人の言うことに耳を貸さないなど、自己中心的な人。
③自分は知っているが他人は知らない部分。この窓が大きい人は、もっぱら聞き役となり他者への反応は多いが、自己開示が少ない人。
④自分も他人も知らない部分。この窓が大きい人は、自己開示も乏しく感受性が低いが、他者からのフィードバックが未知の部分を押し下げ、気づかせてくれる。

≫ 返報性の規範　norm of reciprocity

返報とは、返礼の意。実際の対人関係において、相手から受けた利益や好意に対して自分も同種、同程度のものを返すべきであるという規範。互恵性の規範とも。もし相手に自己開示されたら自分も同程度の自己開示をしなければならないという**自己開示の返報性**もこの規範に従った行動と考えられる。

自己関連づけ効果　self-reference effect　★

記銘すべき情報を自己（self）に関連づけさせて処理を行うと、意味的な処理を行ったときと比較して記憶が促進されるという現象。自己概念と関連する情報は深く処理され、記憶に残りやすい。自己準拠効果とも。

▶▶▶記憶（→P.129）

自然習得順序仮説　Natural Order Hypothesis　★★★

モニター・モデルの仮説の一つ。第二言語学習者は、年齢や習得環境にかかわらず、英語の文法形態素が予測可能な一定の順序で習得されるという仮説。これに対して、日本人の学習者の場合、英語の複数形が日本語にはないことから、所有格（John' s book）の習得のほうが早いことが報告された。これは母語による影響であり、言語習得は必ずしも普遍的・固定的とはいえず、自然な習得順序を決定づけるまでには至らなかった。

be動詞、複数形の-s、現在進行形の-ing

↓

助動詞、冠詞（a、the）

↓

不規則動詞過去形

↓

規則動詞過去形、３単元の-s、所有格の-'s

（文法形態素の平均的習得順序Krashen and Terrell, 1983）

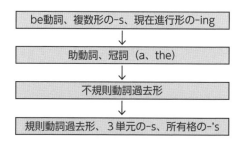

クラッシェンは、習得には予測可能な順序があり、教室で教えた順序で習得するわけではないので、文法指導はあまり意味がないとした。

▶▶▶モニター・モデル（→P.177）、習得順序（→P.146）

自動化モデル　Automatization Model　★★

認知心理学の知見を第二言語習得に応用したモデル。言語知識は最初、意識的に学習され、宣言的知識として蓄積されていくが、徐々に自動化し、無意識にできるスキルとして手続き的知識に移行するという主張（1987）。このスキル習得のモデルは、クラッシェンの「学習によって得られた知識は話すことにはつながらない」とする考えを強く否定した。

自動化モデル　：	宣言的知識	⇒（徐々に移行）⇒	手続き的知識
モニター・モデル：	宣言的知識	× 発話の正しさをチェックするだけ！	

自動化モデルは、第二言語が知識としてわかる宣言的知識レベルに留まらず、徐々に手続き的知識のスキルとして使えるようになるとした。

▶▶▶認知心理学(→P.160)、モニター・モデル(→P.177)、宣言的記憶／手続き的記憶(→P.150)

自文化中心主義　ethnocentrism　★★★

社会学者のサムナーが提唱した概念。自分が属する文化の価値観を唯一の基準として、他の文化を判断する態度。他の文化に対して排他的な態度をとったり、蔑視する態度をとったりするのは、どの文化でも多かれ少なかれ見受けられる現象である。エスノセントリズムとも。

異文化間教育では、自文化の物差しで他の文化を見る自文化中心主義に対して、異文化間の相互理解を促す観点から文化相対主義を重視する。

▶▶▶文化相対主義(→P.171)、クリティカル・シンキング(→P.132)

社会的スキル　social skills　★★

ソーシャルスキル。対人場面で生起した問題に対して、相手に適切かつ効果的に反応するために用いられる対人行動。人とのつき合い方を学び、不適切な対人行動の改善や社会的スキルの積極的な学習のための認知行動療法に社会的スキル・トレーニング（SST；social skills training）がある。

■課題例

- 仕事関係の飲み会を途中で抜けて、帰りたい。
- 気が進まないことを命令されたので、上手に断りたい。
- いつも遅れて来る留学生への対応を効果的に行いたい。

▶▶▶異文化トレーニング(→P.118)

社会的ストラテジー　social strategies　★★

オックスフォードの分類で、言語学習を支える間接ストラテジーの一つ。言語は、社会的行動の一形式で、言語学習は他人を巻き込むことである。社会的ストラテジーは、対人的なストラテジーであり、それには①明確化や確認のための質問をする、②学習仲間と協力して学ぶ、③他人の考えをより良く理解するために感情移入することなどがある。

▶▶▶言語学習ストラテジー(→P.132)

社会文化的アプローチ　sociocultural approach　★★★

ヴィゴツキーに影響を受けた社会文化的アプローチの立場では、学習を「社会への参加過程」ととらえる。学習者は、常に社会に参加しようとする動的な存在であり、個人の学習の未達成は、集団全体の課題として認識される。参加とは、社会の構成員として一人前に振る舞えるようになることを意味する。ピア・ラーニング活動や留学生の異文化適応などの分野で、この立場の考え方が広く適用されている。

▶▶▶ヴィゴツキー（→P.120）、異文化適応（→P.117）、ピア・ラーニング（→P.227）

社会文化的適応　sociocultural adaptation　★

異文化環境である滞在先の社会・文化背景を理解し、自分でもその社会の決まりごと、慣習に沿って振る舞うことができるようになること。

シャンクとエイベルソン　Schank,R.C.&Abelson,R.P.　★★★

シャンクとエイベルソンは、人間の会話を理解する情報処理システムを開発する中で、人間の知識はステレオタイプ化された状況と、それに伴って習慣化された行動が手続き化されているとした。そして、日常的な場面で起こる行動についての一般化された知識の枠組みを、スクリプト（1977）と呼んだ。彼らが実験で用いた「レストラン・スクリプト」が有名である。

≫ スクリプト　script

スクリプトとは台本を意味するが、人工知能の分野で人間の行動パターンの雛形を指す概念。「病院での診察の受け方」「ビュッフェでの食事の仕方」などの一連の行為として記述される知識である。それぞれの場面での行動が予測・推論できるのは、一般的な常識であるスクリプトが働くためである。

▶▶▶スキーマ（→P.148）、ステレオタイプ（→P.149）、宣言的記憶／手続き的記憶（→P.150）

習慣形成理論　habit formation theory　★★

行動主義の学習理論。言語学習は、機械的練習による習慣形成であり、過剰練習こそ自動的・反射的な習慣を形成し得る。この影響を受けた習慣形成理論では、外部からの刺激に対して、反応の形成とその強化が重要であると考える。1960年代まで言語習得の中心的理論として君臨した。

▶▶▶学習理論（→P.124）、行動主義（→P.181）

習得－学習仮説　Acquisition-Learning Hypothesis　★★★

モニター・モデルの仮説の一つ。成人が第二言語を習得するには2つのルートがあり、幼児の母語獲得のように、自然に無意識に起こる〈習得〉と、主に教室環境で起こる意識的な〈学習〉とがあり、クラッシェンは、〈習得〉と〈学習〉には接点（interface）はなく、両者は完全に分離しているとした。この立場を「ノン・インターフェースの立場」という。

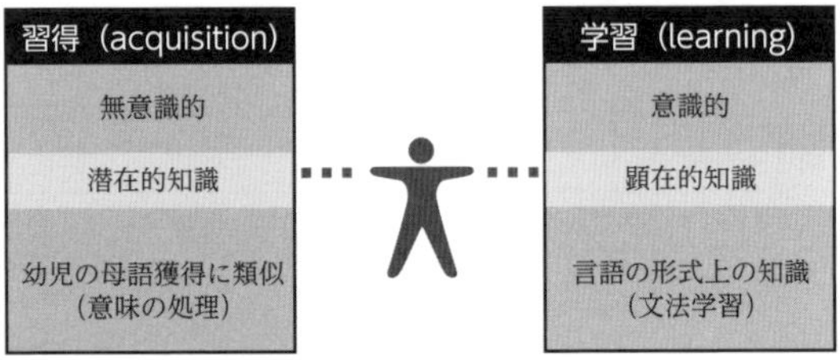

ノン・インターフェース

▶▶▶インターフェースの立場（→P.119）、モニター・モデル（→P.177）

習得順序　acquisition order　★★★

1970年代、英語の母語習得研究から複数形（-s）や進行形（-ing）などの文法形態素の習得順序は、一定しているということが判明した。また、第二言語習得研究からは、幼児と成人のどちらでも母語習得の場合とほぼ同じ習得順序になるという結果が得られた。これらの研究は、成人の言語獲得能力を肯定した自然習得順序仮説へと進展していった。

▶▶▶自然習得順序仮説（→P.143）

情意ストラテジー　affective strategies　★★

オックスフォードの分類で、言語学習を支える間接ストラテジーの一つ。情意とは、感情、態度、動機などを意味し、肯定的な感情は、言語学習を一層効果的にし、楽しいものにするという。情意ストラテジーの主なものとしては、①学習に対する自分の不安を軽くする、②自分を勇気づける、③自分の感情をきちんと把握することなどが挙げられる。

▶▶▶言語学習ストラテジー（→P.132）

情意フィルター仮説　Affective Filter Hypothesis　★★★

モニター・モデルの仮説の一つ。クラッシェンは理解可能なインプットが与えられても、心理的な障壁である情意フィルターがこの量を左右するとした。情意フィルターの働きが弱ければ弱いほどインプットが入りやすく、言語習得も進む。特に、オーディオ・リンガル・メソッドは、反射的かつ正確な発話を学習者に強いるために、心理的負担感を与える。教師は、学習者が緊張することがないように、情意フィルターの働きを弱める役目があるとした。

モニター・モデルでは、情意フィルターは無意識に作用し、モニターは意識的に働かせる作用であると考えられている。

▶▶▶モニター・モデル (→P.177)

処理可能性理論 Processability Theory ★★

ドイツのピーネマン提唱。第二言語習得の初期は、ワーキングメモリの制約を受け、音韻や語彙の処理に認知能力のほとんどを費やしてしまい、複雑な言語処理はできない。発達段階が進むにつれて、文法規則の自動化が進み、処理できる言語情報の制約がなくなり、高度な言語処理が可能になるという。プロセサビリティ理論とも。

▶▶▶ワーキングメモリ (→P.180)、自動化モデル (→P.143)

》 教授可能性仮説 Teachability Hypothesis

ピーネマンは、ドイツ語の語順規則の実験研究によって、段階を飛び越えて教えても効果はなく、学習者のレディネスができている段階に該当するときだけ効果があるとした。教授可能性仮説という名称は、学ぶ側からみて学習可能性仮説とも呼ばれる。

推論 inference ★★★

既知の知識をもとに状況や文脈から結論を導くこと。読み手は、文章中に明記されていない内容を、自分のスキーマを参照しながら推論することによって、適切な解釈を得たり、その後を予測したりして読み取っている。推理とほぼ同義であるが、推論は思考による結論を重視している。

》橋渡し推論／精緻化推論　bridging inference / elaborative inference

読解における推論には、読解中、意味的なギャップを埋めるために必ず生成される**橋渡し推論**と、読解後、より詳しく内容を理解するために補う**精緻化推論**がある。読解には不可欠ではないものの、読解後の課題などで精緻化推論の生成を促すことは、内容の記憶に役立ち、深い読みの活動として効果がある。

橋渡し推論	精緻化推論
オンライン（読解中）	オフライン（読解後）
自動生成	任意

▶▶▶スキーマ（→P.148）、文章理解（→P.170）

スキーマ　schema　★★★

長期記憶に貯蔵された構造化した知識の集合。**既有知識**、背景的知識。特にトップダウン処理に中心的な役割を果たす。過去の経験の積み重ねによって形成されたスキーマのおかげで人間の認知活動が効率よく行える。1970年代に認知心理学から人間の知識の構造について同様の概念が現れ、**スキーマ**、**スクリプト**、**フレーム**をまとめてスキーマ理論と総称する。

▶▶▶長期記憶（→P.155）、スクリプト（→P.145）、フレーム（→P.167）

》形式スキーマ／内容スキーマ　formal schema / content schema

読解活動は、書き手の文章と読み手のスキーマとの相互作用である。カレルは、文章読解におけるスキーマを2つに分類した。物語文・説明文などの文章の形式、修辞、構造についての**形式スキーマ**と、もう一つは、読み手自身がもつ内容についての**内容スキーマ**である。文章を理解するには、そのどちらも必要であるとしている。

形式スキーマ	文章の形式、修辞、構造についての既有知識
内容スキーマ	話題や文化背景についての既有知識

通常、ボトムアップ処理では、形式スキーマが活用されることが多く、トップダウン処理では、内容スキーマが活用されることが多い。

▶▶▶トップダウン処理／ボトムアップ処理（→P.157）

スキナー　Skinner,B.F.（1904-1990）　★★★

20世紀を代表するアメリカの心理学者で行動分析学の祖。自らの立場を徹底的行動主義と称した。スキナー箱を用いた動物のオペラント行動（自発的にレバーを押す）の研究から、これをティーチング・マシーンによるプログラム学習へと発展させた。開発のきっかけは、娘の算数の授業参観で、「ネズミの訓練以下の教育だ」と憤慨したことによる。

▶▶▶行動主義心理学（→P.136）

›› プログラム学習 programmed learning

スキナー考案のティーチング・マシーンによる学習。目標課題は、下位課題に細かく分割され、学習者は、自己のペースで学習を進めていく。正答の場合、即座に正の強化フィードバック（チャイム）を受ける。4つの原理から成るプログラム学習の設計手法は、その後の授業・教材設計の思想に大きなインパクトを与えた。

① 積極的反応の原理
② スモールステップの原理
③ 即時確認の原理
④ 学習者自己ペースの原理

ステレオタイプ stereotype ★★★

人々が特定の社会集団やカテゴリーに属する人たちに対して抱く単純化された固定的なイメージ、あるいは固定観念。例えば「雪国の人は寡黙で忍耐強い」といった認知をすることをステレオタイプ的認知という。これらは、対象の構成員に対して精緻に検討された結果ではなく、その集団やカテゴリーに対する既存のスキーマを用いて判断した結果である。

■ステレオタイプの特徴

① 否定的傾向性	肯定的なものよりも否定的なものが多い。
② 予期合致性	人々の予期・期待に合致したイメージが抱かれやすい。
③ 共有性	内集団で、一定程度共有されている。
④ 修正困難性	一旦定着すると反証を示されても容易には修正されない。

ステレオタイプを抑制し続けると、通常より過剰にステレオタイプ的な反応が生じやすいという現象を抑制後のリバウンド効果という。

▶▶▶スキーマ（→P.148）、偏見／差別（→P.170）、内集団／外集団（→P.97）

正統的周辺参加（LPP） legitimate peripheral participation ★★

徒弟制を研究した文化人類学者のレイヴとウェンガーが提唱した概念

(1991)。正統的周辺参加は、学習をコミュニティへの周辺的参加(新参者)から十全的参加（古参者）までの過程でとらえる。十全とは完全の意味。学習は、知識を一方的に注入するものではなく、コミュニティへの参加によって他者との相互作用を通して能動的に創造されるとした。

状況的学習 situated learning

正統的周辺参加の学習観は、一大センセーションを巻き起こし、状況的学習という考え方を広く普及させた。状況とは、人間の思考や行動が状況に埋め込まれているととらえる世界観である。これによれば、タスク中心の活動を通して、教室にコミュニティとしての実践の場を創り出すことが重要だということになる。

プロジェクトワークは、教室外のコミュニティに参加することで環境との相互作用が期待されるので、学習者にとって最も状況的な学習になる。

接触仮説 contact hypothesis ★★

オルポート提唱。個人の偏見や排外意識は、外集団に対する知識の欠如が大きな原因であると考えられることから、接触する機会を増やし、真の情報に触れれば低減するという仮説。接触が効果をもたらすためにはいくつかの条件があり、単に接触回数が増えれば偏見や排外意識が低減するというわけではなく、逆に、接触がそれらを助長する危険性もある。

▶▶▶内集団／外集団(→P.97)

宣言的記憶／手続き的記憶 ★★★

declarative memory / procedural memory

長期記憶は、宣言的記憶と手続き的記憶に大別される。例えば「スキーとはどのようなものか」という問いに答えられるのは宣言的記憶で、実際にスキーで滑ることができるのは手続き的記憶である。前者は、言語化が可能で、かつ記憶の存在を意識できるのに対し、後者は、言語化が難しく、かつ記憶の存在を意識することも困難なものである。

長期記憶	
宣言的記憶	手続き的記憶
顕在的・明示的	潜在的・暗示的
事実についての知識 (言語化可能)	一連の手続きについての知識 (言語化困難)

心理学で「宣言的記憶／手続き的記憶」という術語は、第二言語習得（SLA）では、記憶をベースにした「宣言的知識／手続き的知識」を用いる。

▶▶▶長期記憶（→P.155）

想起　recall　★★

保持されている記憶が呼び起こされること。想起のされ方には「再生、再認、再構成」の3つがある。

(1) 再生　保持されている記憶がそのままの形で再現されること
(2) 再認　以前経験したことを、「経験した」と認識できること
(3) 再構成　以前経験したことを、その要素を組み合わせて再現すること

▶▶▶記憶（→P.129）、客観テスト（→P.196）

創造的構築仮説　creative construction hypothesis　★

第二言語習得でも学習者の認知オーガナイザー（言語獲得装置に類似）が機能して、言語入力から目標言語の言語規則と体系を学習者自らが創造的に構築するという仮説（1974）。チョムスキーに影響を受けた仮説で、セリンカーの中間言語とも近似している。学習者の認知を重視した流れは、クラッシェンのインプット仮説などに発展していった。

▶▶▶言語獲得装置（→P.133）、中間言語（→P.153）

ソーシャル・サポート　social support　★★

社会的支援。家族、友人、同僚、専門家など社会的関係の中で得られる物的・心的支援。具体的には、相談にのってくれたり、手助けをしてくれたり、気分転換に誘ってくれたりといった周りの人々からの有形・無形の援助。研究者によって分類が異なるが、厚生労働省では4つに分けている。特に、情緒的サポートと道具的サポートの2つが重要とされる。

情緒的サポート	共感や愛情の提供（相談にのる、励ます）
道具的サポート	形のある物やサービスの提供（実際に手助けする、提供する）
情報的サポート	問題の解決に必要なアドバイスや情報の提供（役立つ情報を調べる）
評価的サポート	肯定的な評価の提供（相手の行動や意見を肯定する）

（厚生労働省　e-ヘルスネット）

›› ピア・サポート　peer support

留学生の支援には、専門家による援助と非専門家による援助がある。ピア・サポートは後者の援助で、困難な問題に対処した仲間

(peer) と体験を語り合い、安心感や自己肯定感を得ながら、互いに支え合って問題の解決を図るための支援活動である。

第一言語 First Language ★★

第一言語 (L1) には、次のようなものがある。ことばの発達を研究する言語習得の分野では、第一言語は、(1)の「母語」の意味で用いられる。

(1) 最初に習得された言語、つまり母語
(2) 最初に接触した言語
(3) 日常最もよく使用する言語

▶▶▶母語(→P.173)

対照分析仮説 Contrastive Analysis Hypothesis ★★

ラドー(1957) は、語学学習上、母語と類似性が高い言語は、学習しやすく、逆の場合は、学習の困難度が高くなり、誤りの大きな原因になると考えた。そして、学習者の母語と目標言語の違いから、学習上の困難点を予測していくのが重要であるとした。この研究は英米から生まれたので、英語を目標言語としたヨーロッパの言語との間で対照分析が行われた。

▶▶▶オーディオ・リンガル・メソッド(→P.192)、誤用分析(→P.138)

第二言語習得 (SLA) Second Language Acquisition ★★★

母語を習得した後に学ぶ言語を、第二言語 (L2) と呼ぶが、それがどのように習得されるのかを研究する分野。1960年代のチョムスキーの登場で、人間の生得的な言語能力の存在が注目されると、第二言語習得にもそのような学習者の主体的な「言語獲得のメカニズム」が存在するはずだと考えられ、第二言語習得研究が始まった。

項　目	第一言語習得	第二言語習得
すでに習得している言語	ない	ある
達成の度合い	均質性 (皆達成する)	多様性 (結果はさまざま)
習得の特徴	臨界期がある	化石化・逆戻りがある

認知能力が発達した大人は、母語と第二言語の違い (特に文法規則) を理解し、意識的に注意できるので、子どもより初期の習得が速い。

▶▶▶チョムスキー(→P.319)、誤用分析(→P.138)

短期記憶（STM）　short-term memory　★★★

感覚記憶に入力された情報のうち、注意を向けられた情報が符号化され短期記憶に貯蔵される。逆に、長期記憶の中の情報が一時的に呼び出されて短期記憶に転送されることもある。短期記憶に留めておける情報の量は、「7±2チャンク」程度といわれている。また、保持できる時間は、諸説あるが普通15～30秒程度である。

▶▶▶維持リハーサル／精緻化リハーサル（→P.115）、二重貯蔵モデル（→P.158）

›› チャンク　chunk

認知心理学者ミラー提案の単位。人間が情報を知覚する際のまとまり。例えば「くさもち」を平仮名4文字で知覚すると4チャンク、「草・餅」では2チャンク、「草餅」では1チャンクとなる。ミラーは、短期記憶の容量の限界を、7±2チャンク（ミラーのマジカルナンバーと呼ばれる）と考えた。

›› チャンキング　chunking

いくつかの意味のある固まりに分類し、まとめること。チャンキングは学習ストラテジーの一つ。例えば「アジ、ネギ、サバ、ニラ」という4つの単語を「アジとサバ」「ネギとニラ」の2つのグループに分けること。情報がいくつかにまとめられるため、暗記や理解の負担を軽減することができる。

▶▶▶学習ストラテジー（→P.124）

知能　intelligence　★

さまざまな定義があるが、知識や技能を経験によって獲得することのできる能力を知能とする。第二言語の学習は、意識的な学習が必要とされるので、文法知識などに関する筆記テストと知能は、正の相関関係が見られるが、日常会話能力と知能の間に相関関係は見られない。

▶▶▶学習者要因（→P.124）、相関係数（→P.209）

中間言語（IL）　interlanguage　★★★

ミシガン大学のセリンカーは、目標言語の体系とも母語の体系とも異なる学習者特有の言語体系の存在を唱え、これを中間言語と呼んだ（1972）。第二言語学習者の言語は、母語からの影響だけでなく、その個人に特有なものであり、たゆみない仮説と検証の試行錯誤を経て、徐々に目標言語に近づいていく体系であるとした。中間言語の登場によって現れた誤用だけを扱う誤用分析から誤用も正用も扱う中間言語分析へとシフトした。

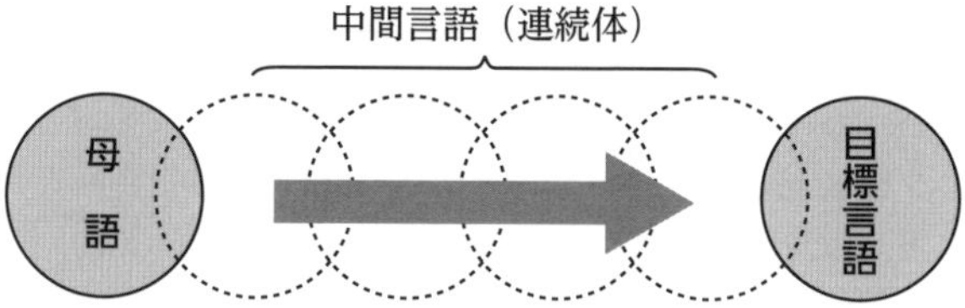

体系性：その規則に学習者なりの体系がある。
浸透性：過剰般化や母語などの転移から影響を受けて変化しやすい。
遷移性：常に流動的な状況にあり、発達に応じて体系が改訂されていく。

》中間言語分析（ちゅうかんげんごぶんせき）

誤用分析は目標言語の規範との比較で行われるが、中間言語分析は学習者の誤用だけでなく、正用も含めて分析し、学習者は学習者独自のルールを作り上げているという観点でとらえる。また、学習者が犯す誤用は、幼児の母語習得過程で見られる誤用とほぼ同じものとわかり、このような誤用を「発達上の誤用」という。

▶▶▶対照分析仮説（→P.152）、誤用分析（→P.138）

》中間言語の可変性（ちゅうかんげんごのかへんせい） interlanguage variability

中間言語が正用と誤用を繰り返しながら変化していく現象のこと。タローンらの研究では、文法や発音の正確さなどは、学習者が自分の発話に注意をしている場合は高くなるが、会話の内容に集中しているときは、逆に低くなるという現象が見られた。

学習者の誤用に対する研究は「対照分析→誤用分析→中間言語分析」と変遷しているので、この流れで整理していくと理解しやすい。

▶▶▶U字型発達（→P.114）

聴解ストラテジー（ちょうかい） listening strategies ★★

聞き手が意識的にスキーマを援用しながら、音声言語を理解していくためのストラテジー。文法・語彙などの基礎知識がないとストラテジーは起こりにくいが、聴解の前作業で、スキーマを活性化させるため、聴解素材に関連するものを見せたり、内容を予測させたりする活動が有効である。本作業では、未習語の意味は前後のつながりから推測させる。

▶▶▶聴解指導（→P.215）、スキーマ（→P.148）

長期記憶（LTM） long-term memory ★★★

ほぼ無限の容量をもつ永続的な記憶。記憶の内容によって、宣言的記憶と手続き的記憶に区分される。宣言的記憶はさらに、体験や出来事についての個人的な記憶であるエピソード記憶と一般的な知識としての意味記憶に区分される。外国語の語彙は、学習時の文脈情報が残るエピソード記憶であるが、母語の基本語彙は、文脈情報が消えた意味記憶になっている。

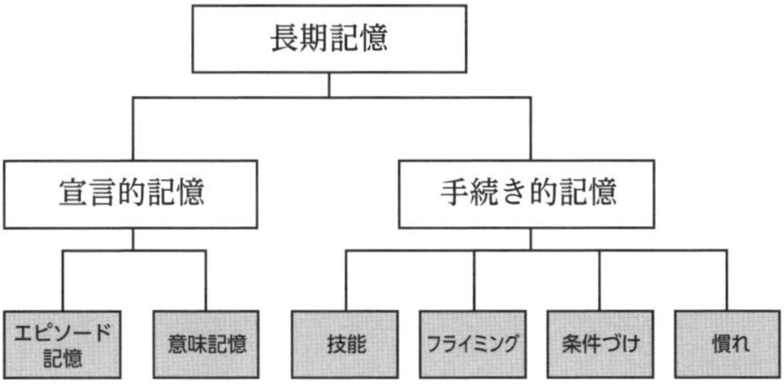

▶▶▶宣言的記憶／手続き的記憶（→P.150）、エピソード記憶／意味記憶（→P.121）

沈黙期 silent period ★

幼児の言語習得過程で起こる現象で、母語あるいは第二言語を話し始める前に発話しないで、理解することに専念する期間。第二言語を習得しつつある幼児に特によく見られる。沈黙期のインプットを重視し、保障するものにアッシャーのTPRやクラッシェンのインプット仮説がある。

▶▶▶TPR（→P.188）、ナチュラル・アプローチ（→P.224）

訂正フィードバック（CF） corrective feedback ★★★

第二言語習得研究において、学習者の誤用に対する教師が行うフィードバックは、訂正フィードバックと呼ばれ、6種類に分類される。これらは、明示的なものから暗示的なものまで連続体を成しており、リキャストが最も暗示的である。中間の4種類は、いずれも学習者の自己訂正を促す強制的なフィードバックで、プロンプト（prompt）と呼ばれている。

明示的訂正		教師が一方的に誤用を指摘して、正用を示す。
プロンプト（自己訂正）	繰り返し	そのまま上昇イントネーションで繰り返す。
	明確化要求	「もう一度言ってください」など、言い直しを求める。
	メタ言語的修正	誤用を示唆するコメントや質問をして、修正を促す。
	誘導	誤用部分の手前で止めて、修正を促す。
リキャスト		会話の流れを切らずに、正用で言い返す。

▶▶▶肯定証拠／否定証拠（→P.135）、リキャスト（→P.178）

転移(てんい) transfer ★★

前に学習したことがその後の学習に影響を及ぼすこと。第二言語習得における母語の影響を、母語の**転移**（あるいは言語転移）という。例えば、韓国人が日本語の助詞の習得が早いように、母語の転移は、似通っている言語同士の場合には、母語の知識に基づいて積極的に行われる。

▶▶▶対照分析仮説(→P.152)

》正(せい)の転移(てんい)／負(ふ)の転移(てんい) positive transfer/negative transfer

転移には2種類あり、母語に影響された結果、習得にプラスに影響する場合を、**正の転移**という。一方、母語が干渉することにより、逆に習得を阻害してしまう場合を、**負の転移**（あるいは**干渉**）という。母語と似た言語を学ぶ場合は、正の転移になる場合が圧倒的に多い。

母語の転移	正の転移　L1→L2	日英対照：洋子の帽子→Yoko's hat
	負の転移　L1→×（干渉）	中日対照：寒冷的夜晩→寒いの夜

▶▶▶干渉(→P.128)、言語間エラー(→P.138)

動機(どうき)づけ motivation ★★★

個人の行動の原因を考えるときに用いられる概念で、行動を始発させ、方向づけ、推進・持続させる過程全般を指す。**モチベーション**、**やる気**とも。従来、あらゆる行動は本能的なものであるとされていたが、近年は、認知論的な**内発的動機づけ**、マズローの**自己実現の欲求**など、さまざまな立場からの動機づけ研究が行われている。

▶▶▶内発的動機づけ(→P.158)、欲求階層説(→P.174)

統合的動機(とうごうてきどうき)づけ／道具的動機(どうぐてきどうき)づけ ★★★

integrative motivation / instrumental motivation

ガードナーとランバートは、1950年代からカナダのバイリンガル環境（英語・フランス語）にあるコミュニティで、**第二言語習得の動機づけ**の研究を行い、この分野の先駆的役割を果たした。当初、ガードナーらは、**統合的志向**が強い学習者の方が道具的志向の強い学習者よりも到達度が高い、という仮説を立てた。しかし、これとは逆に、フィリピンなどでは、**道具的志向**の強い学習者の方が高い到達度を示す事例報告があった。

統合的動機づけ	道具的動機づけ
学習対象言語を話す人々とその文化を理解したい、そこに溶け込み、受け入れられたい、と思う傾向。帰属的。	その外国語ができれば就職に有利になる、金銭的な利益がもたらされる、と思う傾向。実利的。

・「日本人と友だちになりたいから日本語を学習する」（統合的動機づけ）
・「給料の高い日系企業に就職するために日本語を学習する」（道具的動機づけ）

読解ストラテジー　reading strategies　★★

テクストの種類（論説文や小説など）や読む目的によって読み手が能動的に選択し、切り替えて用いる方策・方略を指す。具体的にはスキミング、スキャニング、読み飛ばし、類推、予測、スキーマの利用、テクスト構造の把握、ノートテイキング、要約などが挙げられる。読解ストラテジーは、意識的に用いられる場合と無意識に用いられる場合がある。

›› 優れた読み手／未熟な読み手

読解は、テクストを媒介にした書き手と読み手の相互作用であるが、優れた読み手は、読解ストラテジーを柔軟に選択し、未知語を推測したり、自らの予測とテクストの情報とを仮説・検証したりするトップダウン処理を行う。一方、未熟な読み手は、ボトムアップ処理に頼る傾向があり、逐語読みをしていることが多い。

▶▶▶読解指導（→P.223）、トップダウン処理／ボトムアップ処理（→P.157）

トップダウン処理／ボトムアップ処理　★★★

top-down processing / bottom-up processing

認知心理学のノーマンらが提唱した情報処理アプローチ。人間の能動的な情報処理の対極的な仕組み。トップダウン処理は、スキーマに依存して予測や推測のもとに仮説を立て、その仮説を検証していく処理で、高次から低次のレベルへ進むという方向性をとる。一方、ボトムアップ処理は、逆に低次の言語単位の認識を集積しつつ、より高次のレベルの言語処理へと段階的に進んでいく方向性をとる。

■トップダウン処理（例）
・題名やテーマを考えながら読み進める。
・スキーマを使って意味内容を推論する。
・文章の論理構造をとらえて次の内容を予測する。

文章理解における「推論」は、スキーマから新しい結論を導き出す思考の働きであり、そのプロセスでトップダウン処理が行われている。

▶▶▶スキーマ（→P.148）、認知言語学（→P.330）

内発的動機づけ／外発的動機づけ ★★★

intrinsic motivation / extrinsic motivation

教育心理学での動機づけ。**内発的動機づけ**は、何かのためにするのではなく、好奇心から見たいから見る、したいからするという内面から沸き起こる動機である。**外発的動機づけ**は、外からの力によって動機づけられる場合で、引き起こされる行動は、目標に到達するための手段という意味をもつ。賞罰・強制などの人為的な刺激による動機である。

内発的動機づけ	外発的動機づけ
知的好奇心（関心がある）。学習それ自体が面白い。	外的強化によるもの。賞賛（→促進）や叱責（→抑制）など

・「クラスメートと協働的に学ぶことが楽しい」（内発的動機づけ）
・「履修単位を落としたくないから日本語を学習する」（外発的動機づけ）

喃語 babbling ★

「バブバブ」「ダァダァ」など、個人差があるが生後4カ月～9カ月ごろに乳児が反復して行う意味をもたない曖昧な発声。この期間を、**喃語期**と呼び、ほとんどすべての言語音に含まれる音声が生じるといわれる。

二重貯蔵モデル two-store memory model ★★★

短期記憶と**長期記憶**の2つの貯蔵庫を仮定するアトキンソンとシフリンの1960年代の認知心理学を代表する記憶モデル。短期記憶は、一時的に情報を貯蔵するが、**容量**とその**保持時間**に限界があると考えられている。そのため短期記憶に入ってきた情報は、長期記憶に組み込まれるか、そのうち失われてしまう。これに対して、短期記憶と長期記憶は、別のものではなく情報が処理される仕方と処理水準の深さの違いとする考えもある。

≫ 初頭効果／新近性効果 primacy effect / recency effect

20語程度の無関係な単語を呈示して、自由再生させる実験で観察される効果を**系列位置効果**という。再生率を縦軸に得られた曲線が系列位置曲線で、リストの初頭部の再生率が高いことを初頭効果、終末部の再生率が高いことを新近性効果という。

■系列位置曲線

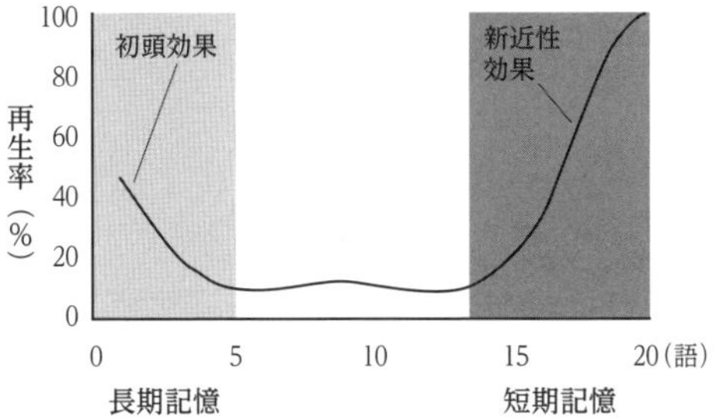

(Glanzer&Cuntz,1966をもとに作成)

›› リハーサル　rehearsal

短期記憶内の情報を何回も声に出して（あるいは心の中で）復唱すること。単語の呈示直後に、30秒程度の遅延時間を挿入し、その後に再生を求めると、新近性効果が消失する。一方、初頭効果は、遅延時間の影響を受けない代わりに、単語の呈示速度の影響を受ける。速くなるほどリハーサルが低下して再生率が低くなり、逆にリハーサルを行う時間的余裕を生じさせると再生率が上昇する。

■初頭効果　：長期記憶　　呈示速度によって再生率が変化する
■新近性効果：短期記憶　〇直後再生……新近性効果が認められる
　　　　　　　　　　　　×遅延再生……新近性効果が消失する

自由再生法による一連の実験により、初頭効果は長期記憶（遅延再生の影響を受けない）の存在を、新近性効果は短期記憶の存在を示した。

▶▶▶維持リハーサル（→P.115）

認知（にんち）　cognition　★★

ラテン語のcognoscereを語源とし、「知ること」を意味する。認知とは、人間が頭や心によって行う営み、つまり知覚・記憶・学習・言語・思考することやその情報処理活動の総称。一般に認識と訳されるが、心理学関連では認知という用語がよく用いられ、言語習得や学習について行動主義と対比的に使われる。

認知主義 cognitivism

行動主義は、人間をブラックボックス化して外からの刺激を主体にして考えたが、認知主義は、認知心理学の関心に基づいて、人間の情報処理過程（＝認知）という内からの心的活動を理解しようとした。このアプローチの違いは、1970年代になって、教師主導の知識伝達型の教育観から学習者を中心とした主体的・能動的な学習観へのシフトとなって現れた。

▶▶▶認知心理学（→P.160）、認知言語学（→P.330）、行動主義（→P.181）

認知革命 cognitive revolution ★

チョムスキーの生成文法は、思考や行為として現れる内部メカニズムの研究へと決定的な学問上の変革を引き起こした。これをチョムスキー自身、1950年代の認知革命と呼んだ。それは、心理学では当時、主流を占めていた行動主義に対する応答として大きな衝撃を与えた。主観的で観察不可能な人間の心的活動を追究する認知心理学の萌芽がここで形成された。

▶▶▶チョムスキー（→P.319）、認知心理学（→P.160）

認知行動療法 cognitive behavioral therapy ★

行動的技法と認知的技法を組み合わせて問題の改善を図ろうとする治療アプローチの総称。ものの受け取り方や考え方（認知）、行動を少しずつ、自ら修正していくことで、より良い行動に移す精神療法である。

認知心理学 cognitive psychology ★★★

1960年代以降に台頭した心理学の一分野。人間を一種の高次情報処理システムとみなす人間観に立ち、記憶、学習、思考、問題解決などの認知機能の仕組みを明らかにする。心理学は、データ収集と理論の構築から成るが、認知心理学では、理論を構築する過程でよく「モデル」を用いる。これは直感的に理解可能な形式で表現したもので、理論と同義である。

行動主義心理学は、客観的で観察可能な行動を対象にした。認知心理学は、主観的な人間の「知」の機能とメカニズムの解明を目指した。

認知スタイル cognitive style ★★

認知心理学で用いられている概念で、情報の処理や判断の様式に見られる個人の認知の仕方、個人のタイプをいう。認知様式とも。認知スタイルが異なれば、当然認知行動が異なることが予想される。人間がどのように行動するか、という行動様式の個人差を明らかにするものである。

》場依存型／場独立型（ばいぞんがた／ばどくりつがた） Field-Dependence/Field-Independence

場依存型は、全体的にとらえることに優れ、それを構成する要素には目が向きにくいタイプ。場独立型は、全体の中に埋め込まれている要素に着目しやすいタイプで、分析能力に優れている。

場依存型	状況から直感的に学習し、コミュニケーションのための言語使用を好み、話して身につけるタイプ。年少者に多い。
場独立型	状況に依存することなく、文法項目の分析や単語を暗記するような教室での体系的な学習を好む。年長者に多い。

》全体型／順序型（ぜんたいがた／じゅんじょがた） global / sequential

全体型は、前からの接続なしにランダムに吸収し、理解と方向性を〈同時〉に処理するタイプ。順序型は、前のステップから積み上げて理解し、一歩ずつ答えを見つけていく〈継次〉に処理するタイプ。

▶▶▶適性処遇交互作用（→P.218）、学習スタイル（→P.124）

認知（にんち）ストラテジー cognitive strategies ★★★

認知ストラテジーは、言語学習に直結しているもので、最もなじみ深い方略として知られる。練習することから分析、推測、要約まで広範囲にわたる。母語と比較してその違いや相違点を認識したり、母語に訳したりすることも含まれる。大意をとるスキミングや情報を探すスキャニングなどの技能も広く認知ストラテジーに含まれる。

▶▶▶言語学習ストラテジー（→P.132）、スキミング／スキャニング（→P.223）

認知的徒弟制（にんちてきとていせい） cognitive apprenticeship ★

コリンズとブラウンらは、職人の見習い修行に類似した概念を用いて、徒弟制の学習を4段階にモデル化した。学校の授業のように高度に抽象化され、脱文脈化されたやり方ではなく、知識が状況に埋め込まれた状態で学習を行うというもので、これを認知的徒弟制（1991）という。

① モデリング	親方の作業を徒弟が見て学ぶ段階
② コーチング	親方が手取り足取り教える段階
③ スキャフォールディング	親方が支援しながら徒弟に独力でやらせる段階
④ フェーディング	親方が退いて徒弟を自立させる段階

▶▶▶観察学習（→P.128）、スキャフォールディング（→P.141）

バイリンガル　bilingual　★★★

2言語を日常使用する能力をもっている人のこと。bi-はラテン語で2の意味。2言語の能力のレベルについては明確な基準はない。1つの言語しか使わない人をモノリンガル（monolingual）という。一方で、2言語以上の複数の言語を使う人を、マルチリンガル（multilingual）という。また、学習によって高い外国語能力を身につけた場合、その人もバイリンガルであるといえるが、バイカルチュラルではない可能性がある。

▶▶▶バイリンガリズム（→P.99）、バイカルチュラリズム（→P.99）

» 均衡（きんこう）バイリンガル／偏重（へんちょう）バイリンガル
balanced bilingual ／ dominant bilingual

能力バランスでの分類。2言語がほぼ同じように流暢に使える均衡バイリンガルと、2言語の能力に差がある偏重バイリンガルとに大別される。実際、2言語を完璧に使いこなす人は、それ程多くない。

均衡バイリンガル	2つの言語に能力の差がない状態※
偏重バイリンガル	2つの言語に能力の差がある状態

※厳密には2言語は等位ではない。

» 継続（けいぞく）バイリンガル／同時（どうじ）バイリンガル
successive bilingual ／ simultaneous bilingual

習得時期による分類。第一言語を習得してから、次に2つ目の言語を習得した場合は、継続バイリンガルと呼ばれ、2言語を生後から途切れなく使用すれば、同時バイリンガルになる。同時バイリンガルが常に均衡バイリンガルになるとは限らず、仮に両親がアメリカ人と日本人の場合、アメリカで育てば英語が、日本で育てば日本語が、より流暢な偏重バイリンガルになるのが一般的である。

継続バイリンガル	1つの言語を習得した後に別の言語を習得。 L1 ⇒ L2
同時バイリンガル	生後すぐに2つの言語に接して習得していく。L1 ＋ L2

▶▶▶継承語教育（→P.76）

バイリンガル教育 bilingual education ★★★

1つの言語を使うモノリンガルに対して、2つ（以上）の言語を使い分ける能力を育成しようとする教育。バイリンガルに育つということは、1960年代までは認知的にマイナスとされ、否定的に見られてきた。70年代になってカナダのバイリンガル教育が成功してから、肯定的に見られるようになった。バイリンガル教育の最終目的が、加算的なのか減算的なのかによって、授業形態、方法論などに違いが見られる。

》加算的バイリンガリズム／減算的バイリンガリズム
additive bilingualism / subtractive bilingualism

母語を喪失することなく有用な外国語を加えて2言語使用することを、加算的、または付加的バイリンガリズムという。一方、移民や先住民のような少数民族が現地語の習得の過程で、母語の保持が否定される場合を、減算的、または除去的バイリンガリズムという。

加算的バイリンガリズム	イマージョン・プログラム 第1言語＋第2言語。付加的。
減算的バイリンガリズム	サブマージョン環境。第2言語に移行。母語の喪失やアイデンティティが脅かされる方向。除去的。※

※継承語教育が重要とされる

▶▶▶イマージョン・プログラム（→P.70）、サブマージョン・プログラム（→P.83）

発見学習 discovery learning ★

認知心理学の生みの親の一人であるブルーナー提唱（1960）。学習は、教師が与える受容学習か、学習者が主体的に学習法を見いだす発見学習に大別される。当時、主流の行動主義心理学に対し、個人の内的要因や環境との相互作用を重視した発見学習は、発見する喜びによって学習者の内発的動機づけと知識の保持（宣言的知識）の高まりを期待した。

「〇〇は××である」といった知識を効率よく伝えるのが有意味受容学習。発見学習は、これを学習者自身に発見させ、追体験させる。

▶▶▶内発的動機づけ（→P.158）、有意味受容学習（→P.177）、宣言的記憶（→P.150）

発達順序 developmental sequence ★★★

第二言語習得研究の一つ。否定文や疑問文などの特定の形式がどのように発達していくのかを調べる研究。ある言語形式の正用が産出されるまでの一続きの流れ、連鎖を研究の対象とする。発達順序研究からは、発達が逆行したように見えるU字型発達という現象も明らかになった。

■日本語の否定形の発達順序

中間言語形Ⅰ	中間言語形Ⅱ	正用形
＊食べるないです ＊食べじゃない ＊きれいですじゃないです ＊安いないです	＊きれいくない ＊きれくない ＊安いくない ＊安いじゃない	○食べない ○先生じゃない ○きれいじゃない ○安くない

発達順序は、特定の形式が正用に至るまでの中間言語形を観察するが、習得順序は、複数の形態素の習得（正用）の順序を対象とする。

▶▶▶中間言語（→P.153）、U字型発達（→P.114）

発達相互依存仮説（はったつそうごいぞんかせつ） ★★★

Developmental Interdependence Hypothesis

カミンズとスウェイン提唱。CUPモデルをもとにした母語と第二言語間での能力の転移可能性に関する仮説。母語が十分に発達した段階でバイリンガル教育をスタートさせると、母語を脅かすことなく、認知的な発達にもプラスになる。母語と第二言語は、表面上は別々に見えるが、基底で共有する言語能力は、どちらか一方の言語で高めることができると唱えた。

母語以外の言語が優勢なバイリンガル環境にある子どもには、初等教育の期間に母語の能力を育てることの重要性をユネスコも強調している。

▶▶▶CUPモデル（→P.132）、転移（→P.156）、バイリンガル教育（→P.163）

パブロフ Pavlov,I.P. (1849-1936) ★

ロシアの生理学者。消化腺の研究で、1904年ノーベル生理学・医学賞受賞。「パブロフの犬」で有名な条件反射の研究は、研究用の犬が飼育係の靴音を聞いただけで唾液を分泌することを発見したことが契機になった。授賞式では夫妻に礼服がなかったり、動物愛護協会からは動物実験が抗議されたり、波乱に富む研究生活だったが、その死は世界中に惜しまれた。

▶▶▶学習理論（→P.124）

ピグマリオン効果（こうか） Pygmalion effect ★

教師期待効果。ピグマリオンという名前はギリシア神話の彫刻家（自らの彫像に恋をした）からつけられた。ローゼンタールらは、学習者の成績が、教師が抱いた期待と同方向に変化する現象を実証した。実際の成績とは別に、「成績が伸びるクラス」というメッセージを、教師に与えたところ、その後、クラスの成績が向上していることが示された。

表象（ひょうしょう） representation ★

内在化された記憶の内容を知覚するままに思い浮かべた像（イメージ）。表象は、感覚的・具体的な点で概念や理念と区別される。また、読み手が文章を読んだ後、あるいは聞き手が談話を聞いた後、記憶として残ったものを心的表象（mental representation）という。

▸▸▸文章理解（→P.170）

ビリーフ belief ★★★

学習者（または教師）が有する言語学習に対するイメージや信念のこと。人は、意識的あるいは無意識的にその人なりの言語学習観をもっている。教師には、学習者のビリーフの存在を受け入れ、自分がいいと思う教え方を強制することなく、学習者と共に最善の学習方法を探求していく姿勢が望まれる。なお、ビリーフは、経験を通して変化していくこともある。

■ビリーフの衝突（例）

- 帰納的に法則を発見する授業で「そんなことより早く正解を教えて欲しい」と反応する。
- 自律的な学習を取り入れると「何をしていいのか分からない」と戸惑ってしまう。
- 学習者同士で行うピアレスポンスで「作文は知識のある先生に見てもらいたい」と反応する。あるいは、友だちの作文を評価することに抵抗がある。

▸▸▸ピア・レスポンスの成否（→P.229）

ファシリテーター facilitator ★★

ワークショップ（体験型講座）の進行を担う人。講師としてではなく、その場を活性化させて、参加者同士が円滑に議論できるように交通整理役として、機能することが求められる。特に合意形成は、決定権をもたないファシリテーターの腕の見せ所の一つといわれ、議論を可視化して参加者が納得のいく最適解へと導いていくスキルが求められる。

- 目的を達成するためのプロセスをデザインする。
- 心理プロセスに配慮しつつ、場をコントロールする。
- 触発し、合意形成に向けてときに意味を掘り下げていく。

▸▸▸異文化シミュレーションゲーム（→P.116）

フォーカス・オン・フォーム　focus on form　★★★

ロング提唱（1991）。フォーカス・オン・ミーニングの改訂版。タスク中心のコミュニカティブな活動をしながら、言語形式にも注意を向けさせるという意味と形式の両面の習得を促そうとする折衷的な指導法。教師や教材（下線、枠、書体などで意識化）による自然な操作が効果的と考える。流れを止めて、文法説明を行ったり、機械的なドリルをしたりすることは、タブーだと考えられている。

▸▸▸タスク中心の指導法（→P.214）、リキャスト（→P.178）

›› フォーカス・オン・フォームズ　focus on forms

構造シラバスを主体にする文法訳読法やオーディオ・リンガル・メソッドなどの言語形式を重視する教授法を指す。これらは、言語形式の正確さに注意が行き過ぎ、流暢さが身につかない、学習したことが長く残らないという問題点がロングから指摘された。

▸▸▸オーディオ・リンガル・メソッド（→P.192）、文法訳読法（→P.233）

›› フォーカス・オン・ミーニング　focus on meaning

フォーカス・オン・フォームズの反動からナチュラル・アプローチ、イマージョン・プログラムが現れた。意味や内容を重視することによって流暢さを身につけることはできても、逆に正確さに関しては、不完全なまま発達が止まってしまう定着化という現象が起きるという問題が指摘された。

▸▸▸化石化（→P.125）、ナチュラル・アプローチ（→P.224）、イマージョン・プログラム（→P.70）

フォローアップ・インタビュー　follow-up interview　★

内省的データ収集法で頻繁に使われている手法。被験者の実際の行動に伴うプロセスを意識化し、言語化するためのインタビュー。接触場面研究では、録画や音声の収録が行われ、それに基づいて言語行動の不明な点を確認したり、言語管理を明瞭にしたりする目的で行われる。

▸▸▸母語場面／接触場面（→P.108）

プライミング効果（こうか）　priming effect　★★★

先行刺激（プライムと呼ばれる）の処理が後続刺激（ターゲットと呼ばれる）の処理に無意識的に促進効果を及ぼす現象。例えば、果物の話題の後で、黄色と言えばバナナやレモンが想起されやすくなるなど。指導場面では、先に提示した語によって、それに関連した語が思い出されやすくなるなどのプライミング効果が期待できる。

▶▶▶長期記憶（→P.155）

フレーム　frame ★

人工知能とコンピュータ科学の父、アメリカのミンスキー提唱（1975）。プログラムは、ボトムアップで手順を記述するが、人工知能において人間の認識と同じトップダウンでの処理を可能にするための理論。既存の知識をフレーム（概念のプロトタイプ）の形にまとめておき、それを適用していくというもので、スキーマやスクリプトと同様の考え方である。

▶▶▶スキーマ（→P.148）、スクリプト（→P.145）、トップダウン処理／ボトムアップ処理（→P.157）

プロセシング・インストラクション　processing instruction ★

バンパタン提唱。学習者のインプット処理ストラテジーに直接関与する指導で、インプットからインテイクに導くために意味理解を集中的に経験させることが、従来のアウトプットを重視した指導よりも効果的だとした。

▶▶▶インプット処理（→P.120）、インテイク（→P.130）

プロトコル分析　protocol analysis ★★

問題解決の過程で考えたこと、感じたことなど、意識にのぼったことを口頭で話してもらい、そこに現れたプロトコル・データを認知過程解明のために分析する認知心理学の方法。第二言語習得の研究では、文章産出や文章理解の過程を解明するために用いられている。発話プロトコル法。

≫ プロトコル・データ　protocol data

被験者の言動を書き留めたデータ。発話内容だけでなく、「あれ？」「これはどういう意味？」のような言いよどみや沈黙などから指差しや表情などの行動まですべてが記録され、分析対象にされる。

プロトタイプ　prototype ★★★

原型。カテゴリーの最も典型的なメンバー（例えば、果物カテゴリーにおけるバナナ）。典型化の結果は、一般的には「鳥らしい鳥」「日本人らしい行動」のように「～らしさ」として表面化する。この「～らしさ」を、社会心理学ではステレオタイプと呼ぶ。認知心理学ではステレオタイプが内包するネガティブな意味合いを払拭するため、プロトタイプという。

▶▶▶カテゴリー(→P.126)、ステレオタイプ(→P.149)

›› プロトタイプ効果(こうか) prototype effect

プロトタイプ的なカテゴリー観においては、プロトタイプを中心に同心円を描くことができる。その特性が弱い周辺的なものまで、同じカテゴリーに属するものの中に段階性を認める現象を指す。

文化(ぶんか) culture ★★★

それぞれの集団は個別の文化をもち、個別文化はそれぞれ独自の価値をもっている。文化とは、所属する集団を構成する人々によって習得・共有・伝達される行動様式ないし生活様式の総体で、言語、習慣、態度、種々の制度などはその具体例である。人は、生まれてから社会性を身につけるまでの成長過程で文化を学習する。

›› 大文字(おおもじ)Cの文化(ぶんか)／小文字(こもじ)cの文化(ぶんか) Culture／culture

大文字Cの文化は、教室で教えることができるような目に見える文化で、客観文化とも呼ばれる。一方、小文字cの文化は、目に見えない文化で、主観文化とも呼ばれる。

Culture	客観文化	歴史、伝統文化、文学、政治、経済など
culture	主観文化	習慣、価値観、行動、コミュニケーションスタイルなど

▶▶▶自文化中心主義(→P.144)、社会言語能力／社会文化能力(→P.86)

文化受容態度(ぶんかじゅようたいど) acculturation attitude ★★★

異文化と対峙したとき、当人にもたらされる変化を文化変容というが、ベリーらは、異文化接触における個人的な文化受容態度を、4つの類型で示した。それは、異文化に対する歪んだ態度である「同化・分離・周辺化」の態度と望ましい態度としての「統合」から成る。これらは、時系列的に順次現れるものではない。

文化受容態度の４タイプ		自文化に対する態度	
		好意的（+）	否定的（−）
異文化に対する態度	好意的（+）	①統合	②同化
	否定的（−）	③分離	④周辺化

① 統合（integration）
自文化を保持し、異文化も受け入れている状態
② 同化（assimilation）
異文化の受容が最も大きく、自文化に否定的な態度
③ 分離（separation）
自文化を保持し、異文化に否定的な態度。離脱・拒否とも。
④ 周辺化（marginalization）
異文化と自文化の間で葛藤している状態。疎外とも。

▶▶▶文化変容（→P.169）

文化的アイデンティティ（ぶんかてき） cultural identity ★★

文化的同一性。自分がある文化に所属しているという帰属感、あるいは帰属意識。**文化的アイデンティティ**は、社会的アイデンティティの範囲に入るものとされている。文化的アイデンティティは、変化することがある。

▶▶▶アイデンティティ（→P.114）

》文化化（ぶんかか） enculturation

個人が所属集団の成員になるためにさまざまな文化的要素を身につけていくこと。その文化の成員としての文化的アイデンティティをもつことを意味する。**文化化**には、脳の情報処理が欠かせない。

文化的気づき（ぶんかてききづき） cultural awareness ★★

自文化を知るという自覚的態度。自分の出身文化から価値観や行動様式が、どのように影響されているかの認識で、この気づきは、異文化理解に欠かせない要素であるといわれる。**カルチュラル・アウェアネス**とも。

▶▶▶異文化接触（→P.116）、異文化適応（→P.117）

文化変容（ぶんかへんよう） acculturation ★★

異なる文化的集団が接触したときに、その双方かどちらか一方の文化的様式が変化すること。異文化への移動を伴う言語習得の場合は、社会的・心理的距離、ステレオタイプ、文化変容、アイデンティティなどが問題となり、**異文化適応**の視点から文化をとらえる必要があるとされる。

▶▶▶文化受容態度（→P.168）、異文化適応（→P.117）

文化変容モデル　Acculturation model　★★★

アメリカの言語学者シューマン提唱（1978）。ピジン化仮説をもとにした文化同化モデルで、第二言語習得は、学習者が目標言語の文化に変容していく過程であり、習得の度合いは、学習者と目標言語文化の社会的距離、および心理的距離によって決まるとした。その距離が大きければ、習得は進まず、逆に距離が小さくなれば習得が進むことになる。

≫ ピジン化仮説　Pidginization Hypothesis

第二言語習得において、学習者が目標言語に対して抱く社会的・心理的距離が要因になってピジン化現象を起こすとするシューマンの仮説（1976）。アメリカ社会の下位層に分類されたコスタリカ人の移民労働者を観察した結果、必要最小限の段階で習得が止まってしまい、ピジン化現象を起こしたと考えた。

▸▸▸ピジン（→P.78）

文章理解　text comprehension　★★★

文章理解の過程については、認知心理学の研究に負うところが大きい。通常、私たちが文章を読むときは、トップダウン処理とボトムアップ処理を相補的かつ同時に行いながら文章を理解し、文章にない情報は、推論により補う。学習者の場合、文章の全体的な理解まで至らないことがあるが、この現象は、ワーキングメモリの容量を超えた結果とみられている。

▸▸▸トップダウン処理／ボトムアップ処理（→P.157）、推論（→P.147）

≫ モニタリング　monitoring

読解中に読み手が自分の解釈で意味が通るかを自ら確認すること。読解は、受動的と思われがちであるが、読み手は、能動的に自らのスキーマをテキスト情報に当てはめながら仮説と検証を繰り返している。学習者の文章の解釈や読解の方略は、個々のモニタリングによって異なることに注意して指導する必要がある。

▸▸▸スキーマ（→P.148）

偏見／差別　prejudice / discrimination　★★

ステレオタイプは、否定的なものと肯定的なものの両面あるが、認知・感情にかかわるものである。社会心理学では、ステレオタイプに否定的な認知・感情が加わって強まったものを偏見とし、偏見が表面化し、行動が伴ったものを差別とする。偏見は、実際に理由や根拠がなくても外集団に対して否定的な態度として形成されることがある。

	否定的			肯定的		
	認知	感情	行動	認知	感情	行動
ステレオタイプ	◎	△	−	◎	△	−
偏　見	○	◎	−	−	−	−
差　別	−	−	◎	−	−	−

（◎強く当てはまる　○当てはまる　△やや当てはまる）

▶▶▶ステレオタイプ（→P.149）、内集団／外集団（→P.97）

ボアズ　Boas,F. (1858-1942)　★★

ドイツ生まれ、物理学から人類学へ転進。自身がユダヤ人のためドイツからアメリカへの帰化を決意する。当時、ヨーロッパで主流の人種主義や優生思想の中、カナダのイヌイットや北米インディアンに入り込み、彼らの思考の内側から文化を記述する研究態度に徹した。ベネディクトら一流の文化人類学者を育てるなどの貢献からアメリカ人類学の父と称される。

▶▶▶ベネディクト（→P.59）

›› 文化相対主義（ぶんかそうたいしゅぎ）　cultural relativism

自文化の価値観を唯一絶対の基準にする自文化中心主義と対立する概念で、それぞれの文化に優劣はないとして、価値観やものの考え方を客観的に認めていこうとする姿勢。ボアズが提唱した異文化に対するこのような中立的な姿勢は、後に文化相対主義と呼ばれ、多くの文化人類学者に支持された。

▶▶▶自文化中心主義（→P.144）

防衛機制（ぼうえいきせい）　defense mechanism　★★

精神分析のフロイトが提唱した概念。個人の中で生じた不安や抑うつ、罪悪感、恥などのような不快な感情の体験を弱めたり避けたりする心理的作用。通常は無意識的、反射的に生じる。防衛機制は、誰にでも認められる正常な心理的反応で、合理化・同一化・置き換え・補償などがある。

›› 合理化（ごうりか）　rationalization

防衛機制の一つで、言い訳や弁解。自分の中で受け入れられない出来事や葛藤、罪悪感などを正当化したりほかに責任転嫁したりして理由づけを行う試み。

・非漢字圏の学生が会話には漢字は不要だから問題ないと言い訳する。
・イソップ物語で、狐があの葡萄は酸っぱくてまずいと自己正当化する。

ホーソン効果　Hawthorne effect　★

メーヨーらによるシカゴのホーソン工場の実験から得られた現象。作業員の生産行動が、物理的な環境（明るさや労働条件など）ではなく「調査員に見られている」「他のグループに負けたくない」などの社会的欲求に強く影響されることがわかった。この研究は、人の心情を理解する人間関係論の展開に大きな影響を与えた。

▶▶▶マズロー（→P.173）

ホール　Hall,E.T.（1914-2009）　★★★

アメリカの文化人類学者。文化とコミュニケーションに関心が高まった1960年代のアメリカで、初めて「異文化間コミュニケーション」という用語を使ったことで知られる。ホールはまた、各文化における対人距離、縄張り意識、座席の取り方などの空間概念とコミュニケーションの関係を明らかにする学問分野を、プロクセミクス（近接空間学）として体系化した。

▶▶▶近接空間学（→P.74）

›› 高コンテクスト文化／低コンテクスト文化
high context culture / low context culture

ホールは、メッセージの解釈の際にコンテクストに頼る度合いに応じて世界の文化を、高コンテクスト文化と低コンテクスト文化に分けた。高コンテクスト文化の代表とされた日本は、コンテクストに頼って明確に言語化せず、聞き手に「察し」を求める傾向が強い。しかし、低コンテクスト文化では、個人は明確なメッセージを構築し、自らの意図を言語化して聞き手に伝えなければならない。

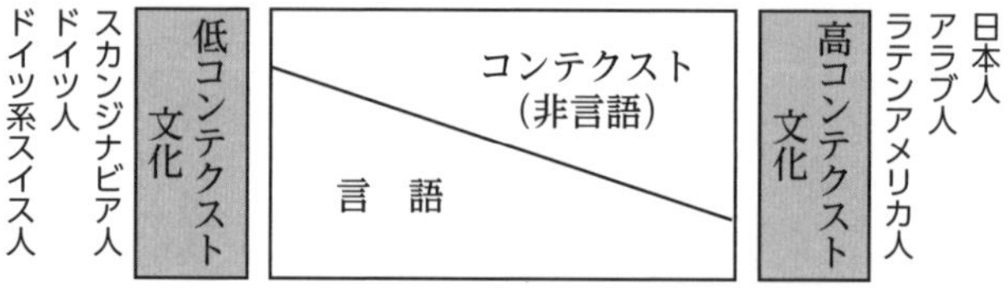

（『文化を超えて』（1979）より作成）

沈黙は、高コンテクスト文化では、プラス（含蓄、尊敬）とされるが、低コンテクスト文化では、マイナス（否定的、不快感）とされる。

▶▶▶コンテクスト（→P.83）、コミュニケーション・スタイル（→P.137）

母語（ぼご） mother tongue ★★★

一個人が生後、一定期間触れることで、自然に身につけた言語。あるいは第一言語。ちなみに母国語とは、母国の言語であるから、必ずしも母語と同一とは限らない。

▶▶▶第一言語（→P.152）

≫ ネイティブ・スピーカー native speaker

ある言語を母語とする話し手、母語話者のこと。短くネイティブ（非母語話者はノンネイティブ）ともいう。

母語喪失（ぼごそうしつ） L1 attrition ★

親の都合で、移住先の第二言語環境下に置かれた子どもが、時間の経過とともに徐々に母語の言語能力を失っていくことを指す。これに対して、本国に戻り、優勢言語が母語に戻る過程で現れるのが第二言語喪失である。

▶▶▶継承語教育（→P.76）

補償（ほしょう）ストラテジー compensation strategies ★★

オックスフォードの分類で、言語材料に働きかける直接ストラテジーの一つ。補償ストラテジーは、学習者が目標言語を理解したり、発話したりする際に、足りない知識を補うために使うものである。多くは語彙不足を補うために使われるが、会話での身振り・手振りによる補償ストラテジーもよく使われる。

補償ストラテジーは、コミュニケーション・ストラテジーとほぼ同じ。前者は言語学習のためにに、後者は言語使用のためにに用いられる。

▶▶▶言語学習ストラテジー（→P.132）、コミュニケーション・ストラテジー（→P.137）

マズロー Maslow, A.H. (1908-1970) ★★★

アメリカの心理学者。20世紀前半のアメリカの心理学界は、人間を外的環境に支配されているとする行動主義と、無意識に支配されているとする精神分析の二大勢力が主流であった。これに対して、マズローは、人間を主体的な存在としてとらえ、第三勢力として人間性心理学を展開した。彼の理論は、人間の動機・欲求に力点を置いた人格理論として知られる。

▶▶▶行動主義心理学（→P.136）

»欲求階層説（よっきゅうかいそうせつ） need-hierarchy theory

マズローの自己実現モデル。人間は、自己実現に向かって絶えず成長していく生き物であるとの人間観に立ち、人間の欲求を低次から高次のピラミッド型の階層で示した。低次の欲求が満たされると、より高次の欲求に進み、最も高次の自己実現欲求は、完全に充足されることがなく、人は自己の理想の実現を目指して行動をし続ける。欲求5段階説とも。

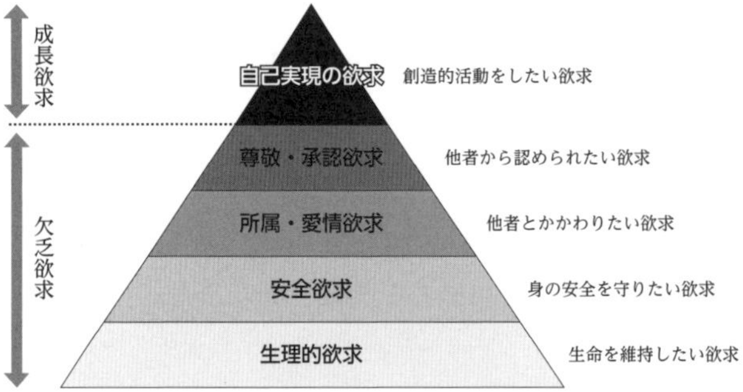

（マズローの欲求階層説をもとに作成）

明示的知識（めいじてきちしき）／暗示的知識（あんじてきちしき） ★★

explicit knowledge / implicit knowledge

教室や教科書などで意識的に学習し、明確にその規則が説明できる知識を、明示的知識（あるいは顕在知識）という。一方、日本語の「は」と「が」のように、使い分けはできるが明確には説明できない知識を、暗示的知識（あるいは潜在知識）という。直観的な知識で、正確で流暢な言語運用にかかわる知識である。

第二言語習得		
明示的知識	宣言的知識	顕在知識
暗示的知識	手続き的知識	潜在知識

※研究者間で定義の相違もあるが、ペアで覚えておきたいキーワード。

母語の知識は、言語化が困難な「暗示的知識」である。母語話者だからといって誰でも教えられるわけではないのは、このためである。

▶▶▶宣言的記憶／手続き的記憶(→P.150)

メタ認知　metacognition　★★★

メタとは「高次の」という意味。もう一人の自分が**認知**（知覚、記憶、言語、学習、思考など）を自覚したり、**モニター**（自分の理解内容の確認）し、**コントロール**したりする高次の認知能力を指す。「認知→自己評価→コントロール」のサイクルができる能力を、**メタ認知能力**という。こうした能力は、学習や意思決定において重要な役割を果たす。

■メタ認知（例）
「学習をするときは計画を立ててから始める」
「学習中にどこが大事なのか考えながら勉強する」
「学習中に今使っている学習方法がよいのかどうかを考える」

▶▶▶モニタリング(→P.170)、認知(→P.159)

≫ メタ記憶　metamemory

メタ認知の下位概念の一つ。「記憶についての記憶」を意味する。もう一人の自分が自分の記憶状態を認識したり、より効果的に記憶する方法を考えたりする認知の働き。

≫ 既知感（FOK）　feeling of knowing

メタ記憶の一種で、ある特定の事柄を知っていることはわかるが、はっきりと言葉で表現できないなどの状態を指す。一般に既知感の強さとその後の**再認形式**のテストの成績との相関は高い。**TOT現象**は、この既知感が強く表れた場合である。

▶▶▶TOT現象(→P.114)、客観テスト(→P.196)

≫ メタ理解　metacomprehension

メタ認知での**モニタリング**にかかわる判断の一つで、「理解についての理解」を意味する。文章内容などを理解しているかどうかを、もう一人の自分が理解すること。

メタ認知ストラテジー　metacognitive strategies　★★★

オックスフォードの分類で、言語学習を支える間接ストラテジーの一つ。

メタ認知ストラテジーは、学習者が自らの認知をコントロールすることで、3つの枠組みから成る。つまり、①自分の学習を正しく位置づけ、②自分の学習を順序立て、計画し、③自分の学習をきちんと評価することである。これらをモニターし、必要があれば学習者が自ら制御・調整を行う。

▶▶▶言語学習ストラテジー（→P.132）

メンタルヘルス　mental health　★★

精神衛生のこと。広義には心身両面から心の問題を扱う際に用いられる言葉で、メンタルヘルスケア（精神的健康管理）のように心の健康管理を目的とした活動と同義に用いられる。狭義には、うつ病やパニック障害、依存症などの精神疾患（ストレスを起因とする心の病気）に対して講じられる措置を指す。

異国での適応は、移住直後よりも多少生活に慣れ、現実を直視せざるを得ない3カ月後から1年前後に1つの不適応のピークを迎える。

▶▶▶ソーシャル・サポート（→P.151）

メンタル・レキシコン　mental lexicon　★★

心的辞書。長期記憶の中に保持している語彙の情報で、音声言語、書記言語の別を問わず、そこにアクセスして語の意味、音声、文字などの情報を得ているという辞書のようなシステムを指す。成人の日本語母語話者の場合、通常少なくとも約5万語の語彙が意味情報のネットワークを形成しており、理解や産出のために使われているといわれる。

- 学習によって形成されるため個人差がある。
- 辞書のようにアルファベット順や50音順に並んでいない。
- 語の意味、語数は固定されず、絶えず変化・拡大している。
- バイリンガルの場合、L1とL2に対応する心的辞書をもつ。

▶▶▶キーワード法（→P.128）、ロゴジェン・モデル（→P.179）

モニター仮説（かせつ）　Monitor Hypothesis　★★★

モニター・モデルの仮説の一つ。意識的な学習による文法知識は、発話を訂正したり、調整したりするだけで、第二言語の発話を生み出すことはないという仮説。モニターがオフになっているときに、自然習得順序も現れる。従って、会話ではモニターを過剰に使用するべきでない。モニターが理想的に使われるのは、文法テスト、宿題、作文などで、これらは言語形式に焦点があって、十分な時間がある自宅学習に回せとする。

会話の中で絶えず自分の発話をモニターし続けると、ワーキングメモリの資源を文法チェックに使い過ぎて、流暢に話せなくなってしまう。

▶▶▶ワーキング・メモリ（→P.180）、自然習得順序仮説（→P.143）

モニター・モデル　monitor model　★★★

アメリカの言語学者クラッシェンが、1970年から80年代初めにかけて提唱した第二言語習得に関するモデル。5つの下位仮説から成り、これを理論的基盤にしたナチュラル・アプローチは、当時の外国語教育に大きな影響を及ぼした。クラッシェンは、チョムスキーの影響を受け、第二言語習得も生得的なものだとした。1980年代後半は、彼の理論に対する問題点が数多く指摘され、用法基盤モデルからも批判された。

■5つの仮説

(1) 習得－学習仮説	成人になっても第二言語は習得できる。習得は無意識的で、学習は意識的である。成人にはこの異なる2つが存在する。
(2) 自然習得順序仮説	成人（第二言語）でも幼児（母語）でも文法形態素の習得順序には、どの人にも共通に見られる類似性がある。
(3) モニター仮説	発話は習得したものから生じ、意識的な学習による知識は、それをチェックしたり修正したりする機能しか果たさない。
(4) インプット仮説	学習者がi＋1のレベルを理解することにより習得（学習ではない）が起こる。インプットの後に自然に発話が表出する。
(5) 情意フィルター仮説	不安感が少なく理想的な学習態度の者は、情意フィルターが低い。情意因子は無意識の習得に直接関係する。

▶▶▶ナチュラル・アプローチ（→P.224）、用法基盤モデル（→P.133）

ゆうい　みじゅようがくしゅう
有意味受容学習　meaningful reception learning　★★★

アメリカの認知心理学者オーズベル提唱（1963）。当時全盛期にあったオーディオ・リンガル・メッソドを批判して、学習を「有意味学習－機械的学習」と「受容学習－発見学習」の2つの次元で考えた。そして、機械的学習でも発見学習でもない、有意味な教材で学習者が各自の既有知識と関連づけながら受容していく有意味受容学習が最適であるとした。

◎有意味学習	既有知識と結びつけば学習は容易。（量が増えても記憶に残りやすい）
機械的学習	学習材料をそのまま覚えるだけ。（既有知識への関連づけなし）
◎受容学習	指導者によってあらかじめ提示された学習内容に基づき進められる。
発見学習	白紙スタートで、発見させる。（非効率性は否めない）

▶▶▶学習理論（→P.124）

先行オーガナイザー　advance organizer

有意味受容学習の中心的な概念。読解で本文よりも先に提示して、新しい知識と既有知識の橋渡しをするような予備的知識を指す。これは、授業の始まりに使うものであり、それ以降の学習に見通しをもたせるという意味で、演繹的な思考過程を重視する方法である。

▶▶▶スキーマ(→P.148)、読解指導(→P.223)

有標性差異仮説　Markedness Differential Hypothesis　★

エックマン提唱。第二言語習得において「母語と異なる目標言語の領域が母語よりも有標の場合、その領域の習得は難しい」とする仮説（1977）。対照分析仮説の「母語と目標言語の違い」だけでは解決できなかった学習困難度の問題について、言語の有標性の観点から予測できるとした。

▶▶▶対照分析仮説(→P.152)、有標／無標(→P.359)

ラポール　rapport　★★★

フランス語で「関係」の意味。カウンセリングを始めとする心理療法で、クライアント（相談者）とカウンセラー（被相談者）との間で形成される信頼関係を指す。カウンセラーの受容的態度によってラポールが形成されると、クライアントの警戒心や緊張が緩和され、効果的な心理治療が施されるようになるといわれる。

▶▶▶カウンセリング(→P.123)

リキャスト　recast　★★★

フォーカス・オン・フォームで推奨されているテクニック。誤用の訂正方法の一つで、リキャストは、会話の自然な流れを切ることなく、学習者の誤用を正用で繰り返す暗示的フィードバックである。第二言語習得には、学習者の認知的制約を考慮する必要がある。インターアクションの中のリキャストに、実際のところ学習者が気づくのかという危惧もある。

■リキャスト

学習者：今、私は　横浜で　住んでいます。
教　師：ああ、横浜に　住んでいるの。　←正用で返す

リキャストの有効性を否定する説がある一方で、教師の正用による暗示的な訂正が「プライミング効果」として働くという説もある。

▶▶▶フォーカス・オン・フォーム(→P.166)、気づき(→P.129)

リペア／ニーズリペア　repair / needs repair　★

第二言語習得論で、教師の訂正フィードバックの後に続く学習者の反応をアップテイク（learner uptake）という。これには2種類の反応がある。一つは、誤用が訂正された形で表出されるリペアである。これに対して、誤用が訂正されないで表出される場合は、ニーズリペアと呼ばれる。

■アップテイク
学習者：10時、駅の前に　会いましょう。
教　師：駅の前に？　←訂正フィードバック
学習者：ああ、駅の前で　会いましょう。　←リペア（○）
（駅の前に　会いましょう。）　←ニーズリペア（×）

▸▸▸訂正フィードバック（→P.155）、修復（→P.87）

レネバーグ　Lenneberg,E.H.（1921-1975）　★★★

ドイツ生まれでアメリカの神経学者。ユダヤ人であるが故に、ナチスの迫害から逃れてドイツを去る。小児失語症は、思春期が始まる12歳ごろを境にして完全な回復が難しくなるという臨床経験から、12歳ごろまでが言語獲得の感受期ではないかという臨界期仮説を提唱した。

›› 臨界期仮説（りんかいきかせつ）　critical period hypothesis

生物がある特性を獲得するために生得的に備わった限られた期間のことを臨界期という。レネバーグは、言語の獲得にも感受に適した時期があり、脳の発達に関係があると考え、どんな言語であっても思春期の始まり（11-12歳）までの期間を言語獲得のピークとする臨界期仮説を提唱した（1967）。

▸▸▸言語獲得（→P.133）、第一言語（→P.152）、母語（→P.173）

ロゴジェン　logogen　★

単語を認知するための情報収集装置のこと。「語（logos）＋源（gen）」に由来する提唱者モートンの造語。心的辞書内にある各単語と対応しており、単語の数だけロゴジェンがある。ロゴジェンは、刺激が与えられると活性化し、ある値を超えたときに対応する単語が認識される。

›› ロゴジェン・モデル　logogen model

モートン提唱（1969）。心的辞書のモデルの一つで、単語の認知のメカニズムを、ロゴジェン・システムによって説明したもの。このモデルによって、高頻度の単語は認識されやすいという「頻度効果」や先行して文脈を提示すると単語ロゴジェンが活性化されるという現象が説明できた。

▶▶▶メンタル・レキシコン(→P.176)

ワーキングメモリ working memory ★★★

作動記憶とも。短期記憶の概念を発展させたもので、短期記憶が情報の貯蔵機能を重視するのに対し、ワーキングメモリは、会話、読書、計算、推理などの情報の処理機能を重視する。人間を一つの情報処理システムとすると、ワーキングメモリは、常に作動する動的な装置で、短期的な情報の保持と情報処理を同時に行う機構である。

- 作動記憶の容量には限度があり、個人差もある。
- 大人の処理容量が大きく、子ども（高齢者）は小さい。
- 認知作業に必要な関連情報を長期記憶から呼び出してくる。
- 複数の課題を同時に行うと、処理効率が低下する。

›› トレードオフ trade-off

ワーキングメモリは、情報の保持機能と処理機能を兼ね備えていることに大きな特色があるが、容量に限界があると考えられている。従って、容量を超えた処理が必要になると、どちらか一方が犠牲になるという、いわゆるトレードオフの関係が生ずる。

›› 外国語副作用 foreign language side effect

不慣れな外国語を使うと、「一時的」に思考力が低下する現象が起こる。これを外国語副作用という。言語活動は、言語処理と思考という2つの処理を同時に行う活動であるため、母語を使っているときに比べて、思考が干渉（妨害）されるためである。

「ライオンは水の中に棲む？」という言語課題を母語で行った場合に比べて、外国語で行った場合には成績が低下する（外国語副作用の実験より）。

▶▶▶短期記憶(→P.153)、処理可能性理論(→P.147)、文章理解(→P.170)

ワトソン Watson,J.B. (1878-1958) ★★★

アメリカの心理学者。行動主義心理学の創始者。主観的な意識を対象とするヴントの内観主義に反対して、心理学が科学的であるために外部から客観的に観察可能な行動だけを研究対象とすべきだとした。刺激（S）と反応（R）の結合によって行動をとらえるので、「S-R理論」とも呼ばれ、アメリカの行動主義心理学の発展に大きな影響を与えた。

›› 行動主義（こうどうしゅぎ） behaviorism

1913年、ワトソンが「行動主義者からみた心理学」で唱えた主張。ある条件のもとで、人（あるいは動物）はどのように行動するのかを客観的に分析・記述し、それに基づいて行動の予測と制御を行うことが、心理学の任務だとした。

▸▸▸行動主義心理学（→P.136）

区分4

言語と教育

ACTFL（アクトフル） ★★

The American Council on the Teaching of Foreign Languages

全米外国語教育協会の略称。外国語教育に携わる人の学会で、口頭能力を測定するためのOPIを開発。国連公用語（英語、フランス語、ロシア語、中国語、スペイン語、アラビア語）のほか、日本語、ドイツ語などを対象とする。「卓越級、超級、上級、中級、初級」の主要レベルと、上級、中級、初級の下位に、それぞれ「上、中、下」のレベルが設定されている。

›› OPI Oral Proficiency Interview

ACTFLが開発したインタビューテスト。被験者の言語運用能力について資格をもった試験官が対面形式で行う。ウォームアップ後、難易度を調整しながら下限を探るためのレベルチェックと、上限を探るためのプロービング（突き上げ）を反復する。そして、被験者が言語的挫折を起こし、言語運用能力が維持できないというレベルを見つけ、「初級-下」から「超級」までの10段階に判定する。

■レベル 10段階（日本語は、卓越級を行わない）

初級	中級	上級	超級	卓越級
上・中・下	上・中・下	上・中・下	○	×

■4つの評価基準

①機能・タスク ②場面・内容 ③テキストの型 ④正確さ

■構成（15～30分）

導入部→反復過程（レベルチェック、突き上げ）→ロールプレイ→終結部

▶▶▶熟達度テスト（→P.211）、タスク先行型／表現先行型（→P.241）

ASTP Army Specialized Training Program ★★

アメリカ陸軍特別訓練計画。第二次世界大戦中に行われたドイツ語、イタリア語、日本語などの短期集中教育。アメリカの構造主義言語学者が立案し、日本語教育は、英語で文法説明を行う言語学者と日系人のドリル・マスターとのチーム・ティーチング制が採用され、小グループで口頭訓練を中心とした言語訓練を行い、成果をあげた。別名アーミー・メソッド。

▶▶▶オーディオ・リンガル・メソッド（→P.192）、長沼直兄（→P.224）

CAI Computer Assisted Instruction ★

コンピュータ支援教育。コンピュータを利用した教育で、歴史的には、独習用のプログラム学習から発展した。学習者はコンピュータから提示さ

れる問題や指示に従って段階的に学習を進めていく。

スマホやタブレットの普及に伴い、CAIに代わってネット経由で教材や授業を受信したり、会議システムで受講したりすることが多くなった。

▶▶▶プログラム学習（→P.149）

CALL　Computer-Assisted Language Learning　★

コンピュータ支援の言語学習。CALL教室では、コンピュータ対学習者のやりとりで、各自の理解度・ペースに合わせて能動的に学習を進めることができる。日本語教育では、文法、漢字、聴解などについてCALL教材を活用した事例が広まっている。

≫ CMC　Computer-Mediated Communication

コンピュータを介したコミュニケーションを取り入れた教育。例えば、海外の学習者に対するEメールによる作文指導、チャットを用いた会話能力の育成を目的とした指導などがある。CALLの分野で、CMC教育を行う機会が情報化の進展に伴って増大している。

CBT　Computer Based Testing　★★

コンピュータを利用した非ペーパー方式の試験。自分が受験したい日時、場所で受験できる。紙の試験からコンピュータを使った試験にすることで、採点処理や結果通知に要する時間・コストを大幅に削減できる。

▶▶▶BJTビジネス日本語能力テスト（→P.14）、日本語基礎テスト（→P.31）

CLL　Community Language Learning　★★

アメリカの心理学者カランが提唱した共同言語学習。カランは、未知の言語に対する不安や恐怖を最小限にするべく、カウンセリング理論と手法を活用したカウンセリング・ラーニングを考案。これを発展させたCLLは、羞恥心のために発話できない成人学習者のことを考えた教授法で、学習者はクライアント、教師はカウンセラーと位置づけられる。

■特徴

- 小グループの学習者（共通母語）が円形のテーブルにつく。真ん中に録音機。
- 話題を学習者主導で決め、即興で対話を進めていく。（話題シラバス）
- 学習者が言いたいことを教師が翻訳し、学習者はそれを繰り返す。
- 投入（話し合い）後の内省（振り返り）で、各自の発話をチェックする。
- 準備ができない後行シラバスなので、教師に高い能力が求められる。

▶▶▶ヒューマニスティック・アプローチ（→P.229）

後行シラバス（こうこう）

CLLでは、授業の進行に伴って授業記録のようにシラバスが出来上がっていくので、これを後行シラバスという。また、学習者が行ったタスクや活動の結果を記述した帰納的なシラバスでもあることから、プロセス・シラバスともいう。先行シラバスと異なり、コースの途中で学習項目の変更や軌道修正が柔軟にできる点に特徴がある。

▶▶▶シラバス（→P.211）

eラーニング　e-learning　★★

「電子的な（electric）＋学び」の意味。インターネットを利用した学習形態で、従来の特定の場所や講師によるリアルな教育とは異なり、時間や場所にとらわれずに、いつでもどこでも何度でも学ぶことができる。

同期型（どうきがた）／非同期型（ひどうきがた）　synchronous / asynchronous

同期型は、テレビ会議などの双方向システムを用いて授業をリアルタイムで遠隔地に配信するが、非同期型は、あらかじめ収録された授業の動画や教材を配信する形態である。同期型は、時間を合わせて受講する必要があるが、非同期型は、それぞれのペースで自由に受講することができる。

WBT　Web Based Training

インターネットやネットワーク経由で学習する遠隔教育システム。メリットもあるが、1人で自律的に学習するため、学習の継続が難しいというデメリットもある。インターネットを介したeラーニングという意味で、Webラーニングとも呼ばれる。

▶▶▶ブレンディッド・ラーニング（→P.231）、ICT教育（→P.190）

GDM　Graded Direct Method　★★

ハーバード大学のリチャーズとギブソンが、1940～60年代に開発したベーシック・イングリッシュに基づく段階的直接法。語彙を必要最小限に限定するという考え方を基本とする。オーディオ・リンガル・メソッドに対抗した演繹的な方法で、文（sentence）と場面（situation）を結びつけた“SEN-SIT”を用いてすべて英語で授業を行った。

≫ ベーシック・イングリッシュ　Basic English

イギリスの言語心理学者オグデンが考案した基本英単語（1930）。850語で2万語に匹敵する意味を表すことができる。sofaやbenchなどの語は含まずにseatなどの語で構成されている。Basicは、British, American, Scientific, International, Commercial の略。

日本では戦前、オグデンの“Basic English”に影響を受けた英文学者の土居光知（こうち）が『基礎日本語』（1933）で1,100語の基礎語彙を発表した。

▸▸▸基本語彙／基礎語彙（→P.272）

IT　information technology　★★

インターネットを中心とする情報技術の総称。会社の業務や生活に役立てるための技術を指す。個人でも容易に発信ができ、アップデートが容易にできる。ITを活用した「教材」には、次のような利点がある。

- 教師との1対1の学習に似た双方向的な学習ができる。
- 時間と場所を問わずマイペースで繰り返して学習できる。
- 独学だけでなく、レベル差があるクラスでの教室外活動にも使える。
- 海外などのクラスでなかなかできない日本文化の紹介などができる。

▸▸▸ハイパーテキスト（→P.99）、メディア・リテラシー（→P.239）

JGP／JSP　★★★

Japanese for General Purposes/ Japanese for Specific Purposes

以前は、学習者のニーズとは無関係に一般的な語学教育が行われていた。教育の目的が教養や知的訓練にあったからである。この意味での日本語教育を、一般的な日本語教育（JGP）という。これに対して、明確な特定の目的や職業に応じて行う日本語教育を、特定目的のための日本語教育（JSP）という。目的別・対象別日本語教育という場合もある。

JGP	一般教養、単位取得、試験合格など
JSP	専門日本語、技能実習、接客業、介護・看護、観光ガイドなど

▶▶▶内容重視の指導法（→P.221）

MLAT　Modern Language Aptitude Test　★

アメリカ国務省の外交官養成機関で、候補者を選別するために作られた現代語適性テスト。外国語学習と適性の研究に大きな影響を与えた。適性の構成要素として「音声認識能力」「文法的感度」「暗記学習能力」「帰納的学習能力」を挙げている。

▶▶▶適性テスト（→P.212）、言語適性（→P.202）

OHC　overhead camera　★

オーバー・ヘッド・カメラ。所定の場所に置いた被写体（立体物でも構わない）を小型カメラで上から撮って、画面に映すもの。書画カメラとも呼ばれるが、教育現場では、実物投影機と呼ばれる。

OHP　overhead projector　★

オーバー・ヘッド・プロジェクター。透明なフィルムに書かれた文字や図表などを下から光をあてて、スクリーンに投影する装置。

SAPL（サプル）　Self-Access Pair Learning　★

スイスのファーガソンが提唱した寄せ集め型の教授法。SAPLの“Self-Access”は、自己のもっている力を十分に活用したという意味で、自らの力で学ぶという学習者の自律性を重んじている。絵教材と音声テープを使って、学習者はペアになってマイペースで学習を進める。

TPR　Total Physical Response　★★★

アメリカの心理学者アッシャーが提唱した全身反応教授法。オーディオ・リンガル・メソッドがもっぱら口頭訓練（左脳）を重視するのに対して、TPRは教師の命令を聞き、それに応じた動作（右脳）をする聴解訓練（50時間）に重点を置く。教材・プリントは使用しない。沈黙期を保障し、自分から話したくなるまで、話すことは強制されない。

▶▶▶コンプリヘンション・アプローチ（→P.206）

t検定（けんてい）　t-test　★

2つの平均値の差を吟味して、統計的に有意な差があるかを見るための検定。対象となるデータが正規分布に従っていることを前提として、同じ被験者のデータを比較したい場合は、対応のあるt検定を行い、グループの異なる被験者の場合は、対応のないt検定を行う。

対応のあるt検定	同一クラスの学期初めと学期末の平均値の差
対応のないt検定	異なるクラスの科目テストの平均値の差

▶▶▶正規分布（→P.212）

VT法（ヴェルボ・トナル法）　Verbo-Tonal Method　★★

クロアチアのグベリナが言調聴覚論をもとに開発した教授法。リズムやイントネーションを、身体全体で習得させる緊張と弛緩の身体リズム運動に大きな特徴がある。フランス語の言葉（verbo）と調子（tonal）を名称の由来とし、1950年代のフランスの移民向け視聴覚教材で知られるようになった。現在では、発話・聴覚障害者への教授法として認知されている。

≫ 言調聴覚論（げんちょうちょうかくろん）　Verbo-Tonal System

人間の脳が音声をどのように聴取・生成するのかを探るグベリナの言語理論。音声は、調音器官に加えて、身体全体（骨、筋肉、皮膚）が楽器のように振動する筋感覚であるとした。理論の中心は聴き取りにあり、聴覚障害者のリハビリテーション、音楽・外国語教育など、人間の聴覚にかかわるすべての分野に応用が可能である。

アカデミック・ライティング　academic writing　★★★

上級段階の作文指導法。大学等におけるレポート・論文など、読み手の期待を意識し、その専門分野にふさわしい語彙や文章構造を用いて学術的な文章を書くこと。アカデミック・ライティングでは、通常の自由作文とは異なり、客観的な評価に耐えられる文章を書くことが求められる。

▶▶▶作文指導法の変遷（→P.207）

アクション・リサーチ　action research　★★

教師が授業をより良くするために行う、自分サイズの内省的調査研究。具体的には、授業の一部や全部を撮影したり、録音したりして、振り返りをする。また、同僚の教員に授業を見てもらって、問題点について、話し合ったり、アドバイスを受けたりする。結果を一般化するものではない。

▶▶▶内省的実践家（→P.224）

≫ ジャーナル　journal

自らの授業を観察し振り返るために行う**授業記録**。アクション・リサーチの一部。気づいたことや自分の疑問や思い、学習者の反応などを書いて内省していく。このジャーナルは、サポートしてくれる教師（共同対話者）と共有し、意見交換する。

アクション・リサーチは、教師自身の授業の質の向上を目指すものであり、自分の授業を超えた「一般化」を目指すものではない。

アクティブ・ラーニング（AL）　Active Learning　★★★

文部科学省が推進する**能動的学習**。一方向的に知識の伝達・注入を行う授業ではなく、学習者が自ら能動的に学ぶように設計された課題解決型の学習方法。プロジェクタを活用したり、情報端末で調べ学習をしたりするなど、**ICT**の発達が教育環境と方法に大きな変化をもたらしている。

≫ ICT教育　Information and Communication Technology Education

ICTとは**情報通信技術**の略称。現在、文部科学省が1人1台の情報端末によるICT教育化を積極的に推進している。主体的な学びを支えるツールは、パソコンやタブレット、電子黒板などのICT機器からeラーニング、デジタル教科書などのソフトウェアまで多岐にわたる。

≫ 反転授業　flipped classroom

本来、教室で行っていた授業内容を自宅学習で行い、教室で発展問題や演習を行うという授業形態。インターネットでの公開講座やオンライン教材などが、直接指導の代替として使用できるようになったことが引き金となり、**アクティブ・ラーニング**と**反転授業**を組み合わせた教育手法が広く取り入れられるようになった。

▶▶▶IT（→P.187）、eラーニング（→P.186）、リソース（→P.238）

インストラクショナル・デザイン　Instructional Design　★★

教育設計（略称ID）の意味。教育製品（コース、教材、実施など）を教育工学的な手法で効率的に開発するのが目的である。ID誕生の契機は、アメリカの政府機関が軍の新兵教育を短期間で効率よく効果的に行う手法を求めたことにあった。日本でIDの概念が注目されるようになったのは、2000年代以降のeラーニングの普及からである。

›› ガニェの9教授事象（きょうじゅじしょう） Gagne's Nine Events of Instruction

インストラクショナル・デザインの領域で最も代表的な指導方略（教授ストラテジー）の一つ。「IDの父」とも称される学習心理学者ガニェは、学びを外側から支援する9種類の指導過程（教授事象）を、認知心理学の情報処理モデルに基づいて示し、提案した。

›› ADDIEモデル

インストラクショナル・デザインで用いられる手法の一つ。分析（Analysis）→設計（Design）→開発（Development）→実施（Implement）→評価（Evaluation）の5つのプロセスから構成される。ADDIEモデルのプロセスを何度も繰り返すことで、研修・教材の問題点を改善し、より良い教育設計にしていくことができる。

›› ARCSモデル

インストラクショナル・デザイナーが学習意欲を向上させるための教育構成を練ることを援助するモデル（1983）。提唱者のケラーは、4つの要因に対応した動機づけ方略、ならびにその設計の手順を提案し、頭文字をとって、ARCS（アークス）モデルと命名した。

Attention（注意）	学ぶ内容が学習者にとって面白そうだと感じられるか？
Relevance（関連性）	学ぶ内容が学習者にとって意味があると感じられるか？
Confidence（自信）	学習者が自分の力で達成できそうだと感じられるか？
Satisfaction（満足感）	学習者が学習プロセスや結果に満足できるか？

▶▶▶CALL（→P.185）、eラーニング（→P.186）

インターアクション interaction ★★

相互作用とも訳される。発話者間で相互に交わされる情報のやりとり。言語習得分野では、大人と子ども、第二言語習得では母語話者と学習者、学習者同士の間で交わされるやりとりの諸形態を指す。一般に、学習者のインターアクション能力は、言語能力、社会言語能力、社会文化能力から成るとみられており、これらの育成の重要性が叫ばれている。

▶▶▶インターアクション仮説（→P.119）、ピア・ラーニング（→P.227）

インフォメーション・ギャップ information gap ★★★

話し手と聞き手の間に存在する情報の差のこと。コミュニケーションの目的の一つは、この情報の差を埋めることにある。伝達能力の養成を重視した教室活動では、実際の伝達過程に近づけるように情報の差を意図的にタスクの中に組み込むなどの工夫をしている。

▶▶▶モロウの3要素（→P.205）、ロールカード（→P.241）

横断的評価（おうだんてきひょうか）／縦断的評価（じゅうだんてきひょうか） ★

学習者個人を対象とする個人内評価。横断的評価は、個人の内部の能力（発音、読解、漢字など）についての評価で、縦断的評価は、個人の成績の推移を時系列的に示した評価である。これらは、教師だけでなく学習者にも提示され、個人ごとの今後の学習計画に活用される。

大出正篤（おおいでまさひろ） (1886-1949) ★

長野県生まれの日本語教育者。満州で語学検定に役立つ〈成人〉向けの速成式教授法を提唱。予習用として対訳教科書を持たせたが、授業は直接法を基本とした。朝鮮で大出は、山口喜一郎のもとで働いていたが、満州と年少者向けの台湾・朝鮮とは事情が違うとして、速成式を採った。

▶▶▶山口喜一郎（→P.237）、台湾の日本語教育（→P.40）

オーディオ・リンガル・メソッド（ALM） ★★★

Audio-Lingual Method

直接法を代表する教授法。ASTPの成功を受けて、第二次世界大戦後、ミシガン大学のフリーズらによって整備され、1950～60年代に言語教育の世界に一大センセーションを巻き起こした。対照分析に基づいて徹底的に反復練習して、新しい習慣として身につけることを目標とした。オーディオ・リンガル・メソッドは、ミシガン大学に留学した日本人によって国内の英語教育に持ち込まれ、オーラル・アプローチという名称で広く浸透した。別名ミシガン・メソッド。

言語観	構造主義言語学	文型練習　最小対立（ミニマルペア）
学習観	行動主義心理学	習慣形成（S-R理論）　正確さ重視

▶▶▶ASTP（→P.184）、3大教授法（→P.200）

発音練習（ミニマルペア）

文型練習と並ぶオーディオ・リンガル・メソッドを代表する練習。発音上の違いが1カ所に限定されているミニマルペア（最小対立）を使って、発音の練習や聞き取り練習を行うもので、広く普及している。

■ミニマルペアの例

母音の長短	ビル／ビール、クロ（黒）／クロー（苦労）
声帯振動の有無	キン（金）／ギン（銀）、テンキ（天気）／デンキ（電気）
アクセント	ケーキ（ＨＬＬ）／景気（ＬＨＨ）

▶▶▶最小対立（→P.258）、構造主義言語学（→P.283）

ミムメム練習 Mimicry-Memorization practice

オーディオ・リンガル・メソッドの基本的な練習の一つで、模倣記憶反復法。習慣形成を目指して、教師のモデル発話やCDに続いて行う模倣、会話文をモデルにした反復練習。文型練習の前段階として行われる。略称ミムメム（Mim-Mem）、教案には「MM」などと略記する。

▶▶▶行動主義心理学（→P.136）

岡本千万太郎（1902-1978） ★

国際学友会主任教授。日本語の予備教育を行っていた国際学友会で教えながら読本『日本語教科書巻１～巻5』（1941-1943）の編纂にかかわる。漢字制限や表音式仮名遣いなどを提唱する国語改革論者の一人。

音声指導 speaking instruction ★★

音声指導では、言語的な意味が正しく伝わるように指導することが第一の目的になる。例えば「大学」「主人」と言ったつもりが、「退学」「囚人」と聞こえてはならない。第二に、パラ言語情報が正しく伝わるように指導することである。例えば、質問のつもりで「そうですか？」と言ったのに、疑い・不信感を表明したと誤解されるようなことがあってはならない。

▶▶▶無声音／有声音（→P.308）、モーラ（→P.356）、パラ言語（→P.100）

オンライン教材 ★★

インターネット上で学べる教材。場所や時間に制約されないという利点があるが、積極的に活用する能力、つまりメディア・リテラシーが必要とされる。動画や音声も含めたマルチメディア教材として、教科書と組み合わせて使ったり、対面型授業で部分的に用いたりするメディアミックスの手法で、相乗効果が期待できるので、活用の範囲が広がっている。

▶▶▶メディア・リテラシー(→P.239)、eラーニング(→P.186)、ICT教育(→P.190)

外来語の指導 ★★★

外来語になるともとの語形と違ったり、意味がずれたりするので学習者にとっては難しい。例えば、英語のsmartにある「傷が痛い」という意味は、日本語の外来語の「スマート」にはない。反対に、日本語でしばしば使われる「体型が細い」(本来はslim) という意味は、英語には見られないなど、意味の範囲が違う場合があるため注意が必要である。

▶▶▶外来語(→P.261)

会話指導 ★★★

会話は、2人または複数の人が意志疎通のために行うやりとりである。話し手には、伝えたい内容を一方的に表現するのではなく、状況に合わせて適切な話し方を選択することが求められる。初級では、日常遭遇しそうな場面でのモデル会話が中心になるが、中上級では、コミュニケーション能力の向上を目指して、依頼する・断るなどの機能別の表現、自分の意見を述べる、待遇表現などが目的になる。

▶▶▶モデル会話(→P.235)、待遇表現(→P.92)

課題シラバス task syllabus ★★★

言語は何らかの課題(タスク)を成し遂げるために使われるという点に着目して課題をリストアップしたもの。談話展開の場面と統合的なタスクを提供して、学習者に自分のコミュニケーションを意識させることを重視する。このシラバスを中心にしたタスク中心の指導法が注目されている。

▶▶▶タスク中心の指導法(→P.214)、シラバス(→P.211)

嘉納治五郎 (1860-1938) ★

兵庫県生まれの教育者、講道館柔道の創始者。日清戦争直後の1896年、清国(当時)からの留学生を嘉納治五郎の弘文学院(改名前は亦楽書院)で受け入れた。13人で始まった受入れは、日露戦争後には12,909人にまで増加した。三矢重松、松下大三郎、松本亀次郎などが教育の任にあたり、教授科目は日本語のみならず数学・理科・体操などの教科もあった。

▶▶▶三矢重松(→P.354)、松下大三郎(→P.351)、松本亀次郎(→P.351)

カリキュラム　curriculum　★★★

教育目標を達成するための教育内容を体系的に編成した教育計画。国が公教育の基準を示した学習指導要領から、各種の教育機関、そして個々の教師が作成する指導計画まで、さまざまなレベルのカリキュラムがある。本書では、コースデザインの中にカリキュラムを位置づけている。

▸▸▸コースデザイン（→P.203）

≫ 隠（かく）れたカリキュラム　hidden curriculum

カリキュラムは、顕在的カリキュラムと潜在的カリキュラムがある。後者を別名、隠れたカリキュラムという。例えば、教師が学習者に知らず知らずのうちに「日本人と同じような言語行動」を求めるような場合、隠れた裏のカリキュラムのもとで、社会的、文化的に大きな影響を及ぼしていることになる。ヒドゥン・カリキュラムとも。

カリキュラムデザイン　curriculum design　★★★

「何を教えるのか」を決定するのがシラバスデザインで、それを「どう教えるのか」を決定するのがカリキュラムデザインである。具体的には、学習項目の配列、教授法、教室活動、教材・教具、教員の配置、時間割などを、コースデザイナーが決める。

▸▸▸シラバスデザイン（→P.211）

間接法（かんせつほう）／直接法（ちょくせつほう）　Indirect Method / Direct Method　★★

媒介語の使用の有無という点で、言語教育は2つに分けられる。間接法は、媒介語による説明や翻訳を介して教える方法。翻訳法、対訳法とも。直接法は、原則として目標言語のみで教える方法。狭義には、文法訳読法の反動で、ヨーロッパで広がった会話重視の考え方を指すが、現在では、ある程度の媒介語（または母語）使用を認める折衷的なものまである。

国内の教育機関では、授業以外のサポートは、母語か媒介語を使うが、授業は母語が多様なので「日本語で日本語を教える」直接法である。

▸▸▸媒介語（→P.226）、台湾の日本語教育（→P.40）

機能（きのう）シラバス　functional syllabus　★★★

コミュニケーション重視のもとで言語の果たす「依頼」「勧誘」「謝罪」

などの機能を中心に構成されたシラバス。構造シラバスへの批判から提案されたシラバスで、談話の中で、発せられた文が何を意味しているのか、また、どんな内容を伝達しようとしているのかを重視する。

・依頼「〜てください」「〜ていただけますか」「〜てもらえませんか」
・勧誘「〜ませんか」「〜ましょう」「〜はいかがですか」
・助言「〜したほうがいいですよ」「〜したらどうですか」

構造シラバスでは別々の「貸して（貸してください）」と「貸してもらえませんか？」は、機能シラバスでは同じ「依頼」の表現になる。

▶▶▶シラバス（→P.211）

技能（ぎのう）シラバス　skill syllabus　★★

言語の4技能のうち、必要とされる場面でどの技能の**下位技能**（マイクロ・スキル）が必要かに着目し、分析・整理されたシラバス。大学では、「講義を受ける」「ノートをとる」などの学業で必要とされる技能に特化していく。また、移民対象の場合は、「商品の注意書きを読む」「書類に必要事項を書き込む」などの技能が必要とされる。

▶▶▶シラバス（→P.211）

客観（きゃっかん）テスト　★★

採点者の主観に左右されない形式のテストで、真偽法（いわゆる○×式）や多肢選択法などの**再認形式**と空所を補充する穴埋め法や文完成法などの**再生形式**に大別される。再生形式では、問題の作成が比較的容易ではあるが、想定外の解答によって解答が 1 つに絞れない場合もある。

■再認形式

名　称	特　徴	例
真偽法	いわゆる○×式。 ・問題作成が容易。 ・偶然的中率が高い。	（　　）金閣寺は、奈良県にあります。
多肢選択法	複数の選択肢から選ぶ。 ・作問に手間がかかる。 ・最も多く用いられる。	田中さんの家の近くに（a.海、b.川、c.湖、d.池）がある。
組み合わせ法	二者の関係についての理解や知識を調べる。 ・他方の項目を多くして最後まで選択させる。	1　耳を（　　　　）。 2　口を（　　　　）。 3　目を（　　　　）。 a.そむける、b.寄せる、c.傾ける、d.あける
再配列法	文を作る能力を測る。 ・正しい語順の文を作る。 ・複数の正解ができないように注意して作問する。	（作った／食べたことが／リーさんが／ありません／料理は） →

■再生形式

名 称	特 徴	例
単純再生法	穴埋め式。再生法とも。 ・問題の作成が容易。 ・漢字の読み書きによく使われる。	A 9月（ ）日本へ来ました。 B 高原には早くも秋の気配（ ）が感じられます。
完成法	・文の一部を提示し、文を完成させる。	1 電車が遅れたので、 ______________。 2 このボタンを押すと、 ______________。
クローズ・テスト（クローズ法）	・文章を虫食い状態にして、空欄に当てはまる語を記入させる	北海道は日本列島の（ ）部に（ ）する島である。道庁所在地は（ ）市である。

▶▶▶想起（→P.151）、テストの形式（→P.220）

教案（きょうあん） ★★

計画的な授業をするためには、適正な計画を作成する必要がある。一般に年間計画（全体案）が立てられ、それに基づいて各学期の計画を立案し、授業ごとの授業計画、いわゆる教案を作成する。教案には、アウトラインだけを書く略案から、教師と学習者の想定問答をすべて書く細案まである。細案は、通常、授業の《台本》としての役目を果たす。

≫ 導入（どうにゅう）・練習（れんしゅう）・確認（かくにん）

授業を構成する一連の要素、ユニット。導入と呼ばれる第1段階（preview）では、あいさつ、ウォームアップ、前回の復習、新項目の提示を行う。第2段階（view）では、練習や展開と呼ばれる主活動を行う。第3段階（review）では、確認を目的とした活動を行う。小テスト、宿題などを含めた広い意味での評価活動で、まとめとも呼ばれる。

▶▶▶カリキュラムデザイン（→P.195）

教育評価（きょういくひょうか） educational evaluation ★★★

教育分野で評価とは、情報のフィードバックである。評価は測定と一体で行われるが、測定結果に意味づけや価値判断をすることで評価となる。学習者には目標に対しての到達度を判定するが、教授者に対しても、自分の指導法が適切であるかどうかを判断する材料にもなる。教育の評価というと前者のイメージが強いが、後者も前者と同じくらい重要である。

■教育評価の機能
- ・学習活動の改善（学習者の学習支援のための評価）
- ・教授活動の改善（教師の教育実践のための評価）
- ・学校の管理運営（コースデザイン全体にかかわる評価）

▶▶▶コースデザインの評価（→P.204）、テストが備えるべき条件（→P.219）

≫ 相対評価／絶対評価　relative evaluation / absolute evaluation

通知表の５段階評定や偏差値など、同じ集団の中で、他者と比較することによって個人の成績を解釈する評価を**相対評価**という。一方、設定された教育目標に対する到達度によって個人の成績を解釈する評価を**絶対評価**という。集団とは無関係に個人の到達度を示すことができるので、学習者ごとに指導のための具体的指針が得られる。

相対評価	・集団に準拠した評価 ・評価者の主観が入りにくい。教育管理に役立つ ・得点を一直線に並べて、個人を順位づけられる
絶対評価	・到達度に準拠した評価 ・集団とは無関係に学習者個人が評価される ・直接、教授活動の改善や学習の動機づけに結びつく

相対評価と絶対評価の長所と短所は、正反対の関係にあるので、実際の評価に際しては、双方を加味して多面的に実施する必要がある。

▶▶▶評価の時期（→P.229）、集団基準準拠テスト／目標基準準拠テスト（→P.210）

教科書の分析　★★

あるコースで使用する教科書が決まったら、その教科書を事前に分析しておく必要がある。授業計画の**全体案**として、例えば、構造シラバスであれば、各課の配列、学習目標・学習項目（語彙、漢字を含む）・練習の扱い、課の構成の背景にある学習理論などの分析、チェックが必要である。

▶▶▶教案（→P.197）、コースデザイン（→P.203）

教材開発　★★

教材を開発するときには「**計画**（plan）－**実行**（do）－**評価**（see）」のサイクルが効率的である。もし、期待した学習成果が得られない場合は、原因を考え、対策を検討して、次の開発の反省材料としていく。このような手順で効果的な教材開発を進めていくことができる。

積み上げ型教材

主な学習項目である文型を中心に構成された課を、一つ一つ順番に沿って段階的に学習していくタイプの教材。初級レベルの教材に多く、易しいものから難しいものへと配列されている。

▶▶▶構造シラバス(→P.202)

モジュール型教材

モジュール(module)は「交換・着脱が可能な」の意味。学習者の既習項目から一定程度独立して使えるようにした教材。課が独立しているので、学習者のニーズやレディネスによって順番を無視して使うことができる。中級レベルに多い教材。

▶▶▶機能シラバス(→P.195)

リソース型教材

「日本人の働き方」「若者の選択」などのテーマで構成され、多様なスタイルの文章と、それに対応した資料や統計が載っている教材。リソース(資源)へのセルフアクセスができるようになっている。

▶▶▶リソース(→P.238)

教師研修　in-service teacher training　★

現職にある者に対し、その職務を向上させるために行われる研究・修養のための制度ならびに活動をいう。採用後の初任者研修から、教職経験に伴って行われる基本研修、特定の必要から実施される専門研修まで多様な研修がある。広く教師教育は、教師養成と現職者への教師研修とから成るが、その教育モデルは、従来の技術伝達モデルを超えて、内省的実践家という概念から教師自身が成長していく内省モデルに変化している。

■教師教育のモデル

技術伝達モデル	先輩教師の経験とその模倣に教授能力の獲得を求める。
応用科学モデル	研究者によって得られた科学的知識を重視する。
内省モデル	経験と知識を積み重ね、個々人の内省を通して成長していく。

▶▶▶内省的実践家(→P.224)

教室日本語　classroom Japanese　★

「聞いてください」「言ってください」など、授業の学習項目とは関係のない教室でよく使用する表現。このような日常的に繰り返される定型的な指示やあいさつなどは、コースの最初にまとめて教えることが多い。また、海外で教える場合は、現地語で指示ができるようにしておくとよい。

▶▶▶JFL／JSL(→P.15)

教授法 ★★★

外国語を教える際、「どのように教えたらいいのか」がまず問題になる。「どのように」の部分には、語学教育の考え方からその実践まで含まれるが、これらを総称したものが**教授法**である。歴史的には、読解を重視した教養主義的なものから、音声言語中心の実用主義的なものなどがある。

›› アプローチ／メソッド Approach / Method

アプローチは**指導理念**で、細目の規定はなく、現場に一任されているものである。一方、メソッドは**指導法**で、細目が規定されているもので、個別の教育技法を指す。「～法」。

アプローチ(指導理念)	現場一任(教師が複数いればやり方も複数でかまわない)
メソッド　(指導法)	細目規定(教師が複数いてもやり方は、1通り)

教授法の名称は、歴史的にはメソッドからアプローチへ移ってきているので、この流れで新旧の教授法を整理するとわかりやすい。

▶▶▶ナチュラル・アプローチ(→P.224)、ナチュラル・メソッド(→P.225)

›› 3大教授法

外国語教授法は、時代順に文法訳読法、オーディオ・リンガル・メソッド、1970年代以降のコミュニカティブ・アプローチが世界の外国語教育に大きな影響を与えてきた。現在でも、大学教育や独学・海外では**文法訳読法**、初級では**オーディオ・リンガル・メソッド**、中上級では**コミュニカティブ・アプローチ**がそれぞれ中心的な役割を担っている。

文法訳読法	・教養目的（ラテン語、古代ギリシャ語） ・演繹的文法指導（規則を適用して母語に翻訳） ・書記言語
オーディオ・リンガル・メソッド	・口頭訓練＋文型練習→形式の《正確さ》 ・帰納的文法指導（説明なし→規則を発見させる） ・構造主義言語学＋行動主義言語学→習慣形成
コミュニカティブ・アプローチ	・概念機能シラバス（学習者中心主義） ・談話レベル（コミュニケーション能力） ・タスク（課題解決作業）→運用の《適切さ》

▶▶▶文法訳読法(→P.233)、オーディオ・リンガル・メソッド(→P.192)、
コミュニカティブ・アプローチ(→P.204)

グアン　Gouin, F. (1831-1895)　★★

フランス人のグアンは、ラテン語とフランス語の教授経験があったが、文法訳読法（自身はドイツ語で失敗）に疑問を抱き、外国語は幼児が習得するのと同じ方法で習わなければならないと考え、自身の経験に基づき、『外国語の教授と学習法』（1880）の中でグアン・メソッドを発表した。

≫ グアン・メソッド　Gouin Method

グアンは、自分の甥が日常の出来事を細かいステップに分けて話す様子からヒントを得て、1つの目的をそれに至る20～25の行動として記述したシリーズの教材を作った。母語による説明をした上で、動作に外国語の音を重ねて実演する方法から、シリーズ・メソッド、サイコロジカル・メソッドとも呼ばれる。

▶▶▶山口喜一郎（→P.237）、ナチュラル・メソッド（→P.225）

クローズ・テスト　cloze test　★★★

空所補充問題の一つ。文章を虫食い状態にして設けた空所に適切な文字や語を記入させるテスト。ペーパーテストを用いた言語運用能力の熟達度の評価になる。採点に際して、原文と同じ語のみを正解とするか、原文とは違っても意味が通るものまで正解とするのか意見の相違がある。

▶▶▶客観テスト（→P.196）

形成的評価（けいせいてきひょうか）　formative evaluation　★★★

コースの途中で、日々継続的に行われる評価で、単元ごとの簡単な教師自作テストが多く用いられる。教師は、学習者の習得状況の把握や治療的指導が可能になるほか、指導法や教材の見直し、カリキュラム改善を行うことができる。この評価は、学習者への学習援助にも利用され、学習者は自分の弱点を知り、その後の学習活動を修正して行くことができる。

▶▶▶評価の時期（→P.229）、到達度テスト（→P.222）

ゲーム　game　★★

ゲームは、その最中の言語行動がコミュニケーションそのものなので、非常に優れた教室活動である。勝ち負けの要素を伴うので、これをうまく使えば学習者同士のコミュニケーション意欲を高める動機づけとして利用できる。ゲームには、ビンゴや間違い探しのような簡単なものから、高度なものまで色々あるので、初級レベルから上級レベルまで使える。

▶▶▶内発的動機づけ（→P.158）、動機づけ（→P.156）

言語適性　language aptitude　★

第二言語習得での個人差の一つ。母語の習得に比べて第二言語で大きな個人差が生まれるのは、年齢、言語適性などが影響している。言語適性は、いわば言語学習能力であり、目標言語の音声認識や文法パターンを分析する能力である。記憶能力や推測能力も言語適性の中に含まれる。

▶▶▶MLAT(→P.188)、学習者要因(→P.124)

語彙指導　★★★

語彙指導は、一般に文法・聴解・読解・作文などの4技能の養成の中に取り込まれる形で進められる。初級では、文型に適する語彙が多く提示される。中上級では、類義語や多義語などの意味・用法の指導、語の構成や位相（男女差など）・文体の違いなどの語彙指導へ比重が移っていく。個々の語を徐々に、文・談話のレベルで語をとらえる指導が必要になる。

■旧・日本語能力試験の認定基準（語彙数）

4級	3級	2級	1級
800語	1,500語	6,000語	10,000語

一般に成人を対象にする日本語コースの初級修了段階（約300時間）までに学習する語彙数は、だいたい2,000語程度である。

▶▶▶語彙(→P.280)、類義語(→P.362)、多義語(→P.316)

≫ 語彙指導とコロケーション

語彙指導は、コロケーションまで必要とされる。例えば、「傘」は「さす」ものであって、「ほうき」は「掃く」ものである。文法的に適格であっても、共起する語彙が決まってくる。また、「甘い」は「彼は娘に甘い」のように人との連語になると、味覚ではなく心情的な態度を表す。統語論を超えた意味論（連語）の知識が必要になる。

「音声・文法・語彙」のうち、時代の推移の影響を最も受けるのが語彙である。昔の教科書には「帳面（ノート）」「下駄箱」などが見られる。

▶▶▶コロケーション(→P.289)

構造シラバス　structural syllabus　★★★

言語の形式（form）を重視したシラバスで、易しいものから難しいものへと積み上げられ、文法的な正確さが身につくように構成されている。

教授者にとっては組織的に教えやすく、学習者の理解度を容易に確認できる。問題点もあるが、最も古くから用いられ、現在でも幅広く採用されている。文法・文型シラバスとも。

- **存在文**　「～に～がいます／あります」
- **名詞述語文**　「～は～です」「～は～じゃありません」
- **動詞述語文**　「～が～と結婚します」「～が～を～にあげます」

文法系のシラバスは、「構造／文法／文型シラバス」と呼ばれているが、内容に差はなく、あえて分ける必要はないので総称と思えばよい。

▶▶▶シラバス（→P.211）、積み上げ型教材（→P.199）

項目応答理論（IRT）　Item Response Theory　★★★

項目とは、試験を構成する1つの設問。応答とは、その項目に正答するか否かを意味する。古典的テスト理論の課題を克服した項目応答理論は、①テストに左右されることのない能力の測定、②受験者集団に左右されることのない項目特性の推定（項目特性曲線）を可能にした。大規模テストの日本語能力試験や日本留学試験でもIRTが実施されている。

▶▶▶大規模テスト（→P.213）、古典的テスト理論（→P.204）

項目分析　item analysis　★

受験者の能力を測るためには難易度の異なる項目を用意する必要がある。項目難易度は、いわゆる正答率で全員が正答したり、誰も解けなかったりする項目は改訂または削除すべきである。また、項目弁別力は、成績上位者3分の1の正答率から下位者3分の1の正答率を引いた値で、弁別力の低い項目は、受験者間の能力の違いを測っていないので、検討を要す。

項目難易度	各項目に対する正答者数を総解答者数で割った値（正答率）
項目弁別力	各項目が受験者の能力の違いをどの程度表しているか

コースデザイン　course design　★★★

言語教育において、特定のコース（集団または個人）ごとに設計された教育計画。既成の教育課程に学習者を従わせるのではなく、学習者の目的にあったカリキュラムを設計するということである。対象や目的に応じて日本語の中身を変えることになる。出発点を学習者のニーズからとする、学習者中心主義やコミュニカティブ・アプローチなどと連動している。

■コースデザインの流れ

調査・分析	計画	評価
①ニーズ分析 ・使用／接触場面 ・言語的スキル ②目標言語調査 目標言語使用調査 ③レディネス調査 ・診断的評価	④シラバスデザイン ⑤カリキュラムデザイン ・教授法 ・教室活動 ・教材、教具の選択 ・教員の配置 ・時間割	⑥フィードバック ・形成的評価 ・総括的評価 ・関係者、管理者 ・進路指導 ・追跡調査 ・デザイン修正

▶▶▶コミュニカティブ・アプローチ（→P.204）、ニーズ（→P.225）

›› コースデザインの評価（ひょうか）

上記の①～⑤までが、コース開始前に行う設計であるが、コースの途中および終了後に行う評価の方法も先に決めておく必要がある。これらの結果は、学習者の到達度の測定だけでなく、指導の方法、教材の有効性、カリキュラム改善の資料としてフィードバックされる。必要に応じて進路先への追跡調査なども行う。

▶▶▶教育評価（→P.197）

古典的テスト理論（こてんてきてすとりろん）（CTT） Classical Test Theory ★★★

正答数に基づく得点で示されるテスト。同一テストでも受験者集団が優れていれば、易しいテストといわれるように難易度が左右される。また、同一受験者でも難しいテストでは受験者の能力は低く（**床面効果**）、易しいテストであれば能力が高い（**天井効果**）とみなされる。このような古典的テスト理論がもつ問題点を克服したのが、項目応答理論である。

▶▶▶項目応答理論（→P.203）

コミュニカティブ・アプローチ ★★★

Communicative Approach

概念・機能シラバスを中心とした言語の運用能力の養成を図る教授法。1960年代後半のヨーロッパで、移民や外国人労働者が急増し、従来からのオーディオ・リンガル・メソッドでは、会話に役立たないという問題が生じた。多様なニーズに対応するためコミュニカティブ・アプローチでは、①学習者の**ニーズ分析**を出発点とする、②**概念・機能シラバス**を選択する、③**タスク**を行う、④**談話**中心、⑤正確さより表現の**適切さ**を重視する。

▶▶▶ニーズ（→P.225）、コースデザイン（→P.203）、3大教授法（→P.200）

概念・機能シラバス　notional-functional syllabus

1972年、欧州評議会にイギリスの言語学者ウィルキンズは、従来の構造シラバスや場面シラバスではなく、意味や言語使用の項目を集めた概念・機能シラバスが必要であるという報告書を提出。この提案がコミュニカティブ・アプローチの開発に大きく貢献した。

概念（notion）	時間、空間、頻度、期間などの意味概念
機能（function）	依頼、勧誘、謝罪、許可などの話し手の表現意図

▸▸▸欧州評議会（→P.21）

モロウの3要素

コミュニカティブ・アプローチでは、言語運用能力を高めるには、学習者に実際の伝達過程にかかわる機会を与えることだと考える。そのため、学習者が主体となって取り組むタスクやロールプレイを教室活動の中心とする。モロウは、コミュニカティブな教室活動に含まれるべき重要な要素として次の3点を挙げている。

⑴ インフォメーション・ギャップ（information gap）／情報の差
⑵ チョイス（choice）／選択権
⑶ フィードバック（feedback）／反応

⑴ 話し手と聞き手の情報の差を埋める状況を設定した活動を行う。
⑵ 何をどのように言うのか、学習者自身に選択できるような活動を保障する。
⑶ 相手からの反応があって、動的に変化する活動を重視する。

▸▸▸タスク（→P.214）、ロールプレイ（→P.240）

コンテンツ　contents　★★★

印刷や通信・放送などのメディアではなく教育や学習の内容物、中身を意味する。メディアは、コンテンツの容器と考えられる。近年、メディアのデジタル化とともに、日本語教育でも、データベースやコーパスに貯蔵されたコンテンツを活用したり、Webサイトで教育や学習を支援したりすることが急激に進展している。

■日本語教育のためのWebサイト

みんなの教材サイト	国際交流基金日本語国際センター 世界各地の日本語教師の教材作成を支援するサイト。
まるごとeラーニング	国際交流基金日本語国際センター 日本語と文化を学べる日本語教材をサポートしたサイト。
NIHONGO eな(いいな)	国際交流基金関西国際センター 日本語学習に役立つサイトが技能別・レベル別に検索できるポータルサイト。多言語に対応し、スマホ版も公開されている。
かすたねっと	文部科学省 外国につながりのある児童生徒の学習を支援する情報検索サイト。教科別や言語別に教材の検索ができるほか、多言語による保護者へのお知らせなどの文書が検索できる。

▶▶▶かすたねっと(→P.62)、コーパス(→P.82)

コンプリヘンション・アプローチ ★★

Comprehension Approach

従来の口頭練習中心のオーディオ・リンガル・メソッドの問題点を検証する中で登場した。学習者に過剰な負荷をかけないで、自然な母語習得のプロセスに沿った理解優先の手法を採る。共通する教授法に、TPR、ナチュラル・アプローチがある。理解中心アプローチとも。

▶▶▶TPR(→P.188)、ナチュラル・アプローチ(→P.224)

サイト・トランスレーション sight translation ★

略称「サイトラ」。通訳者育成ための定番の訓練法。スピーカーが事前に用意した原稿を読む場合の通訳で、文章をチャンク（意味のかたまり）ごとに前から翻訳していく。通訳者が『聞く』作業から入る同時通訳への移行段階での訓練としても位置づけられる。

	入力モード	訳出ペース	同時性
サイトラ	文字	制御可	有
同時通訳	音声	制御不可	有

▶▶▶チャンク(→P.153)、シャドーイング(→P.210)

サイレントウェイ Silent Way ★★

エジプト生まれの数学者ガテーニョ提唱。ユネスコの技術顧問として訪れたエチオピアでカラーチャートを使った識字法を考案。以来、言語習得の問題にも関心を寄せ、算数教材の角棒からヒントを得て、カラーロッドの可能性を追求し、自身の教授法を提唱するに至った。教室では学習者の気づき（awareness）を重視し、教師の沈黙を有効な教授手段とした。

■特徴
- 学習は、自らの気づきや観察によって効果的に行われる。
- カラーチャートやカラーロッドなどの特殊な教具を用いる。
- 学習者同士が助け合って試行錯誤を重ね、問題解決にあたる。

▶▶▶ヒューマニスティック・アプローチ（→P.229）

再話 retelling ★★

聴解活動や読解活動の後作業の一つで、本作業の後、その内容について理解したことを自分の言葉で話す活動。目的は、教材の中の語彙や表現を定着させることにある。再話は、他者にわかりやすく伝えるために必要な接続表現や談話構造の意識化にも効果的である。理解度の診断だけでなく、4技能を統合した主体的な活動に結びつけやすい。

本作業は、トップダウン処理で教材の理解を進めても、そのままでは、効果は薄い。後作業の再話で、ボトムアップ処理を行うのが効果的。

▶▶▶聴解指導（→P.215）、読解指導（→P.223）

作文指導 writing instruction ★★★

書く技能は、表出という点で話す技能と共通しているが、それが文章として著されるため、常に正確さが要求される。つまり、誤りや不自然さがあればそれがはっきりと残るという点で他の3技能と大きく異なる。実際の作文指導では、次のようなポイントに留意する必要がある。

- 仮名、漢字など文字の表記を習得する。
- 適切な語彙選択と統語構造に即した文を作る。
- 段落の構成を考えて、結束性のある文章を書く。

▶▶▶結束性（→P.317）、指示詞（→P.315）、書き言葉（→P.100）

》作文指導法の変遷

作文指導法は研究の成果に伴い、文法・語彙の定着やパラグラフ構造の模倣をねらいとした形式重視の指導法から、書き手の一連の書く過程（プロセス）を重視した指導法を経て、専門分野の読み手の期待に合致した文章が書ける指導法へと変遷してきた。

形式重視（1950-1960年代）	⑴ 制限作文アプローチ	正確さ
	⑵ レトリック・アプローチ	模倣
書き手重視（1970年代後半）	⑶ プロセス・アプローチ	推敲
読み手重視（1980年代後半）	⑷ アカデミック・ライティング	専門分野

▶▶▶制限作文アプローチ（→P.213）、レトリック・アプローチ（→P.240）、プロセス・アプローチ（→P.231）、アカデミック・ライティング（→P.189）

≫ ライティング・フィードバック

教師によるティーチャー・フィードバックと学習者同士によるピア・フィードバックがある。前者は、明示的で否定証拠を含んだ添削があるので口頭訂正より認知的負荷は小さい。後者については、学習者同士の活動の中で個々のメタ言語知識を利用して、学習者が気づいて直したほうが効果的だという報告がある。

▶▶▶否定証拠（→P.135）、メタ言語（→P.314）、ピア・レスポンス（→P.228）

サジェストペディア　Suggestopedia　★★

ブルガリアの精神科医ロザノフが提唱した暗示加速学習法。ロザノフは、精神療法からヒントを得て、学習に対する動機づけが成功の鍵であると考え、音楽やドラマを用い想像力を豊かにすることが大切だとする暗示学（Sugestology）を開発する。サジェストペディアは、ロザノフの造語で、暗示の効用を教育にも応用しようとしたものである。

■特徴

- 暗示によって学習者の潜在的学習能力を活性化させ、学習を促進させる。
- 「居心地のよい部屋」で学習者をリラックスさせ、モチベーションを高める。
- 教師のテキスト朗読の際に2つのコンサート（Music as therapy）を行う。
  コンサート・セッション1：モーツァルトなどの曲に合わせて、芸術的に朗読
  コンサート・セッション2：バッハなどの曲に合わせて、ナチュラルに朗読

▶▶▶ヒューマニスティック・アプローチ（→P.229）、動機づけ（→P.156）

散布図（さんぷず）　scatter plot　★★

2つの変数の関係を、x軸とy軸にそれぞれ取って点で視覚的に表現したもの。相関図ともいわれ、一方が増加するにつれて他方が増加、または減少するという2つの変数の直線的な関係を相関関係という。点が全体に散らばっている場合は、相関関係がない（無相関である）と判断される。

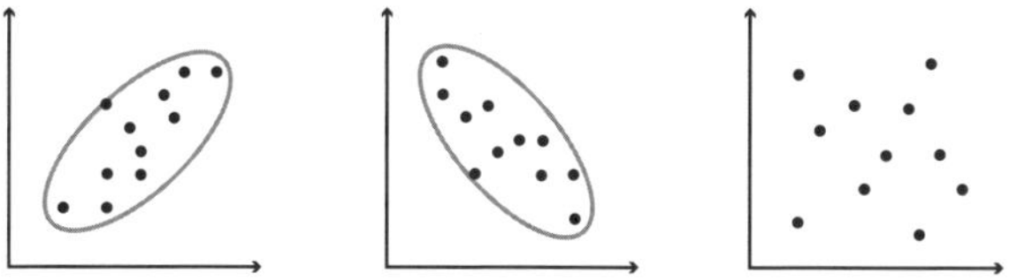

正の相関　　負の相関　　無相関

相関係数（そうかんけいすう） correlation coefficient

散布図が2つの変数の関係を図で表すのに対し、2つの変数の関係を1つの値で示したものが**相関係数**で、「−1から＋1まで」の値をとる。相関係数がプラス値のとき、**正の相関関係**、マイナス値のとき、**負の相関関係**があるという。絶対値が大きいほど関係が強い。

相関係数は、ほかの値から大きく離れた「外れ値」によって大きく影響を受けるので、散布図では「外れ値」を除外する。

▶▶▶知能（→P.153）

自己評価（じこひょうか） self-assessment ★★

評価の多くは、主に教師による他者評価で行われているが、**自己評価**とは、学習者が自らの学習達成度について、内省し、振り返る行為である。それによって、自律的に学習項目の達成度合いを把握したり、学習計画を修正したりする。自己評価には、学習者の**動機づけ**や意識を高めること、および**メタ認知能力**を育てることなどが期待される。

■自己評価への期待

- 自己強化のメカニズムによって、内発的動機づけが高められる。
- 自己調節のメカニズムによって、学習方法を改善することができる。
- 学習者自身が達成目標を意識することで、学習に責任をもつ習慣ができる。

▶▶▶内発的動機づけ（→P.158）、メタ認知（→P.175）

シミュレーション simulation ★★

現実的、あるいは非現実的なテーマを設定して、教室の中で**模擬的**に行う活動。例えば、教室を議会に見立てたり、遭難から救出までを話し合ったりするなど、架空のテーマのもとに目標言語の**4技能**を総合的に活用し、問題を解決していく。社会的な場面を疑似的に教室に作り出し、その場での伝達活動を実際に体験させることができるという点で有効である。

▶▶▶タスク（→P.214）

ジャーナル・アプローチ　Journal Approach　★★

異文化間学習をねらいとし、教師と学習者の間でなされるノートの交換形式による学習支援の方法。通常の授業を超えて日ごろ感じていることを自由に書き合い、その相互作用によって対話を深めていく活動である。

▶▶▶ジャーナル（→P.190）

シャドーイング　shadowing　★★★

同時通訳の訓練法の一つ。原スピーチを聴取しながら少し遅れてそれを口頭で再生する方法。モデルとなる音声に影のようについていくことからシャドーイングと呼ばれる。文章を見ずに口調も含めて聞こえたまま忠実にオーバーラッピング（かぶせるように発音）していく。心理の実験では追唱（ついしょう）という。

■音読練習法

	聴覚（音声）	視覚（文字）
音読	×	○
パラレル・リーディング	○	○
シャドーイング	○	×

▶▶▶オーバーラップ（→P.96）

集団基準準拠（しゅうだんきじゅんじゅんきょ）テスト（NRT）／目標基準準拠（もくひょうきじゅんじゅんきょ）テスト（CRT）　★★

norm-referenced test / criterion-referenced test

日本語能力試験のように不特定多数の集団を対象にして行われるテストで、受験者間の能力の違いを明らかにするテストを、集団基準準拠テストという。一方、教室内テストのように、目標に対する個人の到達度を明らかにするテストを、目標基準準拠テストという。テスト項目は、カリキュラムと関連づけられ、得点分布は必ずしも正規分布を描く必要はない。

	集団基準準拠テスト	目標基準準拠テスト
目　的	集団内における個人の相対的位置	目標に対する個人の到達度
得られる情報	熟達度　＊カリキュラムと無関係	到達度
結果の利用	相対評価。平均値・標準偏差	学習・指導方法の改善
代表例	プロフィシェンシー・テスト 日本語能力試験 プレースメント・テスト	アチーブメント・テスト コースの定期テスト 単元テスト

▶▶▶正規分布（→P.212）

熟達度テスト proficiency test ★★★

日本語能力試験やOPIのように、コースや学習内容の外にあって、学習者のその時点での言語能力を測定するテスト。テストの内容や難易度は、学習者が受けたカリキュラム、教科書とは関係がない、実力テストである。能力テスト、プロフィシェンシー・テストとも。

▶▶▶到達度テスト(→P.222)

シラバス syllabus ★★★

教授項目の総まとめ。コースの中で何（what）を教えるかということの「何を」にあたる部分。決定の時期によって、先行／後行シラバスがあり、どのような観点でリストアップしたかにより、6つに分類される。

場面シラバス	レストラン、銀行、郵便局、買い物などの使用場面で必要な表現、語彙などで構成されたもの。短期学習者に向く。
構造シラバス	言語の形式面を重視して分類されたもので、易しいものから難しいものへと並べられたもの。文法的な正確さが身につく。
機能シラバス	「何のために使われているか」という言語の機能面を重視して、「依頼」「勧誘」「謝罪」「苦情」などの意思伝達機能から構成されたもの。
技能シラバス	「話す・聞く・読む・書く」の4技能のうち、必要とされる場面でどの技能（スキル）のどの下位項目が必要かに着目したもの。
話題シラバス	家族、趣味、教育、環境問題などの話題（トピック）を中心にリストアップしたもの。中上級では社会性を帯びた抽象的な話題が多くなる。
課題シラバス	言語は何らかの課題（タスク）を成し遂げるために使われるという観点から、そういった課題から構成されたもの。

※時期や段階に応じて組み合わせる場合もある（複合シラバス）

▶▶▶コースデザイン(→P.203)、後行シラバス(→P.186)

シラバスデザイン syllabus design ★★★

実際のコースの中で取り扱う教授項目を、学習者のニーズ調査・分析に基づいてリストアップすること。目標言語調査の情報が基礎資料となる。コースデザインの手順では、「調査・分析」の次に行われる「計画」段階で、これはシラバスデザインとカリキュラムデザインとから構成される。

▶▶▶カリキュラムデザイン(→P.195)、目標言語調査(→P.235)

診断的評価 diagnostic evaluation ★★★

コースの開始前に、学習者の状況を把握するために行う評価で、クラス分けのためのプレースメント・テスト、適性テストなど。この診断的評価によって、コースの設定を考えたり、既存のコースに学習者を適切に位置づけたりすることができる。一方、まれに学習困難な原因の診断のために必要に応じてコースの途中で行われることもある。

プレースメント・テスト　placement test

コースの開始前のクラス分けのための診断的評価。日本語既習者の実力を測り、最も適したクラスへ振り分けるためのテストである。クラス内の日本語能力にできるだけばらつきをもたせないことは、教育の効果を考える上で、非常に重要なことである。

適性テスト　aptitude test

アプティチュード・テスト、適性検査とも。学習者が語学学習に対する言語適性をどの程度備えているかを測定するためのテスト。これによって、実際にコースが実施されたとき、習得の速度や理解度に見られる個人差をある程度予測することができる。

▶▶▶評価の時期（→P.229）、言語適性（→P.202）、学習者要因（→P.124）

正規分布　normal distribution　★★★

平均値の周辺で最も度数が高く、左右対称の釣鐘型の曲線を描く分布。正規分布の場合、中央の一番高い所が平均値（＝最頻値＝中央値）。社会現象や自然現象の多くのデータのバラツキは正規分布に従うことが少なくないので、正規分布は、推測統計の基礎となる最も重要な確率分布となる。

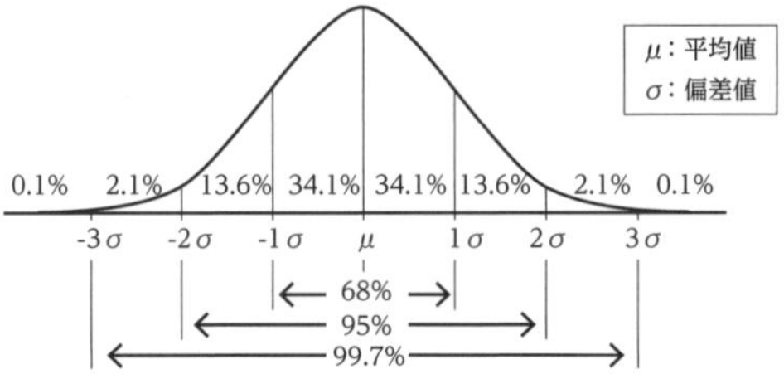

※「平均値±３標準偏差」内にデータの99.7%が含まれる。

「集団基準準拠テスト」はテスト得点が正規分布することが望ましいが、「目標基準準拠テスト」は得点が正規分布することは前提にしない。

▶▶▶集団基準準拠テスト（→P.210）

標準偏差　standard deviation

散布度の一つ。測定値の散らばりの度合いを示す。測定値が正規分布をなしている場合、標準偏差の値が大きければ、受験者の能力差が大きく、値が小さければ能力差が小さいことになる。標準偏差は、一般によく耳にする偏差値とは違う。模擬試験などで得点と共に知らされる偏差値は、T得点と呼ばれる標準化された点数である。

▶▶▶偏差値（→P.234）

制限作文アプローチ（せいげんさくぶん） controlled composition approach ★★

オーディオ・リンガル・メソッドのもとで、文法強化の一環で文の一部の機械的な変換や置き換えなどの制限作文を課す指導法。既習項目の定着や形式上の誤りを修正することが教師の主な仕事になる。この指導法による作文は、「正確さ」を重視するために、上級者以外が自由作文を書くことは想定していない。

▶▶▶作文指導法の変遷（→P.207）、オーディオ・リンガル・メソッド（→P.192）

総括的評価（そうかつてきひょうか） summative evaluation ★★

コースの一段落した時期や最終段階で、学習の成果を総合的・全体的に把握するために行う評価。指導内容全体を対象とするテストを行い、学習者の最終的な達成度を確認する。学校教育機関では、学習者の成績を評定するために行われ、期末テストや学年末テスト、修了テストなどがある。なお、中間テストは、総括的評価と形成的評価の側面をもつ。

▶▶▶評価の時期（→P.229）、到達度テスト（→P.222）、目標基準準拠テスト（→P.210）

大規模（だいきぼ）テスト／小規模（しょうきぼ）テスト ★★

日本語教育では「日本語能力試験」や「日本留学試験」のような大規模テストと、個々の教育機関で教師自らが作成する文法テスト、漢字テスト、聴解・読解テストなどの小規模テストがある。大規模テストでは、個人の得点を他の受験者の得点と比較することが一般的である。また、実施後の得点分布も両者では一般的に異なったものになる。

	大規模テスト	小規模テスト
テスト例	・日本語能力試験 ・日本留学試験 ・BJTビジネス日本語能力テスト ・J.TEST実用日本語検定	・教師作成テスト ・教育機関作成テスト （中間試験・期末試験・修了試験など）
受験者	不特定多数	特定少数
出題内容	特定の学習目標や学習内容に直接関係しない	学習者の学習目標や学習内容と深く関係する
利害関係	大きい（進学、就職に活用される）	小さい（教育的管理に活用される）

▶▶▶相対評価／絶対評価（→P.198）、集団基準準拠テスト（→P.210）、目標基準準拠テスト（→P.210）

タスク task ★★★

課題解決系の活動。聴解タスク、読解タスクなどがその中心を成すが、複数の技能を組み合わせるシミュレーション、プロジェクトワークなども広くタスクとして含められる。現実のコミュニケーションの多くは何らかの課題を解決するために行われる。正確さ系の活動に対して、コミュニカティブな教室活動の多くが、タスクの形を採って行われている。

▶▶▶シミュレーション(→P.209)、プロジェクトワーク(→P.231)

›› 真正性（しんせいせい） authenticity

本物で、真実味があるという意味。対話者間のやり取りに「真正性が保たれていること」が重要である。例えば、「貸した本を返してもらう」というタスクは、学習者にとって実生活でも起こりうる真正性の高い状況設定といえる。

▶▶▶コミュニカティブ・アプローチ(→P.204)、インフォメーション・ギャップ(→P.192)

タスク中心（ちゅうしん）の指導法（しどうほう） Task-based Language Teaching ★★

学習者に4技能を統合した言語材料としてタスクを与え、自然な文脈の中でその達成を目指す指導法。正確さ・適切さ・複雑さの三拍子そろったコミュニケーション能力の習得を目指している。

- 日本語のレシピを見ながら、和食を協力して作る。
- 地元の名所を紹介するパンフレットを分担して作る。
- 就職活動で必要になるエントリーシートや履歴書を作成する。

▶▶▶課題シラバス(→P.194)

多読（たどく）／精読（せいどく） extensive reading / intensive reading ★★

多読とは、外国語教育の一つとして、簡単な教材をたくさん読む活動。特定の教材における文法や語彙を詳細に分析して読む精読と対比される。多読は、やや易しい本をたくさん読むことが読解力の養成に役立つと考える。学習者が興味と関心をもった段階別の多読用教材を選択し、読み進められなくなったら他の教材を読むという方針をとる。

	多　読	精　読
態度	能動的・積極的	受動的・消極的
教材・難易度	多様（学習者が選択）・低い	統一（教師が選択）・高い
読書量・速度	多量・速い	少量・遅い
辞書	読書中は使わない	フルに活用

▶▶▶読解指導(→P.223)

チーム・ティーチング　team teaching　★

2人以上の教師が役割を分担し、協力し合いながら指導計画を立てて行う共同授業。教師だけではなく、研修・ボランティアなどのアシスタント、ネイティブ・スピーカーなど、多様な組み合わせの指導形態がある。

▶▶▶ASTP（→P.184）

聴解指導（ちょうかいしどう）　listening instruction　★★★

聴解は、決して受身の作業ではない。学習者は、自分のスキーマや経験と照合しながら、極めて能動的な活動をしている。聴解指導は、聞くための準備の「前作業」、内容理解のための「本作業」、発展的な学習のための「後作業」の3段階で行う。特に、「前作業」では、学習者のスキーマを活性化させると同時に、聴き方（スキャニング、スキミングなど）を口頭やプリントなどであらかじめ指示しておくことが重要である。

■聴解指導の3段階

① 前作業：ウォーミングアップ、授業の導入（スキーマの活性化）など
② 本作業：聞く前に予測したことを検証、メタ理解（自分の理解）など
③ 後作業：聞いた内容についての意見や知識を発表（再話）など

▶▶▶聴解ストラテジー（→P.154）、スキャニング（→P.223）、スキミング（→P.223）、再話（→P.207）

≫ 談話（だんわ）レベルの指導（しどう）

談話の全体像を把握させる指導で、学習者は情報の取捨選択とそれらを統合するスキルが求められる。ニュースや講義などの真正性の高い聴解素材を使って、話し言葉に特有の繰り返しや余剰を捨てて、要点をノートに取るという訓練を行う。重要な情報を学習者の言葉で再構築していくことも談話の展開の理解に役立つ。

▶▶▶真正性（→P.214）、談話（→P.317）

≫ 聴解素材（ちょうかいそざい）

聴解素材では、できるだけ多様な「生の日本語」の音声を聞かせる工夫が必要である。ナチュラルスピードで、場面による言葉の使い分けが入ったものや自然なコミュニケーションに近いものが望ましい。ただ、音声は一瞬にして消滅するため、初級レベルでは、単文などで調整された聴解素材を選ぶなどの配慮が必要である。

▶▶▶聴解ストラテジー（→P.154）

著作権(ちょさくけん)　copyright　★★★

著作権は、特許権などと異なり、登録手続きを必要としない。自動的に発生するので著作権の侵害に注意する。他者の著作物を**引用**する場合は、許諾なしに利用が可能かどうかを調べておく必要がある。その上で、「引用を明確に区別」し、「引用の出所を明示」し、「改変」などに配慮しなければならない。引用は、質的にも量的にも「**従**」に留めるべきである。

≫ 非営利の教育機関(ひえいりのきょういくきかん)

営利を目的としない教育機関で教育を担当する者が、公表された著作物を複製したり、インターネットで公衆送信したりすることは、すべての場合に**無許諾**で行えるわけではない。著作権者の利益を害することになる場合は、著作権者の**許諾**が必要になる。また、評論の一部を試験問題に利用する場合は、事前に著作者に了解を得ることなく利用できる（著作権法第36条）。これは試験問題が事前に漏れることを防ぐためである。

▸▸▸オンライン教材(→P.193)

著作権法(ちょさくけんほう)　copyright law　★★

文化庁所管。文学、学術、美術、音楽といった著作物の複製や翻案などに排他的権利を認め、著作者の権利保護によって文化の発展を図ることを目的とする法律。**著作権法**では、著作者の権利として財産的な利益を守る**著作権（財産権）**と人格や名誉にかかわる部分を保護する**著作人格権**を定めている。

▸▸▸文化庁(→P.58)

ティーチング・ポートフォリオ　teaching portfolio　★★

教師による教師のための授業の実践記録で、**教師教育**に有効とされる。大学などの教員（実習生含む）が自らの教育活動を振り返り、それを編成した資料で、自分の授業改善・業績に対してより真正な評価が可能になる。

ティーチング・ポートフォリオは、「教師のためのポートフォリオ」だから、自分の授業が対象で同僚の授業を対象とするものではない。

▸▸▸教師研修(→P.199)

ディクタカンバセーション　Dicta Conversation　★

即興的な対話活動。自由に会話する（Free Conversation）のではなく、一方の発話が決められており、他方が即興でやりとりをする形の会話。

ディクテーション　dictation　★★

外国語の音声を聞いて文字に書き起こす活動。すべてを正確に書き取る形式だけでなく、文章の空欄を埋める形式などがある。聞けているかどうかが文字として可視化され、確実に照合が行えるという利点がある。

ディクトグロス　dictogloss　★★★

ディクテーションを発展させた活動、別名grammar dictation。教師が目標とする**文法項目**が含まれている文章を音読し、学習者は単語や語句を中心にメモを取る。その後、グループを作り、断片的な記憶やメモをもとに、**ピア**で文章を再構築する。**4技能**の活動を1つの課題の中で**統合的**に行わせることができる。

■ディクトグロスの効果

- 聞くことに集中するディクテーションより、ディクトグロスは思考を伴った学びになる。
- もとの文章と復元した文章を比較・検証することによって、文法項目に注目させるフォーカス・オン・フォームの活動になる。

音読する文章には、目標とする文法項目が含まれている。原文との同一性は求めないが、文法的な正確さや文章の論理性を重視する。

▶▶▶フォーカス・オン・フォーム（→P.166）、ピア・ラーニング（→P.227）

ディクト・コンポ　dicto-comp　★

教師が文章を数回読み上げる。その間、学習者はメモを取ったり、誤解やあいまいさを取り除いたりして、注意深く聞く。その後、メモをもとに文字に復元するか、自分の言葉で文章の要旨をまとめる活動。

提示質問／指示質問　display question/ referential question　★★★

教師が答えを知っていながら、尋ねるようなタイプの質問を提示質問という。初級の教室活動では、練習の正確さを求めたり、内容理解の確認をしたりするので最も多く用いられる。一方、教師が答えを知らないタイプの質問を指示質問という。前者が教室談話に典型的なやりとりであるのに対し、後者は、情報の差がある実際の会話に近いやりとりになる。

提示質問	答えを知っているタイプ （時計を指して）「今、何時ですか」
指示質問	答えを知らないタイプ 「休みになったら、どこへ行きたいですか」

▶▶▶制度的談話（→P.90）、ティーチャートーク（→P.102）

ディスカッション　discussion　★★

特定の問題をグループで話し合うこと。聴衆がいないグループ・ディスカッションと聴衆を前にして行うパブリック・ディスカッションがある。円滑な議論ができるために、すべての参加者には他者と豊かな関係を築く力や周囲と協力的に進める力が求められる。

▶▶▶オピニオン・ギャップ（→P.122）、パフォーマンス・テスト（→P.226）

ディベート　debate　★★

ディスカッションに勝ち負けのゲームの要素を加えた活動。ごみ収集を有料化すべきである。コンビニの24時間営業を禁止するべきであるなどのテーマについて、学習者を肯定派と否定派に分け、それぞれの理由を述べさせ、第三者であるジャッジ（審判）を説得することを目指す。

学習者自身の主張を尊重した討論を行うスタイルではないので、自分の意見とは違うグループに入れられることもある。

▶▶▶ゲーム（→P.201）、オピニオン・ギャップ（→P.122）

適性処遇交互作用（ATI）　Aptitude-Treatment Interaction　★★

アメリカの教育心理学者クロンバックらが提唱。内的条件である学習者の適性（特性）と外的条件である処遇（指導法）の組み合わせによる最適な効果を考える概念。内向的な学習者は、映像授業と相性が良く、好感度も高いことがわかった。学習者に等しく最適な処遇はないということから個別指導の理論背景になった。適性とは、知能だけでなく性格、興味、認知スタイル、態度・意欲などの学習者の個人差要因を意味する。

■適性処遇交互作用の例

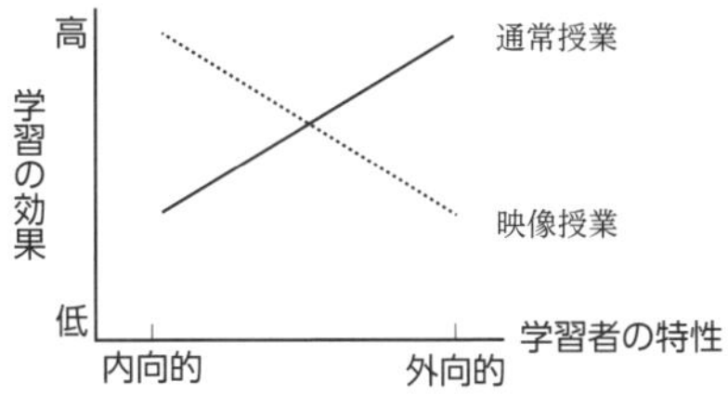

内向的な学習者は、一斉授業よりも個別学習を好むなど、ATIは学習者と教え方との相性が教育効果を大きく左右することを示唆している。

▶▶▶学習者要因(→P.124)

テストが備えるべき条件 ★★★

評価と測定は、一体である。測定は、教師自作テストなどによって広い意味での得点を客観的に知ることである。評価が適正に行われるためには、評価目標についての客観的な測定資料が得られなければならない。これらのデータは、定量的に表されるため、特に妥当性と信頼性が求められる。

▶▶▶形成的評価(→P.201)、評価の時期(→P.229)

›› 妥当性 validity

そのテストが測定しようとしている目標を的確に測ることができるかどうかを問うもの。妥当性は、テストが備えるべき第一の条件で、聴解テストで読み書きの知識がなければ答えられないような形式になっていたとしたら、聴解テストとして妥当性を欠いている。

内容的妥当性	そのテストや問題内容が、測定対象となる範囲から偏りなく適切に出題されているかどうか。
基準関連的妥当性	そのテストの得点と外的基準となる他のテストの得点との間の相関が高いかどうか。他のテストとは、知能テスト、適性テスト、標準学力テストなどの信頼のおけるもので、それとの相関が高ければ、妥当性も高いと考える。
概念的妥当性	そのテストが基づいている理論と矛盾していないかどうか。テストが根源的に何を測っているかを明らかにし、その結果がどの程度説明されるか。

›› 信頼性 reliability

テストの信頼性とは、測定結果の安定性、一貫性を表す。テストに信頼性があるということは、妥当性と同じように重要なことである。信頼性を保証するために、教師がテストの問題を作成するにあたっては、次のことに留意し遵守すべきである。

安定性	同一個人に同一の条件で同一のテストを行った場合、同一の結果が出るかどうか。
一貫性	同一個人が同じような質問に対して、同じような答えをするか。

有用性(ゆうようせい) usefulness

測定の条件の一つ。テストが実際に使えるかどうかを問うものである。妥当性や信頼性が高くても、実施方法の**効率性**が悪かったり、金銭的な理由や事故の可能性から**実用性**が低かったりすれば、そのテストの採用は再考されなければならない。

テストの形式(けいしき) ★★

主観テストは、採点者の判断が求められるテストで、口頭能力の測定・作文・記述式の問題などのように評価に主観的な要素が入る。これに対して、**客観テスト**は、多肢選択式の問題のように特定の正解があり、採点が機械的にできる。大規模なテストや日本語の授業で作成されるテストは、主観テストと客観テストの両方を含むものが多い。

	主観テスト	客観テスト
強み	・作成が容易 ・妥当性が得やすい (実際の言語運用に近い)	・採点が容易 ・統計的処理がしやすい ・信頼性が得やすい
弱み	・採点に労力がかかる ・信頼性が得にくい	・妥当性が得にくい (話す・書く技能が測れない)
例	・OPI(インタビュー) ・日本留学試験(記述問題)	・日本語能力試験 ・日本留学試験(記述除く)

▸▸▸大規模テスト／小規模テスト(→P.213)

書(か)くテスト／話(はな)すテスト

書くテストは、「～について説明しなさい」「～について述べなさい」などの形で、自由に記述させる形式。短文作成や作文もこれに含まれる。一方、**話すテスト**は、試験官の質問に答えるインタビュー・テスト、音声を聞いて要約をしたり、通訳をしたりするテスト、あるテーマについて口頭で発表させるプレゼンテーションなどがある。

▸▸▸OPI(→P.184)、パフォーマンス・テスト(→P.226)

主観テストの採点

主観テストでは、あらかじめ採点基準を設けて「試し」の採点を行い、より適切な基準に修正したり、採点済みの答案を周期的に見直して、基準がずれていないかチェックしたりする。面接や作文では複数の採点者で行って、信頼性を高めるようにする。

- 総合的測定法：全体的な出来栄えを総合的に判断して採点する
- 分析的測定法：評価項目を要素に分けて採点する

▶▶▶信頼性（→P.219）

統合的指導法 ★★

伝統的な言語教育では、話す、聞く、読む、書くの4技能を別々に扱い、それぞれを難易度順に教える。しかし、これでは最終の目標である実際のコミュニケーション場面での統合的な言語運用がなかなか達成されない。これを克服する方法が、言語活動で4技能を組み合わせ、それぞれが補完し合うことで実際の場面での言語運用を目指す統合的指導法である。

内容重視の指導法（CBI） Content-based Instruction

アメリカ発祥の教科内容と目標言語を統合した教育。内容のあることを学びながら、思考力と手段としての言語能力を伸ばすという考え方。これによって学習意欲が高まるという相乗効果も見られる。年少者教育だけでなく、上級者レベルにおけるプロジェクトワークなどもその一つである。内容中心アプローチとも。

▶▶▶プロジェクトワーク（→P.231）

内容言語統合型学習（CLIL） Content and Language Integrated Learning

教科内容と言語の両方を組み合わせた学習で、「4つのC」で授業が組み立てられる。1990年代、EUの「母語＋2言語」政策を具現化するために生まれた外国語指導法を起源とする。同種の教育には、イマージョン教育や内容重視の指導法があるが、CLIL（クリル）は、教育効果を引き出すための具体的な教育技法が体系化されている。

■「4つのC」(Cognitionが最も重視される)
(1) Content(教科内容。社会・理科・家庭科とも相性がよい)
(2) Communication(言語知識や言語スキル)
(3) Cognition(思考力・認知力)
(4) Community /Culture(共同学習/異文化理解)

▸▸▸イマージョン・プログラム(→P.70)、内容重視の指導法(→P.221)

到達度テスト(とうたつど) achievement test ★★★

アチーブメント・テスト。特定のコース・期間内でどの程度教育目標を達成できているかを測るためのテスト。日々の授業、カリキュラムと直接かかわるものであり、テスト範囲を決めて行う定期考査がこれに該当する。コースの最終段階での到達度テストでは、学習者のみならず教授者・教育機関の教育計画の成果も対象になる。

▸▸▸総括的評価(→P.213)、目標基準準拠テスト(→P.210)

特殊拍(とくしゅはく)の指導(しどう) ★★

特殊拍のリズムは、多くの学習者が苦手としている。学習者は、特殊拍を1拍分ではなく、音節の一部とみなしているからである。通常の指導では、早い段階から「来て/切って」「地図/チーズ」などのミニマルペアを用いて発音する方法がとられる。発音上の問題点として、拍感覚が不足している場合と、不要な特殊拍を入れてしまう場合とがある。

▸▸▸特殊拍(→P.305)、発音練習(→P.193)

›› 長音(ちょうおん)の指導(しどう)

「オーサカ(大阪)」の「ー」のような長母音の後半部分は、直前の母音がそのまま引き伸ばされた音であるから、引く音とも呼ばれる。長音は、前の母音をただ伸ばすというわけではなく、1拍分の長さを保たせることが大切である。

■3拍語(京都)	:キョ・ー・ト	*キョ・ト
(主人)	:シュ・ジ・ン	*シュ・ー・ジ・ン
■4拍語(東京)	:ト・ー・キョ・ー	*ト・キョ

▸▸▸長音(→P.317)

›› 撥音(はつおん)の指導(しどう)

撥音「ン」も1拍分の長さをもっている。例えば「ゼンゼン(全然)」の4拍の発音を、極端に短い2拍分の長さにならないように注意しなければならない。よく使う「だんだん」「きちんと」など、撥音の拍を他の拍と同じように持続させるように指導する。

■3拍語（元気）：ゲ・ン・キ　＊ゲン・キ
（参加）：サ・ン・カ　＊サ・カ
■4拍語（全然）：ゼ・ン・ゼ・ン　＊ゼン・ゼン

▶▶▶撥音（→P.332）

›› 促音の指導

促音「っ」は、「そこに居て／行ってください」のように、わずかな違いが、誤解を招きかねない。学習者は逆に「＊見ってください」のように不要な促音を入れる場合もある。「ちょっと」が「ちょと」、「もっと」が「もと」にならないように、促音も1拍分の長さをもつということを意識させることが重要である。

■3拍語（切符）：キ・ッ・プ　＊キプ
（切手）：キ・ッ・テ　＊キテ（着て／来て）
■4拍語（熱心）：ネ・ッ・シ・ン　＊ネ・シン

▶▶▶促音（→P.311）

読解指導　reading instruction　★★★

読解とは、文字情報が一方向的に読み手の頭に入ってくるという受動的な活動ではない。読解活動は、実は極めて能動的である。読み手の頭の中では、語・句・文・段落単位で下位レベルから上位レベルへと意味を把握していくボトムアップ処理と、読み手のスキーマをテクストに当てはめながら、仮説・検証を繰り返すトップダウン処理が行われている。読解指導では、学習者のレベルを考慮して、適切な支援を行う必要がある。

初　級	中上級
ボトムアップ処理	トップダウン処理
逐語読み	スキミング、スキャニング

▶▶▶読解ストラテジー（→P.157）、トップダウン処理／ボトムアップ処理（→P.157）

›› スキミング／スキャニング　skimming / scanning

ともに速読（rapid reading）の読解スキル。スキミングは、ざっと読んで文章全体の大まかな内容をつかむ大意取り。スキャニングは、特定の情報を素早く探すための拾い読み。教室での指導においては、読む前の発問で読み方を指示したり、プリントで探す情報を絞ったりして読み方を変える指導も必要である。

逐語読み（ちくごよ） word by word reading

文字への依存度が高い学習者に対する読解指導。原文の一字一句を追ってボトムアップで読む読み方であるが、読解のスキルを養成するために、先々トップダウンの読み方を取り入れる必要がある。なお、細かいところまで詳しく読む精読は、上級者が専門書を読むときの読み方でも用いられるので、逐語読みとは異なる。

▶▶▶精読（→P.214）

内省的実践家（ないせいてきじっせんか） reflective practitioner ★★

1980年代、アメリカの哲学者ショーンが提唱した新しい教師像。理論か実践のどちらか一方の専門家ではなく、その両方を克服していく新たな専門家モデル。優れた内省的実践家は、自ら実践した授業を振り返ることで、実践知（practical knowledge）の集大成ともいうべき持論を獲得していくことができる自立した人とされる。内省は、省察・反省とも。

▶▶▶教師研修（→P.199）、アクション・リサーチ（→P.189）

長沼直兄（ながぬまなおえ）（1894-1973） ★★

群馬県生まれの日本語教育者で、在日アメリカ大使館日本語主任教官。パーマーに影響を受けて著した『標準日本語読本』がアメリカ陸海軍で使われ、〈ナガヌマ・リーダー〉として世界に広まった。全7巻で文芸作品から、落語、日本事情、日本文化まで、日本を一通り学べる内容になっている。戦後、長沼は言語文化研究所と付属の東京日本語学校を設立した。

▶▶▶パーマー（→P.225）、ASTP（→P.184）

ナチュラル・アプローチ Natural Approach ★★

アメリカのスペイン語教師テレルが提唱した成人のための外国語教授法。テレルは、従来の教授法では伝達能力が達成できないとして、聴解を優先したクラッシェンのモニター・モデルを教育実践に応用した。ナチュラルとは、インプットによる自然な言語の学びで、文法説明や文法ドリルなどの人工的な方法を教室環境で用いないことを意味する。

■特徴

- 教室では理解可能なインプットを与え、文法は家庭学習にまわす。
- 言語形式より内容を優先した話題シラバスで構成される。
- アウトプットは、情意フィルターが上がるので強制しない。

ナチュラル・アプローチに基づいた授業は、初級レベルに適している。中級以降は、第二言語による内容中心の学習を推奨している。

▶▶▶モニター・モデル（→P.177）

ナチュラル・メソッド　Natural Method　★★

幼児の自然な母語習得過程を外国語教育に適用した教授法。19世紀後半の産業革命以後、人々の移動が活発化し、文法訳読法（古典語）に代わる新しい外国語教育（現代語）の必要性が叫ばれた。グアン、ベルリッツらの媒介語に頼らない教授法が現れ、直接法系の教授法へ発展していった。

ナチュラル・メソッド	グアン・メソッド
	ベルリッツ・メソッド

▶▶▶グアン・メソッド（→P.201）、ベルリッツ・メソッド（→P.233）

ニーズ　needs　★★★

ニーズとは、学習者がどのような場面で、どのような日本語（目標言語）を必要とするか、そこで用いられる言語的スキルなどを指す。ビジネスでも工場勤務、客室乗務員、接客業など目標とする日本語は一様ではない。ニーズの多様化に対応したのが、コミュニカティブ・アプローチである。

▶▶▶コミュニカティブ・アプローチ（→P.204）、モジュール型教材（→P.199）

ニーズ分析（ぶんせき）　needs analysis　★★★

コースデザインで、学習者のニーズを調査して、その結果を記述・整理すること。コースデザインの出発点となる作業で、最も重要な情報を収集する。学習者やニーズ領域の関係者に、アンケートやインタビューを行ったり、言語資料を収集したり、接触場面を観察したり調査する。コースの開始前に行うのが普通だが、状況によっては途中で行う場合もある。

▶▶▶コースデザイン（→P.203）、目標言語調査／目標言語使用調査（→P.235）

パーマー　Palmer,H.E.（1877-1949）　★★

イギリスの英語教育学者。ロンドン大学で教えていたが、1922年文部省英語教授顧問として日本に招かれた。パーマーは、オーラル・メソッドによる英語教育の普及に14年間努めたが、国内で直接法が普及することはなかった。一方、日本語教育では、親交のあった長沼直兄（なおえ）がパーマーの理論に影響を受け、問答法による日本語教授法やテキストを開発した。

▶▶▶長沼直兄（→P.224）、問答練習（→P.236）

オーラル・メソッド Oral Method

直接法の一つ。パーマーが体系化した教授法で、入門期は、文字教材を用いない問答式の口頭訓練を行う。パーマーは、ソシュールに影響を受け、言語教育が対象とすべきものは運用であるとし、①耳による観察、②口頭模倣、③発話練習、④意味づけ、⑤類推による文生成、という「言語学習の5習性」を提唱した。

▶▶▶直接法(→P.195)、ソシュール(→P.312)

媒介語(ばいかいご) ★★

学習者の母語、または教師と学習者との共通語など、やり取りを円滑に進めるための言語。海外での日本語教育や初級レベルの場合、媒介語の使用により理解可能なインプットが促進される。時間の経済性もある反面、媒介語の使用頻度が高くなると、目標言語でのインプットが少なくなり、結果的に習得を遅らせることになるというリスクもある。

▶▶▶間接法(→P.195)、文法訳読法(→P.233)

パフォーマンス・テスト performance test ★★

伝統的な筆記テストに対して、プレゼンテーション、ディスカッション、スピーチ、面接、レポート、エッセーなどによる実技テスト。筆記テストよりも真正性（実生活でも用いられる）が高く、学習者のみならず教師も課題をやり遂げようというモチベーションが上がるといわれる。

▶▶▶内発的動機づけ(→P.158)、真正性(→P.214)

ルーブリック rubric

パフォーマンス・テストの評価指標。「優・良・可」などの尺度とそのレベルに対応する評価項目と評価基準（記述語）から成る一覧表。学習者にルーブリック評価表を事前に示すことで、自己評価による修正やメタ認知能力を高めるなどの効果も期待できる。

■スピーチにおけるルーブリック評価表(一部)

	S（秀）	A（優）	B（良）	C（可）
アイコンタクト	原稿を見ないで、目線を保ち話している	目線を合わせるが、ときおり原稿を見る	ときおり目線を合わすが、原稿を見る	目線を合わせず、原稿を読んでいる

▶▶▶自己評価(→P.209)、メタ認知(→P.175)

場面（ばめん）シラバス　situational syllabus　★★

ホテル、病院、郵便局、レストラン、買い物などの実際に遭遇しそうな場面ごとの表現や語彙を中心にしたシラバス。入門期の学習者や観光などで短期間日本に滞在する人に向いている。なお、「道を尋ねる」場面のようにスマホのナビの登場などにより、時代の変化が大きい場面もある。

・ホテルで「チェックイン、お願いします」
・郵便局で「～を～枚ください」
・交番で　「～はどこにありますか」

▶▶▶シラバス（→P.211）

パラレル・リーディング　Parallel reading　★

音声を聴くと同時に、音声と同一の文章を見ながら発話する訓練。音声なしの音読とは異なり、音声と同じスピードで音読を行う。モデル発話に自分の声をオーバーラップさせるので、オーバーラッピングとも。

▶▶▶オーバーラップ（→P.96）

ハロー効果（こうか）　halo effect　★★

後光効果（ごこうこうか）、光背効果（こうはいこうか）とも。主観的な評価で、評価基準とは無関係な要因で正当な評価が歪められてしまうこと。字がきれいなため、作文の評価が高くなってしまうなど、社会心理学で認知バイアス（非合理的な判断を行ってしまう）と呼ばれる現象。

▶▶▶主観テストの採点（→P.221）

反応（はんのう）　reaction（response）　★

刺激作用によって生体に生じる活動ないし変化のこと。行動主義の台頭以降、刺激に対応する用語として広く使われている。心理学では広く反応と訳すが、外国語教育では、発問に対する応答（response）と反応（reaction）と訳し分ける場合が少なくない。

▶▶▶行動主義（→P.181）

ピア・ラーニング　peer learning　★★★

仲間同士（peer）でお互いに支援する中で学びあうスタイル。最も重要な概念はコラボレーション（協働）で、お互いを学習の人的リソースとして創造的な活動を行う。他者との社会的関係を重視するピア・ラーニング活動は、個々の学習者の発話の機会を増やして、インターアクション（相互交渉）を増やすことをねらいとしている。協働学習とも。

▶▶▶リソース（→P.238）、社会文化的アプローチ（→P.145）

ピア・リーディング　peer reading　★★★

仲間同士で協力して行う読解活動。語句や内容の理解だけでなく、推理小説では結末を予測したり、評論では筆者の主張に対して互いに意見を述べ合ったりして、文章の理解を深め、自分自身の考え方や価値観を再検討していく。本来、受容的な読む活動であるが、学習者同士の対話も課された統合的で主体的な読解方法になっている。

プロセス・リーディング	ジグソー・リーディング
理解過程の共有	産出過程の共有
・同一の文章を1文ずつ確認しながら読み、すべてを共有する。 ・同一の文章を各自で読んだ後に対話をしながら、理解を深める。	ある文章を分割して、それぞれを分担して読み、各自が得た情報を持ち寄って、ストーリーを統合する。

・対等な関係の中で問題解決が行われる。
・受信するだけでなく、発信することも行われる。
・参加者それぞれが人的リソースになるため、互恵性が実感できる。

検定試験では、ジグソー・リーディングを問う問題が多いが、対抗馬としてプロセス・リーディングも必ず登場するので混同しないこと。

▶▶▶文章理解（→P.170）

ピア・レスポンス　peer response　★★★

仲間同士でお互いの作文に意見や指摘（response）を行う活動。従来の教師添削に対して、仲間と協力的な形で対話が行われ、個々の内省がそれぞれ進めばより考えを深められるようになる。また、作文だけでなく、スピーチの授業での原稿準備にピア・レスポンスを取り入れることもある。ピア・レスポンスによる作文推敲は、ピア推敲とも呼ばれる。

▶▶▶ライティング・フィードバック（→P.208）

≫ ピア推敲（すいこう）　peer polishing

他の学習者の文章を学習者同士で読み合って書き直していく活動。文法や表現の間違いだけを指摘するのではなく、主張や内容の面白さを褒めることを重視する。ピア推敲は、社会文化的アプローチの観点からも有効であることが報告されている。

▶▶▶社会文化的アプローチ（→P.145）

ピア・レスポンスの成否（せいひ）

ピア・レスポンスの場合、例えば「作文は先生に直してもらうもの」というビリーフを起因とする不満や「友達だから傷つけたくない」という否定的なコメントを避けたい学習者の存在。または、グループ編成や母語使用の問題など、協働学習がそのまま学習者の学びにつながるとは限らないので、個々に対する配慮も必要とされる。

▶▶▶ビリーフ(→P.165)

ビジターセッション　visitor session　★★

教室に母語話者を招いて行う活動。母語話者との接触場面で、上手に話すことよりも、どの程度のことをすればうまく相手に伝わるのかを体験させることが目的である。ビジターには支援意識をもたせないことや対等な関係の中で双方に学びがあるコミュニティをつくることが重要である。

▶▶▶フォリナートーク(→P.102)、接触場面(→P.108)

ヒューマニスティック・アプローチ　★★
Humanistic Approach

生成文法の登場を境に、1970年代以降に提唱された人間中心の教授法。旧来の教授項目中心から学習者中心へと教育パラダイムの転換が起こり、オーディオ・リンガル・メソッドは勢いを失った。新しい教授法は、学習者の認知能力に働きかけ、情意面への配慮も重視する。サイレントウェイ、サジェストペディア、CLLが代表的な教授法で、精神力学系とも呼ばれる。

▶▶▶サイレントウェイ(→P.206)、サジェストペディア(→P.208)、CLL(→P.185)、構成主義(→P.134)

評価の時期（ひょうかのじき）　★★★

アメリカの教育心理学者ブルームは、教育目標に到達するための評価を、実施する時期や目的によって3つに分類した（1956）。ブルームは、このうち形成的評価を重視して、一斉指導で教育目標が達成できていない学習者に対して補充学習や再学習を行うことで、どの学習者も次の単元へ進むことができると考えた。３つの評価は、指導を調整する手がかりであり、評価と指導を一体化させることが重要であるとした。

診断的評価	形成的評価	総括的評価
コースの開始前	コースの途中	コースの終了時
学習者の状況把握 クラス分け	学習状況のモニター 指導や学習の改善	達成度の確認 成績の評定
プレースメント・テスト 適性テスト	教師自作テスト	教師自作テスト 標準学力検査
絶対評価、相対評価	絶対評価中心	相対評価中心

日本の教育界の評価は、総括的評価・相対評価から、学びのプロセスを重視した「目標に準拠した絶対評価」に大きく転換しつつある。

▶▶▶診断的評価（→P.211）、形成的評価（→P.201）、総括的評価（→P.213）

フィールドトリップ　field trip　★

調査・研究などのための実地見学のこと。日本語母語話者との接触場面での対応力を養うために、フィールドトリップやビジターセッションなどの活動を取り入れると、意味交渉の機会が増えるので有効である。

▶▶▶ビジターセッション（→P.229）、意味交渉（→P.119）

フォネティック・メソッド　Phonetic Method　★

教師のモデル発話を真似させるのではなく、音声記号を用いた音声指導。スウィート、イエスペルセンらの言語学者が文法訳読法を批判し、外国語教育の改革を訴えた。19世紀末、国際音声記号の制定など音声学が飛躍的に発展したことが背景にある。

▶▶▶国際音声記号（→P.285）

ブレーンストーミング　brainstorming　★

アメリカの実業家オズボーン考案。参加者が自由にアイデアを出し合う集団思考法。自由奔放なアイデアを歓迎。質より量を求める。批判をせず、他人のアイデアに便乗してさらに発展させてもよい。

プレゼンテーション　presentation　★★

プレゼンと略されるが、ビジネスの場などで計画案や企画案を提示し、理解が得られるように説明すること。視覚に効果的なプレゼンテーションソフトを用いることも多い。また、学問的な場で行う学術的なプレゼンを、アカデミック・プレゼンテーションという。

▶▶▶話すテスト（→P.220）、パフォーマンス・テスト（→P.226）

ブレンディッド・ラーニング　Blended Learning　★★

eラーニングによる個別学習と教室での集合学習を融合（ブレンド）した教育方法。モチベーションが維持しにくいとされるオンラインの授業と、対面の授業を組み合わせることで、効率的に学ぶことができる。

▶▶▶eラーニング（→P.186）、オンライン教材（→P.193）

プロジェクトワーク　project work　★★★

比較的大がかりな企画を伴うもので、教室外を含むさまざまなテーマについて学習者が計画して、1つの制作品（報告書、発表、パンフレット作成、映像作品など）にまとめる学習活動。特徴は、学習者の関心や興味のある内容を学習対象にすること、活動の過程で資料を読む、原稿を書くなどの4技能を統合的に活用すること、達成感を味わわせることなどにある。

プロジェクトワークは、言語形式よりも内容が優先される内容重視型であり、また、技能統合型でもあり、課題達成型の学習でもある。

▶▶▶タスク（→P.214）、内容重視の指導法（→P.221）

プロセス・アプローチ　process writing approach　★★★

従来の文法強化（制限作文アプローチ）や段落構造の模倣（レトリックアプローチ）をねらいとした作文指導を離れ、書き手の伝えたいことを、書き始める前の段階を含め、書く過程（プロセス）全体を学習としてとらえ、下書きと推敲を重ねて作文を完成させることを指導原理とした作文指導法。

▶▶▶作文指導法の変遷（→P.207）、ライティング・プロセスの認知モデル（→P.237）

文型（ぶんけい）　sentence pattern　★★★

文を生成する場合の鋳型（いがた）の役割を果たすもので、文型という一定の鋳型に語彙を代入すれば、同種の文が作成できる。文型は、「私は日本人です」「あの人はイギリス人です」などの同タイプの文例から実質語を削除し、機能語を残すことで「～は～です」を抽出する。そのほか、格助詞と動詞の結びつきや文末の表現意図（モダリティ）など留意する点は多い。

・存在文　「＿場所＿に＿生物／事物＿が　います／あります」（状態動詞）
・行為文　「＿場所＿で＿行事＿が　あります」（非状態動詞）

文型には、構造的なものと機能的なものとがある。学習者が遭遇しそうな状況や場面を想定して、適切に使い分けられるように指導する。

▶▶▶内容語／機能語（→P.252）、構造シラバス（→P.202）

文型練習（ぶんけいれんしゅう） pattern practice ★★★

オーディオ・リンガル・メソッドの中心的な練習法。主に初級レベルで基本文型を設定し、教師がきっかけとなるキュー（cue）を与え、学習者が口頭で応答するという形をとる。いろいろなタイプの練習を組み合わせて、機械的・反射的に繰り返すことで習慣形成を目指す。すべては「正確さ」のための活動で、学習者の自由度はほとんどない。パターン・プラクティス。

■文型練習のタイプ（例）
- 代入練習　基本文型の一部を入れ替えて、新しい文を作る。
- 結合練習　与えられた2つの文を1つにする。
- 拡張練習　基本文型に句を継ぎ足して長い文を作成していく。
- 転換練習　基本文型を否定文や肯定文などに変える。

※キューとは、代入すべき語彙や指示を与える教師の合図のこと。

▶▶▶オーディオ・リンガル・メソッド（→P.192）、習慣形成理論（→P.145）

文体指導（ぶんたいしどう） ★★

日本語教育の文体指導は、デス・マス体（「田中です、今、駅にいます」）から始まるのが一般的である。ダ体（「明日は休みだ」）は初級半ばで指導され、デアル体（「鯨は哺乳類である」）が中級で指導される。文体指導では、特にデス・マス体からダ体（デアル体）への文体の変換が重要である。

■学習者の誤用例

①イ形容詞とナ形容詞の混同
- ナ形容詞「きれいです」→○きれいだ、○きれいである
- イ形容詞「美しいです」→○美しい　＊美しいだ、＊美しいである

②従属節の述語

「これは昨日浅草で｛○買った／＊買いました｝お土産です」

「田中さんはまだ会社に｛○いる／＊います｝と思います」

▶▶▶文体（→P.103）、従属節の独立性（→P.297）

文法指導（ぶんぽうしどう） grammar teaching ★★★

言語教育においては、最終的に「話す・聞く・読む・書く」の4技能の習得が求められる。文法は、4技能のすべてに関係し、語彙を材料として談話や文章を構成する最も根幹的な役割を担う。文法事項の主なものとして、①文型（構文）、②活用（語形変化）、③機能語（助詞・助動詞など）の3つが挙げられる。中でも文型が中心となることは言うまでもない。

▶▶▶文型（→P.231）、機能語（→P.252）

演繹的指導／帰納的指導

演繹的指導は、規則を提示した後で、個々の例文に適用させて文法知識の獲得を図る。一方、帰納的指導は、多くの具体例を通して学習者に文法規則を類推的に発見させる。文法訳読法は、典型的な演繹的指導であるが、19世紀末に直接法系の教授法が提唱されると、帰納的指導へと文法指導に変化が見られた。

文法指導	演繹的指導	規則を先に説明して、それを言語データに適用させる
	帰納的指導	説明なしに与え、規則は類推によって一般化させる

帰納的指導が学習者の将来にとって有益だと思われるが、一概には言えない。成人の第二言語学習者には、演繹的指導の方が効率的である。

▶▶▶ 3大教授法(→P.200)、文法訳読法(→P.233)、オーディオ・リンガル・メソッド(→P.192)

文法訳読法 Grammar-Translation Method ★★★

文法をもとにして母語への翻訳を行う教授法。中世から19世紀ごろにかけて当時の知識人が教養目的で古典語（ラテン語や古代ギリシャ語）を文法訳読法で学んだ。現代でも情報の収集や大学での授業など、母語を介することも学習効率を考えると軽視できない。大人数でも、独習にも向くので、今日なおポピュラーな教授法である。文法翻訳法、対訳法とも。

▶▶▶ 3大教授法(→P.200)、間接法(→P.195)

ベルリッツ Berlitz,M. (1852-1921) ★★

ドイツ生まれの言語学者で、58カ国語を話す。ドイツ語の速習のためのベルリッツ式教授法を開発。1878年アメリカの東北部ロードアイランド州で、ベルリッツ・スクールを開校。その後、世界各国に教室を展開した。ベルリッツの家族は、世界の主要4言語を日常使っていたので、彼の孫は同時に4言語を習得したという。

ベルリッツ・メソッド Berlitz Method

ベルリッツは、音声と概念を結合させる幼児の自然な母語習得と同様の言語教育を考えた。ネイティブ教師のモデル発話を真似させる方法をとり、意味は絵、写真、実物など視覚的に理解可能な教材で与えた。授業は目標言語のみで行い、学習者の母語を禁じ、説明や翻訳を排除したスタイルは、直接教授法に大きな影響を与えた。

▶▶▶ナチュラル・メソッド(→P.225)

偏差値（へんさち） T-score ★★

平均が50、標準偏差が10の正規分布に近似するように、テストの素点を変換することによって求められた得点。偏差値は、その値がある集団の中でどのような相対的な位置にあるのかがわかる。T得点とも。

▶▶▶標準偏差（→P.212）、正規分布（→P.212）

方言教育（ほうげんきょういく） ★★

日本語教育で教授される言語は共通語で、共通語が話せれば、全国どこへ行っても意思の疎通が図れる。ただ、地域によっては、方言が共通語と大きく異なる場合があるにもかかわらず、方言教育の必要性はあまり認識されていなかった。方言教育には理解語彙として方言が理解できればよいとする方言理解教育と、方言を話すことを目指す方言使用教育がある。

▶▶▶地域方言（→P.94）、理解語彙（→P.238）

ポートフォリオ portfolio ★★

書類入れやファイルのことであるが、教育分野では学習者が、学習成果である作品（プロダクト）や活動の過程（プロセス）がわかるデータなどを記録・集積した証拠（evidence）を意味する。ポートフォリオを活用することによって学習者自身がそれまでの学習状況を振り返り、その後の学びや改善につなげていくことで評価と学習の一体化が期待される。

▶▶▶学習者オートノミー（→P.123）

≫ ポートフォリオ評価（ひょうか）

ペーパーテストに替わる学習者参加型の評価。学習の軌跡であるポートフォリオを活用することで、教師や仲間の助けを得て個々に内省し、自己評価する評価法。学習者の視点からは、自らの学びを自己コントロールできるメタ認知能力の向上につながると考えられている。教師の視点からは、学習者の学びの把握・支援とカリキュラムの開発などにポートフォリオを役立てることができる。

■ポートフォリオの長所
- 学習者の自律的な学びを促すことができる。
- 継続的に学習者の学びを支援することができる。
- 学習者の学びの過程に関する情報を得ることができる。
- 結果よりも過程を重視した評価（プロセス評価）ができる。

▶▶▶メタ認知（→P.175）、自己評価（→P.209）

目標言語調査／目標言語使用調査 ★★★

ニーズ分析の次に学習者の目標言語の実態を調査する。シラバスをデザインする上で最も重要な調査である。実際の言語使用場面で会話データを収集・分析する目標言語調査と、その領域に非母語話者がいれば、困難点、失敗、ストラテジーなどを調査する目標言語使用調査がある。対象となる日本語がどのようなものか、前者は必ず行うが、後者は任意である。

目標言語調査	母語話者が使っている日本語の調査（最優先）
目標言語使用調査	非母語話者が使っている日本語の調査（任意）

▶▶▶コースデザイン(→P.203)、ニーズ分析(→P.225)

» モデル会話

目標言語調査で、録音、インタビューなどの方法によって収集された第1次の言語資料をコーパスという。これらのデータは、そのままでは教材として使えないので、場面や学習項目を勘案して学習者のお手本になるような会話例にリライトされる。

近年、実際の使用場面の調査に代えて、データベース化されたコーパスを活用して、目標言語の使用実態を明らかにすることが多くなった。

▶▶▶コーパス(→P.82)、会話指導(→P.194)

文字指導 ★★★

日本語は、複数の文字種が使われ、世界でも珍しい文字・表記の体系をもっている。その分、学習者の負担が大きいが、限られた時間で効率的にかつ興味深く指導することが求められる。コースをデザインする際には、学習者のニーズや国内の学習者なのか海外なのか、漢字圏なのか非漢字圏なのかなどを勘案して、扱う文字と教え方を慎重に決める必要がある。

▶▶▶漢字文化圏(→P.26)、文字種(→P.356)

» 平仮名の指導

平仮名の指導は、五十音図の表に沿って教えるのが一般的で、1字1字の読み書きを確認し、五十音図の体系を認識させる方法を採る。その後、2字程度の語単位で提出していき、徐々に濁音・拗音以下の字を既習の字と組み合わせた語例を提出していく。指導の際には、漢字と同様、正しい筆順と字形を整えさせることが重要である。

▶▶▶平仮名(→P.267)

片仮名の指導

片仮名の指導は、平仮名の導入を終えた後で、1週間で終わらせる場合が多い。平仮名と同様、五十音図に沿って教えるのが一般的で、長音は「ー」で表すことに注意させる。「ガス」「アパート」のような外来語は、英語理解者には英語と違う発音と日本語に特有の意味と使い方があることに留意して指導する必要がある。

五十音図には、外来語由来の「シェア」や「フォーク」などの音韻は含まれていないので、例外的によく使われるものを提示する必要がある。

▶▶▶片仮名(→P.267)、外来語(→P.261)

漢字の指導

一般に平仮名、片仮名の後に漢字の指導を始める。非漢字圏学習者には、指導を始める前に、漢字とはどのような文字であるかという説明が必要である。漢字は、表語文字であること、字形が複雑に見えるが、構成要素に分解でき、ほかの漢字の造字成分となること、読み方が一通りではなく、音訓が複数あることなど。漢字の習得には膨大な時間を要するが、教師には、学習者の年齢、目的、環境などに応じて、さまざまな工夫を凝らして学習者が自律的に漢字を増やしていけるようにサポートしていくことが求められる。

漢字学習の目安は、旧「日本語能力試験」の認定基準を参考にすると、入門期100字、初級300字、中級1,000字、上級2,000字程度である。

▶▶▶表語文字(→P.336)、漢字(→P.270)

ローマ字の指導

ローマ字は音素文字であるが、必ずしも万国共通ではないことに注意を要する。ポルトガル語圏ではカ行を「ca・ci・cu・ce・co」で書き表し、フランス語圏では「hebi(蛇)」をエビと読み、英語圏では「me(目)」をミーと発音するからである。以前は入門期にローマ字を導入していたが、現在は補助的に使われている。

▶▶▶ローマ字(→P.364)

問答練習 ★★

教師と学習者、または学習者同士の対話練習。肯定・否定で答えさせたり、絵カードや写真、レアリアを見せながら事実に基づいて答えさせたりするなどの方法がある。初級の会話指導では、一般に文型練習と問答練習が中心になる。対話は、日常会話とは異なる教室内のやりとりになるが、機械的な練習に陥らないようにするための工夫や力量が求められる。

(1) Yes－No質問	T：もう浅草へ行きましたか。 S：いいえ、まだ行っていません。[否定の答え]
(2) 選択質問	T：本を読んでいますか、新聞を読んでいますか。
(3) Wh質問	T：海で何をしたいですか。[自由応答]

▶▶▶レアリア(→P.239)、文型練習(→P.232)、教室談話(→P.90)

山口喜一郎 (1872-1952) ★★★

石川県生まれの日本語教育者。1896年第２回国語講習員として採用され渡台。その後、朝鮮、満州などの外地で日本語教育に従事した。台湾での日本語教育創始期は、伊沢修二が主導した台湾語による徹底的な対訳法であった。これに限界を感じた山口は、当時紹介されたばかりのグアン式による直接法を実験的に取り入れた。その後、満州で速成式教授法を提唱した大出正篤と山口との間で教授方法をめぐる論争が展開された。

▶▶▶伊沢修二(→P.19)、グアン・メソッド(→P.201)、大出正篤(→P.192)

ライティング・プロセスの認知モデル ★★

書き手の内面で起こっているライティング活動をモデル化したもの(Flower&Hayes,1981)。ライティングのプロセスは、モニターによって管理されており、「計画・書く・推敲」の3つの段階を、直線的ではなく、何度も往復して進められる。これらを考慮して、十分時間をかけて何度も書き直させる指導を推奨する。プロセス・アプローチの理論的背景。

▶▶▶プロセス・アプローチ(→P.231)

≫ 知識伝達モデル／知識変形モデル
knowledge-telling / knowledge-transforming

作文産出における書き手のタイプ(Bereiter&Scardemalia,1987)。知識伝達モデルは、単に書き手のもつ知識を文章化するプロセスで、未熟な書き手のモデルである。知識変形モデルは、目標設定や問題解決などの認知操作を含むものであり、熟達した書き手のモデルである。後者の書き方にアカデミック・ライティングが属する。

知識伝達モデル （未熟な書き手）	知識変形モデル （熟達した書き手）
計画的に書けない	書く前の構想に時間をかける
断続的・単線的	継続的・複線的
形式面に注意を向ける傾向が強い	書く過程のすべてで推敲する

▸▸▸アカデミック・ライティング（→P.189）

理解語彙／使用語彙　★★★

個人の言語運用にかかわる語彙の区別。一般に理解語彙が使用語彙より多い。ある個人が聞いたり読んだりして意味のわかる語彙を**理解語彙**という。また、個人が話したり書いたりして使うことのできる語彙を**使用語彙**という。現代日本人の成人の理解語彙は、3万～5万語で、使用語彙は、理解語彙の約3分の1程度ではないかと推定されている。

学習者にとって、理解できればそれでよい「理解語彙」なのか、使いこなすことまで要求される「使用語彙」なのかは重要な情報である。

▸▸▸語彙指導（→P.202）

リソース　resource　★★★

資源、供給源の意味で、**人的リソース**、**物的リソース**、**社会的リソース**に大別される。教材は、教室で日本語を「教えるための材料」であるといえるが、リソースは、学習者が自身の関心事について、自律的に活用し、学習していくための「学ぶための材料」といえる。従来の教材・教具からリソースへの移行は、学習者の教室からの解放をも意味している。

人的リソース	教師、学習者仲間、友達、同僚の日本人などの学習支援者など
物的リソース	教材・教具、辞書、新聞、テレビ、展覧会、インターネットなど
社会的リソース	職場、サークル活動、ボランティア活動の各種コミュニティなど

▸▸▸リソース型教材（→P.199）、ピア・ラーニング（→P.227）

リテラシー　literacy　★★

母語の**読み書き**（識字）の能力のこと。ユネスコでは日常生活において、簡単な文章の読み書きができる人を**識字者**、こうした能力を獲得していない15歳以上の人を**非識字者**と定義する。近年は、ある分野の事象を理解し、活用する**能力**の意味で「～リテラシー」という用語が多い。

▸▸▸識字（→P.39）、生徒の学習到達度調査（→P.62）

メディア・リテラシー　media literacy

メディアの特性を理解し、情報を取捨選択して活用できる能力。既存のマス・メディア（新聞、テレビなど）のほか、インターネットなどの新しいメディアの比重も高まっている。メディア・リテラシーは、情報リテラシーやコンピュータ・リテラシーとほぼ同義である。

▶▶▶オンライン教材(→P.193)

量的研究／質的研究　quantitative study / qualitative study　★

量的研究は、アンケートやテストなどによってデータを数量化し、主に統計的処理を中心とした分析を行う研究。多くの被験者からデータを取ることにより、個人差を少なくし、結果を一般化する。一方、質的研究は、データ中に調査目的にかなった部分や新しい発見があるかを追って、分析する研究。実地調査、インタビュー、日記などがその典型的手法である。

▶▶▶フォローアップ・インタビュー(→P.166)、プロトコル分析(→P.167)

レアリア　realia　★★

身の回りにある実物を、補助教材としてそのまま授業で利用した場合、これをレアリア（あるいは生教材）という。レアリアを授業で取り入れることで、学習者の興味を引きつけ、より臨場感をもたせた練習ができる。実物によっては、そのものがもつ文化情報を伝えることができる。

実物を写した「写真」や「映像」、あるいは新聞記事をリライトして加工したものなどは、本当のもの（実物）、レアリアではない。

▶▶▶ベルリッツ・メソッド(→P.233)

レディネス調査　readiness analysis　★★★

レディネスとは、学習にかかわる学習者の準備状況を指す。ニーズ分析、目標言語調査に付随して行う調査。目標言語に対する知識・能力、日本語以外の外国語学習の経験や適性、学習ストラテジー、ビリーフ、学習条件（学習可能日・学習機器・予算などの物的リソースと学習支援者などの人的リソースを含む）などのレディネスを調査・分析する。

(1)　目標言語のレディネス
(2)　外国語習得のレディネス
(3)　学習条件のレディネス

年少者か成人か、漢字圏か非漢字圏かなども考慮すべき学習者の特性としてレディネスの対象となる。

▶▶▶コースデザイン（→P.203）、学習ストラテジー（→P.124）、ビリーフ（→P.165）

レトリック・アプローチ　rhetoric approach　★★

説明文や論説文などに特有の修辞法（トピック構造、接続表現、伝達スタイルなど）がパターン化して示され、それを模倣して書かせる作文指導法。教師は、パラグラフの構造を分析し、学習者に助言を与える。パラグラフ・パターン・アプローチ、新旧レトリック・アプローチとも。

この指導法は、まず正しい文章の書き方を教え、それを教師が添削するというプロダクト重視のもの。その後、プロセス重視が登場する。

▶▶▶作文指導法の変遷（→P.207）、結束性（→P.317）

連想法（れんそうほう）　association method　★★

学習者の母語を使った連想の手法を利用した仮名文字の記憶術。例えば、語頭に日本語の文字に近い発音をもつものを、絵で提示して、絵から音と字形を連想させることによって覚えやすくする。連想法を使った仮名教材は、英語、ドイツ語、スペイン語、アラビア語、韓国語、タイ語、インドネシア語など、いろいろな言語版がある。アソシエーション法とも。

【く】 ku (kookaburra's beak)
ワライカワセミのくちばし

（『HIRAGANA in 48 Minutes Workbook』より）

▶▶▶記憶ストラテジー（→P.129）、精緻化リハーサル（→P.115）

ロールプレイ　role-play　★★★

コミュニカティブ・アプローチの代表的な活動の一つ。役割（ロール）と状況を設定し、即興で対話を行う。言語形式の正確さよりも言語による課題遂行に重点が置かれる。そのため、ロールプレイ中の教師の介入は、控えるべきとされ、誤用訂正などは後で、行うようにする。ロールプレイは、日本語の運用能力を伸ばすための効果的な教室活動である。

▶▶▶コミュニカティブ・アプローチ（→P.204）

ロールカード　role card

ロールプレイを行う際に配布されるカードで、課題遂行のためのさまざまな情報が書かれている。ロールプレイは、入門期から上級まですべてのレベルで使うことができる。カードは、学習者の母語あるいは媒介語で書いてもよい。

■ロールカード作成の留意点

- **場面、人間関係、状況などを示しているか。**
  課題を果たすための会話や方略は、学習者の自由な判断に任せる。
- **交渉力を養うための《情報の差》はあるか。**
  A側の情報はAだけに、B側の情報はBだけに知らせる。
- **流れが決められた《閉じたタスク》になっていないか。**
  やりとりの展開に乏しく、交渉力をつける活動にならない。

▶▶▶モロウの3要素（→P.205）

誤用訂正（ごようていせい）のタイミング

タスク系の活動目的は、言語を手段として使って課題を解決していくことにある。そのため、タスク中の誤用には教師は、寛容である。タスク終了後に、学習者のレベルと目標に照らし合わせて、必要に応じて誤用や不自然な表現などを選んで訂正フィードバックする。

▶▶▶タスク中心の指導法（→P.214）、訂正フィードバック（→P.155）

タスク先行型（せんこうがた）／表現先行型（ひょうげんせんこうがた）

タスク先行型は、OPIを参考にした会話指導法。最初に力試し的にロールプレイを課してから表現の導入・練習を行う。言語的挫折を教育のチャンスとみなして、言語能力の限界に気づかせるために先に行う。一方、表現先行型は、広く一般に行われている会話指導法で、表現の導入・練習を行ってから、それらを使って定着を図る。

タスク先行型	ロールプレイ《力試し》	➡	表現の導入・練習
表現先行型	表現の導入・練習	➡	ロールプレイ《表現の定着》

▶▶▶OPI（→P.184）

話題（わだい）シラバス　topical syllabus　★★★

学習者のニーズの場でどのような話題が取り上げられるかという観点か

ら配列したシラバス。家族や趣味、結婚・離婚、環境問題について話すなど、ある話題について意見を述べたり、話し合ったりする能力を養成するのに適している。ナチュラル・アプローチなどで採用されている。

▶▶▶シラバス(→P.211)、ナチュラル・アプローチ(→P.224)

区分5

言 語

(37) 一般言語学
(38) 対象言語学
(39) 日本語教育のための日本語分析
(40) 日本語教育のための音韻・音声体系
(41) 日本語教育のための文字と表記
(42) 日本語教育のための形態・語彙体系
(43) 日本語教育のための文法体系
(44) 日本語教育のための意味体系
(45) 日本語教育のための語用論的規範
(46) 受容・理解能力
(47) 言語運用能力
(48) 社会文化能力
(49) 対人関係能力
(50) 異文化調整能力

D. ジョーンズ　Jones, D. (1881-1967)　★★★

イギリスの音声学者。ダニエル・ジョーンズは、弁護士を経てロンドン大学において音声学の研究を確立する。国際音声字母に即したジョーンズ式発音記号の発案者であり、多くの辞典や教科書に採用されている。同僚のパーマーを介して日本語のローマ字表記を知り、訓令式を称賛した。

≫ 基本母音（きほんぼいん）　cardinal vowels

D. ジョーンズ提唱。第一次基本母音と第二次基本母音から成る。18の基本母音のうち最初の8つを、第一次基本母音（基本8母音）と呼ぶ。日本語の母音はすべて基本8母音内に収まる。

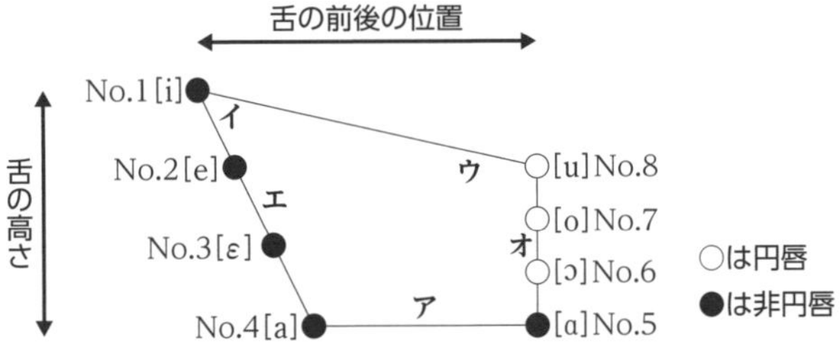

基本母音は、聴覚印象をピンポイントでほぼ均等に定めたもの。
後舌のNo.6 [ɔ]、No.7 [o]、No.8 [u] が「円唇」であることに注意したい。

▶▶▶国際音声記号（→P.285）、母音（→P.347）、訓令式（→P.365）

W. ジョーンズ　Jones,W. (1746-1794)　★

イギリス人で植民地インドの判事。古典語に精通していたウィリアム・ジョーンズは、インドでサンスクリットと運命的な出会いをする。そして、西欧諸語とサンスクリットとの共通の祖語の可能性を発表し、当時の西欧社会に大きな反響を呼んだ。言語間の系統関係を探る比較言語学は、このジョーンズの仮説を裏づけるものとして、発展した。

▶▶▶比較言語学（→P.334）

曖昧性（あいまいせい）　ambiguity　★★

多くは、文脈やイントネーションなどの音声情報で解釈が可能になるが、中には、意味内容がとらえにくく、複数の解釈ができる場合がある。そうした性質を曖昧性という。例えば、応答表現の「いいよ」は、肯定（承諾）の返事か、否定（拒絶）の返事か、2通りの解釈ができる。学習者には、曖昧性のあるメッセージを正しく送受信できる能力も必要とされる。

▶▶▶応答表現（→P.271）

語彙的曖昧性／構造的曖昧性 lexical ambiguity/syntactic ambiguity

「そこが汚れている」の指示詞の「そこ」と容器などの「底面」のように複数の解釈ができる場合を、語彙的曖昧性という。また、複数の文法的に可能な構造をもつ「若い社長の秘書」のように、「社長」が若いのか、「秘書」が若いのか、解釈が一意に定まらないものを、構造的曖昧性（統語的曖昧性とも）という。

アクセント accent ★★★

一つ一つの語について社会慣習的に定まっている相対的な高さや強さの配置のこと。日本語は高さアクセント、英語は強さアクセントであるが、朝鮮語や日本語の一部の方言は、無アクセント（弁別機能をもたない）である。日本語の高さアクセントは、拍（あるいはモーラ）を単位としている。拍は、音韻論の用語で等時間性を表す単位である。

戦前、ラジオ放送が登場したころ、随分と平坦な発音に聞こえるのは、話し言葉の標準語化が進んでおらず、無アクセントであったからだ。

弁別機能／統語機能

弁別機能は、語の意味を区別し、統語機能はどこまでが1語、あるいは、1フレーズであるかを示す。日本語のアクセントが果たす機能は、音の連続である文の中から単語を取り出す統語機能の貢献が大きい。「カネオクレタノム」が、「金送れ頼む」か「金をくれた飲む」になるのかは、統語機能が文の構造の違いを示す役割を果たしている。

弁別機能	「あか（ＨＬ）」→「赤」 「あか（ＬＨ）」→「垢」
統語機能	「あか（ＨＬ）」＋「えんぴつ（ＬＨＨＨ）」 →「あかえんぴつ（ＬＨＨＬＬＬ）」＝「赤鉛筆」で1語

日本語のアクセント規則

日本語（東京方言）では、単語内にアクセントの下がり目があるのかないのか、あるとしたらどこにあるのかが単語ごとに決まっている。このアクセントの下がり目を、アクセント核（滝とも）という。日本語のアクセントには、次のような規則がある。

規則①：1拍目と2拍目は、必ず高さが違う。
・ツバキ（HLL）、ツツジ（LHL）、サクラ（LHH）
規則②：1語（または1フレーズ）の中にアクセントの下がり目は、1カ所（または0カ所）。一度下がったら絶対に上がらない。
・カルテ（HLL）、キオスク（LHLL）、アルバイト（LHHLL）
※「サクラ」のように平坦なピッチ（平板式）の語にはアクセント核がない。

高さアクセント／強さアクセント　pitch accent / stress accent

アクセントは、言語によって音の高さアクセント（高低アクセント、ピッチアクセント）と強さアクセント（強弱アクセント、ストレスアクセント）などに分類される。日本語は高さアクセントで、英語は強さアクセントである。例えば、英語のpermit［pərmít］（許す）を、日本人がよく高さアクセントで「パーミット（LLHLL)」と発音することがあるが、英語のアクセントとしては、許されない。

高さアクセント	より高くする（High, Low） ギター（HLL）　ピアノ（LHH）
強さアクセント	より強くする（強勢、弱勢） gui・tar［gitɑ́:r］　pi・an・o［piǽnou］

学習者の母語とアクセント

学習者が日本語を学ぶ際、母語に無い音を母語の音で代用したり、拍感覚の無い不規則なリズムで発音したり、高さアクセントを強さアクセントに置き換えたりということがある。例えば、来年(LHHH)を、**ラ**イネン（「ラ」を強く）、川崎（LHHH）を、カワ**サ**ーキ（「サ」の母音を強く長く）と発音したりするような現象が見られる。

▶▶▶ゆれ／乱れ（→P.111）、同音異義語（→P.323）

アクセントの型　★★★

日本語では、それぞれの単語のアクセントの下がり目（核）がどこにあるかは、学習者は単語ごとに覚えなければならない。特に名詞（ナ形容詞を含む）の場合は、アクセントの下がり目はどの位置にもくるで、n拍の名詞には、拍数よりも一つ多い、「n＋1」通りのパターンがある。

■3拍語のアクセント型（4種）

核有り	起伏式	頭高型	❶○—○—△	セカイが [1]
		中高型	○—❷○—△	ココロが [2]
		尾高型	○—○—❸△	ヤスミが [3]
核無し	平板式	平板型	○—○—○—△	ミナトが [0]

（△＝「が」。[]の数字は下がり目の拍を示す）

起伏式：①頭高型　<u>1拍目が高</u>で、2拍目以降が低である語
　　　　②中高型　1拍目が低で、<u>語中に高から低に移る箇所</u>のある語
　　　　③尾高型　1拍目が低で、<u>語末に高から低に移る箇所</u>のある語
平板式：1拍目が低で、あとに続く助詞を含め高から低に移る箇所のない語
　　　　※「ココロが」は、中高型（ＬＨＬＬ）と尾高型（ＬＨＨＬ）がある。

≫ アクセントの判別（はんべつ）

　1拍名詞の「火」と「日」は、アクセントの型を判別するために、助詞を添えてその後に続く拍が直後に下がるのか、そのまま続くのかを判定する。結果は「火が（HL）」、「日が（LH）」になる。このように名詞の場合、助詞の「が」を添えて判定するが、助詞の「の」は型を変えてしまうことがあるので、用いられない。

2拍語	助詞なし	助詞「が」	助詞「の」
花	ハナ（ＬＨ）	ハナガ（ＬＨＬ）[2]	ハナノ（ＬＨＨ）
鼻		ハナガ（ＬＨＨ）[0]	

※「花が」は尾高型、「花の」は平板型（アクセント核の消失）

≫ 名詞のアクセント（めいし）

　名詞のアクセントの型は、後ろから3拍目にアクセントの下がり目がある［－3］型と日本語に特徴的な平板型の2つに収束する傾向がある。ただし、「げんかん（玄関）」や「こうかい（後悔）」のように後ろから3拍目が特殊拍（促音・撥音・長音）になっている場合には、アクセントの下がり目がその1つ前にずれる。

■［－3］型の名詞
　3拍語　みどり（緑）
　4拍語　やまゆり（山百合）　※「あいさつ」連母音のため長音に準じる
　5拍語　はるがすみ（春霞）
　6拍語　こくごじてん（国語辞典）

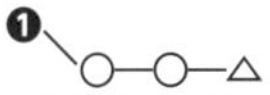

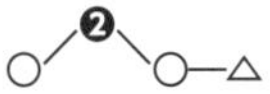

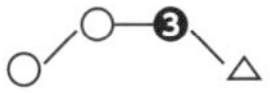

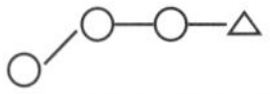

動詞のアクセント

動詞のアクセントの型は、後ろから 2 拍目にアクセントの下がり目がある［－2］型が最も多く、それ以外はほとんど平板型である。動詞の後ろには助詞がつかないので、尾高型と平板型の区別はない。また、後ろから 2 拍目が長音や連母音の後部の場合、アクセントの下がり目が 1 つ前にずれる。

■［－2］型の動詞
2 拍語　みる（見る）
3 拍語　あるく（歩く）
4 拍語　よろこぶ（喜ぶ）
5 拍語　かたづける（片づける）
■［－3］型の動詞（アクセントの下がり目の移動）
とおる（通る）　もうす（申す）……後ろから 2 拍目が長音
はいる（入る）　かえる（帰る）……後ろから 2 拍目が連母音の後部

外来語のアクセント

古くから日本語に取り入れられ普段よく使われる外来語は「ガラス」「アメリカ」のように平板型になるが、新しい外来語の多くは、語末から3拍目にアクセント核がくる［-3］型が安定的な型だとされている。ただし、2拍語では、3拍目がないため頭高型になる。

2拍語	ドア	ベル
3拍語	ゴルフ	ホテル
4拍語	アパート	ストレス
5拍語	カンガルー	チョコレート

語末から3拍目が、①特殊柏の場合（「サッカー」「エレベーター」）と②連母音の第二要素の場合（「タイトル」）、核が前の拍に移る！

無アクセント

語と語を区別するというアクセントの決まり（弁別機能）をもたないもの。ソウル方言は、単語ごとに決まったアクセントがないので無アクセントに分類される。日本語の方言では、主に東日本の福島・茨城・栃木各県全域、北陸の福井、および九州の福岡の筑前西部と筑後全域・熊本北東部・宮崎県全域などに見られる。

▶▶▶弁別機能（→P.245）、方言のアクセント（→P.105）、発音練習（→P.193）、連母音（→P.364）

アクセントの平板化（へいばんか） ★★

従来、起伏式で発音されていた語のアクセントが、平板式に変化していく現象。名詞は、もともと平板式アクセントが多いが、3～4拍語では、平板化により「0型（平板型）」が増え続けている。「たばこ」「シャボン」など外来語と意識されなくなった語も平板型が多い。専門家や業界の関係者が使っている平板型が一般社会に広まった例も多い。

■漢語・外来語の平板化

・映画　えいが→えいが（0）　メーター→メーター(0)

■専門家アクセント

・モデル→モデル（0）　バイク→バイク（0）　サーファー→サーファー(0)

■若者ことば

・彼氏　かれし→かれし（0）　図書館　としょかん→としょかん（0）

▶▶▶名詞のアクセント（→P.247）、外来語のアクセント（→P.248）

アスペクト　aspect ★★★

相（局面）とも。動詞が表す事態が動きの全過程のどの局面にあるのかを表し分ける文法カテゴリー。アスペクトの表示形式は、いくつかあるが、「走る－走っている」のル形とテイル形の対立を基本アスペクトとする。さらに「～(する）ところ、～しだす、～し始める、～しつづける、～終わる」などの形式によって形成される二次的アスペクトがある。

動きの諸相

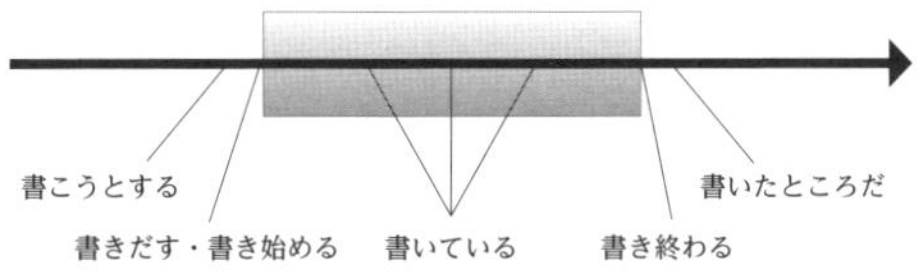

■アスペクトの多様な表現

開始直前	(～する）ところ
開始	V＋始める、V＋だす
進行	V＋ている、V＋ているところ、V＋続ける、～中
中断	V＋かける
完了・結果	V＋ている、V＋てしまう、V＋てある、V＋たところ、V＋たばかり
変化	V＋ていく、V＋てくる

V：動詞

テイル形の用法

現代の言語理論では、動詞そのものを分類しようとするものではなく、動詞の用法の分類と考える。金田一春彦の動詞の4分類から、用法の6分類へと拡大しているが、②と③がテイル形の基本的意味であることに変わりはない。⑤と⑥は、派生的意味である。

① 状態動詞	交差点に交番がある。	テイル形がない
② 動作の継続	子どもが運動場で遊んでいる。(最中)	動作動詞につく
③ 結果の存続 状態	家の前にパトカーが止まっている。	変化動詞につく
④ 単純 状態	道が曲がっている。(動作とは無縁)	常にテイル形
⑤ 習慣・反復	姉は市の図書館に勤めている。	インターバル性
⑥ 経験・完了	妹は2度バリ島を訪れている。	既習性

▶▶▶動詞の4分類(→P.273)、文法カテゴリー(→P.345)、状態動詞のアスペクト(→P.303)

アニマシー animacy ★

有生性。文法カテゴリーで指示対象が生きていると感じられる度合い。日本語の存在動詞で人間や動物に対しての「いる」、それ以外の「ある」の使い分けなど。有生性があるものを有情物、ないものを非情物という。

▶▶▶状態動詞／非状態動詞(→P.303)

異音 ★★★

音韻論の術語で、同一音素に属するさまざまな音の現れと解釈される。語の意味の弁別にはかかわらないため、音素としては同じでも、実際には、異なって発音される音である。異音には、ある条件下で必ず決まった現れ方をする条件異音と、条件にはかかわらず現れる自由異音がある。

条件異音

音声的によく似ている音が同一の環境には現れず（相補分布を成すという）、意味の区別に関係しない場合は、同一音素の条件異音であるという。撥音「ン」は、直後の子音ごとに逆行同化して音が変化するので、同一音素/N/の条件異音で、これには、[m][n][ŋ]などがある。

	両唇鼻音	歯茎鼻音	軟口蓋鼻音
文字表記	さんぽ（散歩）	サンタ	さんか（参加）
音素表記（簡略表記）	/saɴpo/	/saɴta/	/saɴka/
音声表記（精密表記）	[sampo]	[santa]	[saŋka]

音素表記は、異音は表面上区別されず、1つの音素で簡略表記されるが、音声表記は、個々の言語音が異音を含めて忠実に精密表記される。

自由異音（じゆういおん）

音声的によく似ている音が、まったく同じ環境で自由に入れ替わり、意味の区別に関係しない場合は、自由異音であり、音素的対立をなさない。例えば、「私が」の「が」を破裂音［ɡ］で発音しても、鼻音［ŋ］で発音しても、意味に違いが生じることはない。このときの［ɡ］と［ŋ］の出番は任意であり、自由異音である。

▶▶▶音韻論（→P.258）、相補分布（→P.258）、音素（→P.260）、促音（→P.311）、撥音（→P.332）

イ形容詞（けいようし） i-adjective ★★★

日本語の品詞の一つ。人間の感情・感覚やものごとの性質・状態などを表す自立語。語尾の形が「寒い」「美しい」のように「～い・～しい」で終わる類。「白い雲」のように連体修飾語になるという機能のほかに、動詞のように活用があり、述語になる。なお、丁寧体の「寒いです」のような形も一般化したが、これは丁寧さを表すために添えられたものである。

イ形容詞の普通体は「冬は＊寒いだ／である」のように、ダ・デアルがつかない点がナ形容詞と異なり、学習者の誤用が起こりやすい。

感情形容詞（かんじょうけいようし）／属性形容詞（ぞくせいけいようし）

イ形容詞が表す状態には、人の感情・感覚の場合と人やものの属性（性質や特徴）の場合がある。「欲しい・うれしい・寂しい・痛い」などは、感情・感覚を表す。一方、「高い・長い・新しい」などは、属性を表す。それぞれを感情形容詞、属性形容詞という。

感情形容詞	故郷が懐かしい。　（主体の感情） 歯が痛い／足がかゆい。（主体の感覚）
属性形容詞	彼は背が高い。 水虫はかゆい。　※両方の性質を持つ。

人称制限（にんしょうせいげん）

感情形容詞は、人の内面の状態を表す点で主観性の強い表現である。従って、感情形容詞を述語とする文の主体は普通、1人称（疑問文では2人称）である。1人称のみに使えることを、人称制限があるという。主語に人称制限があるのは、自分の感情や感覚はわかるが、他人のそれはわからないためである。

1人称	私は　車が　欲しい。	人称制限なし
2人称	×あなたは　車が　~~欲しい~~。 ○あなたは　車が　欲しいですか。	人称制限あり (疑問文は可)
3人称	×ジョンは　車が　~~欲しい~~。 ○ジョンは　車を　欲しがっている。	人称制限あり (〜がる)

3人称の人称制限は、感情形容詞の語幹に接尾辞「がる」を付加して、動詞化することによって、その制限を外すことができる。

▶▶▶自立語(→P.337)、ナ形容詞(→P.327)、述語(→P.301)、文体指導(→P.232)

意志動詞／無意志動詞 ★★

動詞の下位分類の一つ。人間の意志的な動作を表し、命令・禁止・依頼・勧誘などに使うことができる動詞を**意志動詞**という。「走る・食べる」の類。一方、人間の意志でコントロールできないことを表す動詞を**無意志動詞**という。「乾く・汚れる」の類。無意志動詞は、命令形になると、願望を表す。「忘れる」のように意志的にも無意志的にも使える動詞がある。

意志動詞	命令形	命令	勉強しろ。そこをどけ。食べな。
無意志動詞		願望	雨よ、降れ。早く乾け。

▶▶▶動詞(→P.324)、授受動詞の補助動詞(→P.349)

意味論　semantics ★★★

言語学の一部門で、言語の意味現象を研究する分野。**意味論**の役割は、語がもっている独自の意味の分析、記述である。統語論と意味論は、言語の構成要素として欠かすことができない。両者は「文法」と「意味」、別の言い方をすれば「**形式**」と「**内容**」として言語を支えている。

›› 内容語／機能語　content word / function word

意味論では、単語を認定するときに語を内容語と機能語に分ける。**内容語**(実質語とも)は、名詞や動詞などのように語彙的な意味をもち、**機能語**は、助詞や助動詞のように文法的な意味をもつ。内容語は、それ自体単独で使われるが、機能語は単独では使えない。

意味論	語　例	特　徴
内容語	象、鼻、長(い)	数が多く、時代の影響を受ける
機能語	は、が、れる／られる	数が少なく、変化も少ない

内容語は、時代を反映して激しく変遷する。一方、機能語は、はるかに数も少なく、繰り返し使われ、時代の影響も受けにくい。

▶▶▶統語論（→P.323）、語用論（→P.288）、認知言語学（→P.330）、比喩（→P.334）

イントネーション　intonation　★★★

「これ、みんな食べる」という文は、文末を上げることによって疑問文になる。逆に、下げる場合でも中途半端に下げるか、思い切って下げるかによって、普通の文になったり、命令文や感嘆文になったりする。このように文末・句末に現れる声の高低変化を、イントネーション（狭義）という。広義には、文頭イントネーションを含めた文全体に対する音調を指す。

イントネーションと表現意図（ひょうげんいと）

イントネーションは、文単位でアクセントの上にかぶさって、さまざまな表現意図をつけ加える。例えば、「ごうかく（⤴）」と上昇調に言えば、疑問を表し、「ごうかく（↘）」と下降調に言えば、断言・告知を表す。「合格」のアクセントが正しくても、イントネーションが正しくなければ、発話全体として自然な日本語にならない。

上昇調↗	呼びかけ（聞き手に注意を求める。軽快な感じ） ー素早く短く上昇
疑問上昇調⤴	問いかけ（聞き手に考えや対応を求める） ーゆっくり大きく上昇
下降調↘	言い切り（相手の反応が必ずしも必要がない。納得、残念） 顕著な下降（意外なことを聞いたときに言う「本当↓」）
上昇下降調⤴⤵	子どもが親をせかせて「早くぅ⤴⤵」と、末尾母音を伸ばしつつ上下させるような言い方。

顕著な高低変化もなく、特別な表現機能をもたないものを「平調（たいらちょう）」という。名称や分類法はいろいろあるが、あまり神経質になる必要はない。

▶▶▶パラ言語（→P.100）、分節音素／超分節音素（→P.344）、VT法（→P.189）

引用表現（いんようひょうげん）　★★

引用表現は、日本語初級の後半から指導される。「明日は雨が降ると思います」のような引用の形式をとるものを引用節（補足節）という。引用には、直接引用と間接引用がある。例えば「首相が『消費税を上げます。』と明言した」を間接引用にすると、「首相が消費税を上げると明言した」のようにもと発話の文体は、普通体に変更される。引用標識は「と」が最も主要な形式であるが、「って」などの簡略化した形式もある。

直接引用

誰かの発言（またはそれに準ずるもの）をそのまま引用する表現。典型的な構文では、引用標識として「と」が使われ、発言部分（「地の文」という）を主節の述語に対する補足節として導いている。

「妹は『ジュースが飲みたい。』と言った」

「留学生が『この字は何ですか。』と聞いてきた」

間接引用

主として発言内容（またはそれに準じるもの）の引用と思考内容の引用がある。「と」「よう（に）」といった形式がある。「言う」「思う」「考える」といった発言・思考にかかわる述語と共に用いられる。

「太郎は祝賀会に行かないと言った」

「環境問題に取り組みたいと考えています」

日本語は直接引用と間接引用の区別が明確でないことがよくある。母語話者には不都合がなくても、学習者にとって解釈が難しい場合がある。

▶▶▶従属節（→P.297）、外の関係（→P.363）、終助詞（→P.296）

ヴォイス　voice ★★★

態。ある動作が行われたことを表現するときに、主体と客体の関係を表し分ける文法カテゴリー。動詞の接辞と連動して、名詞に付加する格助詞が規則的に変わる現象が見られる。どこまでをヴォイスに含めるかについては諸説ある。一般的に、①能動態、②受動態、③使役態を基本ヴォイスと認め、サブとして、④可能態、⑤自発態を置くと理解しやすい。

① 能動態	桃太郎が　鬼を　退治した。	スル
② 受動態	桃太郎に　鬼が　退治された。	サレル
③ 使役態	親が　子どもに　野菜を　食べさせる。	サセル
④ 可能態	どうしても　納豆が　食べられない。	ラレル
⑤ 自発態	（命日が近づくと）亡き母が　偲ばれる。	ラレル

▶▶▶文法カテゴリー（→P.345）、動詞（→P.324）、受身（→P.254）、使役（→P.291）、可能（→P.267）、自発（→P.294）

受身　passive ★★★

ヴォイスの一つ。能動文「浦島太郎が亀を助けた」は、事実志向で出来事を客観的に描写する表現である。一方、受動文「亀は浦島太郎に助けられた」は、立場志向で「亀」の立場で出来事を表現している。日本語は、自分や自分の側が事態の当事者である場合、自分を主語にして言う傾向が強い。また、「雨に降られる」のように自動詞の文も受身にできる。

直接受身（ちょくせつうけみ）／間接受身（かんせつうけみ）

直接受身は、対応する能動文と項の数が変わらない変形関係である。間接受身は、第三者の主語を付加した構造（派生関係）なので、能動文にはこの部分が現れない（1項減）。間接受身は、迷惑の受身とも呼ばれ、他の言語に見られない日本語に特徴的な受身である。

直接受身（変形関係）	能動文	ネコが　ネズミを　追いかける。	2項
	受動文	ネコに　ネズミが　追いかけられる。	
間接受身（派生関係）	能動文	―　娘が　家出した。	1項
	受動文	田中さんは　娘に　家出された。	2項

※間接受身は自動詞からも他動詞からも可能である。

「誰かに足を踏まれた」という持ち主の受身は、直接受身と間接受身の間に位置するため、直接受身か間接受身かの分類には諸説ある。

▸▸▸ヴォイス（→P.254）、自動詞／他動詞（→P.293）、格の表示（→P.265）、項（→P.281）

ウナギ文（ぶん） ★

奥津敬一郎の著書『「ボクハ　ウナギダ」の文法』（1978）で紹介された「～は～だ」の名詞述語文。「何を食べるのか」という問いに対する「だ」は、「食べる」の代わりだとする金田一春彦の述語代用説が有力である。

▸▸▸コピュラ（→P.288）、述語（→P.301）、金田一春彦（→P.273）

オースティン　Austin,J.L. (1911-1960) ★★

オックスフォードの哲学者。言語学の世界に哲学的な思潮を入り込ませた一人。日常言語を正面から取り上げた『言語と行為』（1962）がある。原題“How to Do Things with Words”（言葉を用いて如何にコトをなすか）が示すように、「人間は言葉を発することで、何かを行なっている」という視点で考察した。この流れは、間接発話行為のサールへと続いた。

発話行為論（はつわこういろん）　speech act theory

オースティン提唱。日常言語は、単に出来事や状態を述べるだけでなく、それ自体が何らかの行為を行っている。例えば、「山に熊がいます」という発話は、単に事実を述べているだけでなく、聞き手に対する「警告」という機能を果たしている。発話行為論は、話し手の立場に立脚する理論で、語用論の一部を成している。

発話行為論	① 発話行為	「君と結婚するよ。」と発する
	② 発話内行為	「約束」を遂行する行為（①と同時）
	③ 発話媒介行為	「喜ばせる」（あるいは「震え上がらせる」）

間接発話行為（かんせつはつわこうい） indirect speech act

アメリカの哲学者サールは、オースティンの理論を継承・拡大し、その欠点を克服した。親の「起きろ」という発話は、直接的な命令の発話行為であるが、「7時だよ」と告げることで命令と同様の機能を果たす。このような発話行為をサールは、間接発話行為と呼んだ。これは、実際の言語使用で頻繁に見られる現象である。

発話行為論	発話行為	親：起きろ。／起きなさい。
	発話内行為	子どもに直接「命令」を遂行する行為
間接発話行為	機能（命令）	親：7時だよ。いつまで寝ているんだ。

▶▶▶語用論（→P.288）、グライス（→P.274）

大槻文彦（おおつきふみひこ） (1847-1928) ★

江戸（東京都）生まれの国語学者。文部省に入省後、日本語辞書『言海』（1889－1891年刊行）を編纂。見出しを仮名書きにし、五十音順（当時はイロハ順）にするなど、体裁、内容の整った不朽の名著として、その後編纂される辞書の範となった。『言海』の巻頭に掲載された大槻の文法学説「語法指南」は当時の文法研究・学校教育に大きな影響を与えた。

▶▶▶助動詞（→P.305）、国語調査委員会（→P.71）

送り仮名（おくりがな） ★★

「上り坂」の「り」のように、読み方が特定できない漢字の末尾を提示する仮名を送り仮名という。例えば、「生物」という漢字には「セイブツ」「なまもの」などの読み方が考えられるが、「生き物」のように「き」という仮名を送ると「いきもの」という読み方が特定されることになる。

「送り仮名の付け方」（おくりがなのつけかた） ★★

明治政府が公用文の作成や国語教育での基準作成の必要に直面してから

送り仮名のつけ方が意識され、実用重視でなるべく少なく送る立場と教育的配慮などから多く送る立場とから試行が繰り返された。戦後になって、『公文用語の手びき』(1947・1949) を皮切りに、いくつかの改訂を経て現行の内閣告示「送り仮名の付け方」(2010改正) になった。

本則：動詞「積もる（×積る)」「冷やす（×冷す)」「聞こえる（×聞える)」
　　　動詞「向かう（×向う)」　名詞「向う」(むこう)
許容：「当たり（当り)」「行う（行なう)」「終わる（終る)」「申し込む（申込)」

「仕事の帰り」のように動詞の連用形が名詞化（転成）したもののうち、「月の光」のように動詞の意識が薄くなった語は、送り仮名をつけない。

▶▶▶正書法(→P.307)、現代日本語の表記(→P.280)、転成名詞(→P.355)

オノマトペ（音象徴語） onomatopée ★★

オノマトペは、音で象徴的に表した語を意味するフランス語。「ざあざあ」のように、雨が地面などに当たる音を表し、聴覚刺激を言語化した表現を、擬音語（また擬声語）という。また、「しとしと」のように、雨の降る様子を表し、聴覚以外の視覚・触覚などの刺激を言語化した表現を、擬態語という。これらを総称してオノマトペと呼ぶ。音象徴語とも。

≫ オノマトペの用法

オノマトペの多くは副詞として単独もしくは「～と」の形で動詞を修飾する。「胃がきりきり（と）痛む」「糸をぴんと張る」など。また、単独用法のほかに、「いらいらする」「チラつく」「キラめく」などの動詞になったり、「ぶかぶかな服」「べとべとになる」などのナ形容詞になったりする述語用法がある。

▶▶▶東北方言オノマトペ用例集(→P.43)、造語法(→P.311)、ガ行鼻濁音(→P.264)、副詞(→P.341)

音位転換 metathesis ★★

語中の音の並びが入れ替わる現象。言い間違いや偶発的なものからそれが固定して語形変化をしたものなど。「あらた（新）→あたらしい」「サンザカ（山茶花）→サザンカ」「シタ＋ツヅミ→シタヅツミ（舌鼓)」の類。

音韻添加 ★★

語の合成に伴う変音現象の一つ。前項と後項の間に新しい音素が添加されること。「詩歌si-i-ka，春雨haru-s-ame」の類。

▶▶▶変音現象（→P.346）

音韻論（おんいんろん） phonology ★★★

言語学の一分野。個別言語（例えば日本語）で意味の区別にかかわる音の単位である音素を基本単位として、その言語の枠内で音声の法則を研究する。音韻論の分野は、母音や子音などの単音を扱う分節音現象と単語や文の発話に観察される拍・アクセント、リズム、イントネーションなどを扱う超分節現象の2種類がある。前者の研究領域は音韻論の一部門として音素論とも呼ばれる。後者はプロソディーと総称される。

■音韻論が扱う分野で学習者が苦手とするもの
- 「アメ（雨）／アメ（飴）」の区別（高さアクセント）
- 「おじさん／おじいさん」の区別（短母音と長母音）
- 「そこに居て／行ってください」の区別（拍の長さ）

▶▶▶音素（→P.260）、分節音素／超分節音素（→P.344）、アクセント（→P.245）

›› 最小対立（さいしょうたいりつ） minimal pair

例えば、日本語の赤［aka］と朝［asa］の［k］と［s］は同じ環境にあり、単音の違いが意味の区別に関与している。これを対立という。1カ所だけ違う1対の語は、最小対立と呼ばれ、ここから/k/と/s/の音素が取り出される。最小対立をなす2語は、ミニマルペアと呼ばれ、音素認定の一つの手順になっている。

›› 相補分布（そうほぶんぷ） complementary distribution

2つ（以上）の単音が同じ環境で代わる代わる相補う形で出現すること。例えば、ハ行の子音は、/h/という音素とされるが、実際には［h］［ç］［Φ］の3種類の異なる音（条件異音）で発音されている。

/h/	無声 声門 摩擦音［h］	ハ・ヘ・ホの子音
	無声 硬口蓋 摩擦音［ç］	ヒの子音
	無声 両唇 摩擦音［Φ］	フの子音

▶▶▶異音（→P.250）、音便（→P.261）、ハ行の乱れ（→P.330）

音声学（おんせいがく） phonetics ★★★

言語学の一分野。人間の物理的な言語音を観察、研究する。実際に発音される音声の最小単位である単音を基本単位とする。音声学が生のデータを提供し、音韻論が個別言語の枠内で個々のデータの位置づけや規則化を試みる。どちらも必要な研究でお互いに補い合う関係にある。

音声学	音韻論
世界の言語で使われる物理的な言語音の研究	個別言語における意味の区別にかかわる音素、韻律などの研究
[単音]	/音素/
実際に発音される音の最小単位で、[ ] に入れて表される。	個別言語で考察された意味を担う音声の最小単位で、/ / に入れて表される。

›› 音声学の分野

音声による言語の伝達には、3つの局面がある。⑴話者が発音器官を用いて音声を発すると、これは、⑵音波となって空中を伝播する。この音波は、⑶聞き手の耳に達してその鼓膜を振動させ、音声として認知される。この3つの局面に対応して音声学が成立している。

⑴ 調音音声学：話し手がいかにして言語音声を発するかを生理的に分析
⑵ 音響音声学：言語音声を音波として物理的・音響的特質を分析
⑶ 聴覚音声学：聞き手が音声音波をどのように聞き取るかを心理的に分析

▸▸▸単音（→P.316）、分節音素／超分節音素（→P.344）、国際音声記号（→P.285）

音節　syllable　★★★

音韻論では、音素（単音）、音節、モーラ（拍）という音の単位が仮定されている。**音節**は、1つの母音を中心に切れ目のない音として発音される単音の連続、または、単独の単音（母音）である。構造上、母音で終わる**開音節**と子音で終わる**閉音節**に分類され、日本語は開音節を主体とする。日本語の音節は、仮名1文字（拗音は2文字）で表記され、その一覧表が五十音図である。一方、時間的単位としてモーラがあり、**特殊拍**（撥音・促音・長音）が単独で音節を構成しない点に注意がいる。

サカ（坂）	CV・CV	2音節	2拍
サンカ（参加）	CVN・CV		3拍
サッカ（作家）	CVQ・CV		
サーブ	CVR・CV		

※ V：母音、C：子音、N：撥音、Q：促音、R：長音。CVNとCVQは、閉音節。

日本語はモーラ言語といわれ、特殊拍といわれる「撥音、促音、長音」が含まれている音節は、音節の数とモーラの数にずれが生じる。

▸▸▸特殊音素（→P.260）、音便（→P.261）、開音節／閉音節（→P.261）、仮名／真名（→P.267）、表音文字（→P.336）、直音／拗音（→P.319）

音素 phoneme ★★★

音韻論で扱う単位で、言語ごとに語と語の意味を区別する機能をもつ音の最小単位。/ /に入れて表される。例えば、「金」と「銀」の語頭の /k/ と /g/ など。音素と密接な関係に音声学の単音がある。1つの単音は、1つの音素に相当するが、2つ以上の単音が同一音素に属することもある。後者の場合は、同一音素の中の異音ということになる。

▶▶▶音韻論(→P.258)、単音(→P.316)

日本語の音素

日本語の音素は、母音と子音（半母音を含む）に特殊音素（撥音・促音・長音）を加えて全部で23である。音素認定の作業原則としては、拗音は別音素を立てない。直音イ段の口蓋化（[k^j] の類）も調音点の同化なので別音素を立てない。音素の数は、なるべく少ないほうがよいというのが音韻論の考えである。音素数については諸説ある。

母音音素 (5)	/a/, /i/, /u/, /e/, /o/
子音音素 (15)	/k/, /s/, /t/, /c/, /n/, /h/, /m/, /r/, /j/, /w/ /g/, /z/, /d/, /b/, /p/
特殊音素 (3)	/N/, /Q/, /R/

※/c/ は「チ・ツ・チャ・チュ・チョ」用の子音音素

日本語の音素の数は、「五十音図」（音節）を連想しがちであるが、例えば、カ行「カ・キ・ク・ケ・コ」の子音音素は、/k/1つである。

▶▶▶口蓋化(→P.282)

特殊音素

撥音/N/、促音/Q/、長音/R/の3つを指す。特殊拍とも。日本語の音節の基本は、CV構造であり、母音1つ、または子音＋母音で1拍を形成するが、特殊音素は、子音でありながら単独で1拍を形成する。（ただし、単独で1音節は構成しない）

特殊音素	/N/	/Q/	/R/
音節（1音節）	VN, CVN, CjVN	VQ, CVQ, CjVQ	VR, CVR, CjVR
拍（2拍）	アン、カン、キャン	アッ、カッ、キャッ	アー、カー、キャー

V:母音　C:子音　j:拗音　N:撥音　Q:促音　R:長音

▶▶▶異音(→P.250)、撥音(→P.332)、促音(→P.311)、長音(→P.317)

音便（おんびん） ★★★

日本語の音韻変化の一つ。語の内部で発音しやすい別の音に変わる現象。音便には、子音を削除して母音のイとウを残した「イ音便・ウ音便」と、逆に母音を削除した「撥音便・促音便」の合計4種がある。音便の発生は日本語の中にそれまで存在しなかった撥音や促音を加えたり、母音音節（イ・ウ）が単独で語中に立つことを新たに許したりするに至った点で、開音節（CV）以外の音節構造を作り出すことになった。

子音削除型	イ音便	書きて　ka(k)ite	→書いて　kaite
	ウ音便	有難く　arigata(k)u	→有難う　arigatau→arigatoo
母音削除型	撥音便	死にて　sin(i)te	→死んで　sinde
	促音便	持ちて　mot(i)te	→持って　motte

・イ音便の例外に「行く」がある。行きて(ikite)→行って(itte)
・撥音便と促音便に、閉音節(CVC)が現れる。読みて(CV・CV・CV)→読んで(CVC・CV)

現代日本語の五段動詞のテ形・タ形は音便が生じるが、サ行の五段動詞（貸す→貸して／貸した）と一段動詞・不規則動詞は生じない。

▶▶▶動詞の活用形(→P.324)、語形の変化(→P.286)、変音現象(→P.346)

開音節（かいおんせつ）／閉音節（へいおんせつ）　open syllable / closed syllable ★★★

日本語の音節の基本は、母音で終わる開音節（CV）構造である。一方、英語の音節は、子音で終わる閉音節（CVC）構造で、母音の前後に複数の子音が付随する音節がたくさんある。stress [strés] は1音節語（CCCVC）であるが、日本語は、[str] のような子音の連続や [s] のような子音で終わることを許さないので、開音節の4音節語「ストレス」（CV・CV・CV・CV）になる。

日本語は、開音節構造であるが、中国語音の影響から例外として、促音「勝ったkat-ta」と撥音「飲んだnon-da」に閉音節（CVC）がある。

▶▶▶音節(→P.259)、音素(→P.260)、音便(→P.261)、自立拍／特殊拍(→P.305)

外来語（がいらいご） ★★

語種による分類の一つ。他の言語から日本語の音韻体系に取り入れられた借用語で、一般に片仮名表記される。広義には漢語も外来語であるが、ふつう外来語とはせず、室町時代末期以降、主に欧米諸国から取り入れられた語を指す。明治以降は圧倒的に英語から入ったものが多く、外来語の

90％以上を占めるともいわれている。洋語とも。

■ポルトガル語由来

パン、タバコ、カルタ、ボタン、カッパ（合羽）、ジュバン（襦袢）

■オランダ語由来

ビール、コーヒー、ランドセル、ズック、ゴム、インキ、ガラス

外来語の語形

外来語の語形は、日本語のCV構造の影響を受けて長くなる傾向があるのでよく用いられる外来語は、**省略形**が生まれる。

「プロフェッショナル」 →「プロ」（2拍語）
「アニメーション」 →「アニメ」（3拍語）
「コンビニエンス・ストア」→「コンビニ」（4拍語）

また、日本語は外来語を積極的に取り入れはするが、外来語自体の発音、語形、意味などを正確に受け入れることはあまりしない。由来ごとに「カルタ／カルテ／カード」などの使い分けもある。

■文法形式の脱落

原　語	日本語（外来語）
iced coffee	アイスコーヒー
starting line	スタートライン
slippers	スリッパ
homesickness	ホームシック

促音の直後は〈無声子音〉という規則が崩れ、外来語の「バッグ（bag）」や「ベッド（bed）」が市民権を得て、以前の語形は姿を消しつつある。

二重語

外来語は、日本語として取り入れられる以上、日本語の音韻体系の影響を受けざるを得ない。原語は1音節語のstrikeであるが、5音節語の「ストライク／ストライキ」のように意味も語形も異なる2つの語を**二重語**と呼ぶ。ほかにも、glass→「グラス／ガラス」、machine→「マシン／ミシン」などがある。

外来語と意味のずれ

外来語が日本語に取り入れられると、発音や意味の**ずれ**が起こる。学習者の中には「日本語で一番難しいのは外来語だ」と嘆く者もいる。

例えば、英語のstoveは、調理用のコンロやレンジを指すことが多いが、日本語の「ストーブ」は、原語よりも狭く限定され、もっぱら暖房器具を表す語として使われている。

■意味が拡大された外来語

対象	意　味	smart	スマート
人間	・頭の切れる、賢い	◎	○
	・服装など外見が洗練されている	○	○
	・傷の痛みなどが鋭い	○	−
	・体型が細い、太っていない《拡大化》	−	◎

»和製英語（わせいえいご）

「ナイター(night game)」や「イメージアップ（image+up)」のように、日本で作られた和製英語なども外来語に含められる。

原　語	日本語（外来語）
jeans + pants	ジーパン
goal + in	ゴールイン
music pub	ライブハウス
laptop	ノートパソコン

「外来語」言い換え提案（がいらいご いかていあん）　★★

国立国語研究所「外来語」委員会（2003-2006）は、公共性の高い官庁や報道機関で使われているわかりにくい「外来語」について、「アジェンダ」を「検討課題」のようにわかりやすくするための言い換えを提案した。

■言い換え提案(例)

外来語	言い換え語
イノベーション	技術革新（革新、経営革新、事業革新）
インフォームドコンセント	納得診療、説明と同意
ガバナンス	統治（企業統治、統治能力）
コンセンサス	合意

▶▶▶借用語(→P.295)、語種(→P.287)、略語(→P.361)、省略語(→P.88)

「外来語の表記」（がいらいごのひょうき）　★★

1991年内閣告示。法令、公用文書、新聞、雑誌、放送など一般の社会生活において、外来語の表記のよりどころを示すもの。用例集も付されているが、語形のゆれに対する自由度は高く、強制力のある決まりではない。全体を通じて「慣用」を重視している点が特徴になっている。

■両方認められている例

・語形にゆれがあるもの

「ハンカチ／ハンケチ」「グローブ／グラブ」

・慣用が定まっているもの

「ギリシャ／ギリシア（慣用）」「フィルム／フイルム（慣用）」

・原音か原つづり vs 日本語の音韻

「ヴァイオリン／バイオリン」「ヴィーナス／ビーナス」「ヴェール／ベール」

▶▶▶片仮名（→P.267）、現代日本語の表記（→P.280）

ガ格 ★★★

ガ格には、(1)動きや状態の主体を表す用法と、(2)状態の対象を表す用法がある。(2)の述語には、知覚、能力・可能、欲求、感情を表す動詞や形容詞などがある。(1)を主格、(2)を対象格とも。

(1) 主体のガ格　「馬が　走る／いる」
　　　　　　　　「空が　青い／真っ暗だ」
(2) 対象のガ格　「海が　見える／好きだ／怖い」
　　　　　　　　「ドイツ語が　わかる／できる／話せる」
　　　　　　　　「ビールが（を）　飲みたい」

「水が／を飲みたい」のように「〜たい」が他動性の動詞について、希望の対象を表す場合、室町時代以降「が／を」の両形使われている。

≫ 対象語

時枝誠記は、ガ格成分のうち、述語の表す意味（感情や知覚、能力など）の対象になる事柄を表すものを対象語と呼び、主語と区別した。

主語	「山が　高い」「川が　流れてゐる」
対象語	「山が　見える」「足が　痛い」「水が　ほしい」

（時枝誠記『日本文法口語篇』より作成）

▶▶▶格（→P.265）、格助詞（→P.265）、時枝誠記（→P.326）、主語（→P.298）

ガ行鼻濁音 ★★

共通語のガ行音は、語頭では破裂音の[g]で発音されるが、語中・語尾では、鼻音の［ŋ］で発音されるとされるが、近年、その規則性が失われ、若い人の間では、後者のガ行鼻濁音は消滅しつつあるといわれる。しかし、高年齢層や放送局、教科書付属のCDなどでは使い分けをしており、この場合の［g］と［ŋ］は、音素/g/に属する条件異音ととらえられる。

	ガ行破裂音［g］	ガ行鼻濁音［ŋ］になりやすい
語頭か 語中・語尾か	□語頭 ガンカ（眼科）ギンカ（銀貨）	□語中・語尾 ヒガン（彼岸）、ギンガ（銀河）
複合語	□2語的 コートーガッコー(高等学校)	□1語的（複合語） ショーガッコー(小学校)
数詞の「五」	□数詞 ジューゴ（十五）	□普通名詞化 ジューゴヤ（十五夜）
外来語	□語頭以外も破裂音 キログラム、カーディガン	□和語化・撥音の後ろ イギリス、ペンギン
その他	□オノマトペ・派生語 ガタガタ、オゲンキ（お元気）	

▶▶▶異音(→P.250)、共通語の音声(→P.101)

格（かく） case

★★★

文中で名詞の後に置かれ、その名詞相当句と述語との関係を示す標識。日本語の格形式は、後置詞である格助詞によって表される。なお、ガ格やヲ格といった格形式は、主語や目的語といった文法概念と必ずしも一致しない。例えば「私は水が飲みたい」のガ格名詞句は主語とはいえず、同様に「私は公園を散歩した」のヲ格名詞句は目的語とはいえない。

≫ 格の表示（かくのひょうじ）

例えば、自動詞「泣く」という主体の行為を、「泣かれる」という受身形に変更すると、格の表示が替わる。「泣く」に支配された名詞は、格助詞と共に文の成分（補足語）として、その役割を果たす。

「赤ん坊が　泣く」　　ガ格表示
「赤ん坊に　泣かれる」　ニ格表示

≫ 動詞の格支配（どうしのかくしはい）

文の形成にあたって、動詞の語彙的意味に応じて、必要な格成分を選択的に要求する働きを動詞の格支配という。

「角館に武家屋敷がある」（状態動詞）　→ニ格、ガ格
「角館で花火大会がある」（非状態動詞）→デ格、ガ格

▶▶▶補足語(→P.349)、項(→P.281)、動詞(→P.324)

格助詞（かくじょし）

★★★

日本語の助詞の一つ。補足語が、述語に対してどのような関係にあるかを表す助詞。名詞によって表示される事物に後接する格助詞は、「ガ格・

ヲ格・ニ格・デ格・ヘ格・ト格・カラ格・ヨリ格・マデ格」の９種類がある。日本語教育と学校文法では、格のとらえ方について異なる点がある。

日本語教育	が	を	に	で	へ	と	から	より	まで	ー
学校文法	が	を	に	で	へ	と	から	より	の	や

○「まで」：「6時まで⇒待つ」のように用言を修飾するので格助詞とする。
△「の」：「料理の本」のように名詞をつなぐもので、述語との関係をもたない。
また「雪の降る夜」（主体）、「私の／安いの」（実質名詞）などさまざまな用法があるので格助詞としてひとくくりにしにくい。
△「や」：「牛や馬」のように名詞をつなぐもので、述語との関係をもたないため格助詞には含めない。並立助詞。

格助詞の範囲の違いに神経質になる必要はない。採否の理由をよく理解したい。覚え方として「鬼までが夜（より）からデート」がある。

複合格助詞（ふくごうかくじょし）

「当店は本日をもって／をもちまして（で）閉店いたします」などのように全体で格助詞相当の機能を果たすもの。普通体と丁寧体がある。「につき、について、によって、において、として」など。

並立助詞（へいりつじょし）

並列助詞とも。名詞と名詞の間に置かれる「と・や・か」が代表的で、「パスタ｛と／や／か｝うどん」のような使い方である。

■学習者の誤用
「＊アパートは、広いと静かです」（＝広くて〜）
「＊駅まで遠いや狭いから住みたくありません」（＝遠くて〜）

連体助詞「の」（れんたいじょし）

「私の傘」「革のカバン」「日本語の教師」など、「ＮのＮ」の形で連体修飾する助詞。名詞成分と体言をつなぐもので、述語との関係をもたないことから、他の格助詞とは働き方が異なる。「カナダからの手紙」「ジョニーへの伝言」のように格助詞につくこともできる。

▶▶▶ヴォイス（→P.254）、文型（→P.231）、補足語（→P.349）、修飾語（→P.295）、助詞（→P.304）、名詞（→P.354）

学校文法（がっこうぶんぽう）　★★

橋本進吉の文法論を基本とするもので、文節という用語とその考え方が導入されている。学校文法は国語科教育で扱われる日本語の文法であるが、小学校では言語技術の習得を中心とし、言語生活で使用する規範としての口語文法は中学で、古典の解釈としての文語文法は高校で教える。

▶▶▶橋本進吉（→P.331）、規範／記述（→P.73）

仮名(かな)／真名(まな) ★★

漢字を正式の文字という意で真名と呼ぶのに対し、仮名は仮の文字という意。「かりな」から転じて「かんな」→「かな」になった。日本で作られた片仮名・平仮名の総称。古くは漢字の音訓をそのまま用いた万葉仮名が簡略化されて片仮名が生まれ、次いで草書体から平仮名が生まれた。

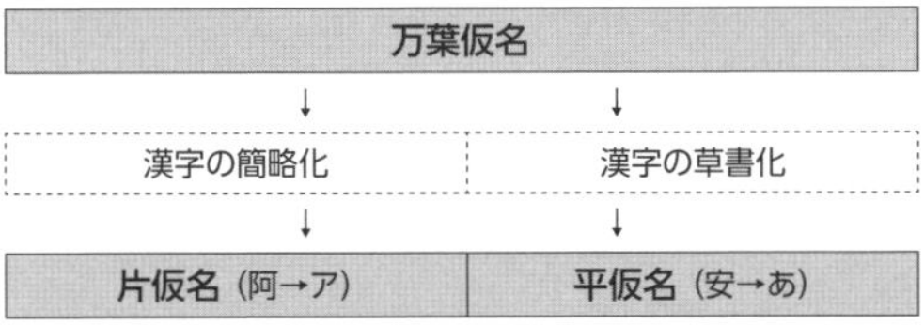

›› 片仮名(かたかな)

「片」は不完全の意。万葉仮名を簡略化して作られた音節文字で、平安初期、僧侶が漢文訓読の際に用いたものを起源とする。実用的で、表音性が強い。現在は、外来語・オノマトペなどの表記に用いられる。

›› 平仮名(ひらがな)

平安初期に成立した音節文字。平仮名という名称は、江戸時代からで、総じて万葉仮名の草書体を崩して書いた字体に由来する。初めは、女性の手習いの場から生まれたので、女手(おんなで)と呼ばれた。

加	片仮名「カ」	偏（へん）をそのまま文字にしたもの
	平仮名「か」	全体の字形を崩し書きにしたもの

万葉仮名に複数の漢字があったように、平仮名や片仮名にも複数の異体字が生まれた。それらが統一されたのは、1900年の小学校令施行規則改正のときである。なお、ワ行の「ゐ」「ゑ」は「現代かなづかい」から使用されなくなり、現在の清音仮名46字になった。

▶▶▶万葉仮名（→P.353）、文字の種類（→P.357）、音節文字（→P.336）

可能(かのう) ★★★

可能は、動作主によってその動作ができる状態にあるということを表す文法カテゴリー（ヴォイス）。基本文と可能文を比べてみると、視点は移動せず、どちらの文も動作主を中心に述べたもので、受身のような格助詞の交替はない。また、可能文は、動作を表すものではなく、**状態・性質**を述べる。つまり、非状態動詞から状態動詞をつくっているといえる。

- 基本文：ファンが　アイドルに　会う。　（動作の実現）
- 可能文：ファンは　アイドルに　会える。（状態の実現）

能力可能（のうりょくかのう）／状況可能（じょうきょうかのう）

可能文の可能の意味はまた、決して一義的ではない。**能力可能**とは、人などがもっている能力のことであり。**状況可能**とは、ある状況における行為の可能性のことである。また、状況可能には、一般的に成立する客観的なものと個人的で主観的なものとがある。

能力可能		彼は100メートルを11秒で走れる。
状況可能	客観状況可能	（衛生上）この水は飲めない。
	主観状況可能	（健康診断のため）今日は酒を飲めない。

可能形（かのうけい）

母音語幹動詞と不規則動詞「来る」の可能形は、語幹に接辞 -rare を付加する。なお、現代では子音語幹動詞の可能形の「行かれる ik-are-ru」などは、一部に慣用として残っているのみで、新しい形の「行ける ik-eru」が**可能動詞**として用いられている。さらに「する」の可能は、補充形として状態動詞の「できる」を可能動詞として使うのが一般的である。

タイプ	辞書形	可能形	可能動詞
子音語幹動詞	行く	（行かれる）	行ける
	読む	（読まれる）	読める
母音語幹動詞	食べる	食べられる	
不規則動詞	来る	来られる	
	する	（される）	できる

ら抜き言葉（ぬきことば）

可能形の**変種**。母音語幹動詞・不規則動詞の可能形「食べられる」「来られる」から「ら」を脱落させた「食べれる」「来れる」の類。日本語指導の**規範**とはされない。**ら抜き言葉**について第20期国語審議会（1995）は、共通語においては改まった場での「ら抜き言葉」の使用は現時点では、認知しかねるとした上で、可能の意味に用い、受身、自発、尊敬（「食べられる」）と区別することは合理的で、話し言葉では認めてもよいとの考え方もあるとした。

可能形の分化

可能形の分化とは、「見る」の尊敬形・受身形「見られる」に対して、同じ形態の可能形をら抜き言葉の「見れる」にするような差別化のことを指す。母音語幹動詞のら抜き言葉は、長期の言語変化の一環で、可能形の分化とみられているが、子音語幹動詞の可能動詞化「書く→書かれる→書ける」は、母音語幹動詞への変化とみられている。

子音語幹動詞「書く」	（書かれる）	書ける kak-eru	可能動詞化
母音語幹動詞「見る」	見られる	＊見れる mir-eru	

れ足す言葉

可能形の変種。子音語幹動詞の可能形「行ける」に余分な「れ」を足して、「行けれる」という類。共通語では誤りとされている。この現象は、子音語幹動詞からつくられた可能動詞に多く見られるが、子音語幹・不規則動詞でも「ら抜き」の現象に加えて「れ足す」が起こる「見れれる」「来れれる」などが観察されている。

子音語幹動詞「読む」	読める	＊読めれる（れ足す言葉）
母音語幹動詞「起きる」	起きられる	＊起きれる（ら抜き言葉）

▸▸▸ヴォイス（→P.254）、言語規範（→P.73）、ゆれ／乱れ（→P.111）

カラ格 ★★

カラ格は、⑴移動の起点、時の起点、受取りの動作の相手（ものの出どころ）、⑵出来事の発端としての原因、判断の根拠、⑶原料などを表す。

⑴ 起点	「駅前から　パレードする」（場所）
	「7時から　営業する」（時間）
	「友達から（に）頼まれる」（出どころ）
⑵ 原因・根拠	「不注意から　大惨事になる」
	「資金不足から　計画を　断念する」
⑶ 原料・構成	「米から　酒を　造る」
	「議会は　衆参二院から　成る」

▸▸▸格助詞（→P.265）、格（→P.265）

含意（がんい） implication ★★

表面に出ていない心の中の部分。グライスは、会話における推論の重要性を指摘した最初の学者である。協調の原理からの逸脱に対して、人は、推論によって含意（言外の意味）を読み取って会話を成立させている。

▶▶▶グライス（→P.274）、語用論（→P.288）

漢語（かんご） ★★★

古代から中世にかけて、中国大陸から漢字と共に伝来して日本に入ってきた語。和語に対する概念であるが、漢語以外の外来語とも区別される。字音で読まれることから字音語とも。呉音系、漢音系、唐音系の字音語、ほかに「おほね→大根（ダイコン）」「ひのこと→火事（カジ）」のように、和語に当てた漢字を音読みされて生まれた和製の漢語がある。

›› 和製漢語（わせいかんご）

明治維新後、ヨーロッパ諸国から近代文明を取り入れるにあたり、当時の知識人は、漢字のもつ造語力を活用して「哲学」「思想」「科学」「経済」「教育」「社会」「精神」などの大量の漢語を作った。これらも和製漢語と呼ばれる。現在、中国で使われている社会科学用語の70%近くは、近代日本で作られ、中国に輸出されたものといわれる。

▶▶▶語感（→P.283）、語種（→P.287）、混種語（→P.289）、和語（→P.366）、借用語（→P.295）、字音／字訓（→P.291）

漢字（かんじ） ★★★

約3300年前、中国で発生した世界最古の文字の一つ。殷（いん）王朝の占い用の甲骨（こうこつ）文字（象形文字）以後、幾多の変遷を経て、唐代初期（7世紀初め）に現在用いる漢字の形になった。固有の文字をもたなかった日本は、当初、万葉仮名で漢字を表音文字として用いた。その後は、漢字を表語文字として使うほかに漢字をもとにした表音文字（平仮名・片仮名）を創り出した。

▶▶▶文字の種類（→P.357）、表音文字（→P.336）、表語文字（→P.336）

›› 漢字圏学習者と字体（かんじけんがくしゅうしゃとじたい）

母語で漢字を使用している学習者を漢字圏学習者と呼ぶ。字体は、中国本土やシンガポール、マレーシアでは簡体字、台湾や香港、マカオでは繁体字が採用されている。日本の通用字体と異なっているものは、相違点を明らかにして指導しなければならない。

通用字体（日本）	簡体字（中国本土）	繁体字（台湾）
円	圆	圓
広	广	廣

字体の違い以外にも、日本語では音と訓がいくつもあるし、同じ漢字でも意味・用法が違うこともあるので、漢字圏学習者も油断できない。

▶▶▶漢字文化圏（→P.26）

感動詞　interjection　★★

日本語の品詞の一つ。自立語で活用がなく、単独で用いられるが、主語にも修飾語にもなれないもの。感動・応答・呼びかけなどの「ああ、おや、まあ、はい、いいえ、おい、もし」の類。間投詞、感嘆詞とも。

›› 応答表現

応答に使われる「はい」と「いいえ」は、感動詞の下位の応答詞に分類される。日本語の文の応答表現では「はい／いいえ、行きます」「はい／いいえ、行きません」のようなパターンが現れる。「はい」だから肯定、「いいえ」だから否定とは単純に言い切れない。

■誘いかけ

「一緒に行きませんか？」→「はい、行きます」
　　　　　　　　　　　　「いいえ、行きません」

■否定の問いかけ

「まだ終わりませんか？」→「はい、まだ終わりません」
　　　　　　　　　　　　「いいえ、もう終わりました」

▶▶▶品詞（→P.337）、曖昧性（→P.244）

慣用句　idiom　★

2つ以上の語から成る句で、語の結びつきが固定し、句全体の表す意味が特殊化したもの。「油を売る（怠ける）」「猫も杓子も」の類。慣用句は、組み合わせの固定性が高いことから、要素の間に他の成分を入れにくい、あるいは、要素の一部を他の語と置き換えにくいという特徴をもつ。

気息　aspiration　★★★

破裂音の閉鎖が開放されたときに、声帯振動に先んじて出る息を、気息

（あるいは気音）という。気息の有無による無気音と有気音の区別が音韻的対立（意味の違い）をもっている言語は多い。これらは、気流の放出と発声（声帯振動）の時間的なタイミングによって帯気性（無気か有気か）が決まる。

無気音／有気音 unaspirated / aspirated

破裂音が気息を伴わないで発せられる音を無気音。また、外破の後に少し遅れて後続母音の声帯振動が始まると、呼気が漏れて気息が生じる。この気息を伴う音を有気音（または帯気音）という。有気音は、右肩に［ʰ］の補助記号を添える。中国語や朝鮮語などでは、この帯気性が弁別的な対立をなしている。

	無声音	有声音
無気音	[p] [t] [k]	[b] [d] [g]
有気音	[pʰ] [tʰ] [kʰ]	

▶▶▶声帯振動のタイミング（→P.308）、調音法（→P.319）、呼気／吸気（→P.284）

基本語彙／基礎語彙 ★★

ある言語において、統計処理に基づいて語彙のリストの中から一定数の高頻度語を選んだものを基本語彙という。一方、単語の使用度数などから、ときにはこれに主観的な増減を加えて、一定限度の語彙を選び出したものを基礎語彙という。基本語彙の選定が、客観的・帰納的であるのに対し、基礎語彙の選定は、主観的・演繹的である。

基本語彙	客観的 帰納的	・小学校の学習基本語彙 ・ニュースの基本語彙 ・国立国語研究所 日本語教育のための基本語彙調査
基礎語彙	主観的 演繹的	・オグデンBasic English（850語） ・土居光知 基礎日本語（1,100語） ・外国人用 地震災害基礎語彙（100語）

▶▶▶語彙（→P.280）、ベーシック・イングリッシュ（→P.187）、理解語彙／使用語彙（→P.238）

逆接 ★★

対比的な関係にある2つの事柄を結びつける表現。あるいは、ある事態から別の事態が成立すべきだと考えられるのに、その期待が裏切られるという意外感を示す。逆接を表す副詞節は「けれども、つつ、ながら、のに、にかかわらず」などがある。

「よく言って聞かせたけれども、まだ直らない」
「危険を知りつつ（も）、乗り込んで行った」
「知っていながら、知らないそぶり」
「若いのに元気がない」
◇同時動作の「つつ」・付帯状況の「ながら」
「失敗を重ねつつ進歩していく」（繰り返し）
「歌を歌いながら歩く」

▶▶▶従属節（→P.297）、並列節（→P.300）、接続助詞（→P.310）、付帯状況（→P.342）

吸着音（きゅうちゃくおん） click ★★

気流を伴わない舌打ち音で、肺とは無関係に口腔内への空気の流入だけで調音される破裂音。アフリカの諸語によく観察される。吸打音。

▶▶▶調音法（→P.319）、二重調音（→P.328）

教育漢字（きょういくかんじ） ★

常用漢字のうち、文部科学省の小学校学習指導要領「学年別漢字配当表」にある漢字の通称。2017年の改定で1,006字から1,026字に増えた。

▶▶▶常用漢字（→P.304）

金田一京助（きんだいちきょうすけ） (1882-1971) ★

岩手県生まれの言語学者。アイヌ言語研究の第一人者。金田一の指導者であった上田万年（うえだかずとし）は、日本語研究のためにもアイヌ語の研究が必要であるとして金田一を指名した。同郷の歌人、石川啄木との親交が知られる。

▶▶▶アイヌ語（→P.18）、比較言語学（→P.334）、言語シフト（→P.77）、消滅の危機にある言語（→P.88）

金田一春彦（きんだいちはるひこ） (1913-2004) ★★★

東京都生まれの国語学者。アイヌ語研究で著名な父京助に反抗して作曲家を志す。結局、作曲家は断念することになるが、日本語のアクセントを大事にする作曲法を目の当たりしてアクセントの研究に邁進し、めざましい功績を残す。文法面では「国語動詞の一分類」（『言語研究』、1950）で動詞を4つのタイプに分類し、アスペクト研究の発展に貢献した。

›› 動詞の4分類（どうしのぶんるい）

金田一春彦は、動詞に接続する「～ている」の表す意味的な特徴に基づいて、アスペクトの観点から動詞の4分類を試みた。この試みは世界的にも評価されているが、同じ動詞でも「（今／毎朝）走っている」のように、表す意味が異なることがある。現在は、動詞の分類ではなく、動詞の用法（使い方）の分類に拡張されている。

第一種の動詞（状態動詞）	状態を表し、時間を超越したもの。「〜ている」にならない。 例：「ある」、「いる」、「できる」
第二種の動詞（継続動詞）	動作・作用を表し、その動作の継続があるもの。 例：「降る」（雨が降っている）、「走る」（馬が走っている）
第三種の動詞（瞬間動詞）	動作・作用を表すが、その動作が一瞬にして終わるもの。 例：「死ぬ」（人が死んでいる）、「つく」（電灯がついている）
第四種の動詞	時間観念を含まず、「ある状態を帯びること」を表す。 例：「そびえる」（山がそびえている）　常に「〜ている」。

▶▶▶テイル形の用法（→P.250）

唇（くちびる）の丸（まる）め ★★★

日本語は円唇母音とされる「オ」以外に、「ワ」の子音の円唇性が問題になる。日本語の「ワ」の子音は、唇の丸めのない軟口蓋の接近音［ɰ］である。これを英語のwの音、唇の丸めを伴った両唇軟口蓋（二重調音）の接近音［w］で発音すると、日本語らしくない不自然な音になる。

日本語の「ワ」の子音	［ɰ］	非円唇	有声	軟口蓋	接近音
唇を丸めた「㋻」の子音	［w］	円唇	有声	両唇軟口蓋	接近音

ドイツ語やロシア語話者は、「ワ」の子音が唇と歯で作る摩擦音［v］になってしまうことがある。「若い」がバ行の「ばかい」に聞こえる。

▶▶▶円唇母音／非円唇母音（→P.347）、二重調音（→P.328）

屈折語（くっせつご）　fusional language ★★

形態的類型の一つで、フランス語、ギリシア語、アラビア語、英語など、語の語形変化によって文法的関係が示される言語。しかし、英語の複数形を表す“-s”、過去・過去分詞を表す“-ed”のように膠着語の要素もある。また、“Tom loves Mary.”のTomとMaryは、孤立語的である（入れ替えると意味が変わる）など、他の言語の特徴を併せもっている例が多い。

▶▶▶形態的類型（→P.278）

グライス　Grice, H. P. (1913-1988) ★★★

イギリス生まれの哲学者。オースティンが創始し、サールに引き継がれた発話行為論は、話し手の言語使用を追求するものであったが、グライスは、会話の参加者間における発話の解釈を明かにしようとした。これには聞き手の推論が重要であるとした協調の原理の提示によって、発話行為の研究に端を発した語用論は一定の到達点に達した。

■語用論的推論

言内の意味	文を構成する語の意味が集積統合されたもの。明意。
言外の意味	明言されていないにもかかわらず、伝えられる含意。暗意。

›› 協調の原理 cooperative principle

グライスは、話し手と聞き手との共同作業である会話には、遵守すべき一定の作法ともいうべき協調の原理が存在するとして、4つの格率を提案した。現実の言語使用においては、故意に違反することも多く見受けられる。仮に話し手が格率のどれかを逸脱した場合、聞き手は、格率を参照枠にして言外の意味を解釈している。

① 量の格率	必要とされる情報を与え、必要以上には与えない。
② 質の格率	真実でないこと、十分な証拠がないことは言わない。
③ 関連性の格率	関係のないことは言わない。
④ 様態の格率	明瞭で、簡潔に順序立った話し方をする。

■逸脱と含意

(大学のキャンパスで)
A：今晩、映画に行かない？
B：あした、テストなんだ。　逸脱（←関連性の格率）＝含意（断り）

(道で会ったご近所のCさんとDさん)
C：どちらまで？
D：ちょっとそこまで。　逸脱（←様態の格率）＝含意（挨拶）

格率（maxim）とは、哲学用語で行動の指針となる原則のこと。会話での逸脱に対して〈参照枠〉の役割を果たす。公理、前提とも。

▶▶▶発話行為論（→P.255）、語用論（→P.288）

形態素 morpheme ★★★

形態論の基本的単位。一般に「意味を担う最小の単位」と定義される。形態論は、語のレベルを対象とするが、語は形態素から成り立っている。「山 yama」のように形態素1つで語が構成される場合もあれば、動詞の使役形「食べさせる tabe-sase-ru」のように、語彙的な形態素 /tabe/と、機能的（文法的）な形態素 /sase・ru/ とから構成される場合もある。

≫ 異形態　allomorph

例えば「1本・2本・3本」から取り出される助数詞の形態素/pon・hon・bon/を、同一の形態素{hon}に属する**異形態**という。代表する形態素を{…}でくくって、雨{ame}＝/ame・ama・～same/のように表す。**接辞**も異形態をもち、使役形を表す接尾辞の{sase}＝/-ase・-sase/は、2つの異形態をもつ。

▶▶▶動詞の活用(→P.324)、二重分節(→P.352)、独立形態素／拘束形態素(→P.326)、自然習得順序仮説(→P.143)

形態論　morphology　★★★

音韻論、統語論と並ぶ言語研究の一部門。語形変化や語の形成に関する研究を行う。意味を担う最小の言語単位を**形態素**と呼ぶが、その形態素がどのような規則でつながって語を形成するかを扱う。**形態論**は、語の内部構成を扱い、**統語論**は、文中の語の配列を扱う。伝統的な言語学では**文法**は、形態論と統語論との2つの部門から成るものとされる。

▶▶▶形態素(→P.275)、統語論(→P.323)

形容詞　adjective　★★★

品詞の一つ。人間の感覚・感情、事物の性質・状態などを表す自立語。**活用**があり、名詞を修飾したり、文の**述語**として属性を叙述したりする。動詞と共に**用言**に属する。学校文法の品詞で、形容詞と形容動詞とされるものが、日本語教育では、名詞を修飾する形態「美しい湖」「静かな夜」から、それぞれを**イ形容詞**、**ナ形容詞**として共に**形容詞**として扱う。

「ない」と「ある」、「貧しい」と「富む」のように、意味が対になりながら品詞が「イ形容詞」と「動詞」に分かれるものがある。

▶▶▶品詞(→P.337)、述語(→P.301)、体言／用言(→P.314)

≫ イ形容詞の活用

イ形容詞には、語尾が「～い」で終わるものと、「～しい」で終わるものの2種類がある。活用は、1種類のみで、語尾の「い」を取った部分が語幹となる。**終止形**と**連体形**が同じで、命令形がない。

語例	語幹	未然形	連用形		終止形	連体形	仮定形
寒い	さむ-	かろ	く	かっ	い		けれ
涼しい	すずし-	かろ	く	かっ	い		けれ
接続する語		ウ	ナイ/テ	タ/タリ	−	コト	バ

未然形：「寒かろう」「涼しかろう」は、現在ではあまり用いられない。
（推量表現には「寒いだろう」「寒いでしょう」の形が使われる）
連用形：日本語教育では「寒かった」「涼しかった」の語形で扱う。
仮定形：日本語教育では「寒ければ」「涼しければ」の語形で扱う。

›› ナ形容詞（けいようし）の活用（かつよう）

ナ形容詞は、語幹の独立性が高く、「～な」を取った部分を**語幹**として活用する。活用は、1種類のみで、**終止形**「だ」と**連体形**「な」が異なり、命令形がない。日本語教育では、動詞やイ形容詞と同じように、まるごと「静かだろう」「静かだった」の語形で扱う。

語例	語幹	未然形	連用形	終止形	連体形	仮定形
静かだ	しずか-	だろ	に／で／だっ	だ	な	なら
接続する語		ウ	ナル/ナイ/タ/タリ	−	コト	バ

終止形：常体で「だ」、丁寧体で「です」。
イ形容詞：「寒いφ」→「寒いです」（「です」の付加）
ナ形容詞：「静かだ」→「静かです」（「だ」→「です」）
連体形：終止形と異なるのが特徴である。
（「同じ服」のように語幹相当部分で連体するものがある）
仮定形：「静かならば」と「静かなら」の両方が立てられるが、「～なら」のほうが現代口語では一般的である。

原義（げんぎ）／転義（てんぎ） ★★

通時的に見て、その言葉のもともとの意味を**原義**という。そこから意味の拡大・縮小などによって他の意味に転じることを**転義**という。例えば、「目」の原義を感覚器官のそれとすれば、「目を配る」「台風の目」などが「目」からの転義で、このような複数の意味をもつ語は**多義語**と呼ばれる。また、転義が派生する過程では、**比喩**が重要な働きをしている。

■原義から派生した転義

山	「書類の－（形容）」「借金の－（数量）」「工事の－も過ぎた（難所）」「－が当たる（予想）」「比叡山延暦寺（比喩・提喩）」
目	「台風の－（中心）」「－が移る（視線）」「ひどい－に遭う（事態）」
足	「－の便が悪い（交通の手段）」「お－（お金・銭）」

▸▸▸比喩（→P.334）、多義語（→P.316）

言語記号　linguistic sign　★★

社会慣習的な約束によって、一定の内容を表すために用いられるしるしを**記号**という。ソシュールは、言語（語）は、記号表現（**シニフィアン**）とこれを意味する記号内容（**シニフィエ**）という２つの面から成るとした。これは、コインの表と裏のように切り離すことができなく、各言語で固有の音形と一定の語義を兼ね備えたものだと規定した。

≫ 言語記号の恣意性

日本語で「水」という対象が、英語でwater、フランス語でeauと呼ばれるように言語によって音形が異なる。それをどのように呼ぶかは、言語によってさまざまで、意味と音形の間に必然的な関係がないというのが、ソシュールの言語記号の**恣意性**である。

音形と意味の間が無関係であるというソシュールの言語記号の恣意性に対して、音で象徴的に表した語であるオノマトペは、例外とされる。

≫ 概念の恣意性（第二の恣意性）

日本語の「水」と英語の“water”は、等価ではないように、個々の言語によってその**概念化**（カテゴリー化）が違っているというのが、ソシュールのもう一つの恣意性である。言語は、概念の整理の仕方そのものを、各言語が勝手に決めていると考えることができる。

日本語	英　語
湯	water
水	

▶▶▶ソシュール（→P.312）、構造主義言語学（→P.283）

言語類型論　linguistic typology　★★

音声学、音韻論、形態論、統語論、意味論、語用論の各分野から諸言語を観察し、いくつかの型に分類する言語学の一部門。**言語類型論**の究極の目標は、言語の**普遍性**（人間言語に共通する特徴）の探求にある。なお、外国語教育のために任意の言語の異同を探る**対照言語学**とは異なる。

▶▶▶対照言語学（→P.314）

≫ 形態的類型

世界の言語の音韻・形態・統語のうち、形態的な構造（語に助詞や動詞の活用部分がついたり、語形変化したりする現象）に着目した分類が19世紀にあった。古典的類型論とも。現在は「孤立語・膠着語・屈折語・抱合語」の4つのタイプに分類されている。

①**孤立語**：中国語	我　打　他	他　打　我
②**膠着語**：日本語	私が　彼を　殴る。	彼が　私を　殴る。
③**屈折語**：英語	I hit him.	He hits me.
④**抱合語**：エスキモー語	qayar-pa-li-yug-a-qa （カヤック-大きな-作る-たい）	

▸▸▸孤立語／膠着語（→P.289）、屈折語（→P.274）、抱合語（→P.348）

統語的類型

古典的類型論に対して、今日の言語類型論の出発点となった研究にアメリカの言語学者グリーンバーグの語順の類型論（1963）がある。これは「主語（S）、目的語（O）、述語動詞（V）」から成る他動詞文の基本語順に注目したもので、可能な語順は、「SOV、SVO、VSO、VOS、OSV、OVS」の6つある。しかし、世界の言語の大部分は、上位の3種類に分類され、それ以外の語順の言語はきわめて少ない。

① SOV型	日本語、朝鮮語、トルコ語、モンゴル語、ヒンディー語 ［父が　ピザを　焼いた］	約50%
② SVO型	中国語、タイ語、ベトナム語、インドネシア語、英語 ［父が　焼いた　ピザを］	約40%
③ VSO型	アラビア語、ヘブライ語、フィリピノ語、アイルランド語 ［焼いた　父が　ピザを］	約10%

かつて日本語特殊論が唱えられたことがあったが、言語学からは否定されている。例えば、日本語の語順は主流に属しており、特殊ではない。

▸▸▸日本語の語順（→P.329）

言語の普遍性　linguistic universals

人類の言語に共通に観察される規則性。例えば、統語的類型では、世界の上位の3種類の基本語順（SOV, SVO, VSO）に限定すると、「主語は常に目的語に先行している」。これを語順の普遍性という。

「現代仮名遣い」 ★★★

明治政府が学校教育に採用した歴史的仮名遣いは、約80年間使われたが、「けふ（今日）」「てふてふ（蝶々）」のように、実際の発音と合わない部分が多かった。第二次世界大戦後、表音的な「現代かなづかい」(1946)、改訂版の「現代仮名遣い」(1986) が内閣から告示された。ただし、助詞の「は・を・へ」、オ列長音の「う」などの歴史的仮名遣いは踏襲された。

助詞「は」「へ」「を」

使用頻度が高いので、普段はあまり意識されないが、助詞の「は・へ・を」の表記は、歴史的仮名遣いで、発音は「ワ・エ・オ」である。混同を避けるため「わ・え・お」とは表記を別にする。また、同じ助詞の「は」であっても「コンニチワ」は「こんにちは」と書き、「いまわの際(臨終の意味)」は「わ」と書く。(本文第2の2)

表記と発音のずれ

ひらがなの表記と実際の発音が異なるものに「いう(言)」がある。中世ごろから終止形・連体形の「イウ/iu/」の母音が融合して「ユー」と発音されるようになった。活用形の発音は「イワナイ/イイマス/ユー/ユートキ/イエバ/イエ」となる。

▶▶▶歴史的仮名遣い(→P.362)、長音の表記(→P.318)、正書法(→P.307)

現代日本語の表記 ★★

日本語の国語国字問題は、古くは奈良時代の古事記・万葉集などの表記の工夫を見てもわかるように、いかに文字を日本語に合わせていくことができるかの戦いであった。これは文字をもたなかった日本民族の宿命でもあるが、近代国家の形成にあたって、国として国語施策に取り組むようになったのは、明治30年代から現代までのわずかな期間にすぎない。

(1) 常用漢字表	一般の社会生活で漢字を使用する際の目安。 新・常用漢字 2,136字。2010年改正
(2) 送り仮名の付け方	現代の国語を書き表すための送り仮名のつけ方のよりどころを示す。2010年改正
(3) 現代仮名遣い	現代日本語の口語文を書き表すために、現代語の発音に基づいて書き方を定める。よりどころ。1986年
(4) ローマ字のつづり方	日本語を書き表すローマ字「訓令式・日本式・ヘボン式」を示す。訓令式新表。1954年
(5) 外来語の表記	外来語の表記のよりどころを示す。1991年

▶▶▶国語国字問題(→P.28)

語彙 vocabulary ★★★

「奄美方言の語彙」「介護の語彙」「漱石の語彙」など一定の範囲に用い

られる単語の集合のこと。一定の範囲とは、言語、地域、階層、専門分野、作品、個人などのある一つの言語体系を意味する。単語でなく、その集合としてとらえて語彙（「彙」は集めるの意）という。ボキャブラリーとも。

▶▶▶方言の地理的分布（→P.106）、方言周圏論（→P.110）、理解語彙／使用語彙（→P.238）

語彙論（ごいろん） lexicology ★★

語彙を体系的に記述・研究する言語学の一部門。固有語・借用語のような語種の分類や複合語・派生語のような語構成の分類などを主に扱う。

▶▶▶語種（→P.287）、語構成（→P.286）

項（こう） argument ★★★

統語論の用語。述語が要求する一定数の名詞句（補足語）を指す。例えば、動詞「食べる」は、「だれが・何を」の2つの項を必要とするので、「食べる」を2項動詞という。ところが、「馬が草原を走る」という文の「馬が」は、動詞「走る」が不可欠とする項であるが、「草原を」は不可欠の項ではないので、「走る」を1項動詞（自動詞）という。

1項動詞	～が	走る／泣く／死ぬ／降る／起きる／光る
2項動詞	～が・～を	見る／食べる／着る／助ける
	～が・～に	かみつく／仕える／反対する／ほえる
	～が・～と	結婚する／別れる／争う
3項動詞	～が・～に・～を	あげる／貸す／送る／教える
形容詞	～が	おいしい／痛い／こわい／上手だ／鮮やかだ
	～が・～に	優しい／詳しい／明るい／熱心だ／親切だ
名詞	～が	学生だ／公務員だ／医者だ

》項の増減（こうのぞうげん）

直接受身の場合、能動文の「猫が魚を食べる」とその受身文である「猫に魚が食べられる」は、共に2項で項の数は変わらない。ところが、「赤ん坊が泣く」から間接受身の「太郎は赤ん坊に泣かれた」では、能動文の1項に対して、受身文では2項になる。このように派生関係（「太郎は」の付加）にあるものは、項の数が増減する。

▶▶▶統語論（→P.323）、述語（→P.301）、補足語（→P.349）、直接受身／間接受身（→P.255）

硬口蓋（こうこうがい）／軟口蓋（なんこうがい） hard plate/soft plate ★★★

口蓋（口腔の上壁）の前方部を硬口蓋（中に骨があって硬い）、その後方の軟らかい部分を軟口蓋という。日本語のヒの子音とヤの子音は硬口蓋を、カ（ガ）の子音とワの子音は軟口蓋を、調音点とする。

》口蓋化　palatalization

カ行のキの子音は、前舌面が硬口蓋のほうに盛り上がる。二次的に、やや前寄り（硬口蓋寄り）に接近することによって固有の音色がやや鋭く聞こえるように調音することを口蓋化（硬口蓋化）という。拗音のキャ・キュ・キョも口蓋化した子音に母音がついたものである。音声記号は、子音の右肩に口蓋化記号［ʲ］をつけて表記する。

カ、ク、ケ、コの子音［k］	キ、キャ、キュ、キョの子音［kʲ］
無声 軟口蓋 破裂音	口蓋化した無声 軟口蓋 破裂音
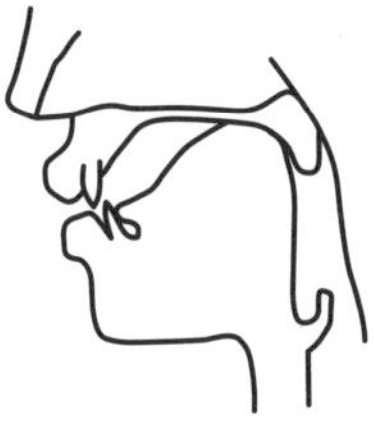	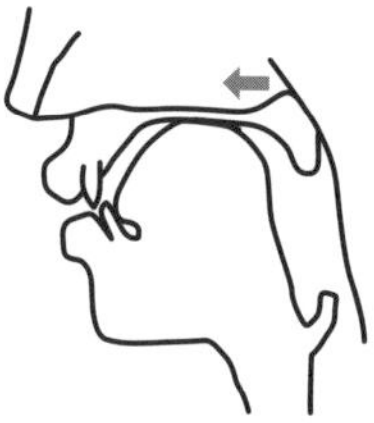

口蓋化は、前舌母音の［i］やほぼ同じ口構えの硬口蓋接近音の［j］に近接する音の調音点が同化する現象。拗音は、口蓋化した子音である。

》歯茎硬口蓋　alveopalatal

歯茎のうち、硬口蓋に近い後ろの部分を後部歯茎という。また、硬口蓋のうち、歯茎に近い前の部分を、歯茎硬口蓋という。日本語のシの子音は、古くからの習慣で英語と同じ無声後部歯茎摩擦音［ʃ］（深く暗い音色）で表記されることがあるが、実際の音声は、少し後ろの無声歯茎硬口蓋摩擦音［ɕ］（浅く明るい音色）である。

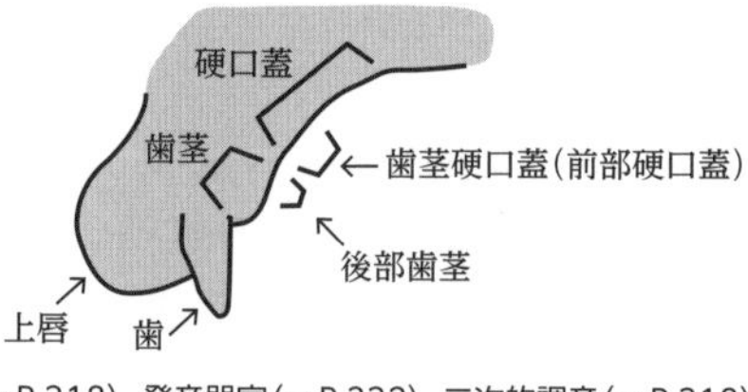

▶▶▶調音点（→P.318）、発音器官（→P.332）、二次的調音（→P.318）、日本語の音素（→P.260）

合成語　★★★

語構成を見たときに、複数の構成要素から成り立っている語を、単純語に対して合成語という。合成語は、複数の語基が結合した複合語と、語基の前後に接辞が結合してできた派生語に分けられる。例えば、「青空」は、単純語「青」と「空」との合成語（複合語）であり、「寒がる」は、形容詞語幹「寒」と接尾辞「がる」との合成語（派生語）である。

合成語	複合語	あお-ぞら（青空）、さむ-ぞら（寒空）、さむ-ざむ（寒々）
	派生語	さむ-さ（寒さ）、さむ-い（寒い）、さむ-がる（寒がる）

▶▶▶語彙論（→P.281）、語構成（→P.286）、単純語（→P.317）、複合語（→P.338）、派生語（→P.332）

構造主義言語学（こうぞうしゅぎげんごがく） structural linguistics ★★★

近代言語学の父と称されるソシュールに端を発する構造主義言語学は、1920年代から50年代にかけて、ヨーロッパとアメリカに誕生した言語学の諸学派を総称したもの。言語を記号の体系とし、各言語の精密かつ全面的な構造的記述の理論と実際を追求する立場。そして、構造主義言語学の限界を指摘したチョムスキーによって、学際的な認知革命が起った。

›› アメリカ構造主義言語学（こうぞうしゅぎげんごがく）

アメリカで生じた言語学で、アメリカ言語学会（1924）の発起人の一人であるブルームフィールドと文化人類学者ボアズやサピアらが基礎を築いた。「唯一の有用な一般化は、帰納的なものである」という立場で、音韻論から形態論、統語論へと構築した言語形式の体系は、サピアとブルームフィールドの大きな功績といわれている。

▶▶▶ソシュール（→P.312）、言語記号（→P.278）、ブルームフィールド（→P.343）、チョムスキー（→P.319）、認知革命（→P.160）

語感（ごかん） ★

語から受ける印象的な感じと語に対してその人がもっている感覚の両義に用いられる。学習者にとって語種の使い分けは、かなりの難題である。和語は、口語的で親しみやすく、比較的柔らかい感じ、俗っぽい感じをもっている。漢語は、語義の明瞭さや語形の短さから、一般に簡潔で力強い感じがする。外来語は、しゃれた、洗練されている感じがある。

和　語	漢　語	外来語
ひるめし（昼飯）	昼食	ランチ
宿／宿屋	旅館	ホテル
取り消し	解約	キャンセル
手助け	援助	サポート

▶▶▶語種（→P.287）、和語（→P.366）、漢語（→P.270）、外来語（→P.261）

語幹／語尾　stem/ending　★★★

形態論の語形変化。動詞「食べる・食べられる」などの活用形に共通に現れる形態素/tabe/の部分を、**語幹**と呼ぶ。これに対して、活用形ごとに変化する/ru/や/rare-ru/の部分を**語尾**（あるいは**接辞**）と呼ぶ。活用形で語形変化しない語幹/tabe/は、語の語彙的意味を担う**語根**でもある。**活用形**は、一般に「語幹＋語尾」という内部構造をしている。

›› 子音語幹動詞／母音語幹動詞

動詞の語形変化を分析的に見て、形態素が共通する語幹の末尾に着目した場合、学校文法の五段動詞「書くkak-u」「読むyom-u」の類は、語幹の末尾が子音であるが、上一段・下一段動詞「起きるoki-ru」「食べるtabe-ru」の類は、語幹の末尾が母音である。このとき、それぞれを**子音語幹動詞**、**母音語幹動詞**という。また、語尾に着目した場合、それぞれを**ウ動詞**（U-Verb）、**ル動詞**（RU-Verb）という。

動詞のタイプ	語幹	語尾
子音語幹動詞	kak yom	-u（ウ動詞、U-Verb）
母音語幹動詞	oki tabe	-ru（ル動詞、RU-Verb）

子音語幹動詞の語幹の末尾の「子音」は、共通項として抽出されたもので、語の内部構造の境目が必ずしも音節単位になる必要はない。

▶▶▶動詞（→P.324）、形態論（→P.276）、形態素（→P.275）

呼気／吸気　★

人間の呼吸活動は、肺から空気を体外に排出する**呼気**と、体外から肺へ空気を吸い込む**吸気**とから成り立っている。生存のためには吸気が不可欠であるが、人間の言語音声は、呼気として流出する**気流**を利用している。

▶▶▶発音（→P.332）、調音（→P.318）、調音点（→P.318）、声帯（→P.307）、子音（→P.290）、母音（→P.347）、発音器官（→P.332）

語義の変化　★★

時代の推移につれて語も変化する。語の変化は、**語形**と**語義**の両面から起こる。語義は、語の意味のことで、これには語義の**拡大**・**縮小**、価値の**上昇**・**下落**などが見られる。

■語義の拡大（または一般化）	
瀬戸物	愛知県瀬戸市周辺で作られた陶磁器 ＜「陶磁器一般」。
坊主	一寺院の主あるじ＜「僧侶一般」。さらに、男の子を親しんで「うちのー」。
足	動物の胴に付属する部位 ＜「テーブルのー」「脚立のー」など。
■語義の縮小（または特殊化）	
魚	酒のつまみ（酒菜）＞「魚」へ。多く魚肉を酒の肴（さかな）としたことから。
とり	鳥類一般＞狭義でニワトリを指す。
卵	鳥・魚・虫などの卵＞ニワトリの卵。料理では「玉子」。

■価値の上昇	
天気	気象全般。→（+）晴天。良い天気。
僕	身分の低い者。下男。→（+）男性の自称詞（同等以下の相手にも使う）。
結果	ある原因によってもたらされた事柄・状態。→（+）良い結果。「ーを出す」。
■価値の下落	
貴様 お前	目上の者に対する敬称。→（ー）同等以下か親しい間柄に使う。
女中	宮中や将軍家などに仕えている女性。→（ー）家事の手伝いや料理屋・旅館などで働く女性。（近年は「家政婦」「お手伝いさん」「接客係」に言い換え）
因果	良い報いや悪い報い。原因と結果。→（ー）不幸な巡り合わせ。

▶▶▶比喩（→P.334）、敬意低減（逓減）の法則（→P.290）

国際音声記号（IPA）　International Phonetic Alphabet　★★★

世界の言語音を同定し分類することを目指して、国際音声学協会が制定したもの。国際音声字母とも。字母とは、1つの単音に対して1つの記号を与え、音と記号との間に一対一の対応関係が成り立つようにしたものをいう。[　] に入れて示され、小文字を原則とする。一部、小文字サイズの大文字があるが、[n] と [ɴ]、[r] と [ʀ] は、それぞれ別の音である。

国際音声記号は、英独仏などの主要言語を母語とする音声学者が作ったもので、音声記号といえば、通常この国際音声記号（IPA）を指す。

▶▶▶音声学（→P.258）、D・ジョーンズ（→P.244）、フォネティック・メソッド（→P.230）

国字　★★

「峠（とうげ）」「雫（しずく）」「躾（しつけ）」などの和製漢字。多くは、会意によるもので、訓はあっても音を欠くのが通例。まれに、「働（ドウ）」や「腺（セン）」のように音をもつものがある。なお、国語国字問題というときの「国字」は、公的に認められている文字や用法を指す。

▶▶▶六書（→P.360）、漢字（→P.270）

語形の変化 ★

語形の変化の原因は、形や意味が似ている、発音しやすいものに変わる(労力の軽減)、聞き間違い、記憶の間違いなど、さまざまである。また、「イッショケンメイ（一所懸命)」が「イッショウケンメイ（一生懸命)」に変わった例などは、民間の誤った語源解釈によって解釈し直された結果と考えられている。

音の添加	ハ（羽） マナカ（真中）	ハネ マンナカ
音の脱落（短縮）	ナスビ（茄子） ツキタチ（月立）	ナス ツイタチ（一日）
音の交替	タレ（誰） ナデル（撫でる）	ダレ ナゼル
音の転倒	アラタシ（新し） サンサカ（山茶花）	アタラシ サザンカ
（平安時代以降） ・イ音便 ・ウ音便 ・撥音便 ・促音便	 ツギテ オモヒテ トビテ タチテ	 ツイデ（次いで） オモウテ(思うて) トンデ（飛んで） タッテ（発って）

▶▶▶縮約形(→P.298)、音位転換(→P.257)、転訛(→P.321)、音便(→P.261)

語構成 word formation ★★★

語構成により、語はそれ以上分けることができない単純語と複数の構成要素から成っている合成語に分けられる。単純語の「花」は、それ以上分けようとすると、「は」と「な」の音節になってしまい、意味を伝えることができない。これに対して、合成語は「金・持ち」（語基＋語基）のような複合語と、「お・金」（接頭辞＋語基）のような派生語に分かれる。

単純語	―	語基（1つ）	花、火、金、米、水
合成語	複合語	語基＋語基	花火、新米、金持ち、早起き
	派生語	接頭辞＋語基 語基＋接尾辞	お米、素肌、無関心、非常識 私たち、寒い・寒さ・寒け・寒がる

›› 語基 base

語の構成で、語の意味上の中核となる構成要素。単純語の「金」、派生語の「お金」の「金」の部分。語構成の観点からいえば、単独で語を構成することができるものである。また「金蔵」「金持ち」のように、2つ以上の語基が結合して複合語になることもできる。

▶▶▶単純語(→P.317)、合成語(→P.282)、複合語(→P.338)、派生語(→P.332)、
独立形態素／拘束形態素(→P.326)

語種 ★★★

出どころ、生まれのことを出自という。その語がどこから来たかという出自で分類したものを語種という。日本語の語種は「和語・漢語・外来語・混種語」の4種に分けられる。中国から入ってきた漢語も外来語であるが、ふつう外来語とはせず、欧米語から取り入れられた外来語と区別する。

単種	固有語	和 語	ひと、あに、うみ、やま、ある、みる、よい
	借用語	漢 語	一（イチ）、肉（ニク）、成就（ジョウジュ）
		外来語	パン、ガラス、ビール、ラッコ、シシャモ、イクラ
複 種		混種語	生ビール、献立（コンだて）、見本（みホン）

語種と表記

「政治とカネ」「昭和ヒトケタ」のように和語をカタカナで表記すると、本来のイメージとは異なる印象を与えるのは、「和語はひらがな、漢語は漢字、外来語はカタカナ」という表記を自然と感じているからにほかならない。そのほか、「オトナ（大人）」「カラダ（身体）」など、文字の種類の差を利用した使われ方が見られる。

	ひらがな	漢字	カタカナ
和 語	◎	○	△
漢 語	○	◎	○
外来語	△	△	◎

◎：主要な表記　○：◎に次ぐ表記　△：特殊な表記

▶▶▶和語（→P.366）、漢語（→P.270）、外来語（→P.261）、混種語（→P.289）、語感（→P.283）

五十音図 ★★★

辞典や索引などの見出し語の並び順に利用され、私たちが日ごろ活用しているのが、五十音順である。そのもとが五十音図で、清音の仮名を、縦に5字ずつ10行に並べた図表である。同じ行の字は子音、同じ段の字は母音が共通し、非常に体系的にできているため、平仮名・片仮名の指導と基本的な発音を導入する際、よく用いられる。

段と活用

「行かない・行きます・行く・行くとき・行けば・行け・行こう」のように、ア～オ段の5つの段で活用する動詞を、五段活用と呼ぶ。

一方、「起きない・起きます・起きる・起きるとき・起きれば・起きろ／起きよ」のようにイ段だけで活用する動詞を、**上一段動詞**と呼ぶ。中央のウ段より上の一段で活用するからである。また、「出る」のようにウ段より下の一段で活用する動詞を、**下一段活用**と呼ぶ。

五段活用	「行く」など、五十音図のア〜オの５段にわたって活用する。
上一段活用	「見る」など、五十音図のイ段だけで活用する。
下一段活用	「寝る」など、五十音図のエ段だけで活用する。
カ行変格活用	「来る」一語だけの特殊な活用。
サ行変格活用	「する（〜する）」だけの特殊な活用。

五段活用の動詞は「ア・イ・ウ・エ・オ」の段で活用するので五十音図を使えば、変換の規則が理解しやすくなるという利点がある。

▶▶▶文字指導（→P.235）、日本式（→P.365）、動詞（→P.324）、動詞の活用タイプ（→P.330）

コピュラ　copula　★

繋辞（けいじ）（つなぐ言葉の意）。英語のbe動詞（Time is money.）のように、2つの名詞を等しいものとして結びつける語。日本語では「鯨は哺乳類だ」の「だ」。ただし、ウナギ文の「僕はうなぎだ」は、コピュラではない。

▶▶▶ウナギ文（→P.255）、述語（→P.301）

固有語（こゆうご）　★★

語種による分類の一つ。日本語にもともとあった**和語**で、**固有語**という言い方は、漢語や外来語などの**借用語**に対するもの。語の出自（生い立ち）を問題にするとき、語は、まず**固有語**と**借用語**に二分される。

▶▶▶借用語（→P.295）、和語（→P.366）

語用論（ごようろん）　pragmatics　★★★

統語論、意味論と並ぶ研究分野。意味論が文字通りの語や文の意味を扱うのに対し、**語用論**では、文を超えた談話レベルで文脈との関連で意味を分析する。例えば「傘ありますか」は、店頭では傘の有無を尋ねているが、状況次第では「お貸ししましょうか／お借りしてもいいですか」などのメッセージになる。こうした現実の言語使用における「**言外の意味**」の解明に力点が置かれている。

発話の解釈

例えば「今、何時ですか」という発話は、文字通りの意味では時間を尋ねるときの発話であるが、遅刻した学生に対して教師が発話した場合、「叱責」の意味と解釈できる。聞き手は文脈を考慮しながら、話し手の言葉の意味や意図を解釈しているのである。

▶▶▶オースティン（→P.255）、グライス（→P.274）、語用論的転移（→P.139）

孤立語／膠着語　isolating language / agglutinative language　★★★

形態的類型による分類で、孤立語は、語形変化や接辞がなく、主に語順によってその文法的意味が示される言語。一方、膠着語は、文法的意味を示す接辞の連辞（膠着）によって示される言語。日本語の名詞や動詞などの文法的働きは、これらの語の後に付加される機能語によって表される。日本語はテンスをもつが、中国語はテンスをもたない。

孤立語	中国語、タイ語、ベトナム語、チベット語	潜在形式
膠着語	日本語、朝鮮語、トルコ語、モンゴル語、フィンランド語	顕在形式

▶▶▶形態的類型（→P.278）、接辞（→P.309）、内容語／機能語（→P.252）

コロケーション　collocation　★★★

連語と訳される。一般に語と語の慣用的な連結を意味する。共に用いられる他の語や句などの要素との関係を共起関係というが、例えば「人気」は、「上がる」や「出る」などと共起するが、「増える」とは共起しない。文法的な適格性を超えた語と語の結びつきは、日本語教育の中級以降では意識して教えなければならない。

▶▶▶語彙指導とコロケーション（→P.202）

混種語　hybrid　★★★

「番組」（漢語と和語）、「生ビール」（和語と外来語）のように2種以上の語種を組み合わせた語。語構成上、「住所」（漢語と漢語）のように同種の組み合わせが本来の姿であるが、漢語も外来語も古くから使われているうちに、出自が意識されなくなった。混種語の成り立ち方では、湯桶読みの「場所（ば・ショ）」や重箱読みの「台所（ダイ・どころ）」など、和語と漢語によるものが圧倒的に多い。

・同種語：手紙（て・がみ）　縁談（エン・ダン）
・混種語：手本（て・ホン）　縁組（エン・ぐみ）

混種語の構成の違いよりも、「花火（はなび）」「筋肉（キンニク）」などの混種語ではないものを選ぶ出題が多い。和語は連濁がヒントになる。

▶▶▶語種（→P.287）、和語（→P.366）、漢語（→P.270）、外来語（→P.261）

佐久間鼎（さくまかなえ） (1888-1970) ★★★

千葉県生まれの心理学者、言語学者。ドイツ、フランスに留学し、日本にゲシュタルト心理学をもたらした。一方、東京アクセントを中心とする音声学研究、および現代の話し言葉の語法研究（いわゆる「コソアド」）に大きな業績をあげた。また、敬意低減（逓減）の法則を発見している。

コソアドの体系（たいけい）

佐久間鼎は、現代日本語の指示詞が、コ系（近称）、ソ系（中称）、ア系（遠称）、ド系（不定称）と整然とした体系を成していることに着眼して、これを「コソアドの体系」と呼んだ。

敬意低減（けいいていげん）（逓減（ていげん））の法則（ほうそく）

佐久間鼎の提唱。日本語は、他の言語に比べて呼称が多いことが原因で、使ううちに相手への敬意はすり減り、自分が尊大化してしまうという説。初めは高い敬意を表した人称詞が「御前＞おまえ」「貴様＞きさま」のように等位か下位の扱いにすり減った例がある。

▶▶▶敬意表現／軽卑表現（→P.92）、指示詞（→P.315）、人称詞（→P.315）

子音（しいん）（C） Consonant ★★★

呼気が声道のどこかで閉鎖や狭めなどの妨げがある音。破裂音は、子音性が高く、ヤ行やワ行の子音は、母音性が高い子音といわれる。子音は、①声帯振動の有無、②どこで（調音点）、③どのように（調音法）つくられている音かという3点で記述される。音声記号で書き表す場合は、[　]、音素記号で書き表す場合は、/　/の中に書き入れる。

音素記号	音声記号	声帯振動	調音点	調音法
/p/	[p]	無声	両唇	破裂音
/h/	[ɸ]	無声	両唇	摩擦音
/ɴ/	[m]	※（有声）	両唇	鼻音

※対応する無声音のない有声音の声帯振動の表記は省略される。

▶▶▶単音（→P.316）、音素（→P.260）、無声音／有声音（→P.308）、調音点（→P.318）、調音法（→P.319）

使役 ★★★

ヴォイスの一つ。ある主体（使役主）が他の主体（動作主）に働きかけや作用を及ぼす用法。「子どもを公園で遊ばせる」の使役は、親（使役主）からの「強制」の場合もあれば、子ども（動作主）の遊びたいという意志を親が「許容」したり、「放任」したりする場合もある。ほかに、使役主・動作主が共に意志性を欠き、不本意な結果を招く「遺憾」がある。

強制（使役主の意志性が強い）	母は　子供に　食器を　洗わせた。
許容（動作主の意志性が強い）	（留学を希望する）娘を　ドイツへ　行かせた。
遺憾（非働きかけ）	彼は　息子を　事故で　死なせた。

使役形

使役形は、表面的には動詞に「せる／させる」を後接させる。内部構造は、子音語幹動詞に-ase、母音語幹動詞に-saseを付加した形になる。なお、-(s)ase の e が抜けて -(s)as-u になる使役の短縮形（サ行の子音語幹動詞を除く）が用いられる場合がある。

タイプ	辞書形	使役形	（短縮形）
子音語幹動詞	走る	走らせる	走らす
	押す	押させる	
母音語幹動詞	食べる	食べさせる	食べさす
不規則動詞	来る／する	来させる／させる	

さ入れ言葉

使役形の変種。子音語幹動詞「読む」の使役形「読ませる」に不要な「さ」を入れた「読まさせる」の類。これは、母音語幹動詞・不規則動詞の「～させる」を過剰に適用した結果と類推されている。

サ行の五段動詞の使役形は、「押さ・せる、話さ・せる、探さ・せる」のように「さ」は、語幹の一部なので「さ入れ言葉」ではない。

▶▶▶ヴォイス（→P.254）、言語規範（→P.73）、ゆれ／乱れ（→P.111）、絶対自動詞／絶対他動詞（→P.294）

字音／字訓 ★★

漢字の日本語としての読み方のうち、中国語の発音に起源をもつものを字音、音読みという。日本に流入した時代や地域などの違いから、呉音・

漢音・唐音（唐宋音）に分けるのが一般的である。一方、その漢字の意味する内容を日本語に置き換えたものを字訓、訓読みという。常用漢字表の本表の音訓欄には、字音は片仮名で、字訓は平仮名で示されている。

中国語	日本語	
山 Shān（シャン）	字音「サン」	日本式の発音
	字訓「やま（也麻）」	和語

※Shānはピンイン。也麻は万葉仮名。

「絵（エ）」「菊（キク）」「肉（ニク）」など、もはや音読みという意識がなくなるほど固有の日本語に同化しているものがある。

呉音（ごおん）

日本の漢字音で、最初に輸入された中国江南地方（呉）の音。朝鮮から対馬を経由して入ってきたので対馬音とも呼ばれる。南方系で、仏教の盛んな地域のため仏典を通して急速に広まった。『古事記』や『万葉集』は、主に呉音を用いている。

行事（ギョウジ）	苦行（クギョウ）	行者（ギョウジャ）
明日（ミョウニチ）	燈明（トウミョウ）	声明（ショウミョウ）

漢音（かんおん）

洛陽や長安などの北方系の音で、遣唐使が中国標準音として伝えた。遣唐使は、呉音に対して、唐都の中国音を漢音と称して、これを正音とした。従って、正史として編纂された『日本書紀』はこれを用いている。ただ、すでに日本語に同化していた呉音と漢音が並存するという結果を招き、漢字音の読みは、より複雑なものとなった。

行程（コウテイ）	旅行（リョコウ）	行動（コウドウ）
明暗（メイアン）	黎明（レイメイ）	明月（メイゲツ）

唐音（とうおん）

唐音は、広義には江戸時代以前からの宋音を含めて唐宋音とも。呉音・漢音が広まった後、中国南方から入ったもので、新しい物品や禅宗関係が多い。鎌倉・室町時代以後、多くは僧侶などによって伝えられた。現在の漢字音のうち全体の3分の2以上を漢音が占め、残りの大部分が呉音である。その他が唐宋音と慣用音になる。

行脚（アンギャ）	行宮（アングウ）	行灯（アンドン）
明朝（ミンチョウ）	明楽（ミンガク）	明笛（ミンテキ）

慣用音（かんようおん）

日本独特の読み方。漢学者の間では、誤りとされていたが、いつしか広く用いられるようになったもの。「設立（セツリュウ→リツ）」「情緒（ジョウショ→チョ）」「消耗（ショウコウ→モウ）」の類。

▶▶▶借用語（→P.295）、漢語（→P.270）、万葉仮名（→P.353）

字種（じしゅ） ★

同じ音訓・意味をもち、語や文章を書き表す際に互換性があるものとして用いられてきた漢字群を指す。常用漢字表の本表には、「亜（亞）」のように、常用漢字の「亜」と共に、いわゆる康熙字典体の「亞」が併記されている。「亞」は、旧字体とも呼ばれるが、このような「亜」と「亞」の関係を、同じ字種であるという。

旧字体（きゅうじたい）／新字体（しんじたい）（通用字体（つうようじたい））

1949年の当用漢字字体表で示された字体を新字体という。これに対して旧来の字体を旧字体という。旧常用漢字表も新字体を受け継いだが、名称を通用字体に変更した。新常用漢字表には、2,136字の通用字体が、明朝体という書体で示されている。

自動詞（じどうし）／他動詞（たどうし） intransitive verb / transitive verb ★★★

動詞の意味的な分類。主語の自発的な動きや変化を表す動詞を自動詞、動作主が対象の変化を引き起こす動詞を他動詞という。ヨーロッパ諸語では、受身形をつくれるか否かによって自動詞と目的語がある他動詞の区別をする。一方、日本語は、他の言語にはあまり見られない「風呂が沸く」「雨に降られる（間接受身）」などの自動詞表現が好まれる。

自動詞文		コマが	回る	結果
他動詞文	子どもが	コマを	回す	原因

※自他動詞のペアは、「原因－結果」という関係にある。

》自他の対応

「回るmawa-RU／回すmawa-SU」のような形態的な対と、ガ格とヲ格の対応があるものを、自他の対応があるという。対応を分類するときには、動詞をローマ字化することが有効である。多くの場合、形の上で共通部分をもち、語尾の接辞が音韻交替する。

自動詞		他動詞	
上がる	ag-ARU	上げる	ag-ERU
立つ	tat-U	立てる	tat-ERU
割れる	war-ERU	割る	war-U

》絶対自動詞／絶対他動詞

自動詞と他動詞は、対になっているわけではない。絶対自動詞（自動詞のみ）、絶対他動詞（他動詞のみ）の例もある。「道を歩く」のようにヲ格をとる移動動詞で、対もなく、ヲ格への働きかけが認めにくいものは、自動詞とする。また、ヲ格をとる「試験を受ける」は他動詞であるが、ニ格をとる「試験に受かる」は自動詞とする。

受身形	絶対自動詞	絶対他動詞	使役形
走られる（間接）	走る	（①）	←走らす（走らせる）
売られる　→	（②）	売る	売らせる
決められる	決まる	決める	決めさせる
閉じられる	閉じる（自他同形）		閉じさせる

①「走る」に対応する他動詞がないので、使役形「走らす」がその役割を果たす。
②「売る」に対応する自動詞がないので、受身形「売られる」がその役割を果たす。

▶▶▶格（→P.265）、項（→P.281）、受身（→P.254）、有対動詞／無対動詞（→P.358）

自発　spontaneous(spontaneity)　★★

ヴォイスの一つ。自発は、意図的ではないもので自然にそうなることを表す言い方。語形の「れる／られる」は、可能形と同じであるが、自発は、「～ことができる」と置き換えられない。現代語の自発表現は「偲ばれる」「思われる」などの感情動詞に限られていて、その数は多くない。

> 「啄木に（は）　故郷が　偲ばれる」（←啄木が　故郷を　偲ぶ）
> 「話を　聞いているうちに　泣けてきた」
> 「あのときの少女が　懐かしく　思われる」

▶▶▶ヴォイス（→P.254）、ら抜き言葉（→P.268）

借用語（しゃくようご） loan word ★★

中国語から入ってきた漢語（または字音語）と中国語以外の外国語（または洋語）から入ってきた外来語。前者は、古代中国語から受け入れてきた多くの呉音系、漢音系、唐音系の語彙であり、後者は、「パン（ポルトガル語由来）」「コーヒー（オランダ語由来）」などである。中国語以外の外来語には借用語意識が強いが、漢語は固有語に近く扱われている。

›› 外部借用（がいぶしゃくよう）／内部借用（ないぶしゃくよう）

異なる外国語（漢語を含む）からの借用を外部借用、日本語の古語・方言などからの借用を内部借用という。内部借用の例として、古語や関西地方で使われていた「しんどい」「こける」などがある。外部借用に比べ、内部借用はそれほど多くない。

▶▶▶語種（→P.287）、漢語（→P.270）、外来語（→P.261）、固有語（→P.288）、南洋群島の日本語教育（→P.46）、字音／字訓（→P.291）

修飾語（しゅうしょくご） ★★★

修飾とは、ある語の内容をより具体的に説明するために、その語の前に別の語を置くこと。日本語では「修飾成分⇒被修飾成分」の順で係る関係にあるが、被修飾成分の違いによって、連体修飾と連用修飾がある。なお、名詞に係る助詞「の」は、述語を修飾しないので、格助詞としない。

連体修飾	名詞に係って、そのものの特徴をつけ加えたり限定したりする。 「文法の→本」「難しい→本」「きのう買った→本」
連用修飾	主に述語の指し示す動きや状態の様子や程度を詳しく述べる。 「馬が→走る」「かなり→静かだ」「とても→ゆっくり→歩く」

›› 連体修飾（れんたいしゅうしょく）

日本語は普通、述語以外の文の成分は、すべて述語に集約される。しかし、連体修飾は、述語を修飾しないで、文の中の名詞に直接係っていく性質をもつ。イ形容詞・ナ形容詞などを連体修飾語、述語を含んで同じ機能を果たすものを連体修飾節という。

- 連体修飾語：おいしい／新鮮な　⇒りんご
- 連体修飾節：昨日スーパーで買った⇒りんご

›› 連用修飾

実は補足語も述語を修飾するので連用修飾と同じ機能を果たすが、別格の扱いをするため、補足語以外の成分を、連用修飾として扱う。品詞では副詞が典型的で単独で連用修飾語になる。副詞は活用がなく動詞に係ることが多いが、他の副詞や形容詞を修飾することもある。

連体／連用修飾語	補足語	述語
（イ形容詞／副詞）	（名詞＋格助詞）	（動詞）
赤い	風船が	割れる（1項動詞）
突然（いきなり）	−	

▸▸▸文の成分（→P.323）、連体修飾（→P.295）、イ形容詞（→P.251）、ナ形容詞（→P.327）、副詞（→P.341）、体言／用言（→P.314）

終助詞 ★★★

助詞の一つ。文の終わりにあってその文を完結させ、命令・疑問・詠嘆・禁止など、対人的な陳述を表す。「か・よ・ね・ぞ・の・わ・かしら」など。終助詞は、引用節を除いて、従属節の中では使うことができない。また、終助詞の使い方には男女差が見られる。

終助詞「よ」	終助詞「ね」
話し手が、聞き手が知らないということを前提に、新情報を提供する。	話し手が、聞き手と情報を共有していることを前提に、聞き手に共感を求める。
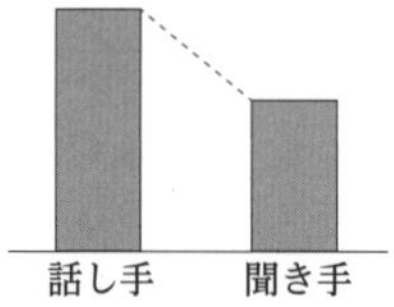	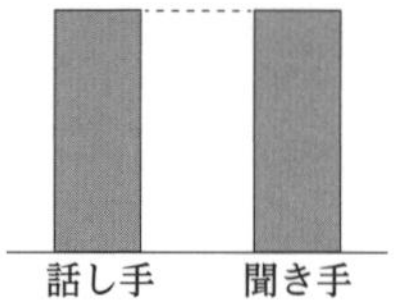

・「明日試験がありますよ」
・「これはとてもおいしいわよ」

・「今日はいい天気ですね」
・「これはとてもおいしいわね」

›› 終助詞の共起性

「行くわよ」「ゴミ出してよね」など、他の終助詞と同時使用できること。「さ」や「ぞ」などは、他の終助詞と共起しない。

›› 間投助詞

山田孝雄の用語。終助詞との区別には諸説ある。文中または文末に添加して、詠嘆、疑問、強調などの話し手のモダリティを表す形式。

「それでね、これがさ、例のマスクだよ」の「ね・さ・よ」など。

▶▶▶対人的モダリティ（→P.358）、助詞（→P.304）

従属節（じゅうぞくせつ） ★★★

主節に対して従属的な関係で結びつく節。従属節には、(1)補足語の役割を果たす補足節、(2)名詞を修飾する連体節（連体修飾節）、(3)副詞の働きをする副詞節がある。従属節の分類・名称には、諸説ある。

(1) 補足節	「漢字を覚えること／のは難しい」（形式名詞） 「桃太郎がいつ鬼退治に出かけるのかが重要だ」（疑問表現） 「太郎はすぐ行くよと言った」（引用節）
(2) 連体節	「かぐや姫に求婚した人」（内の関係） 「かぐや姫が月に帰る話」（外の関係）
(3) 副詞節	「事故があったので、遅れました」（理由） 「本を読みながらご飯を食べた」（付帯状況） 「雨が降ったら、延期しよう」（条件）など

≫ 従属節（じゅうぞくせつ）の独立性（どくりつせい）

従属節の独立性が高い場合は、主節の丁寧度が従属節まで及ばないので、従属節の丁寧度を上げる必要がある。文体を合わせなければいけないのは、逆接を表す「が」節である。従属節の独立性が低い節は、主節の「デス・マス体」と従属節の文体を合わせる必要はない。

■独立性が高い従属節
・逆接の「が」節：雪が降っていますが、そんなに寒くないです。

■独立性が低い従属節
・条件の「なら」節：君が行くなら私も行きます。
・同時の「ながら」節：音楽を聞きながら本を読みます。
・付帯状況の「つつ」節：住民の意向を反映させつつ工事を行うべきです。

≫ 従属節（じゅうぞくせつ）の「は」と「が」

「は」と「が」の使い分けについて、従属節の種類によって違いが見られる。独立性が低い連体修飾節（太郎が撮った写真）や副詞節（太郎が高校生のとき）の中では「は」は現れない。一方、独立性が高い並列節（ビールは飲みますが、日本酒は飲みません）や引用節（私はこの小説は面白いと思います）では「は」が現れる。

▶▶▶主節（→P.299）、単文／複文（→P.344）、引用表現（→P.253）、条件節（→P.302）、文体指導（→P.232）

熟字訓（じゅくじくん） ★★

2字以上の漢字から成る熟字に訓読みを当てたもの。常用漢字表の付表に、いわゆる当て字や熟字訓など、主として1字1字に音訓をつけにくいものを掲げている。これらは、「付表の語」とも呼ばれる。

> 小豆（あずき） 田舎（いなか） 素人（しろうと） 土産（みやげ）
> 相撲（すもう） 五月雨（さみだれ） 三味線（しゃみせん）

「明日」を「ミョウニチ」と読むのは、音読みであるが、「あした」や「あす」と読むのは、熟字訓である。

▶▶▶常用漢字（→P.304）、字音／字訓（→P.291）

縮約形（しゅくやくけい） ★★★

どんな言語でも話し手が話すときは、一種の「経済性の原理」から発音しやすくしたり、少し変化を与えて違った機能をもたせたりすることが起こり得る。語形を簡略化したものを縮約形というが、これが現れるのは、インフォーマルな場面とは限らず、かなり頻繁に観察される。

> **■助詞「は」**
> じゃ（では） 言っちゃ（言っては） こりゃ／こら（これは）
> **■テ形**
> 持ってく（持っていく） 来てる（来ている）
> やっとく（やっておく） 取っとく（取っておく）
> **■バ形**
> 泣きゃ（泣けば） ありゃ（あれば） 売れりゃ（売れれば）
> **■ナ行音の撥音化**
> だめんなる（だめになる） そうなんです（そうなのです）
> **■ラ行音の撥音化**
> わかんない（わからない） 怒んない（怒らない）

▶▶▶略語（→P.361）、フォーマル／インフォーマル（→P.102）、省略語（→P.88）

主語（しゅご） subject ★★★

日本語は、主語の認定が容易ではない。「象は鼻が長い」のように1つの文の中に「は」と「が」が共に現れることがあるし、「春だなあ」のように主語がない文もある。主語の定義を「文の成分の一つとして述語と結びつきが特別なもの」として扱うと、ガ格以外に、「は・も・しか・だけ」

などの異質な成分が一括されることになり、主語の内容があいまいなものになる。主題優勢型の日本語に主語を設定するかどうかを含めて学説としては、未だ統一した見解は見られていない。

▶▶▶主題優勢言語／主語優勢言語（→P.301）、対象語（→P.264）、格（→P.265）、主語廃止論（→P.353）

授受表現 ★★★

物や恩恵の授受に関する形式で、「やりもらい」「あげもらい」ともいう。授受表現は、日本語に特徴的な表現で、動詞の変化ではなく対応する動詞を使い分けるので、学習者には難しい部分がある。授受動詞には、「あげる、やる、くれる、もらう、さしあげる、くださる、いただく」の7つある。これらは、敬語性の有無によって次のように分類される。

授受動詞	非敬語形	敬語形	
		尊敬語	謙譲語Ⅰ
授与動詞	あげる／やる	－	さしあげる
	くれる	くださる	－
受取動詞	もらう	－	いただく

英語は事実志向で、日本語は立場志向といわれる。「あげる／もらう」のように日本語では、どの「視点」から述べるかによって表現が変わる。

≫ 受益の表現

動詞のテ形に「あげる／やる」「くれる」「もらう」が接続すると、受益の表現が得られる。受益とは、人が動作・出来事から利益（好ましい結果）を受けることで、このときの「～てあげる」「～てくれる」「～てもらう」などを補助動詞という。

(1) 私は　オウさんに　調理法を　教えてあげた。
(2) オウさんは　私に　調理法を　教えてくれた。（＊教えた）
(3) 私は　オウさんに　調理法を　教えてもらった。

▶▶▶授受動詞の補助動詞（→P.349）、ダイクシス（→P.313）

主節 ★★★

複文を構成する複数の節のうち、文末で文全体をまとめる節。主節以外の節（接続節とも）が、主節に対し、独立度が高い場合には並列節、低い場合には従属節という。

並列節

複文で主節に対して対等に並ぶ節。順接的並列の総記とは、該当するものをすべて並べる表現で、節が並列するときの形式に述語の連用形接続とテ形接続がある。文体としては、前者が文語的、後者が口語的である。なお、例示の「～たり」は、繰り返す形式が本来の言い方で、主節の述語も「～たり」で表現される。並立節とも。順接に対して逆接は、内容的に対立する節が並列する表現である。

順接	総記	連用形接続	太郎がギターを弾き、花子が歌を歌った。
		テ形接続	太郎がギターを弾いて、花子が歌を歌った。
	例示		休みの日は音楽を聴いたり、映画を見たりする。
	累加		ラガーマンは体も大きいし、力も強い。
逆接	接続助詞		兄は野球が好きだが、弟はサッカーが好きだ。
	否定のテ形接続		議員が来ないで（ずに）、秘書が来た

※順接の並列節は、主従関係がないので前後を入れ替えることができる。

▶▶▶従属節（→P.297）

主題 topic ★★★

主語や主述関係に代わる概念で、主題とは、話し手がその文で述べたい内容の範囲を定めたものである。主題は、述べるときの前提になるものなので、文頭に置かれる。三上章によれば、主題をもつ文は、文のある部分が主題化され、これに後続する解説部分と呼応して文が完成されるという。主題-解説関係における解説とは、その主題に対する説明である。

■主題と非主題の対立の仕方

	主題	（非主題）	解説部
ガ格	太郎は	⬅ 太郎が	ピザを　焼く。
ヲ格	サラダは	⬅ サラダを	花子が　作る。
ニ格	日本は	⬅ 日本に	地震が　多い。
	翌日には	⬅ 翌日に	帰国した。
デ格	銀座では	⬅ 銀座で	時計を　買った。
ー	明日は	⬅ 明日 φ	法事が　ある。

※格成分を主題化したときに、ガ格・ヲ格とニ格の一部とは共起しない。

主題を表す形式

主題を提示する形式には、「は」以外に、主に話し言葉で「なら」「って」「ったら」などがある。

(1) 先行発話を引き継いで後ろで叙述するものを提示する。
(お土産について)「お土産なら、地酒がいいな」
(2) 幾分引用する気持ちで言及対象を取り上げる。
「秋田犬って、もふもふしているね」
(3) 相手の持ちだした話題について情報を与える。
(通訳探しで)「ロシア語だったら、田中さんがいいですよ」

▶▶▶三上章(→P.353)、文の成分(→P.323)

主題優勢言語/主語優勢言語 ★★

Topic-prominent language / Subject-prominent language

言語類型論の分類の一つ。「僕はウナギだ」のように主題-解説型の言語を主題優勢言語という。このようなタイプの文は、主題を考慮に入れずに統語的な直訳はできない。日本語の主題は「は」で示されるが、中国語は文頭で示す。これに対して、英語のように統語的に主語の支配力が強い、主語-述語型のタイプの言語を主語優勢言語という。

主題優勢言語	主題-解説型	日本語、中国語、朝鮮語
主語優勢言語	主語-述語型	英語、フランス語、ドイツ語

▶▶▶主題(→P.300)、主語(→P.298)

述語 predicate ★★★

文の成分の一つ。文は言語によるコミュニケーション活動の基本的単位である。「地震だ」のような一語文は〈今、ここ〉のことしか伝えることができないが、「去年、九州で地震があった」のように時間的、空間的に離れた出来事も伝えることができる。述語は、文の中核的な存在であり、文末の位置で文を支え、品詞によって3種類の述語文に分けられる。

(1) 動詞述語文	クジラが 潮を 吹く。	動詞
(2) 形容詞述語文	クジラは 大きい/巨大だ。	イ形容詞/ナ形容詞
(3) 名詞述語文	クジラは 哺乳動物だ。	名詞+ダ

文の成分としての「述語」と、その下位の品詞の一つである「動詞」を混同しないこと。述語に属する品詞は、「動詞・形容詞・名詞+ダ」。

▶▶▶文の成分(→P.323)、体言/用言(→P.314)

上位語/下位語 ★★

語と語の間で、一方の指し示す範囲が、もう一方の指し示す範囲をすべて含むような場合、両者は包摂関係（上下関係）にあるという。「花」を上位語とすれば、「桜」はその下位語である。日常、上位語で説明したり、具体的に下位語を挙げたりするのはよく行うことであり、適切な提示は、学習者の語の理解を助け語彙を増やすのに役立つ。

▶▶▶提喩（→P.335）、語彙（→P.280）

条件節（じょうけんせつ） ★★★

従属節は、主節との関係のあり方によって、いくつかの下位種に分けられるが、最も従属節らしい従属節に、条件を表す条件節がある。条件とは、ある２つの事態の間の仮定的な因果関係を表す。条件を表す基本形式に「と」「たら」「ば」「なら」がある。条件節には、ヴォイス・アスペクト・丁寧さ・肯否は現れるが、反実仮想の「なら」を除いて、テンスは現れない。

›› 自然的（しぜんてき）な帰結（きけつ）「と」「たら」

「と」の基本的な用法は、反復的・恒常的に成り立つ関係（前件が起これば、通常後件が起こる）を表す。自然現象や習慣、機械の操作の類。また、「たら」は、事態の実現に重きをおいた表現である。

「春になると、桜が咲きます」
「このボタンを押すと、飲み物が出てきます」
「雨が降ったら、ゴルフは中止です」
「この仕事が終わったら、温泉に行こう」

›› 法則的（ほうそくてき）な「ば」

「ば」は、ことわざや格言に代表されるような一般的法則を表す。また、「ば」は、前件を条件・前提として後件が成り立つという順接の仮定条件を示す。

「ちりも積もれば山となる」
「風が吹けば桶屋がもうかる」
「今すぐ出発すれば間に合うでしょう」
「雨が降れば、延期しよう」

›› 反実仮想（はんじつかそう）の「なら」

条件の表現には、後ろに述べることを導くための仮定条件を表す「なら」と、事実ではないことを想定する反実仮想の「なら」がある。

ナラ節でタ形を使うことで反事実であることを明示する。「もし」「かりに」「のに」「どころだ」などを伴うことが多い。

「君が行くのなら、僕も行こう」（仮定条件：ナラ節が成立すれば）
「もし空を飛べたなら、あなたのもとに飛んで行けるのに」（反実仮想）

■「たら」と「なら」の前後関係
「飲んだら、乗るな」（飲んだ後は）
「乗るなら、飲むな」（乗る前には）

譲歩

後に述べる事柄が前に述べる（既に実現した、あるいは仮定する）条件に縛られないという関係で、2つの句をつなぐのに使う。「テ形＋も、タ形＋って、辞書形・タ形＋としても、タ形＋ところで」など。

「雨が降っても決行する」
「密葬にしたってするべきことをしなきゃあ」
「仮に勤め人であったとしても、休暇はとれるはずだ」
「あやまったところで許してはくれまい」

▶▶▶従属節（→P.297）、陳述副詞（→P.342）

状態動詞／非状態動詞 ★★★

「ある・居る・要る・できる・見える・飲める」などは静的な述語で、典型的な**状態動詞**といわれる。一方、動詞の多くは「歩く・話す・倒れる」のように動きを表す。このような動詞を**非状態動詞**（または**動態動詞**）という。存在の「ある」は代表的な状態動詞だが、非状態動詞の用法ももち合わせている。

状態動詞の用法	川沿い[に]桜並木がある。	存在
非状態動詞の用法	村[で]伝統的な祭りがある。	行為

状態動詞のアスペクト

状態動詞は、状態を表し、時間を超越したもので、例えば「ある」にはテイル形がない。これは非状態動詞の「走る－走っている」のようなアスペクトの対立をもたないことを意味している。

動詞の「ある」は、テイル形がないばかりか、ナイ形は「あらない」にならない。ここは品詞の異なるイ形容詞の「ない」が代用される。

▶▶▶動詞の4分類（→P.273）、アスペクト（→P.249）、テンス（→P.321）

常用漢字 ★★★

連合国軍最高司令部占領下で暫定的に作られた「当用漢字表」は、35年後、新聞・雑誌など各種印刷物の用字調査を経て、1981年「常用漢字表」へと受け継がれた。掲載された漢字の字種が95字増えて1,945字になり、当用漢字表の制限を緩和し、漢字使用の目安を示した。字種と字体（明朝活字）、音訓、語例、備考の欄から構成される「本表」と当て字や熟字訓を示した「付表」から成る。

〈前書き〉 法令、公用文書、新聞、雑誌、放送など、一般の社会生活において、現代の国語を書き表す場合の漢字使用の目安を示すものである。

》常用漢字の改定

常用漢字表は、2010年に29年ぶりに改定され、字種がさらに増え、2,136字になった（追加196字、削除5字、読みの変更33字）。これは、文字を手書きしていた時代と違って、スマホなどの情報機器の普及によって簡単に漢字変換ができるような情報化時代になり、よく使われる漢字が増えたという、社会の変化を受けてのことである。

1981年	常用漢字表（1,945字）	「読めて書ける」漢字。漢字使用の〈目安〉
2010年	常用漢字表（2,136字）	「読めなくとも書けなくとも使える」漢字

改定のポイントは、情報機器で変換することを想定して、①すべてを書ける必要はない、②漢字削減の方向が転換されたことの2点である。

▶▶▶現代日本語の表記（→P.280）、当用漢字（→P.325）、字種（→P.293）

助詞 perticle ★★

日本語の品詞は、自立語と付属語に大別され、付属語は活用のない助詞と活用のある助動詞に分けられる。助詞は、古来〈てにをは〉と呼ばれていたもので、常に他の語に後置されることで一定の機能を果たす。この点で助動詞と共に、膠着語としての日本語の特色を成している。分類には諸説あるが、格助詞・副助詞・接続助詞・終助詞などがある。

日本語教育では、学校文法の品詞分類表は扱わない。助詞や助動詞は、文中や文末での重要な文型・表現に含まれた形で扱われる。

▶▶▶自立語／付属語（→P.337）、膠着語（→P.289）

助動詞（じょどうし） auxiliary verb ★★

品詞の一つ。付属語（辞とも）で活用があるもの。用言や他の助動詞について叙述を助ける働きをする。「れる・られる」「せる・させる」など。助動詞を一つの品詞として立てたのは大槻文彦であるが、助動詞の分類は諸説あり、助動詞とみるか、接尾辞とみるかで学説が大きく異なる。

▶▶▶自立語／付属語（→P.337）、接尾辞（→P.310）

自立拍（じりつはく）／特殊拍（とくしゅはく） ★★★

拍は、日本語話者に等しく感じられるリズム上の最小単位。その構造は、自立拍と特殊拍に分けられる。自立拍の塊の中心となるのは母音である。一方、特殊拍はリズム上の単位としては自立拍と同等の性質をもちながら、単独では1音節を構成しない。どの特殊拍も語頭には現れず、常に自立拍に後続して現れ、直前の自立拍と共に1つの音節を成す。

自立拍	V（母音） CV（子音＋母音） CjV（拗音）	1拍	1音節
特殊拍	R（長音） N（撥音） Q（促音）	1拍	

特殊拍の3種は、一般的なCV構造ではないため、特殊音素ともいわれる。拗音を除き、日本語は仮名1文字が1拍のシステムになっている。

▶▶▶音節（→P.259）、特殊拍の指導（→P.222）

数量詞（すうりょうし） ★★

名詞の一つ。「一冊・一台」など、数詞（数を表す語）と助数詞（種類を表す語）の形で用いられる。日本語の数詞の読み方には、和語系と漢語系がある。和語系は「一（ひi）⇒二（ふu）」「三（みi）⇒六（むu）」「四（よo）⇒八（やa）」の倍数が母音交替になっている。漢語系は「四（シ）」と「七（シチ）」に、「四（よ）時／四（よん）本」と「七（なな）本」の和語系が混ざる。数え方は、学習者にとって負担が大きい。

▶▶▶和語（→P.366）、漢語（→P.270）

数詞	一	二	三	四	五
和語系	ひと（つ）	ふた（つ）	み（っつ）	よ（っつ）	いつ（つ）
漢語系	イチ	ニ	サン	シ（よ／よん）	ゴ

数詞	六	七	八	九	十
和語系	む（っつ）	なな（つ）	や（っつ）	ここの（つ）	とお
漢語系	ロク	シチ（なな）	ハチ	キュウ／ク	ジュウ

■読み方が複数あるもの
- 七人（シチニン／ななニン）――漢語 vs 和語
- 八本（ハチホン／ハッポン）――促音化の有無
- 十杯（ジッパイ／ジュッパイ）―発音のゆれ

助数詞の音変化

例えば、漢語系の「一」は「イチ」もしくは「イッ」と読まれる。こうした促音に変化するものとしては、ほかに「六・八・十」がある。これらは、無声子音で始まる助数詞と結びつくことがわかる。また、助数詞の中には、前にくる数詞によって、語形を変えるものがある。例えば、「本 {hon}」は、複数の異形態 /pon・bon/ をもつ。

	1	2	3	4	5	6	7	8	9	10
冊	ss	s	s	s	s	s	s	ss	s	ss
本	pp	h	b	h	h	pp	h	pp	h	pp

※網掛けは「促音」を意味する。

▶▶▶異形態（→P.276）

数量詞の用法

日本語の数量詞は、それが現れる位置と品詞性について、他の名詞にはない独特の文法現象が見られる。例えば「3人の学生がいる」は、名詞として機能しているが、「学生が3人いる」では、副詞として機能している。前者を連体用法の数量詞、後者を連用用法の数量詞と呼ぶ。日本語は「一人の客」よりも「客一人」の使い方が多い。

副詞的（つまり、助詞を伴わない）に使われる名詞には、数量詞のほかに、「明日、出発します」のような時を表す名詞がある。

清音／濁音 ★★★

日本語で濁点や半濁点をつけない仮名が表す音を清音という。五十音図で「カサタハ行」の音。これに対応する「ガザダバ行」の音を濁音という。

さらに、「パ行」の音を半濁音という。濁音イコール有声音と思われがちであるが、母音以外の子音では、「ナマヤラワ行」の子音も有声音である。なお、清音・濁音は、音声学の用語ではない。

	無声音	有声音
清音	カサタハ行	—
濁音	(半濁音パ行)	ガザダバ行（ナマヤラワ行）

›› 連濁（れんだく）

語の合成に伴う変音現象の一つ。「夜空yo-zora」「本棚hon-dana」のように後続する語頭音が濁音になる現象。音素が隣接する音素に影響されてそれと同じ性質のものに変化する現象を同化という。「夜中yo-naka」のようにもともと、有声子音もあるが、連濁化は、無声子音を有声子音に変える同化現象の一種である。

›› 語種（ごしゅ）と連濁（れんだく）

後項の語種では、「胃袋i-bukuro」のように和語は連濁しやすいが、「胃酸」「胃カメラ」のように漢語や外来語は連濁しにくい。「雨合羽ama-gappa)」(合羽はポルトガル語由来の外来語）のような例もあるが、これは和語化したものである。逆に「夜風yo-kaze」のように和語でも連濁を嫌う場合（ライマンの法則）もある。

漢語の中には「電力会社」(デンリョク・ガイシャ)、「研究所」(ケンキュウ・ジョ）などのように長い間に和語化して連濁するものもある。

▸▸▸変音現象（→P.346)、ライマンの法則（→P.359)

正書法（せいしょほう） orthography ★

社会的に規範として認められている、語の正しい書き表し方。日本語の正書法は、自由度が高く、常用漢字などは目安であって、これから逸脱した書き方を誤りとするわけではない。それでも「現代仮名遣い」や「送り仮名の付け方」などは、正書法の一つといえる。正字法とも。

▸▸▸言語計画（→P.77)、現代日本語の表記（→P.280)

声帯（せいたい） vocal cords ★★★

喉頭の中にある長さ1cm程度の一対のひだ。この声帯が位置する部分を声門という。声の音源である喉頭内は、〔喉頭〔声門〔声帯〕〕〕の構造になっており、声の動力源である肺からの呼気流がここを通過して、声道へと上昇する。発声は、自らの意志で決めることができ、声帯を振動させると有声の音が、振動させなければ無声の音がつくり出される。

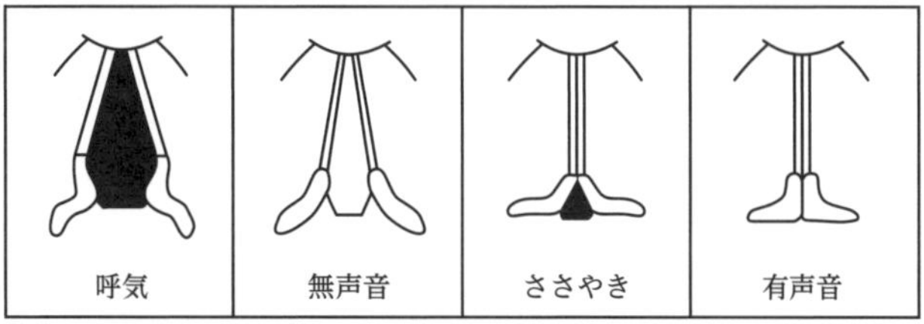

・呼気：通常の呼吸時には声帯は大きく開いている。
・無声音：開かれた状態の声門を呼気が通過し、声帯が振動しない。
・ささやき：一部だけ空いて声帯の振動は伴わない。無声音の一種。
・有声音：ほぼ閉じた状態の声門を呼気が通過し、声帯が振動する。

›› 声帯振動のタイミング

破裂音には、有声音と無声の無気音・有気音がある。この3つは、閉鎖が開放されるタイミングと声帯振動が起こるタイミングで説明することができる。声帯振動の開始が早ければ、有声音がつくり出される。閉鎖の開放と声帯振動が同時であれば無声無気音がつくられ、声帯振動までに時差があれば、それが気息（息だけ）となって、無声有気音を作り出す。

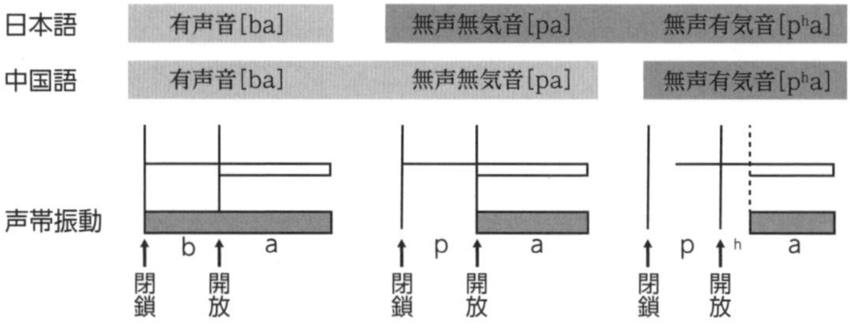

›› 無声音／有声音 non-voiced sound / voiced sound

声帯振動の有無による区別。これは、調音点・調音法と共に子音の分類に重要な要素となる。日本語は、[ka]（蚊）と［ga］（蛾）の子音のように無声音と有声音が弁別的な対立をなしているが、それが意味の違いに関係しない言語を母語とする学習者も多い。つまり「開国・外国」「退学・大学」の区別が難しいという問題が起こる。

日本語	無声音・有声音	/k/([k]・[k^h])	/g/([g])
中国語	無気音・有気音	/k/([k])	/k^h/([k^h]・[g])

無声音の直後の母音が遅れて軽い気息が生じることがある。日本語は、気息の有無が意味の違いに関係しないが、気息がないわけではない。

▶▶▶発音(→P.332)、発音器官(→P.332)、気息(→P.271)

声調（せいちょう） tone ★★

単語ではなく、音節ごとに高さの変動があること。このような言語を、声調言語という。中国語やタイ語、ベトナム語などがある。中国語（北京語）は、四声（しせい）（一声〈高く平らに伸びる〉・二声〈上昇する〉・三声〈低く抑える〉・四声〈下降する〉）が弁別的に働いている（語を区別する）。

声道（せいどう） vocal tract ★

声門から上の共鳴腔で喉頭、咽頭、口腔、鼻腔から構成される部分。

▶▶▶調音(→P.318)、子音(→P.290)

接辞（せつじ） affix ★★★

ある語形をもとに、意味を添えたり、語の品詞を決定したりする役割をもつ語構成要素。接辞には接頭辞と接尾辞がある。常に添加する形式で、単独では語を構成しない。単純語に接頭辞がついた「お水」、接尾辞がついた「水っぽい」などの派生語を生成する。

›› 接頭辞（せっとうじ） prefix

常にほかの語の前につく接辞。接頭語とも。「ま昼」「か弱い」「お墓」などの「ま／か／お」の類で、単独では用いられず、常にほかの語基の前につく。接頭辞は、接尾辞に比べて、種類も数も少なく、生産力も乏しいが、漢語系の接頭辞は、生産力が高い。

和語系接頭辞	ま-上、す-足、ど-素人、か-細い、こ-高い、ず-太い
漢語系接頭辞	御-案内、過-保護、再-発見、全-世界、超-満員、純-国産
外来語系接頭辞	アンチ-エイジング、リ-サイクル、ノン-ストップ

【重要】

◎否定の漢語系接頭辞は、品詞を転換させる（転成）ものがある。

名詞→ナ形容詞：「責任／無-責任」「常識／非-常識」「注意／不-注意」

◎漢語系接頭辞は、漢語以外の語種にもつく。

「不-払い」〈漢語＋和語〉、「抗-アレルギー」〈漢語＋外来語〉

接尾辞（せつびじ） suffix

常に語を構成する要素の後につく接辞。接尾語とも。「神様」の「様」ように、意味を添加するものと、「春めく」の「めく」のように意味を添加すると同時に品詞を変える（転成）ものとがある。接尾辞は、接頭辞よりも種類が多く、派生語をつくる生産性も高い。

和語系接尾辞	奥-さん、奥-さま、赤-ちゃん、おじ-ちゃま、君-たち
漢語系接尾辞	自己-流、国際-化、人間-性、達成-感、保守-派、和-風
外来語系接尾辞	-イズム、-チック、-モード、-スト、-ライク、-レス

【重要】品詞の転成

① **名詞転成**
速-い→速-さ、重-い→重-み、嫌→嫌-け

② **動詞転成**
痛-い→痛がる、弱-い→弱-まる、汗→汗-ばむ、春→春-めく

③ **形容詞転成**
大人→大人-しい、春→春-らしい、水→水-っぽい

④ **形容動詞転成**
文化（名詞）→文化-的（ナ形容詞）

▶▶▶転成（→P.323）、語構成（→P.286）

接続詞（せつぞくし） ★★

日本語の品詞の一つ。自立語で活用がなく、文頭もしくは体言の後について語句や文を続ける働きをもつ語。「電車またはバスを利用する」「純米でしかも淡麗な酒」「旅に出る。そして人生を振り返る」など。

▶▶▶品詞（→P.337）

接続助詞（せつぞくじょし） ★★

助詞の一つ。主に活用する語について前後を接続する助詞。「音楽を聴きながら勉強する」「駅まで急いだが、間に合わなかった」など。

■終助詞的用法

- 逆接の接続助詞「が」
  「これ、道に落ちていたんですが」（補足的説明）
- 原因・理由の接続助詞「から」
  「今日中に終わらなかったら、許さないから」（注意・警告）
- 類似の事柄を並べる接続助詞「し」
  「僕はこれで。明日、授業もあることだし」（理由・言い訳）

▶▶▶助詞（→P.304）

造語法（ぞうごほう） ★★

新しい語を作り出す方法。既存の言語要素を利用して、複合・派生させる「合成」、外国語・方言などから取り入れる「借用」、省略による「縮約」、品詞を変える「転成」、意味の似たものを組み合わせてつくる「混淆（こんこう）」などがある。一方、まったく新しい語をつくることを「語根創造」というが、現代においてはオノマトペ（擬音語・擬態語）を除いてほとんどない。

混淆（こんこう） contamination

2語が結合して1語になった「やぶる＋さく→やぶく」など。記憶違いや言い誤りが広がって固定化したものであり、それほど例は多くない。「タビックス」（足袋＋ソックス）、「イノブタ」（猪＋豚）など、意識的な混淆語も登場するようになってきた。

- 「ごてる」＋「こねる」 →「ごねる」
- 「motor」＋「hotel」 →「motel（モーテル）」
- 「smoke（煙）」＋「fog（霧）」→「smog（スモッグ）」

文字（もじ）による造語（ぞうご）

複数の文字種を併用している日本語は、語と文字との関係が深い。例えば、漢字の字形からは「くの一（女）」や「ロハ（只）」（漢字の「只（タダ）」をカタカナで分けた隠語）など。「米寿（八十八を1字の「米」で表す）」「白寿（百の字から第一画をとって九十九歳を表す）」のような語も漢字によるものである。また、「T字路」「Uターン」など、ローマ字の字形から生まれたものがある。

▶▶▶和製漢語（→P.270）、省略語（→P.88）、オノマトペ（→P.257）

阻害音（そがいおん） obstruent ★

声道が極端に狭められる破裂音・破擦音・摩擦音の3つは、子音の中でも子音性の高い音であることから、阻害音ともいわれる。

▶▶▶調音法（→P.319）

促音（そくおん） ★★★

特殊音素（特殊拍）の一つ。音韻論で1つの促音音素/Q/に該当する。促音は小さい仮名「ッ」で表され、1モーラを形成するが、単独では発音できない。また、語頭にも語末にも立たない。実際には語中で、後続する音の発音と同化（逆行同化という）して、音声学上、調音点の異なる多くの条件異音をもつ。つまる音とも。

≫ 促音の発音

「ッ」の後ろが無声の破裂音・破擦音の場合、後続する音の調音点で促音の部分の音が閉鎖され、この口構えのまま、1 拍待機する。発音記号は、[-pp-]［-tt-］のように子音を重ねるが、破裂が 2 回あるわけではない。一方、「ッ」の後ろが無声摩擦音の場合は、促音の部分が息漏れして同じ摩擦音で 1 拍分長く発音される。

/Q/	1拍待機型	促音の直後：無声破裂音［p, t, k］　無声破擦音［ts,tɕ］ [ippai]（一杯）　[ikkai]（1回）　[ittɕi]（一致）
	1拍発音型	促音の直後：無声摩擦音［s, ɕ］ [issai]（一切）　[iɕɕi]（一矢）

促音の発音は、①摩擦音で1拍分息漏れするケースと、②促音の調音点（両唇・歯茎・軟口蓋など）の違いが見極められるかが重要である。

▶▶▶自立拍／特殊拍（→P.305）、音素（→P.260）、条件異音（→P.250）、促音の指導（→P.223）

ソシュール　Saussure (1857-1913)　★★★

スイスの言語学者。近代言語学の父。ソシュールの登場は、当時の比較言語学にコペルニクス的転回をもたらしたとして、ヨーロッパの知識層に大きな衝撃を与えた。死後、3回の講義ノートをもとに出版された『一般言語学講義』（1916）によって知られたソシュールの理論は、20世紀の言語学に大きな影響を与え、構造主義言語学の原点となった。

≫ ラング／パロール　langue / parole

ソシュールは、社会的に共有し個人が勝手に変更できない約束事である言語規則をラングとし、一人一人が行う発話をパロールとして、あらゆる言語活動をラングとパロールに区別した。ラングには、時間軸に沿った通時的（歴史的）なとらえ方とある時点の言語の状態を考察する共時的なとらえ方があり、後者を研究対象とした。

パロール	個人的・顕在的・臨時的	個人ごとに送受信されるメッセージ
ラング	社会的・潜在的・恒常的	社会的に容認された解読用のコード

ソシュールは、自身の講義で「楽譜をラングとすると、実際の演奏会場で演奏される一回一回の演奏がパロールにあたる」とたとえた。

▶▶▶構造主義言語学（→P.283）、言語記号（→P.278）、コード／メッセージ（→P.352）

対義語 ★★★

いくつかの意味成分を共有しながらも、特定の点に関して対立する意味成分をもつ単語の組。反義語とも。例えば、「右」と「左」は「水平方向を示す」「横に向かっての方向である」などの点で共通な意義をもっているが、ただ一点だけ、方向が正反対であるということのみが異なっている。対立の仕方によって、相補関係、相対関係、視点関係がある。

相補関係	一方が成立すれば他方は成立しない関係（中間的段階が考えられないもの）。「出席」でなければ「欠席」。
	「表・裏」「男・女」「ある・ない」「北極・南極」「右・左」「内・外」
相対関係	一方を否定しても必ずしも他方にならない関係（中間的段階が考えられるもの）。「明るくなければ暗い」とは限らないなど。
	「明るい・暗い」「長い・短い」「暑い・寒い」「重い・軽い」「積極的・消極的」
視点関係	１つの行為をどちらの側の視点から表現するかの違い。片方を否定すれば同時に他方も否定される。
	「売る⇔買う」「上り坂⇔下り坂」「貸す⇔借りる」「行く⇔来る」「教える⇔教わる」

「親と子」、「医者と患者」のように、互いに相手の存在を前提にしている関係は、意味成分の関係がなく、対義語のペアにはならない。

≫ 対義語と品詞

対義語の中には、品詞が対応しないものがある。例えば、「若い」の対義語にイ形容詞はなく、言い切りでは「高齢だ・年老いている・年を取っている」などで、連体修飾では「高齢の・年老いた・年取った・老けた」などになる。また、「違う」の対義語は、「同じ」であるが、これは動詞ではなく、ナ形容詞である。

▶▶▶ 並列構造（→P.338）

ダイクシス deixis ★★★

言語学において意味が文脈に依存して決まる語。直示とも。ダイクシス性をもつ語は、ダイクシス語とも呼ばれる。ダイクシスは、自己中心的に解釈され、例えば、同じ人称代名詞の「私」であっても、誰が言ったのかによって「私」が異なる。ほかにも指示代名詞の「これ／それ／あれ」、授受動詞の「あげる／もらう」などダイクシス性をもつ語がある。

■時間のダイクシス

ダイクシス	昨日 φ、合格通知が　来た。	相対的な時点（発話時基準）
非ダイクシス	3月に　合格祝賀会を　行う。	絶対的な時点（ニ格必須）

※発話時を基準とする時間名詞「昨日」は副詞としても機能する。

「今週からダイエットします」と言った場合の「今週」がいつの週か特定できないのは、ダイクシス性（時間的直示）があるからだ。

▶▶▶代名詞（→P.314）、授受表現（→P.299）

体言／用言 ★★★

国文法の伝統的な呼び方では、名詞（普通名詞・代名詞・固有名詞など）を**体言**、述語となる語（動詞・形容詞・形容動詞）を**用言**という。日本語は普通、述語以外の**文の成分**は、すべて述語に集約される。述語とその他の文の成分は、係受けの修飾関係に立っている。

▶▶▶文の成分（→P.323）、名詞（→P.354）、修飾語（→P.295）

対象言語／メタ言語　object language / metalanguage ★★★

意味論において、言語について論じる場合、対象として語られる言語を**対象言語**という。**メタ言語**は、この対象言語について一段高い次元から語る言語で、高次言語とも呼ばれる。例えば、ドイツ語の文法について日本語で語るとき、ドイツ語は対象言語で、日本語はメタ言語である。

「花火はきれいだ」は、普通の言語表現であるが、「花火」（対象言語）は「花」と「火」の合成語であるという説明は、メタ言語である。

▶▶▶アウトプット仮説（→P.114）、訂正フィードバック（→P.155）

対照言語学　contrastive linguistics ★

任意の２言語を取り上げて、その異同点を明らかにする言語学の一分野。主に**外国語教育**で、学習者が犯しやすい誤りや学習項目の難易度を予測することで、外国語教育や教材を効率的なものにする手段として盛んになった。隣接する領域に、言語間の普遍性を探る言語類型論がある。

▶▶▶対照分析仮説（→P.152）

代名詞 ★★

具体的な名称の代わりに用いる語。人を指し示す**人称詞**（人称代名詞）と事物や場所、方角などを指し示す**指示詞**（指示代名詞）とがある。これらの「代名詞」「人称」という概念は、西洋文法からその体系と共に輸入されたものである。日本語では、一般に名詞の下位に分類される。

人称詞

日本語の呼称は、実名・愛称、役職名（部長、次長など）、職業名（運転手さん、大工さんなど）、親族名（お父さん、ママなど）ほか、きわめて多種多様な語彙があり、人称詞は、それらの一部にすぎず、使用頻度はあまり高くない。なお、「自分」を自称詞で使うことは避けたいという建議（「これからの敬語」1952）がかつてあった。

一人称	自称詞	私、わたくし、あたし、僕、俺、手前…
二人称	対称詞	あなた、きみ、おまえ、きさま、あんた、おたく…
三人称	他称詞	彼、彼女

二人称では、「あなた」（方向指示詞「彼方」からの転用）と尊称「おまえ」「きさま」の敬意低減（逓減）の法則による敬意の低下が重要である。

▶▶▶敬意低減（逓減）の法則（→P.290）

指示詞

文章に結束性をもたらす結束装置（文法的手段）の一つ。話し手と相手との遠近関係を指し示す語を指示詞という。現代日本語の指示詞は整然とした体系を成している。「こ」系で近称を、「そ」系で中称を、「あ」系で遠称を、「ど」系で不定称を表す。

	近称	中称	遠称	不定称
事物	これ	それ	あれ	どれ
場所	ここ	そこ	あそこ	どこ
方角	こちら	そちら	あちら	どちら
連体詞	この／こんな	その／そんな	あの／あんな	どの／どんな

▶▶▶結束性（→P.317）

現場指示／文脈指示

指示詞の用法には、指示対象が発話の現場に存在する現場指示と、指示対象が発話の現場ではなく、文中に存在する文脈指示とがある。これらの指示詞は、日本語教育の初級レベルからかなり広く導入されている。個々の指示詞と指示対象を照らし合わせることによって、文脈にある情報の連続性がつかめるよう指導することが重要である。

■現場指示

学：この漢字、なんて読むんでしょうか？

教：ああ、それはですね。「す（酢）」って読むんですよ。

■文脈指示

学：どこかいい美容室を知りませんか？

教：知っていますよ。今度、そこの電話番号教えますね。

前方照応（ぜんぽうしょうおう）／後方照応（こうほうしょうおう）

指示する対象語が指示詞の前にあるものを前方照応という。逆に、指示する対象語が指示詞の後にくるものを後方照応という。

■前方照応

玄関に傘があるから、それを持ってきてくれ。

■後方照応

それは唐突にやってきた。妻が別居したいと切り出したのだ。

単音（たんおん） phone ★★★

音声学で扱う単位で、実際に発音される音の最小単位。[ ] に入れて表される。言語音そのものは連続しているが、「雨」は、[a] [m] [e] の3つの単音から成る。音韻論で扱う単位の音素とは概念が異なる。

▶▶▶音素（→P.260）、音声学（→P.258）

単義語（たんぎご）／多義語（たぎご） ★

意味を1つしかもたない語を単義語という。例えば「結核」や「直線」などのように科学技術上の術語の多くは、単義である。人名や地名などの固有名詞や人工的につくられた通信記号なども単義である。一方、1つの音形に2つ以上の意味をもっている語を多義語という。和語の「目」や「手」「足」のような基本的な語ほど多様に使われ多義語になりやすい。

■多義語：「あし」【足・脚】

① 動物の胴に付属している部分。「━を組む」

② 足首から先の部分。「━に合わない靴」

③ 物の下方にあってそれを支えている部分。「机の━」（「脚」）

④ 行くこと・来ること。「客の━が遠のく」

⑤ 交通手段。「━の便が悪い」

⑥ 銭。「お━」

学習者にとって解釈が難しい表現の一つに「どうも」がある。多義的な挨拶言葉で、「感謝・謝罪・ねぎらい」などの気持ちを表すからである。

単純語

★★

意味的に語の中心部分を担う語基1つから成る語。「雨」「花」「山」の類。語構成を考えるときには、まず、その語がより小さい要素に分けられるかどうかをみる。単純語は、これ以上、意味的・語形的に分解することができない。これに対応する語が、複数の語構成要素から成る合成語（複合語「花火」・派生語「お花」の類）である。

▶▶▶合成語（→P.282）、語基（→P.286）

談話　discourse

★★★

言語単位の一つで、1文を超えた意味的なまとまりをもった結束性のある文の集まりを指す。話し言葉と書き言葉の両方を含むとされるが、書き言葉は、文章・テクスト（テキスト）という用語が使われる傾向にある。いずれにしても談話は、全体として何を言っているのかという首尾一貫性を、場面に応じて適切に受け手に伝えるものでなければならない。

≫ 結束性　cohesion

文を構成する要素の意味が、別の文の要素と関連づけて解釈される場合のつながりを指す。結束性は、文を結び束ねる上で不可欠なもので、これには指示表現、接続表現などの統語的手段（結束装置）がある。談話は、表層テクストの結束性と内容の首尾一貫性によって支えられている。

≫ 首尾一貫性　coherence

受け手が関与する余地がない結束性に対して、首尾一貫性は、文の要素以外の言語の使用者がもつ一般的な知識・推論との相互理解から生まれる談話の意味的・内容的なつながりを指す。整合性とも。

▶▶▶話し言葉／書き言葉（→P.100）、表象（→P.165）、制度的談話（→P.90）

長音

★★★

特殊音素（特殊拍）の一つ。「ケーキ」「ノート」などの「ー」の部分は、異なる母音であるが、音韻論では1つの長音音素/R/とする。短母音に対して、母音をそのまま1モーラ分伸ばすので長母音、あるいは引く音ともいう。長音の後半部分は［:］（コロンとは異なる）で表す。発音指導の際は、短母音と長母音の混同、長母音の短母音化などに注意する。

長音の表記

長音は、長い母音の後半部分のことで、直前の母音と同じ母音を引く（順行同化という）。長音の表記は、「現代仮名遣い」に準じると、片仮名のときは「ー」で表すが、平仮名のときは、エ列の長音とオ列の長音に発音と表記が異なるものがある。

/aR/	[a:]	おかあさん、おばあさん、まあまあ、ざあざあ
/iR/	[i:]	おにいさん、おじいさん、ちいさい、にいがた
/uR/	[ɯ:]	くうき、すうじ、つうがく、ふうせん、ふうふ
/eR/	[e:]	おねえさん、ええ
		えいが、せんせい、とけい、ていねい
/oR/	[o:]	おおきい、とおい、こおり、おおかみ、とおる
		おとうさん、おはよう、おうさま、こうえん、そうじ

▶▶▶自立拍／特殊拍（→P.305）、音素（→P.260）、長音の指導（→P.222）

調音　articulation　★★★

肺から排出された空気、つまり呼気は声門を通過する。この時点では、有声・無声の区別と声の高さが決められるだけである。その後、声門から上の部分、咽頭・口腔・鼻腔（これらを総称して声道という）で音の区別が作り出される。これを音声学で調音（医学では構音）という。声門での声帯音源に調音が加えられることによって、言語音声が出来上がる。

二次的調音

口蓋化の現象に見られる、もとの調音からさらに二次的な調音が生じること。例えば、カ行のカ・ク・ケ・コの子音は、無声軟口蓋破裂音（一次的調音）であるが、キの子音は、前舌面が母音イの影響を受けて、硬口蓋寄りになる口蓋化した軟口蓋破裂音になる。日本語では、イ段の音でこのような二次的な調音が行われる。

▶▶▶発音（→P.332）、発音器官（→P.332）、口蓋化（→P.282）

調音点　place of articulation　★★★

発音に際して、肺から出る呼気の流れを妨害する部分。声道上部のあまり動かない部分に調音点がある。子音の調音点は「どこで」を表す。

両唇	上唇と下唇の音	マ・パ・バ行、フ
歯茎	上歯茎と舌先の音	イ段以外のサ・ザ・タ・ダ・ナ行、ラ行
歯茎硬口蓋	歯茎の後ろから硬口蓋寄りのところと舌先の音	シ、ジ（ヂ）、チ、ニ
硬口蓋	硬口蓋と中舌の音	ヒ、ヤ行
軟口蓋	軟口蓋と奥舌の音	カ・ガ行
口蓋垂	口蓋垂と奥舌の音	語末のン
声門	声門の音	ハ、ヘ、ホ

▶▶▶子音（→P.290）、発音（→P.332）、発音器官（→P.332）

調音法（ちょうおんほう） manner of articulation ★★★

子音の調音（音のつくり方）は、鼻音と口音に大別される。子音の調音法は「どのように」を表す。

鼻音		口蓋帆を下げて、呼気を鼻腔に通して共鳴させる有声の音	ガ行鼻濁音、ナ・マ行、ン
口音	破裂音	口腔内の一時閉鎖→瞬間的継続→破裂の3過程でつくられる音（閉鎖音）	カ・ガ・パ・バ行、タ、テ、ト、ダ、デ、ド、声門破裂音（アッ）
	摩擦音	口腔内で狭めをつくることで生じる音	サ・ザ（語中・語尾）・ハ行
	破擦音	破裂音と摩擦音が1つの音として同時に発せられる音	ザ（語頭・撥音の後）行、チ、ツ、ジ、ズ
	弾き音	舌先で上の歯茎を弾いて出す有声の音	ラ行
	接近音	口腔内の呼気の通り道に摩擦が起きない程度に狭めをつくる有声音（半母音）	ヤ・ワ行

※破裂音は、最後の〈破裂〉を強調したもの。最初の〈閉鎖〉に着目すると閉鎖音という。

※破擦音は、破裂の〈破〉と摩擦の〈擦〉を合わせた名称。

▶▶▶子音（→P.290）、調音（→P.318）、発音（→P.332）

直音（ちょくおん）／拗音（ようおん） ★★

直音は、日本語の音節のうち、1つの母音、または1子音と1母音から成る音節。拗音は、キャ・キュ・キョのように、子音＋半母音（j）＋母音から成る音節。本来の日本語の音節にはなく、漢字音を取り入れたために生じたもの。平安中期に、ャ・ュ・ョを加える表記法が生まれた。1音節1字の仮名の原則がここに崩れ、拗音は1音節を2字で書き表す。

▶▶▶モーラ（→P.356）、音節（→P.259）、口蓋化（→P.282）

チョムスキー Chomsky, N. (1928-) ★★★

アメリカの言語学者で、生成文法理論の創始者。チョムスキーの理論を信奉する研究者は「チョムスキアン」と呼ばれるが、論敵も多い。著作の半分が言語学で、残りの半分は政治評論に当てられている。『文法の構造』(1957) を著して、自称「**認知革命**」と呼ぶ学問的な変革を引き起こし、以後、言語学のみならず、隣接する諸分野に大きな影響を及ぼした。

》 生成文法（せいせいぶんぽう） generative grammar

チョムスキーの文法モデルを指す名称として使われるが、広義には同様の文法モデルの総称。構造主義言語学の帰納的な方法では、これから無限に作られる文が考慮されず、話し手の**言語能力**が説明できない。チョムスキーは、この言語能力の中身というべき、規則全般を**普遍文法**と呼び、この仕組みの解明を目指した。

理論の特徴	構造主義言語学	生成文法
言語観	社会的な慣習	生物的に備わっている特性
記述方法	帰納的アプローチ	演繹的アプローチ
文法モデル	統語論（文法・文型） 形態論（形態素） 音韻論（音素）←最小対立	表層構造 【音韻部門】　【意味部門】 深層構造

▶▶▶言語獲得装置（→P.133）、認知革命（→P.160）、生得説（→P.133）

デ格（かく） ★★★

デ格は主として、動作・作用の行われる場所、道具・手段、材料、原因、様態、期限・限度、動作の主体などを表す。

(1) **動作の場所**　「庭で　遊ぶ」
(2) **道具・手段**　「はさみで　切る」「鉄板で　焼く」
(3) **材料**　「木で　作る」
(4) **原因**　「風邪で　休む」
(5) **様態**　「土足で　上がる」
(6) **期限・限度**　「1週間で　直せる」「30人で　打ち切る」
(7) **動作の主体**　「自分で　考えろ」

▶▶▶格助詞（→P.265）

転音（てんおん） ★★★

母音交替とも。語の合成に伴う**変音現象**の一つ。前項末尾の母音が他の母音と交替すること。この現象は、**和語**に特有の現象であるが、法則性を立てるのは難しいので、一つ一つ語彙的に見ていくしかない。

i → o	木彫り（きぼり）	＊木陰（こかげ）　＊木立（こだち）
i → e	気立て（きだて）	＊気配（けはい）　＊気色（けしき）
e → a	雨男（あめおとこ） 稲刈り（いねかり）	＊雨戸（あまど）　＊雨傘（あまがさ） ＊稲穂（いなほ）　＊稲妻（いなずま）
o → a	白帯（しろおび）	＊白子（しらこ）　＊白壁（しらかべ）

▶▶▶変音現象（→P.346）、和語（→P.366）

転訛（てんか）　★★

語本来の音がなまって変わること。その語形を転訛形という。「てまえ（手前）」が「てめえ」になる類。話し手にとっては、話しやすいが、学習者にとっては、まったく別物に聞こえてしまう。

・「御座ある」　➡「ござる／ございます」
・「臭い」の類　➡「くっさい／くせえ／くっせえ」
・「レモネード（lemonade）」➡「ラムネ」
・「アメリカン（American）」➡「メリケン（粉）」

テンス　tense　★★★

時制とも。述語の表す事態が発話時から見ていつ起こったのかを表し分ける文法カテゴリー。日本語のテンスは「走る－走った」のル形とタ形の対立によって表され、現在と未来のテンス上の区別（つまり語形）がない。ル形が〈現在〉を表すのか、〈未来〉を表すのかは、その動詞が「状態動詞」か、「非状態動詞（動態動詞）」かによって決まる。

	非過去形		過去形
	〈未来〉	〈現在〉	過去
状態動詞（ある、いる、要る、見える）	ル		タ
非状態動詞（走る、起きる、食べる）	ル	（テイル）	

膠着語の日本語は、タ形とル形の2つのテンスをもつ。語順で文法関係を示す孤立語の中国語やタイ語は、テンス（活用）をもたない。

≫ 超時制（ちょうじせい）　super tense

真理や習性、マニュアル、一般法則などを表す場合は、時の制約から解放された超時制というべき用法になり、ル形で表す。

・水は100度で沸騰する。（真理）
・大根はせん切りにする。（料理レシピ）
・ロミオがジュリエットに歩み寄る。（戯曲）

時制(じせい)の一致(いっち) tense agreement

「日本に来るとき、兄が空港まで見送ってくれた」「日本に来たとき、兄が空港まで迎えに来てくれた」のように、主節が共に過去であっても、従属節のテンスは、相対的な時間関係で決まる。英語のような時制の一致は、日本語にはなく、それぞれ意味が異なる。

過去(かこ)／完了(かんりょう)

動詞のル形は、動作がまさに始まろうとすることや「水位がどんどん高くなる」のように動作の過程にあることを表し、発話時と関係なくアスペクト的な意味を表す。また、タ形は、事態を発話時現在と切り離したものとして表現する過去と、事態を発話時現在にも関連した完了として表現するものがある。両者をテンスとする研究者もあれば、前者をテンス、後者をアスペクトとする研究者もある。

	テンス	アスペクト	文例
ル形	非過去	未完了	列車が鉄橋にさしかかる。
タ形	非過去	完了	お湯（もう）沸いた？
	過去	完了	昨日、銭湯に行った。

タ形(けい)の特殊用法(とくしゅようほう)

一般に「～する」は現在のことで、「～した」は過去・完了と考えやすい。しかし、今まさにバスが近づいてくるのに気がついて「あ、バスが来た」という。また、「明日は母の誕生日だった」のように、未来にもかかわらず、タ形が用いられる。タ形がもつ本来の用法が転じたこれらの特殊な用法は、モダリティを表す用法である。

発見	（探していたものが）あ、あった。
想起	あ、明日がレポートの締め切りだった。
命令	さあ、子どもは帰った、帰った。
要求	（相撲の立ち合いで）待った。
確認	会議は来週でしたか。
決意	よし、おれが引き受けた。
反実仮想	普通の人間なら即死していたよ。（実際には死んでいない）

▶▶▶文法カテゴリー（→P.345）、孤立語／膠着語（→P.289）、モダリティ（→P.357）

転成（てんせい） ★★★

ある語が他の品詞に転じることを、品詞の転成という。これには、動詞連用形「遊びます→遊び」や形容詞連用形「近く／早く／多く」から名詞への転成のように語形が変化しない場合と接尾辞の着脱を伴う「寒い→寒さ／寒がる」のように語形が変化する場合とがある。さらに「勉強→勉強する」のようなスル動詞化を含めて広く転成とする考え方もある。

▶▶▶接辞（→P.309）、転成名詞（→P.355）

同音異議語（どうおんいぎご） ★★

「意外」と「以外」のように同じ字音であるが、意味的には互いに異なる語。同音語とも。日本語は、漢字以外にアクセントが同音語の区別に役立つ。例えば「アメ」を頭高型で言えば、聞き手は「雨」だと理解する。このようなアクセントの弁別機能によって、学習者が「一杯」と「いっぱい」が別の語として認識できれば、語彙習得の大きな利点になる。

▶▶▶字音／字訓（→P.291）、弁別機能／統語機能（→P.245）

同化（どうか） assimilation ★★★

ある音が前後の影響を受けていずれか一方がもつ特徴に変化する現象。連濁は、有声音に挟まれた無声子音が「濁る」現象（夜空/yozora/の類）で、母音の無声化は、無声子音に挟まれた狭母音のイ・ウが「澄む」現象（聞く/k (i) ku/、好き/s (u) ki/の類）である。いずれも発音のしやすさからくるもので、音声学的には極めて自然なことである。

▶▶▶連濁（→P.307）、母音の無声化（→P.348）

統語論（とうごろん） syntax ★★★

言語学の一部門。構文論とも。文は、語を材料とし、それらを組み合わせることで作られる。統語論は、文のレベルで単語の配列規則とその機能の解明などを研究対象とする。研究対象の小さい順に、音声学、音韻論、形態論、統語論、意味論、語用論と並べることができる。述語全体の構造をまとめる文法カテゴリーは、形態論レベル（テンス、アスペクトなど）から統語論レベル（モダリティ）まで、2つの部門にまたがっている。

›› 文の成分（ぶんのせいぶん）

文のレベルを扱う統語論の単位。文には「地震だ」のような一語文もあるが、これは〈今、ここ〉のことしか言えない。通常の文になると、「去年、九州地方で洪水があった」のように、時間的・空間的に遠く離れた出来事を伝えることが可能になる。文の成分としては、「主題・補足語・修飾語・述語」などがある。

主題	主に「〜は」の形で文の陳述の対象を示す部分。述語を修飾する格助詞の「が」とは異なる。
補足語	「名詞＋格助詞」の形をとり、述語に補足して伝える働きをする部分。連用修飾と同様の機能をもっているが、修飾語から独立させる。
修飾語	ある情報により一層詳細な情報をつけ加えたり、規定したりする部分。連体修飾と連用修飾がある。
述語	文の中核部分で、動作・作用・性質・状態などを述べる部分。文には必須の成分。動詞は品詞で、述語の下位に属する。

▶▶▶形態論(→P.276)、述語(→P.301)、主題(→P.300)、補足語(→P.349)、修飾語(→P.295)

動詞（どうし） verb ★★★

日本語の品詞の一つ。事物の存在・状態・動作・作用などを表す自立語。主要な働きとして述語になるという機能をもつ。「書く」「起きる」など、言い切る場合にはウ段で終わる。形態的には活用があり、ヴォイス、アスペクト、テンスなどの文法カテゴリーに従って変化する。日本語教育では、動詞が表す命題内容を補充するために、どのような補足語をとるか、そのときの格助詞は何かなどを踏まえて文型を抽出する。

▶▶▶文法カテゴリー(→P.345)、補足語(→P.349)、格助詞(→P.265)

≫ 動詞の活用（どうしのかつよう）

動詞は、文中でどのような働きをするかによって語形が変わる。この語形変化を活用という。「見ます」「見た」は、語彙的形態素miに、それぞれ、機能的形態素-masu、-taを伴った内部構造になっている。日本語教育では、語幹が子音で終わる子音語幹動詞と母音で終わる母音語幹動詞に2分し、その他を不規則動詞としている。

学校文法	日本語文法
五段活用	子音語幹動詞　切るkir-u　話すhanas-u
上一段活用、下一段活用	母音語幹動詞　着るki-ru　食べるtabe-ru
カ行変格活用、サ行変格活用	不規則動詞　来る・する

≫ 動詞の活用形（どうしのかつようけい）

国語教育では、未然形・連用形・終止形などの名称で分類されるが、日本語教育では多くの活用形を立て、わかりやすい名称にしている。例えば「行かない（ナイ形）」「行きます（マス形）」「行けば（バ形）」

のように語形を活用形の名称とする。中には「行って（テ形）」のように音便が生じる語形もあるが、これも活用形の一つとして扱う。

動詞の分類法

日本語ネイティブの場合は、まずナイ形にして分類する。「書かない」のように「ない」の直前がア段であれば、五段活用に、「見ない・寝ない」のように「ない」の直前がイ段・エ段であれば、一段活用に分類できる。これができない日本語学習者の場合は、下記のように動詞の辞書形で活用を見分ける方法を利用することになる。

■辞書形からの分類法

①「くる」「する」は、例外として覚える。

②辞書形がルで終わらない動詞は、五段動詞である。➡「話す」「聞く」

③辞書形の末尾がルとなる動詞のうち、ルの前の母音が「a，u，o」ときは、五段動詞である。➡「刈る」「釣る」「取る」

④辞書形の末尾がルとなる動詞のうち、ルの前の母音が「i, e」のときは、一段動詞である。➡「起きる」「食べる」

ただし、五段動詞の場合もあるので、この場合、例外として覚える。

一段動詞「着るki-ru」　＊五段動詞「切るkir-u」

一段動詞「変えるkae-ru」　＊五段動詞「帰るkaer-u」

当用漢字 ★★★

1946年に公布された「当用漢字表」に掲げられた1,850字の漢字。法令・公用文書・新聞・雑誌および一般社会で使用する漢字の範囲を示したもの。漢字制限は、第二次世界大戦中の1942年に作成された「標準漢字表」からの改訂という形で進められ、はじめは「常用漢字表」という名称だったが、戦後、急遽「当用漢字表」に変更された。命名は、国語審議会の漢字主査委員会委員長の山本有三で、「当用」とは「日用の使用に当てる」の意。

▶▶▶山本有三（→P.63）、旧字体／新字体（→P.293）

米国教育使節団

第二次世界大戦後、連合国軍最高司令部の要請により、米国教育使節団（1946年第1次、1950年第2次）が来日した。教育改革のために漢字の全廃、ローマ字への移行などを勧告したが、第2次使節団は、国語の改革は「本当の簡易化・合理化には触れないで、仮名や漢字の単純化に終わろうとしている」と指摘した。

ト格 _{かく} ★★★

ト格には、(1)共同動作の相手（任意）を表す用法と、(2)対称的関係における相互動作の相手（必須）を表す用法などがある。対称的とは、2者のどちら側からみても同じ事態が成立することで、「AがBと／BがAと」と入れ替えることができる。

> (1) **共同動作**　「(ポチと) 散歩する」
> (2) **相互動作**　「太郎が　花子と　結婚する／けんかする／別れる」
> 　　　　　　　「太郎が　花子と (に) 会う／約束する／相談する」
> 　　　　※「と」は双方向的、「に」は一方向的。
> ほかに、「昔と違う」「帳簿と照合する」のように比較対象のト格がある。

▶▶▶格助詞（→P.265）、項（→P.281）

時枝誠記 _{ときえだもとき} (1900-1967) ★

東京都生まれの国語学者。東京帝国大学で、上田万年 _{うえだかずとし}、橋本進吉の指導を受ける。京城帝国大学（現ソウル大学）教授を経て、橋本の後任として母校の教授となる。言語を要素の結合として見るソシュールの言語観に対して、表現過程そのものにおいて言語を見ようとする言語過程説を唱えた。

▶▶▶対象語（→P.264）、4大文法理論（→P.358）、橋本進吉（→P.331）

独立形態素／拘束形態素 _{どくりつけいたいそ／こうそくけいたいそ} free morpheme / bound morpheme ★

形態論において形態素は、単独で語になれるかという点から独立形態素（または自由形態素）と拘束形態素に分けられる。「海」は、単独で語になれるので独立形態素である。一方、「寒－さ／い／がる」の「寒」は語彙的（語根）ではあるが単独で語として現れることがないので、後接する接尾辞の「さ／い／がる」と同様、拘束形態素である。

▶▶▶形態素（→P.275）

取り立て助詞 _{とたじょし} ★★★

ある事柄を取り上げることで、それと同じ類の事柄に関して言外の情報を伝える働きがある助詞。従来、学校文法で係助詞、副助詞と呼ばれていたものである。「太郎が駅まで走った」では、着点を表す格助詞であるが、「太郎までが走った」では、取り立て助詞として用いられている。主題を提示する「は」には、「風は強いが、雨は降っていない」のように他項との対比を表す用法もあり、この場合も、取り立て助詞である。

意味	取り立て助詞	文例
対比	は	紅茶は飲むが、コーヒーは飲まない。
累加	も	猿も木から落ちる。
限定	だけ	あの人にだけは会いたくない。
	しか	説明会には１人しか来なかった。
	ばかり	あの子とばかり仲良くする。
	こそ	今度こそ合格してみせるぞ。
極限	さえ	これさえあれば大丈夫だ。
	まで	子どもにまでばかにされた。
	でも	そんなことなら誰でも知っている。
例示	など（なんか、なんて）	休日は音楽を聴くなどして過ごす。
	くらい（ぐらい）	せめて日曜日くらい休みたい。

① 名詞だけでなく、動詞、形容詞、副詞などにも付加される取り立て助詞
「雨天でも決行する」（名詞に付加）
「この道を行くしかない」（動詞に付加）
「大きいばかりが能じゃない」（形容詞に付加）
「ゆっくりなどしていられない」（副詞に付加）

② 格助詞の前後に現れる取り立て助詞
「子どもにさえわかる」（格助詞＋さえ）
「野菜などが値上がりした」（など＋格助詞）
「部長にだけ（だけに）話す」（両用）

▶▶▶助詞（→P.304）、副助詞（→P.342）、マデ格（→P.352）

ナ形容詞（けいようし） na-adjective ★★★

日本語の品詞の一つで、学校文法では形容動詞。「〜な・〜に・〜だ」がつき、物事の性質・ありさま・状態を表す（話し手の判断を表すものが多い）。「静か」「確実」「ユニーク」の類。ナ形容詞は、語幹の独立性が高く、名詞と同様に述語となるには「だ」を必要とする。また、「健康を損なう」、「特別寒い」のように名詞や副詞としての用法も併せもつ。このような特徴からナ形容詞は、名詞とイ形容詞の間に位置づけられる。

■イ形容詞、ナ形容詞の両形あるもの
暖かい／暖かな　細かい／細かな　柔らかい／柔らかな
大きい／大きな　小さい／小さな（「大きな・小さな」を連体詞とする説あり）
■ナ形容詞、名詞の両形あるもの
元気な／元気の　自由な／自由の　平和な／平和の
◇学習者の誤用
「この服は＊きれくてかわいいです」（○きれいで）

▶▶▶イ形容詞（→P.251）、ナ形容詞の活用（→P.277）、品詞（→P.337）、述語（→P.301）

二格（かく） ★★★

ニ格は、人やものの存在場所、所有者、移動の着点、動作の相手、動作の対象、状態の対象、原因、移動動作の目的、事態の時などを表す。

(1) 帰着点	「成田に　着く」
(2) 場所	「机の上に　本が　ある」
	「田舎に　住む」（存在に重点）
	◇「田舎で　暮らす」（動作に重点）
(3) 動作の相手	「弁護士に　相談する」
(4) 変化の結果	「信号が　赤に　なる」」
(5) 基準・評価	「母に　似ている」「子どもには　無理だ」
(6) 原因	「酒に　酔う」
(7) 目的	「買い物に　出かける」
(8) 時点	「5時に　起きる」

「友達に（＝から）もらう」「先生に（＝から）叱られる」のような授受や受身の「に」は、源・出どころを表す「から」に相当する。

▸▸▸格助詞（→P.265）

二重調音（にじゅうちょうおん） double articulation ★★

調音点が2カ所あり、妨害の度合いが同じであるものをいう。舌背を使う**吸着音**は、機構上、二重調音になる。日本語の舌打ち音の「チェッ」は、これに相当する。接近音の［w］も、**両唇・軟口蓋**で同時に調音される。

▸▸▸吸着音（→P.273）、唇の丸め（→P.274）

日本語の系統（にほんごのけいとう） ★★

明治になって、日本語とウラル・アルタイ語族の近さが論じられたことがあった。言語学者藤岡勝二（1872-1935）は、アルタイ諸語の特徴をいくつか挙げたが、アルタイ諸語にある「**母音調和**」が日本語にないことがネックになっていた。その後、**上代特殊仮名遣い**が再発見され、藤岡の説は、すべて日本語にも通じるものとなる。ただ、日本語は、**開音節**構造が主であることが一致せず、学問上、**系統不明**な言語に分類されている。

■アルタイ諸語の特徴（藤岡勝二の14項目から抜粋）

1　語頭に2つ子音がくることを嫌う。
2　r 音で始まる語がない。
3　母音調和がある。（←上代特殊仮名遣い）
4　前置詞はなく、後置詞がある。
5　語順で、修飾語は被修飾語の前にくる。目的語が動詞の前にくる。

▶▶▶比較言語学（→P.334）、上代特殊仮名遣い（→P.331）

日本語の語順　★★★

有意味な文を作るための文の要素の配列を**語順**という。日本語は、系統的には孤立した言語とされるが、アルタイ諸語との共通項も多い。他動詞と目的語の語順は、「ごはん・食べる」型で、形容詞と名詞の修飾関係は、「白い花」型である。語順の面では世界の主流の**SOV型**に属している。

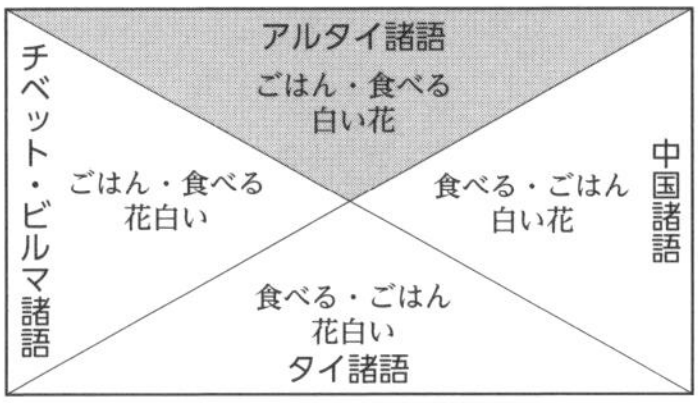

▶▶▶言語類型論（→P.278）

日本語の時代区分　★★

日本語の時代区分は研究者によって諸説あるが、二分法では南北朝時代までの「**古代語**」とそれ以降の「**近代語**」に大きく分けられる。

古代語	上代		主として奈良時代
古代語	中古		平安時代
古代語	中世	前期	鎌倉時代・南北朝時代
近代語	中世	後期	室町時代・安土桃山時代
近代語	近世		江戸時代
近代語	近代		明治時代以降
近代語	現代		第二次世界大戦以後

›› 係り結びの消滅

古代語から近代語への変遷の特徴として、係り結びの衰退・消滅がある。文語の係助詞「ぞ」「なむ」「や」「か」の**連体形**での終止は、中世後期以降、連体形が終止形を兼ねるようになったことで衰退していった。一方、「こそ」の已然形での終止は、近世以降、已然形の仮定形への変質に伴って、衰退した。

動詞の活用タイプ

上代～中古の動詞には、9種類の活用タイプが存在した。中世以降、ラ行変格活用が四段動詞に統合されたり、連体形が終止形を兼ねることになり、二段活用が近世前期までに一段化したりした。近世の江戸では、四段活用→五段活用になり、現代と同じ5種類（五段・上一段・下一段・カ行変格・サ行変格）の活用になった。

▶▶▶動詞の活用（→P.324）、ハ行の乱れ（→P.330）

認知言語学 cognitive linguistics ★★

人間の認知能力の観点から言語現象を体系的に記述し、説明する研究。認知言語学は、生得的な言語能力を重視した生成文法に反対する立場から発展してきた。言語習得についてトマセロは、生成文法が主張するトップダウンのプロセス(母語のインプットを引き金にして個別文法化していく)ではなく、具体的な使用法に触れながら、認知能力を用いてボトムアップで文法規則を抽出し、習得していくと考えた。

生成文法	認知言語学
言語能力は、認知能力とは別物。	言語能力は、認知能力の一つで、一体。
統語論を本質にすえている。	意味論を本質にすえている。
言語習得はトップダウン	言語習得はボトムアップ

▶▶▶比喩（→P.334）、用法基盤モデル（→P.133）

ハ行の乱れ ★★★

ハ行音［h］とバ行音［b］の清濁の音韻的な対立は、無声音と有声音の対立とは異なり、パ行音［p］とバ行音［b］が音声的に対立する。これは、日本語のハ行の歴史的変化に起因する。奈良時代またはそれ以前、ハ行の頭子音は、無声音［p］と有声音［b］で整然と対立していたが、現代のハ行の頭子音は［h・ç・ɸ］の3種の異音による不規則な姿になった。

音素 /h/	/ha/	/hi/	/hu/	/he/	/ho/
[h]　無声・声門・摩擦音	[ha]			[he]	[ho]
[ç]　無声・硬口蓋・摩擦音		[çi]			
[ɸ]　無声・両唇・摩擦音			[ɸɯ]		

唇音退化　labial weakening

現代のハ行の頭子音は、もとは両唇破裂音［p］であったが、奈良時代から平安時代に両唇摩擦音［ɸ］になり、江戸時代の初期には声門摩擦音［h］に変化したとみられる。p＞ɸ＞hのように唇音がより緩い摩擦音へ退化する現象を唇音退化という。

ハ行転呼音 （ぎょうてんこおん）

日本語史における大きな音韻変化の一つ。平安時代末期までに、語中・語尾のハ行音がp→ɸの後、有声化してワ行音（ワ・ヰ・ウ・ヱ・ヲ）へと変化した現象。「には（庭）→にわ」「おもふ（思）→おもう」「こほり（氷）→こおり」の類。この結果、現代日本語のハ行音は、ほとんど語頭に限られることになった。

	奈良時代以前	奈良時代	平安時代末期	江戸時代初期
語頭　(花)	パ［p］ナ	ファ［ɸ］ナ		ハ［h］ナ
語中・語末 (川)	カパ［p］	カファ［ɸ］	カワ［ɰ］（ハ行転呼音）	

「思う」のナイ形は、「思わない」になる。現代では、ワ行音は「ワ」だけであるが、この動詞がハ行転呼音の結果であることがわかる。

▶▶▶異音（→P.250）、相補分布（→P.258）

橋本進吉 （はしもとしんきち） (1882-1945)　★★

福井県生まれの国語学者。〈文節〉の概念を中心にした整然とした橋本の文法理論は、学校文法の中心となった。また、日本語の音韻史の研究で、いわゆる上代特殊仮名遣いの解明に大きな業績を残した。東京帝国大学の国語学科主任教授のポストは、上田万年のあと、橋本進吉から時枝誠記へと引き継がれた。国語学会発足（1944）と同時に初代会長となる。

上代特殊仮名遣い （じょうだいとくしゅかなづか

万葉仮名には甲類、乙類（橋本進吉の命名）の使い分けがあり、それは発音の違いに基づくというもの。例えば、「ミ」には「美、瀰、寐」などと「未、尾、微」などの２つのグループがあり、これらは厳格に用いられた。この使い分け（母音調和）は、イ段・エ段・オ段に見られ、上代語が８母音であったとする根拠とされる。これらの２種の音の区別は、平安初期には失われ、１種類になった。

上代の日本語にも母音のイ段・エ段・オ段に母音調和とみられる痕跡があったことが、万葉仮名の研究によって知られるようになった。

▶▶▶学校文法（→P.266）、上田万年（→P.71）、時枝誠記（→P.326）

派生語（はせいご） ★★★

合成語の一つ。もともと独立していた語（あるいは語基）に1つ以上の接辞がついて別の一語となったもの。接頭辞がついた「お天気」「御意見」など、接尾辞がついた「私たち」「江戸っ子」「春めく」などの類。派生語の中には「お客さま」のように接頭辞と接尾辞が同時に添加するものや「子ども・っぽい」のように接尾辞が2つ以上添加するものもある。

単純語の名詞「汗」が派生語の動詞「汗ばむ」になると、アクセントの統語機能により、アクセント形式も変わる（ＨＬ→ＬＨＨＬ）。

▶▶▶合成語（→P.282）、語構成（→P.286）、接辞（→P.309）

撥音（はつおん） ★★★

特殊音素（特殊拍）の一つ。音韻論で一つの音素/Ｎ/に該当し、「ん・ン」と表記され、１モーラを形成する。撥音は、語頭以外の環境で母音の後に現れる。現れ方は、直後の音の発音と同化（逆行同化という）して、それぞれの環境で相補分布を成す。撥音は、音韻論的には１つの音とされるが、音声学的には、鼻音であり、多くの条件異音をもつ。はねる音とも。

▶▶▶特殊音素（→P.260）、条件異音（→P.250）、撥音の指導（→P.222）

発音（はつおん） ★★

音声学上、発音器官は、喉頭（こうとう）（のど）の部分と咽頭（いんとう）以上の部分とに二分される。前者の喉頭（＝声門）の中には長さ1cmくらいの声帯があり、肺からの気流によって振動する。この声帯の活動を発声という。後者の部分、具体的は「咽頭、口腔、鼻腔」で音の区別を作り出すことを調音という。一般に、発声と調音によって言語音を発することを発音という。

▶▶▶声帯（→P.307）、調音（→P.318）、呼気／吸気（→P.284）

発音器官（はつおんきかん） ★★★

人間の音声産出にかかわる器官の総称。音声器官とも。具体的には、肺、気管、喉頭（こうとう）、咽頭（いんとう）、口腔（こうこう）、鼻腔（びこう）など。音声のもとになる空気は、肺から上へ気管を経て、喉頭を通過する。この中には左右一対の形状の声帯がある。

喉頭の先は、**咽頭**を経て**口腔**に至る。また、口蓋帆（先端の突起が口蓋垂、いわゆる喉彦（のどひこ））が下がると呼気は、**鼻腔**へ流れる。

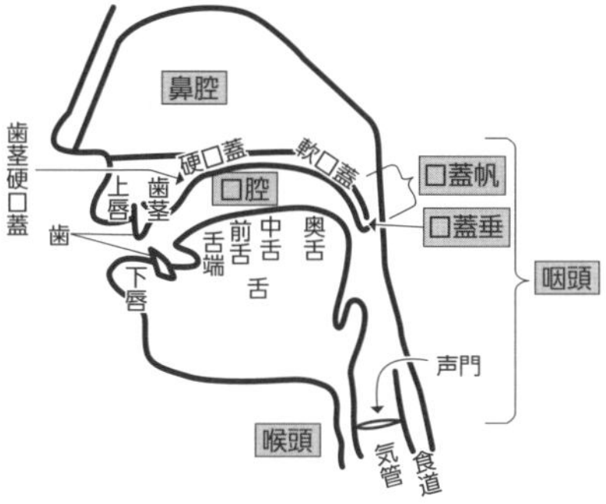

鼻腔	鼻の穴の中。鼻孔から咽頭までの空気の通路。〔医学では「びくう」〕
口腔	口の中の空所で鼻腔や咽頭に連なる部分。舌や歯があり、消化管の入り口として食物の摂取・咀嚼を行う要。〔医学では「こうくう」〕
咽頭	上は鼻腔に、前は口腔の後下部に、下は喉頭と食道に挟まれた部分。
喉頭	上方に咽頭、下方は気管に連なる部分。軟骨に囲まれており、声帯がある。特に成人男子では前方に突出して見えるので、この部は「のどぼとけ」とも呼ばれている。女性の喉頭は小さく、声帯も短く、高音が出やすい。

▶▶▶声帯（→P.307）、声道（→P.309）、呼気／吸気（→P.284）

ハングル ★

朝鮮語の表記に用いられる文字で、音素を表す要素（母音字と子音字）の組み合わせで作られる**表音文字**（音節文字）である。「大いなる（ハン）・文字（グル）」の意味で、現在は母音字10、子音字14から成っている。

▶▶▶表音文字（→P.336）

半母音（はんぼいん） semivowel ★★★

ヤ行（ヤ・ユ・ヨ）の子音［j］や**ワ行**の子音［ɰ］など、母音と子音の中間的な特徴をもつ音。閉鎖や狭めを伴わないが、調音者が調音点に近寄ることにより、摩擦と呼べないほどの弱い摩擦的な状況がつくられ、調音される。音声学的には、子音に分類され、これを**接近音**と呼ぶ。

半母音	母音的特徴	① すべて有声音である。 ② 閉鎖や狭めを伴わない。
	子音的特徴	単独で拍または音節を構成しない。 （母音と結びついて拍または音節を形成できる）

▶▶▶調音法（→P.319）、唇の丸め（→P.274）

» わたり音(おん)

母音のイ・ウは、長く言い続けることができるが、ヤ行の子音とワ行の子音は、言い続けることができず、次の母音に移っていく。このことから、接近音は、**わたり音**とも。母音のイ・ウの後に他の母音がある場合、「オミヤイ（お見合い）」「タクワン（たくあん）」のように母音から母音へわたる途中、[j]［ɰ］が挿入されることがある。

比較言語学(ひかくげんごがく) comparative linguistics ★★

同系と思われる複数の言語を比較し、共通の祖語を再建する**歴史言語学**の一分野。19世紀にインド・ヨーロッパ諸語での実践から進展してきた。**日本語**は、アイヌ語、朝鮮語、バスク語などと同様、学問上、**系統不明**の孤立した言語である。チェンバレンが証明した**琉球語**だけが、唯一同系であるが、日本語の1方言（琉球方言）とされることが多い。

語族（語派）	主要語
ウラル語族	フィンランド語、ハンガリー語
アルタイ語族	トルコ語、モンゴル語
シナ・チベット語族	中国語、チベット語
オーストロアジア語族	ベトナム語、クメール語
系統的に孤立した言語	日本語、アイヌ語、朝鮮語、バスク語

※日本語は、ウラル・アルタイ諸語と共通の言語的特徴をもつ。

▶▶▶アイヌ語（→P.18）、チェンバレン（→P.41）

鼻母音(びぼいん) nasal vowel ★★

呼気が鼻腔へも抜けて、鼻にかかった音色の母音。日本語の母音体系に鼻母音はないが、[ɾeãai]（恋愛）など、語中の「ン」が鼻母音化することがある。これは、必ず起こるわけではなく、丁寧に発音した場合は起こらない。母音の上に波線［˜］（ティル）をつけて表記される。

比喩(ひゆ) figure ★★★

ある事物を説明するために、相手のよく知っている事物を借りてきて、それに喩えて表現する方法。近代言語学は、ソシュール以降大きく進展したが、言語形式の体系構築の流れの中で、比喩が関心を集めることはなかった。しかし、1980年代、**意味論**を重視する**認知言語学**が登場し、比喩はこの認知言語学によって大きく進展した。

直喩（シミリ） simile

ある事物を表現するのに、それと似た別の事物で直接喩える方法。「ような」「みたい」「ごとし」などの明示的なマーカーを用いる。

> 例：「まるで夢のようだ」
> 「ヒマラヤみたいに高い山」
> 「過ぎたるは及ばざるがごとし」

隠喩（メタファー） metaphor

2つの事物の〈類似性〉に基づいて、理解しやすい具象概念に見立てて表現する方法。「猫背」「鳥肌」「太鼓腹」「目玉焼き」の類。隠喩は、直接喩える形式をとらないで、相手にそのものの特徴を暗示する。

> 例：「人生は旅だ」（XはYだ）
> 「医者のタマゴ」
> 「資格を武器にして活躍したい」

換喩（メトニミー） metonymy

2つの事物の〈隣接性〉に基づいて別の意味を表す方法。「今夜は鍋にしよう」の「鍋」は、「金属製または陶器の器」を意味するのではなく、「鍋」と隣接関係にある内容物の「鍋物・鍋料理」のことを意味する。換喩は、相手を混乱させない限り、言語表現の経済性の原理である〈省略〉がうまく働いている。

> 例：「自転車（のペダル）を漕ぐ」
> 「背中（の汚れや石鹸）を流す」
> 「白バイ（に乗った警官）に捕まる」
> 「黒板（の字）を消してください」
> 「モーツアルト（の曲）を聴く」

提喩（シネクドキー） synecdoche

ある事物を表現するのに、それと意味的包含関係にある別の事物で表す方法。全体で一部を表す場合と一部で全体を表す場合がある。

■特殊化：広い意味から狭い意味へ
例：「花見」（上位語「花」→「桜」）
「焼き鳥」（上位語「鳥」→「ニワトリ」）
■一般化：狭い意味から広い意味へ
例：「酒は一滴も飲めません」（下位語「酒」→「アルコール飲料全般」）
「人はパンのみにて生くるにあらず」（下位語「パン」→「食べ物全般」）

▶▶▶認知言語学（→P.330）、上位語／下位語（→P.301）

表音文字（ひょうおんもじ） phonogram ★★★

一つ一つの字が意味をもたず、音だけを表す文字。音節文字と音素文字に大別される。万葉仮名のように使えば、漢字でも表音文字になる。表音文字は、人間の聞き分けられる音声の単位に限りがあることから、おおむね、音節文字で40～90、音素文字で20～40程度といわれている。

≫ 音節文字（おんせつもじ） syllabary

表音文字で、１文字で１音節を表す文字。平仮名、片仮名。ただし、拗音は２文字で１音節に対応する。日本語は、音節構造が「１子音＋１母音」という単純な構造を基本とし、その数も少ないため、音節ごとに１文字で対応する仮名は、日本語の音節構造に適している。

≫ 音素文字（おんそもじ） segmental script

表音文字で、原則として１つの音素または単音を１字で表す文字。アルファベットなど。ただし、英語のknife, highのように発音されない字があること、pin, fineのように「i」の発音が異なることなど、文字と音に不一致・不統一が生じることがある。音声は絶えず変化するので、これは文字の宿命としていたしかたない。

▶▶▶万葉仮名（→P.353）、音節（→P.259）、音素（→P.260）、仮名／真名（→P.267）、文字の種類（→P.357）

表語文字（ひょうごもじ） logogram ★★★

漢字は、例えば「火」１文字で、意味と同時に音を表すので、１つの語である。以前は、表意文字と呼ばれていたが、現在は表語文字といわれるようになった。形態上は単音節を基本として、機能的には孤立語で語形変化がないという中国語に合致した文字である。多量の文字を生む一方で、3000年前の文書でも何とか理解できるという利点がある。

▶▶▶漢字（→P.270）、文字の種類（→P.357）、孤立語／膠着語（→P.289）

ピンイン（拼音） pīnyīn ★

1958年制定。中国語の「你好」の発音を「nǐ hǎo」(ニーハオ）のようにローマ字で表記する方法。ただし、kとg、tとd、pとbなどの発音は、国際音声記号とは異なり、kは有気音［k^h］、gは無気音（［k］か［g］）を表しているので注意を要する。

▶▶▶無気音／有気音（→P.272）

品詞 parts of speech ★★

文法的な性質を同じくする単語の種類。動詞・形容詞・名詞・副詞は、いずれも語彙的な意味をもち、文の一次的な成分（「何が？」「どうする？」「どんなだ？」などの答えになる成分）として、文の内容の骨組みをつくる典型的な品詞である。一方、周辺的な品詞に、連体詞・接続詞・感動詞などがある。

≫ 自立語／付属語

文の基本的な骨組みを構成し、それだけで自由に発話できる単語を自立語という。名詞・動詞・形容詞・副詞など。品詞は、自立語と常に自立語に付属して働く付属語に分かれる。これはさらに活用の有無により、助詞と助動詞に分けられる。

■日本語の品詞

自立語	活用がある	動詞・イ形容詞・ナ形容詞（用言）
	活用がない	名詞（体言）・副詞・連体詞・接続詞・感動詞
付属語	活用がある	助動詞
	活用がない	助詞

▶▶▶動詞（→P.324）、形容詞（→P.276）、名詞（→P.354）、副詞（→P.341）

フォルマント formant ★

音声の音響的特徴を視覚的にとらえて音声分析装置で分析したときに現れる帯のこと。母音の発生時の音波には、数個見られ、周波数の低いほうから順に第1フォルマント（F1）、第2フォルマント（F2）……、と呼ぶ。第1フォルマントと第2フォルマントが母音の音質を決定する。

▶▶▶音声学の分野（→P.259）

不規則動詞 ★★★

学校文法で、カ行変格活用（来る）・サ行変格活用（する）といわれる動詞2種を指す。日本語教育では、子音語幹動詞、母音語幹動詞、不規則動詞の3つに分類するが、「来る」と「する」の2つの動詞を不規則動詞の代表としている。ほかに「持ってくる」「取引する」のような複合動詞も含めて、不規則動詞として扱う。特に「漢語＋スル」の動詞は、現代日本語で最も多く用いられ、スル動詞とも呼ばれる。

辞書形	ナイ形	マス形	バ形	命令形	意志形
来る	来ない	来ます	来れば	来い	来よう
する	しない	します	すれば	しろ/せよ	しよう

混合型のスル動詞

「愛する」（1字漢語＋スル）は、不規則動詞「する」と同じ活用と思われるが、これは、五段動詞「愛す」と混ざった活用形を構成する混合型になるので、注意しなければならない。「解する・期する・辞する・適する・託する」などがある。

語例	未然形	連用形	終止形	連体形	仮定形	命令形
愛す	さナイ/そウ	し	す	す	せ	せ
愛する		し	する	する	すれ	せよ
勉強する	しナイ/ヨウ	し	する	する	すれ	しろ/せよ

▸▸▸子音語幹動詞／母音語幹動詞（→P.284）

複合語　compound word　★★★

合成語の一つ。「山桜」「墓参り」のように2つ以上の単語が結合してできた語。接辞を含む派生語と区別する。複合語は、アクセント核の移動や変音現象など、形式的にも内容的にもその標識が見られる。その一方で、「さかな（酒菜；酒のつまみ）」や「はまぐり（浜栗）」のように現代語の中には、すでに複合語の意識が薄れてしまった語もある。

- 複合名詞　花-火、酒-飲み、里-帰り、など
- 複合動詞　旅-立つ、思い-出す、近-寄る、など
- 複合形容詞　細-長い、心-強い、蒸し-暑い、など

※複合語の品詞は、後部要素の品詞によって決定される。

並列構造

造語成分の組み合わせが対等なパターンで、類義的な組み合わせと、対義的な組み合わせとがある。

類義的関係	道＝路、海＝洋、河＝川、絵＝画、学＝習、善＝良、足＝腰
対義的関係	天⇔地、往⇔復、裏⇔表、男⇔女、伸⇔縮、善⇔悪、大⇔小

なお、並列構造の複合語は、それぞれの要素が対等に結びついているため、連濁化は見られない。修飾構造の場合、「麦畑」のように一語としての結びつきが強く意識され、連濁する。

並列構造	田＝畑（た・はた）	草＝木（くさ・き）	連濁しない
修飾構造	麦→畑（むぎ・ばたけ）	草→笛（くさ・ぶえ）	連濁する

「尾鰭」の並列構造は「おひれ」で連濁しないが、これとは別の意味で魚の後端にあるひれを指す場合は、修飾構造で「おびれ」と連濁する。

修飾構造（しゅうしょくこうぞう）

修飾とは、ある単語が他の単語の意味を詳しくすること。このための単語の配列構造が修飾構造（従属構造、統語構造とも）と呼ばれる。これには、(1)連用修飾関係と、(2)連体修飾関係がある。(1)には、格関係で結びついているものと、修飾・被修飾の関係のものがある。

(1)連用修飾関係

①格関係

日-暮れ（ガ格）／金-持ち（ヲ格）／鉄板-焼き（デ格）

②修飾・被修飾関係

立ち-食い／取り-除く／飲酒-運転（動詞→動詞）

早-起き／長-生き／浅-漬け（形容詞→動詞）

(2)連体修飾関係

空き-缶／買い-物／落ち-葉（動詞→名詞）

新-車／近-道／長-雨（形容詞→名詞）

本-箱／夜-桜／山-道（名詞→名詞）

格関係の見極めは、定番問題。ただし、「鉄板焼き」と「炉端焼き」のように意味の違い（道具 vs 場所）で答えを出すものもある。

畳語（じょうご） reduplication

複合語のうち、「きぎ（木々）」「さむざむ（寒々）」「ぶらぶら」のように同一の要素を反復して1語とした語。意味を強めたり、事物の多数性や頻度を示したりする。畳語の品詞は、必ずしも合成される前の品詞と一致する訳ではなく、多くは複合副詞になる。

N＋N	国々、人々、我々、家々、村々、山々	複合名詞
	時々、常々、日々	複合副詞
V＋V	生き生き、思い思い、重ね重ね、泣き泣き（泣く泣く）	
A＋A	早々、近々、広々、黒々、青々、こわごわ	

N：名詞　V：動詞　A：形容詞

▶▶▶合成語（→P.282）、変音現象（→P.346）

複合動詞　compound verb　★★★

複合語のうち、「飛び出す」「取り除く」のように動詞として働くもの。複合動詞の後項は、必ず動詞であるが、前項が動詞以外の名詞の「裏返す」や形容詞語幹の「近寄る」などもある。また、複合動詞は「乗り入れる」から「乗り入れ」のように新たに複合名詞を転成することもある。これらの動詞は、基本動詞に接辞がついた派生動詞とは区別される。

複合動詞	食べる＋歩く　⇒食べ歩く（V_1+V_2）
派生動詞	食べる　⇒食べられる／食べさせる（V_1-rare/sase-ru）

頭高型の「降る」と「出す」が合成されると、アクセントの統語機能によって、複合動詞「降り出す」全体が中高型（ＬＨＨＬ）になる。

》語彙的複合動詞／統語的複合動詞

動詞の連用形について複合動詞をつくる動詞のうち、「押し出す」のように後続動詞が本来の意味を残しているものを語彙的複合動詞という。また、「笑いだす」の後続動詞のように本来の語彙的意味が薄れて文法的性格を表すものを統語的複合動詞という。学習者にとって難しいのは、統語的複合動詞のほうである。

語彙的複合動詞	飛び出す	持ち込む	かみ切る	打ち上げる
統語的複合動詞	降りだす	考えこむ	逃げきる	書きあげる

▶▶▶複合語（→P.338）、合成語（→P.282）、転成（→P.323）

複合名詞　compound noun　★★★

複合語のうち、名詞として働くもの。後部要素が名詞で連体の関係にあるものに、前部要素が名詞の「花火」、形容詞語幹の「寒空」、動詞連用形の「贈り物」など。また、後部要素が動詞連用形のものには、「魚釣り」「早起き」「立ち食い」などがある。これらの中には「雨宿りする」と「〜する」が付加できるものと、付加できない「＊雨降りする」ものがある。

複合名詞のアクセント

複合名詞になると、前部と後部の名詞のアクセント型が壊され、1語として1つのアクセント単位が作り出される。語頭でピッチが上昇し、語の途中でピッチが下降するような山がつくられる。

⑴ 後部要素「頭高型」	タイ＋りょうり	→タイりょうり（タイ料理）
⑵ 後部要素「中高型」	けんぽう＋きねんび	→けんぽうきねんび（憲法記念日）
⑶ 後部要素「尾高型」	はる＋やすみ	→はるやすみ（春休み）
⑷ 後部要素「平板型」	ぎむ＋きょういく	→ぎむきょういく（義務教育）

⑴と⑵の場合、後部要素のアクセント核は動かない。しかし、⑶と⑷の場合は、後部要素の最初の拍にアクセント核が移動する。

▶▶▶複合語（→P.338）、連体修飾（→P.295）、アクセント（→P.245）

副詞　adverb　★★★

日本語の品詞の一つ。自立語で活用がなく、主に動詞や形容詞の修飾に用いられる語。「かなり→ゆっくり（歩く）」のように、他の副詞も修飾する。品詞の分類では、「非常に（軽い）」「きれいに（咲く）」を形容詞の連用形とするか、副詞とするか見解が異なるものがある。名詞・動詞・形容詞に比べて、認定されにくいものが副詞に残される傾向がある。

連用修飾成分	述語
雨が（名詞＋格助詞）⇒	降る（動詞）
しとしと／ざあざあ（副詞）⇒	

状態副詞

情態副詞、様態副詞とも。「ぽつんと（ある）」「ゆっくり（話す）」「ゲラゲラ（笑う）」など、言表事態（命題）のウチで働き、その状態を表す語彙性の高い副詞。程度副詞と同様、客観的な意味を担う。

程度副詞

状態副詞と同様、言表事態のウチで働き、「だいぶ（やせた）」「大変（驚いた）」など、その程度を表す副詞。ほかにも、「もっとたくさん」「もう少し」など、他の副詞を修飾したり、「かなり近所」「ずっと昔」など、時空間を表す名詞を修飾したりする。

》陳述副詞（呼応の副詞）

言表事態のソトにあって、事柄に対する話し手の心的態度を表す副詞。状態副詞や程度副詞とは異なり、主観的な意味を担う。「もし（～たら）」「どうぞ（～ください）」のように、文中の副詞とその係り先が一定の語句や表現として現れる現象を**呼応**というが、**陳述副詞**は、一定の文末表現を取ることが多いので、**呼応の副詞**とも呼ばれる。

■条件や前提を導くもの
「もし」「仮に」「たとえ」「いわば」

■事柄の確からしさを表すもの
「たぶん」「きっと」「おそらく」「必ず」「たしか」

■事柄の評価を表すもの
「あいにく」「幸い」「せめて」「なかなか」「はたして」

▶▶▶品詞（→P.337）、命題（→P.355）

副助詞 ★★★

助詞の一つ。山田孝雄の用語。副詞に似た機能をもつ助詞の意がある。「君だけに話す」「鬼までが泣く」「酒ばかり飲む」の類。日本語教育では、**取り立て助詞**として扱う。

▶▶▶山田孝雄（→P.358）、取り立て助詞（→P.326）

付帯状況 ★★

付帯状況を表す**副詞節**は、ある動作に付随する状態や、ある動作と同時並行的に行われている付随的な動作を表す。「まま（で）、きり、ながら、つつ」などがある。「ながら」は、**付帯状況**と**逆接**があるので要注意。

「座ったまま、動かない」
「出て行ったきり戻ってこない」
「スマホを見ながらご飯を食べる」
◇逆接の「ながら」
「自ら悪癖とは認めながら少しも改めない」

▶▶▶従属節（→P.297）、逆接（→P.272）

振り仮名（ふがな） ★★

漢字の読み方を示すために添えた仮名。読み方が難しいもの、読み間違えやすいもの、特別の読み方をするものなどに用いる。例えば「生物」という漢字に「せいぶつ／なまもの／いきもの」と小書きすることによって、その読み方が特定できる。明治以降の新聞、書物などの漢字には振り仮名をつけるのが普通であったが、第二次世界大戦後は少なくなった。

≫ ルビ

振り仮名は、振り仮名用に多く用いられる約5.25ポイントの活字が欧文印刷のruby体というサイズに近かったため、印刷用語でルビと呼ばれる。日本語教育の印刷教材やプリントでは、意図的に漢字にルビをつけることも多い。

▶▶▶ふりがな廃止論（→P.64）

ブルームフィールド Bloomfield, L（1887-1949） ★★

オーストリア系二世のアメリカ人で、アメリカ構造主義言語学を代表する言語学者。意味論を心理学の問題として言語学から除外したことによって、その後、意味論が軽視されるもとになった。主著『言語』（1933）は、以後25年余りの間、チョムスキーが出現するまでアメリカの言語学と語学教育の両分野に決定的な影響を与えた。

≫ 行動主義的言語観（こうどうしゅぎてきげんごかん）

ブルームフィールドの言語観は、図式S→r……s→Rに要約される。刺激S（stimulus）は、発話rで代用され、音声は聞き手に刺激sを与え、最終的な反応R（response）を呼び起こす。この言語観は、行動主義心理学と同質のもので、言語は機械的なものにされ、その図式はワトソン流の「刺激―反応」（S→R）の連鎖になる。

［具体的刺激 S ⇒言語的反応 r ］……［言語的刺激 s ⇒具体的反応 R ］
（話し手）　　　　　　　　（聞き手）

▶▶▶構造主義言語学（→P.283）、行動主義心理学（→P.136）

プロミネンス prominence ★★★

発話の意図などによって、際立たせて話す部分。卓立、強調とも。通常、プロミネンスは、「何があります か」のような疑問詞や焦点を置く部分につき、発話の意図が伝わる部分にはつかない。プロミネンスのつけ方・つき方としては、「強く」「高く」というイメージがあるが、それだけではない。「ゆっくり」（わずかに長めに）も重要な要素である。

プロミネンスの指導（しどう）

日本語教育の初級段階では、プロミネンスを多く置いてしまったり、置くべきところに置かなかったりして、わかりにくい発話になることがある。学習者も教師も、個々のアクセントや音声といった小さい単位には注目しがちであるが、聞いてわかりやすい発話という点では、プロミネンスの指導はとても重要である。

▶▶▶プロソディー（→P.345）

文（ぶん） sentence ★★★

言語によるコミュニケーション活動の基本的単位。「地震」「おはよう」のような一語文もあるが、一語文は〈いま、ここ〉のことしか伝えることができない。しかし「去年、アメリカで山火事があった」のように、文法規則に従って文を作ることで、空間的、時間的に遠く離れた出来事も伝えることが可能になる。文は、単文と複文に分類される。

単文（たんぶん）／複文（ふくぶん）

単一の述語で構成された文を単文、複数の述語で構成された文を、複文という。複文を構成するところの、述語を中心としたまとまりを節という。通常、複文は、日本語初級の後半から指導する。

単文	複文
ボタンを押します。おつりが出ます。	このボタンを押すと、おつりが出ます。 【従属節】　【主節】

▶▶▶統語論（→P.323）、述語（→P.301）

分節音素（ぶんせつおんそ）／超分節音素（ちょうぶんせつおんそ） ★★

segmental phoneme / suprasegmental phoneme

音素は、母音や子音のように音素の特徴によって意味が区別される分節音素と、それらを超えていくつかの音素にまたがって意味の区別に寄与する超分節音素に分けられる。日本語の「箸」と「橋」は、同じ分節音素から成るが、発音の際に超分節音素であるアクセントの位置を変えることで意味の区別がなされている。超分節音素は、プロソディーとも。

音素	分節音素	単音に対応する（母音、子音）
	超分節音素	アクセント、イントネーション、強さ、長さなど

※「超」(supra)は「分節音(単音)の枠を超えて、またがって」という意味

≫ プロソディー（韻律（いんりつ）） prosody

発話全体に現れる音声的な性質。アクセント、イントネーション、プロミネンス、拍、リズム、ポーズなどの総称。韻律とも。学習者の発話が日本語らしい自然な発話だと印象づけられるのは、単音よりもプロソディーの要素が大きくかかわっている。

文法化（ぶんぽうか） ★★

ある語の意味が希薄化して文法的な性質が強くなる現象。例えば「ある・いく・くる・おく」などの動詞は、本来の意味から離れて、補助動詞としてアスペクトを担うことも多い。ほかにも形式名詞の「の・こと・ところ」などが補足節を構成したり、「もの・はず・わけ（だ）」などがモダリティを表す表現の一部として使用されたりする例が見られる。

≫ 「こと」と「の」の交替（こうたい）

形式名詞の「こと」と「の」は、広範な述語に対する補足節に使われ、「太郎は朝早く起きる｛こと／の｝が苦手だ」のように多くは、交替できる。注意したいのは「こと」と「の」が交替できない場合があることである。

■「こと」を好む主節の述語

「話す、伝える、約束する、命じる、祈る」など主に発話に関係するもの

・病気が早くよくなる｛○こと／＊の｝を祈る。

■「の」を好む主節の述語

「見る、見える、（声・音を）聞く、聞こえる」などの知覚を表すもの

・屋根が風で飛ばされる｛＊こと／○の｝が見えた。

▶▶▶ 従属節（→P.297）、形式名詞／実質名詞（→P.354）、補助動詞（→P.349）

文法（ぶんぽう）カテゴリー grammatical category ★★★

単語は、語彙的な意味を有している。その一方で、「来る」と「来た」のように事態と発話時との関係のあり方を表し分ける形式（語形）をもつ。このような対立する文法的意味をいくつかまとめたものを文法カテゴリーという。動詞を中心にした述語全体の文法カテゴリーは「叱－られ－てい

－る－かもしれない－よ」のような文法カテゴリーの階層性をもっている。

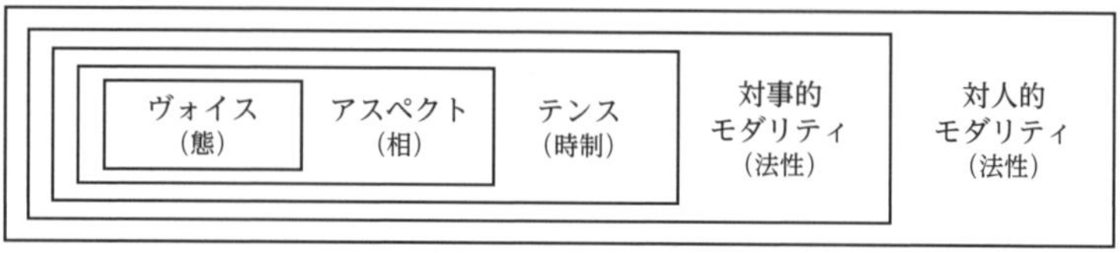

※簡明にするため「肯定・否定」「丁寧さ」を省いている。

▶▶▶ヴォイス（→P.254）、アスペクト（→P.249）、テンス（→P.321）、モダリティ（→P.357）

へ格 ★★

へ格は、方向・目的地などを表す。なお、帰着点を表す「に」に対して、「へ」は方向性を重視する。「前へ突き進む」「関税、撤廃の方向へ」などでは「に」は、少し不自然になる。

「船が　北へ　向かう」
「母へ　手紙を　書く」（方向性に重点）＝母への手紙
「母に　手紙を　書く」（帰着点に重点）

▶▶▶格助詞（→P.265）

ヘボン　Hepburn, J. C.（1815-1911） ★★

アメリカ長老派教会の宣教師・医師。スコットランド系のヘップバーンを当時の日本人がヘボンと訛って呼んだという。ヘボンは、医療活動とともに夫妻で日本人に対する教育活動を行い、ヘボン塾の男子部は明治学院、女子部はフェリス女学院になった。自著『和英語林集成』第三版（1886）で採用した羅馬字会のつづり方は、ヘボン式ローマ字と呼ばれ広まった。

▶▶▶ヘボン式（→P.365）

変音現象 ★★★

2つ以上の成分が結合して1つの合成語が形成されるとき、成分の音素に変化が生じる現象。発音上の便宜から、連濁、転音、音韻添加、連声などが見られる。連濁は、特に後項が和語の場合、起こりやすく、前項末尾の母音が他の母音と交替する転音も頻繁に発生する現象である。

(1) 連濁：「漢語＋和語」の複合語は、連濁しやすい
円高 {en-daka}，本箱 {hon-bako}、麦畑 {mugi-batake}
例外： 田畑 {ta-hata／den-pata}
値札 {ne-hu da}，合鍵 {ai-ka gi}　＊ライマンの法則

⑵ **転音（母音交替）**：前項末尾の母音が他の母音と交替すること
雨 {ame}　　：雨戸 {ama-do}
木 {ki-}　　：木立 {ko-dati}
白 {siro-}　　：白百合 {sira-yuri}
⑶ **音韻添加**：新しい音素が添加される
詩歌 {si-[i]ka}，春雨 {haru-[s]ame}，真っ青 {ma-[s]ao}（iやsが添加）
⑷ **音韻脱落**
河原 {kawa-(ha)ra}（「は」が脱落）
⑸ **音韻融合**
かりうど>かりゅうど，きうり>きゅうり，めおと>みょうと
⑹ **連声**：前項末尾が繰り返されて、後項の語頭がナ・マ・タ行に転じる現象
因縁 {in-nen}，反応 {han-noo}，三位 {sam-mi}，仏恩 {but-ton}
⑺ **音便**：促音化，撥音化
追い＋かける>追っかける，ぶち＋なぐる>ぶんなぐる
⑻ **半濁音化**：h音がp音に変わる現象
あけ＋ひろげ>あけっぴろげ，ぶち＋はなす>ぶっぱなす，おっぱじめる

▶▶▶合成語（→P.282）、連濁（→P.307）、転音（→P.320）、音韻添加（→P.257）、連声（→P.362）

母音（ぼいん）（V）　vowel　★★★

母音は、声帯の振動で生じた有声の呼気が、発音器官によって妨げられることなく発せられる音。現代日本語の共通語では「ア・イ・ウ・エ・オ」の5つで、ほかに「アー」などの長母音も5つあるが、短母音の連続とみる。母音は、①唇の丸め、②舌の前後位置、③舌の高さ（口の開き）、という3点で記述される。

前舌	後舌	舌の高さ（口の開き）
「イ」［i］非円唇	「ウ」［ɯ］非円唇	高母音（狭母音）
「エ」［e］非円唇	「オ」［o］円唇	中母音（半狭母音）
「ア」［a］非円唇		低母音（広母音）

※「ア」の舌の前後の位置は中間であるが、通常表記は前舌の［a］。

›› 円唇母音（えんしんぼいん）／非円唇母音（ひえんしんぼいん）

母音は、唇の丸めを伴うか否かで円唇母音と非円唇母音に大別される。 日本語は「オ」のみ円唇母音で、「ウ」は非円唇母音である。

›› 母音（ぼいん）の中舌化（なかじたか）

「ク」と「ス」における母音「ウ」の発音を比較してみると、「ス」の発音の際には、子音［s］の影響で「ク」よりも舌が前に出てきて

中舌の部分が盛り上がっている。これを母音の中舌化という。中舌化が生じるのは「ス・ツ・ズ」（東京方言）のときで、音声記号は、［ɯ̈］と表す。簡略表記では補助記号（¨）が省略される。

3母音体系／5母音体系

3母音体系は、互いに最大限に離れた「イ・ア・ウ」を共通の体系とする。琉球方言も3母音体系であるが、世界的にはアラビア語が最も有名である。また、日本語やスペイン語は、5母音体系で、世界の言語は、このタイプが最も多い。5母音体系の話者は、3つの母音から「エ」と「オ」を派生させて5母音を獲得したと見られている。

▶▶▶基本母音（→P.244）、本土方言／琉球方言（→P.104）

母音の無声化 ★★★

狭母音のイとウが無声子音に挟まれたときや文末にきたときに、本来の声帯振動がなくなって、母音が聞こえにくくなる現象。東京方言の「㋖ク（菊）」の［i］、「㋗サ（草）」の［ɯ］が響かなくなる類。また、文末の「デ㋜／マ㋜」の「ス」が無声化しやすい。音声記号は、［i］［ɯ］の下に補助記号の［̥］をつけて表す。なお、無声子音が有声化する現象として連濁があるが、同化という観点では共通した音声現象である。

母音の無声化の有無を問う問題が出た場合、まず無声子音に挟まれた「イ・ウ」段をチェックしよう。「ア・エ・オ」段は無声化しない。

▶▶▶共通語の音声（→P.101）、同化（→P.323）

抱合語 incorporating(polysynthetic) language ★

アイヌ語やエスキモー語、インディアン諸語など、語を構成する要素が、動詞を中心に抱合され、全体で1語のように見える言語。言語の形態的類型は、孤立語・膠着語・屈折語に、抱合語を加えて4つに分類される。

▶▶▶形態的類型（→P.278）

ポーズ silent pause ★

発話中の無音区間をいう（促音や破裂音などの調音に伴う場合を除く）。休止、間（ま）とも。息継ぎのために行うこともあるが、聞き手の理解に配慮して、意味を明瞭にするための適切なポーズが発話では不可欠である。

・「朝ごはんにする？」は、もう食べようかの意味。

・「朝＿ごはんにする？」は、ごはんかパンにするかの意味。

▶▶▶プロソディー（→P.345）、やさしい日本語（→P.63）、ティーチャートーク（→P.102）

補助動詞(ほじょどうし) ★★★

動詞のうち、「～てある・～ている・～ておく・～てみる」などのように他の動詞のテ形について、本来の意味が弱まった場合、それらの動詞は、本動詞ではなく、補助動詞として使われているという。補助動詞は、アスペクトなどの文法的な意味を表し、ひらがなで表記される。なお、連用形に直接つく「迫り来る」のような用法は、複合動詞として扱う。

本動詞的用法	補助動詞的用法
朝ごはんを食べて行く。(順次動作) ベビーカーを押して来る。(様態)	ロウソクの火が消えていく。(消滅) 嫌な仕事を押しつけてくる。(方向)

>> 授受動詞(じゅじゅどうし)の補助動詞(ほじょどうし)

「やる・くれる・もらう」、および、さらに丁寧な「(さし) あげる・いただく・くださる」などの授受動詞は、本動詞として単独で用いることができるが、「～てやる・～てもらう・～てくれる」などは補助動詞として、意志動詞とともに恩恵・利益・行為の授受の表現を行う。これらの動詞は、主語によって入れ替わる。

授受動詞 (本動詞)	授受動詞 (補助動詞)
子どもにお小遣いをやる (あげる)。	子どもに絵本を読んであげる。
友達が国のお土産をくれた。	友達が傘を貸してくれた。
友達に国のお土産をもらった。	友達に傘を貸してもらった。

▶▶▶アスペクト(→P.249)、複合動詞(→P.340)

補足語(ほそくご) ★★★

文の成分の一つ。日本語は普通、述語以外の文の成分は、連体修飾語を除いてすべて述語に集約される。補足語は、述語を補う語という意味で、述語に次いで重要なものである。補足語は、述語を修飾する成分であるが、その重要性から連用修飾語とは別建てで扱う。通常、名詞＋格助詞の形で述語を補うが、述語を含む節の形で補うものは、補足節といわれる。

>> 必須補足語(ひっすほそくご)／副次補足語(ふくじほそくご)

補足語には、文の成立のために必ず必要な必須補足語と、必ずしも必要不可欠とはいえない副次補足語とがある。「走る」という動詞は、動作の主体を表す「馬が」という1つの項を要求するが、「草原を」という項は、述語を取り巻く状況をより詳しく描写するための副次補足語で、義務的ではない。

必須補足語	馬が	走る（1項動詞）
副次補足語	草原を	

補足語は、補語、項とも呼ばれ研究者によって名称が若干異なる。なお、補足語と英文法の補語は、概念・機能が異なる別のものである。

▶▶▶文の成分（→P.323）、名詞（→P.354）、格の表示（→P.265）、従属節（→P.297）

ポライトネス理論 Politeness Theory ★★★

ポライトネスとは、冗談や仲間内の言葉なども含めて、より広くとらえられており、日本語の「敬語」や「丁寧さ」、あるいは「礼儀正しさ」の意味ではとらえきれない概念である。ブラウンとレビンソンは、実際の人の気持ちを重視した概念をポライトネスととらえ、対人関係を円滑にするための言語ストラテジー理論を提唱（1987）した。

≫ フェイス face

ブラウンとレビンソンは、「自分のイメージをよく見せたい、他者から認められたい」というゴフマンの面子（メンツ）の概念を応用し、フェイスを鍵概念とした。そして、人間には、人と人とのかかわり合いに関する基本的欲求として、前向きのポジティブ・フェイスと後ろ向きのネガティブ・フェイスの2つのフェイスがあるとした。

■ポジティブ・フェイス（positive face）
他者に理解されたい、好かれたい、賞賛されたい欲求

■ネガティブ・フェイス（negative face）
他者に邪魔されたくない、立ち入られたくない欲求

※ネガティブは、「否定的な」という意味ではない。

≫ FTA（フェイス侵害行為） face threatening act

フェイスを脅かす行為のことを略してFTAという。ある行為xのフェイス侵害度（Wx）の見積もりは、①社会的距離、②力関係、③行為の負荷度の3つの社会的要因の総和によって決まる。相手のフェイスを脅かすリスクが大きいと見積もった場合、FTAを軽減するためのポライトネス・ストラテジーを選択することになる。

Wx ＝ D (S,H) ＋ P (H,S) ＋ Rx	
ある行為xのフェイス侵害度（Wx）	①話者（S）と相手（H）の**社会的距離**（Distance） ②相手（H）の話者（S）に対する**力関係**（Power） ③特定の文化における行為の**負荷度**（Ranking of imposition）

W＝大きさ（Weight）　S＝話者（Speaker）　H＝相手（Hearer）

ポライトネスは、人間の相互行為に普遍的な原理とされる。フェイスを侵害する度合いは、相手との関係、言語や文化によって異なる。

ポライトネス・ストラテジー

　ポライトネスは、FTAを軽減するための言語ストラテジーである。ポジティブ・ポライトネスは、相手のポジティブ・フェイスに訴えかけて近接化を図るためのストラテジーである。一方、ネガティブ・ポライトネスは、相手のネガティブ・フェイスを満たすために一定の心理的距離を保つストラテジーである。

ポジティブ・ポライトネス	ネガティブ・ポライトネス
共感的配慮 （共感、賞賛して褒める。タメ語）	敬避的配慮 （断り、お詫びを言って謝る。敬語）
直接的表現	間接的表現
近接化（心理的距離を縮めたい）	遠隔化（心理的距離を保ちたい）
カジュアル	フォーマル

▸▸▸語用論（→P.288）

松下大三郎（まつしただいさぶろう）(1878-1935)　★★

　静岡県生まれの国語学者。嘉納治五郎に招かれて清国留学生に日本語を教え始め、1913年自ら日華学院を創立し、以後10年間日本語教育に尽力。留学生向けの『漢訳日本口語文典』（1907）は、先駆的な日本語教科書として高く評価されている。また、現代日本語文法において4大文法の一つ、「松下文法」といわれる独自の文法論を構築した。

▸▸▸形式名詞（→P.354）、嘉納治五郎（→P.194）、4大文法理論（→P.358）

松本亀次郎（まつもとかめじろう）(1866-1945)　★★

　遠江（静岡県）生まれの教育者・国語学者。宏文学院で亀次郎の教育を受けた清国留学生の中から、魯迅（文豪）ほか多くの有名な革命家を輩出した。中国語による説明を付した『言文対照・漢訳日本文典』（1904）は多くの版を重ねた。宏文学院の同僚に松下大三郎、三矢重松がいる。

▸▸▸嘉納治五郎（→P.194）、松下大三郎（→P.351）、三矢重松（→P.354）

マデ格 ★★★

「昼まで寝た」「一緒に駅まで行く」のように動作・作用が及ぶ時間的、距離的な到達点や限度を表す格助詞。なお、「まで」については、格助詞と取り立て助詞の違いが問題になる。下の例の格助詞「まで」は、シャボン玉の到達点を表すが、取り立て助詞「まで」は、命題（＝「屋根が飛んだ」コト）の中の「屋根が」を取り立て、事態の甚だしさを表している。

格助詞		シャボン玉が 屋根まで 飛んだ。	到達点
取り立て助詞	屋根まで	←〔屋根が 飛んだ〕コト	例示

▶▶▶格助詞（→P.265）、取り立て助詞（→P.326）

マルティネ Martinet,A. (1908-1999) ★★★

フランスの言語学者。20世紀を代表する言語学者の一人。ソシュール、メイエの系譜につらなる印欧比較言語学の学徒。プラハ学派の構造主義的音韻論に影響を受け、言語要素がもつ機能を重視する立場で大きな業績をあげた。そして、言語の二重分節性という動物のメッセージと異なる人間の言語の生産的なメカニズムを発表して、一躍注目を浴びた。

≫ 二重分節 double articulation

人間の言語の特徴の一つ。言語の経済性の原理の仕組みで、線的に連なっている文は、語（厳密には形態素）のレベルと音（厳密には音素）のレベルの２つの階層からできている。前者を第１次分節、後者を第２次分節という。人間の言語は、この二重分節のおかげで有限個の音素から無限に文を作り出すことができる。

文のレベル	象は 鼻が 長い。
第１次分節（形態素）	/zoo-wa-hana-ga-naga-i/
第２次分節（音素）	/z-o-o-w-a-h-a-n-a-g-a-n-a-g-a-i/

≫ コード／メッセージ code / message

ソシュールのラング（言語の規則）とパロール（個々の発話）を、マルティネは、情報理論で用いられるコードとメッセージを使って説明した。ある情報が、送り手から受け手に送られて、それが理解されるためには、両者が共通のコードをもっていなければならない。送り手は、そのコードに基づいて情報を記号化し、受け手は、それと同じコードと照合して解読するのである。

ソシュール	マルティネ	チョムスキー
ラング	コード	言語能力
パロール	メッセージ	言語運用

●コード　：社会的に容認された共通の暗号表のようなもの
●メッセージ：話し手から発信されるコード化された音声や文字など

▶▶▶ソシュール（→P.312）、シャノン（→P.87）、音素（→P.260）、形態素（→P.275）、ラング／パロール（→P.312）

万葉仮名（まんようがな） ★★

真仮名とも。奈良時代までは漢字が唯一の文字であり、漢字の表す意味とは関係なく、漢字を表音文字として日本語を表記した。このような文字遣いは、万葉集に多く見られるので万葉仮名と呼ばれ、9世紀にこれから平仮名と片仮名が創案された。漢字を表音的に使う用法は、日本で創始されたものではなく、もともと中国で行われていた用法である。

■字音によるもの：阿米（アメ）、久尓（クニ）、許己呂（ココロ）
■和訓によるもの：1字1音節　八間跡（や・ま・と）
　　　　　　　　　1字2音節　夏樫　（なつ・かし）

▶▶▶表音文字（→P.336）、仮名／真名（→P.267）

三上章（みかみあきら）（1903-1971） ★★★

広島県生まれの数学教師・文法学者。東京大学工学部の卒業で、一介の高校数学教師でありながら30歳を過ぎて文法を研究。主語廃止論に代表される独創的な文法論を展開した。三上を評価していた金田一春彦の勧めで自説を本にしたが、保守的な国語学界からは相手にされなかった。代表作『象は鼻が長い』（1960）は、現在では文法研究の必読書となっている。

›› 主語廃止論（しゅごはいしろん）

三上章は『現代語法序説』（1953）で、「は」と「が」をひとくくりに主語とするのは、西洋文法を無批判に取り入れた結果だと批判。「は」は、主題（文全体のレベル）で、「が」は主格（命題レベル）という別次元のものだから「主語」という用語は、日本語文法に関する限りまったく無益な用語であるとして、主語の廃止を主張した。

■三上章以前の考え方

<table>
<tr><th>主語</th><th>目的語</th></tr>
<tr><td>太郎は（来た）</td><td rowspan="2">メシを（食う）</td></tr>
<tr><td>太郎が（来た）</td></tr>
</table>

※「は」も「が」も主語

■三上章の考え方

<table>
<tr><th>主題</th><th>補足語</th></tr>
<tr><td rowspan="2">太郎は（来た）</td><td>太郎が（来た）</td></tr>
<tr><td>メシを（食う）</td></tr>
</table>

※「は」と「が／を」は別次元のもの

›› 指定文／措定文

三上章は、名詞述語文の「ＸはＹだ」を２つに分類した。「幹事はあの人だ」と「あの人が幹事だ」のように倒置できるタイプを**指定文**（Ｘ＝Ｙ）という。一方、「タマは猫だ」は、述語名詞「猫」が「タマ」を含むという意味的特性があるので倒置ができない。このように「Ｘ」の**属性**を表すタイプを**措定文**という。

▶▶▶主語（→P.298）、主題（→P.300）

三矢重松 (1871-1923) ★

山形県生まれの国語学者。文部省退官後、大阪の中学教師を経て嘉納治五郎に招かれ、清国留学生の日本語教育に従事。母校・國學院大學では、国文学や文法学を講じ、多くの俊才を輩出した。門下に折口信夫（歌人）。

▶▶▶嘉納治五郎（→P.194）

名詞 noun ★★★

品詞の一つ。物・事・様などの実体を表す。格助詞を伴って文の主語や目的語などの成分の中核部分を形成する。代名詞と共に**体言**と総称される。自立語で活用はないが、「だ」「である」などを伴って文の**述語**としても機能する。意味上、普通名詞「山」や固有名詞「東京」、数量詞「百円」などがあるが、日本語では文法上は区別する必要がないとされる。

▶▶▶数量詞（→P.305）、体言／用語（→P.314）、述語（→P.301）

›› 形式名詞／実質名詞

形式名詞は、松下大三郎が初めて立てた名詞の下位分類。それ自身では本来の語彙的な意味を表さず、連体修飾の形で文法的な機能（体言化）を果たす名詞で、実質的意味をもつ**実質名詞**と対立する。「こと／の／ところ」のように補足節を形成するものや、「ことだ／ものだ」のように話し手のモダリティを表すものがある。

■形式名詞

・荷物を運ぶのを手伝う。〔体言化〕
・犯人は店を出るところを目撃された。〔現場〕
・なるほど、だから英語がうまいわけだ。〔納得〕

■実質名詞

・好きなのをお取りください。
・ここが、傷つけられたところです。
・その子に泣いているわけを尋ねる。

▶▶▶松下大三郎（→P.351）

転成名詞

動詞や形容詞が転じて名詞になったもの。連用形がそのままの形で名詞に転成することが多い。ただ、すべての動詞連用形が名詞に転成するわけではないので、学習者には注意して指導する必要がある。

■動詞転成名詞

動き（←動きます）　考え（←考えます）　調べ（←調べます）
光（←光ります）　帯（←帯びます）　答／答え（←答えます）
＊表記上、送り仮名をつけないものや省くことができるものがある。
{○話／×書き} が上手だ。

■形容詞転成名詞

近くの店　多くを語らず　朝早くから遅くまで
＊形容詞の連用形を副詞とする説もある。

命題　proposition　★★★

モダリティと対の概念。日本語の文は、命題とモダリティという性質の異なる2つの部分からできている。**命題**は、表現対象とする事柄を客観的に表し、**モダリティ**は、話し手の心的態度を表す。例えば、「おそらく彼も行くはずだ」という文の命題は「彼ガ行ク」になる。命題に対して外側にある要素は、事柄に対する話し手のとらえ方や伝え方を表している。

コト／ムード

命題と**モダリティ**に相当する概念として**コト**と**ムード**という用語も使われる。ムードは、もともと動詞の語形変化に関する形態論的な概念であり、モダリティは、ムードを含むより広い概念である。そのほか、研究者によって異なる定義と用語が用いられている。

客観的素材	命題	コト	言表事態	叙述内容
主観的態度	モダリティ	ムード	言表態度	陳述

▶▶▶モダリティ（→P.357）

モーラ（拍） mora ★★★

時間的な長短で、日本語の直音は、仮名1文字で表され、大体同じ長さで発音される。また、「キャ」や「ヒョ」などの拗音は、仮名2文字で表されるが、時間的には直音とほぼ同じ長さで発音される。この等時間的なまとまりをモーラ、または拍という。さらに、特殊拍の促音や撥音は1拍で発音され、長母音を含む「あー」などは2拍で発音される。

›› 等時性

モーラの等時性は、日本語話者の心理に存在する音韻論的な概念である。実際の話の流れの中では、特殊拍は一般に自立拍1拍分より少し短くなることが実験データに現れているが、日本語の拍の長さは大体同じという等時的なリズムが日本語では大切にされる。

日本語の拍は、直音と特殊拍（促音・撥音・長音）が単独で拍を構成するが、拗音は、小さい字を含む仮名2文字で1拍を構成する。

▶▶▶直音／拗音（→P.319）、特殊音素（→P.260）、音韻論（→P.258）

文字種 ★★

文字の種類のこと。日本語は、平仮名、片仮名、漢字、英数字など多くの文字種を駆使する、世界の諸言語の中でも珍しい表記法を採っている。例えば、次のアインシュタインの名言は、英語とローマ字の文字種は1種であるが、日本語の表記は、漢字、平仮名、数字の3種になる。

> "If you can' t explain it to a six year old, you don' t understand it yourself."
> Rokusai no kodomo ni setumei dekinakereba,rikaisita toha ienai.
> 「6歳の子どもに説明できなければ、理解したとは言えない」

›› 表記の分業制

日本語は文字の役割分担がほぼ決まっており、内容語は、一般に漢字、もしくは片仮名で表記される。また、文法関係を担う機能語は、平仮名で表記される。このような文字種による表記の〈分業制〉があることで、日本語は非常に可読性の高い表記になっている。

▶▶▶平仮名（→P.267）、片仮名（→P.267）、漢字（→P.270）、内容語／機能語（→P.252）

文字の種類 ★★★

文字の種類は、表語文字と表音文字に大別される。表語文字の漢字は、意味と音の結合であり、語そのものである。また、漢字から発生した仮名は、日本語の比較的単純な音節構造に合致して、音節文字として確立された。ローマ字は、古代ギリシア文字（あるいはその前身のエジプト文字）から変化してきたもので音素文字、あるいは単音文字といわれる。

表語文字		漢字〈猫〉
表音文字	音節文字	平仮名・片仮名〈ねこ・ネコ〉
	音素文字	ローマ字〈neko〉

漢字は、以前は一字一字が意味をもつので表意文字と呼ばれていたが、音も表すことから、漢字１字で語を表すものとして表語文字という。

▶▶▶表語文字（→P.336）、表音文字（→P.336）、音節文字（→P.336）、音素文字（→P.336）

モダリティ modality ★★★

命題に対する概念で、話者の主観的態度を表す形式。推量（～だろう・～ようだ・～らしい）や依頼（～てください）、願望（～たい）、許可（～てもいい）、勧誘（～う・よう・～ませんか）、命令（～なさい）、禁止（～てはいけない）、説明（～のだ）などの表現が豊富にある。これらの形式は、陳述の副詞「きっと、たぶん、おそらく、ぜひ」などが共起することが多い。

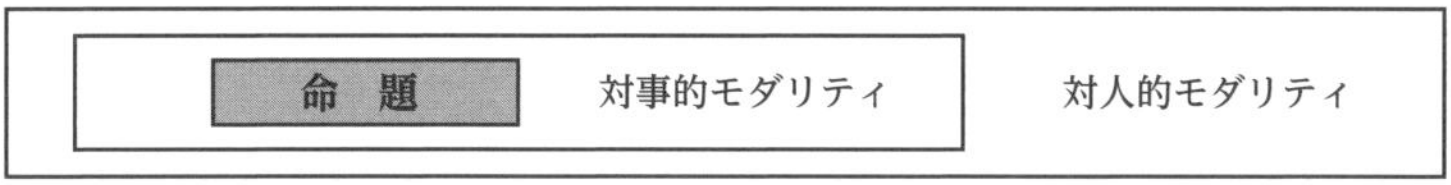

対事的モダリティ

命題の事態に対する話し手のとらえ方を表したもので、これには認識的モダリティと当為的モダリティがある。前者は、真偽不明な事態に対しての主観的な思い込み（蓋然的）と事態の成立に根拠がある論理的な確信がある。後者は、当為的（あるべき）なとらえ方で、事態の実現に対する拘束（必要）と拘束からの免除（許可）を表す。

認識的モダリティ	蓋然的	あの人が犯人｛にちがいない／かもしれない｝
	論理的	今ならまだ｛間に合いそうだ／間に合うはずだ｝
当為的モダリティ	拘束	外出は自粛する｛べきだ／（した）ほうがいい｝
	免除	もう帰っ｛てもいい｝

対人的モダリティ

聞き手に対する発話・伝達的態度を表したもので、「こっちに｛来てください／来い／来ませんか｝などの働きかけ、命令、勧誘を表したり、「今年こそ｛頑張ろう／合格しよう｝」などの意志表出、主張を表したりする。また、終助詞も密接に関与している。「明日はテストだ｛ね／よ｝」のように念押ししたり、注意喚起をしたりする。

▶▶▶命題（→P.355）、終助詞（→P.296）、陳述副詞（→P.342）

モノローグ／ダイアローグ monologue / dialogue ★

モノローグは、演劇で、登場人物が相手なしに１人で語るせりふ。独白とも。ダイアローグは、複数の登場人物の間で交わされる対話のこと。

山田孝雄（1873-1958） ★

富山県生まれの国語学者。旧制中学を中退後、独学で教員試験に合格。各地の小中学校に勤務するが、その後上京して国文学、文法研究の分野ですぐれた業績をあげた。国文法に邁進するきっかけは、生徒からの「は」と「が」についての質問の答えに窮したことだった。

４大文法理論

山田孝雄が作り上げた文法論は、「山田文法」と呼ばれる。同様に、松下大三郎、橋本進吉、時枝誠記らの著名な文法研究者が構築した文法論を、それぞれ、「松下文法」「橋本文法」「時枝文法」と呼ぶ。これらをまとめて４大文法理論という。

▶▶▶松下大三郎（→P.351）、橋本進吉（→P.331）、時枝誠記（→P.326）

有対動詞／無対動詞 ★

自・他の対応をもつ動詞を、有対動詞という。「冷える」は有対自動詞（相対自動詞）で、「冷やす」は有対他動詞（相対他動詞）である。一方、自動詞と他動詞の対応がない動詞を、無対動詞という。例えば「走る」は対応する他動詞をもたない無対自動詞（絶対自動詞）で、「見る」は対応する自動詞をもたない無対他動詞（絶対他動詞）である。

▶▶▶自動詞／他動詞（→P.293）

有標／無標 marked / unmarked ★★★

ある対応する言語的特徴AとBの表示において、一方の特徴Aが明示的な標識によって表示される場合を**有標**、特に標識を明示しないで特徴Bであることを示す場合を**無標**という。有標は特別なもので、無標は一般的で基本的なものである。否定文のnotを**標識**、**マーカー**（marker）という。有標・無標の概念は、**音韻論**から発展し、拡張して使われている。

有標	/b/(+声帯振動)	複数形（-s）	否定文（not）	漁港	女医
無標	/p/(−声帯振動)	単数形	肯定文	港	医者

▶▶▶音韻論（→P.258）、有標性差異仮説（→P.178）

ヨリ格 ★

ヨリ格は、(1)比較の基準、(2)動作・作用の起点（「から」のやや改まった言い方）を表す。現代語では、比較の文型に使われることが多い。

(1)「去年より　寒い」
(2)「1時より（から）　開会式を　行います」

▶▶▶格助詞（→P.265）

ライマン Lyman, B. S. (1835-1920) ★★★

本職は地質学者で、**御雇外国人**として来日したアメリカ人。ライマンは、日本語の連濁について研究し、アメリカの冊子（1894）でそれを発表した。**ライマンの法則**に相当する非連濁規則は、賀茂真淵、本居宣長らも気がついていたが、外国人に発見の功を奪われた格好になった。

≫ ライマンの法則 Lyman's Law

「値札（ね・ふだ）」「日陰（ひ・かげ）」など、複合語の後部要素の第2拍目以降に濁音を含んでいる場合は、連濁を嫌うという現象。外国人の名がついた**非連濁規則**であるが、ライマンの法則の例外として「縄梯子（なわ・ばしご）」が有名である。

▶▶▶語種と連濁（→P.307）、御雇外国人（→P.22）

六書（りくしょ） ★★

漢字を、その構成法と使用法から６種類に分類する方法。**象形・指事・会意・形声・転注・仮借**の６つ。後漢の初期（紀元100年ごろ）に、許慎（きょしん）が中国最古の字書**『説文解字（せつもんかいじ）』**で、周代の金文以来1000年の間に使われてきたさまざまな漢字を収集・分類し、解説した。

⑴ **象形**：物の形をかたどった方法。
　(例) 日、月、川、人、馬、牛、山、木、目、耳、口など
⑵ **指事**：位置・数量などの抽象的な概念を線や点で表す方法。
　(例) 一、二、三、上、下　など
　象形文字に、線や点を加えて表すものもある。
　(例) 本、末　など
⑶ **会意**：２つ以上の漢字を組み合わせ、その意味を合成する方法。
　(例) 林、森（木を組み合わせた）
　　休（人が木陰で休んでいる様子）
　　明（日＋月）
⑷ **形声**：意味を表す部分と音を表す部分とを組み合わせてつくる方法。
　(例) 銅（意味を表す「金」と音を表す「同」）
　　語（意味を表す「言」と音を表す「吾」）
⑸ **転注**：ある漢字を原議に類似した他の意味に転用すること。
　(例) 音楽の「楽（ガク）」（鈴の象形）を、楽しいの「楽（ラク）」に転用した。
⑹ **仮借**：字の意味を捨て、音のみを仮に借りて表記に用いること。
　(例) もとノコギリの意だった「我（ガ）」を、同音のため自称代名詞に用いた。

形声によって合成した文字は、造語力が豊かなため、『説文解字』の80%が形声文字であるといわれている。

▶▶▶漢字(→P.270)

リズム　rhythm ★★

何かが規則的に繰り返されることで、その繰り返しによって快適さのようなものが得られる現象。スペイン語やフランス語など、音節が等時間的単位となるリズムを音節拍リズムと呼ぶ。日本語の音声リズムも広くこのリズムに属するが、日本語の等時間的単位は、俳句や和歌を数えるときの仮名１文字分に相当する拍なので、**モーラ拍リズム**と呼ばれる。

■日本語のリズムの特徴

1　短い母音と長い母音がある。

2　母音の連続がある。

3　各音節の長さが等時間的である。

›› リズムと発音指導

日本語の略語が2拍を基本にしたり（「パソ・コン」「いく・きゅう（育児休暇）」）、数を数えるときに「2」や「5」が2拍に伸びたりすることから、日本語は2拍がリズムの単位（＝フット）とみることができる。自然な発音指導には、「コン・ニチ・ハ♪」（♪は1拍休み）と2拍を1フットにするのが、リズムも生まれ効果的である。

▶▶▶モーラ（→P.356）

略語　★★

語の一部分が省略されて、語形が短縮されることを、**縮約**という。縮約されてできた語を**略語**という。もとの語が比較的長大であり、かつよく使われるものであるときに略語が生まれる。略語がつくられて用いられるのは、たいてい特定の場（集団、職域、ジャンル）においてである。多くは3～4拍語に収まる。

語頭省略	（セルフ）タイマー	→タイマー
	（アル）バイト	→バイト
	（プラット）ホーム	→ホーム
語中省略	パト（ロール）カー	→パトカー
	ビー（ドロ）玉	→ビー玉
	フリー（アルバイ）ター	→フリーター
語尾省略	コネ（クション）	→コネ
	マンネリ（ズム）	→マンネリ
	コンビニ（エンスストア）	→コンビニ

■2語の合成

スタメン　〔starting＋member：和製英語〕

アカハラ　〔academic＋harassment：和製英語〕

リモコン　〔remote control〕

プロレス　〔professional wrestling〕

「パーソナル・コンピューター」が、4拍語の「パソコン」になるように前項と後項の語頭音が組み合わされる例が多い。

▶▶▶縮約形（→P.298）、省略語（→P.88）

類義語（るいぎご） ★

「時間」と「時刻」、「話す」と「語る」など、語と語の間で、意味のかなりの部分が共通する関係にあるとき、それらを**類義語**と呼ぶ。日本語には、数多くの類義関係の語があるといわれている。広義には**同義語**を含む。

》 同義語（どうぎご）

「塩」と「塩化ナトリウム」のように指示対象がまったく同じ語。現実には使用される文体レベルが異なる。「便所・御不浄・お手洗・トイレ」「やまい・病気」「ごはん・ライス」などの実際の使用状況を考慮すれば、まったく同義語というのは非常に数が限られる。

▶▶▶語彙指導（→P.202）、並列構造（→P.338）

歴史的仮名遣い（れきしてきかなづかい） ★

語を仮名（古くは万葉仮名）で書き表すときの規準を**仮名遣い**という。歴史的には、平安中期、**ハ行転呼音**が起こるなど、仮名と音との対応関係が崩れ、仮名遣いの乱れが生じた。江戸前期、万葉仮名をもとに**契沖**（けいちゅう）がそれまでの**定家**（ていか）**仮名遣い**の誤りを正して、**歴史的仮名遣い**を提唱した。

	歴史的仮名遣い	現代仮名遣い
十	とを（[wo]）	とお
氷	こほり	こおり（×こうり）

▶▶▶ハ行転呼音（→P.331）、仮名／真名（→P.267）、「現代仮名遣い」（→P.279）

連声（れんじょう） ★★★

連音の一つで、語の合成に伴う**変音現象**。前項末尾の子音［m］［n］［t］が、ア行・ヤ行・ワ行の音と接続するとき、末尾の子音をもう一度繰り返すことによって、**ナ行・マ行・タ行**に変化する現象。例えば、「銀杏〈ギン＋アン〉」は、そのまま連結すると、〈ギナン〉になるが、後項のア行音（またはワ行音）がナ行音に変化して〈ギン＋ナン〉になった。

ナ行	インネン（因縁 in+en → in[n]en）
マ行	サンミ（三位 sam+wi → sam[m]i）
タ行	セッチン（雪隠set+in → set[t]in）

▶▶▶変音現象（→P.346）

連体詞（れんたいし） ★★

日本語の品詞の一つ。**活用のない自立語**で、**体言**を**修飾**するもの。諸説あるが「この道／ある所／あらゆる手段／ほんの少々／いわゆる天才」の類。ほかに「大きな／小さな」や「同じだ」が「同じ色」（＊「同じな色」）となることから連体詞に分類される。

話し手が所属する国家、集団などを指して、批判的な気持ちを含意して「この国は…」「この会社は…」のように用いることもある。

▶▶▶品詞（→P.337）、ナ形容詞（→P.327）

連体修飾節（れんたいしゅうしょくせつ） ★★★

体言を修飾する語は連体修飾語であるが、述語を含む形式でそれと同等の働きをする節。連体修飾節は、関係代名詞を用いる言語と用いない言語に大別される。英語は名詞（先行詞）の後に、関係代名詞を含む連体修飾節を置くが、関係代名詞を用いない日本語は、「京都で撮った写真」のように被修飾名詞（底（てい））の前に置かれる。

内の関係（うちのかんけい）

連体修飾節内の述語と底に格関係が成立するもの。「内の関係」と「外の関係」は、寺村秀夫の用語。なお、「先生が｛書いた／＊書きました｝本」のように連体修飾節の述語には、普通形が使われる。

・きび団子をあげた桃太郎 ←〔桃太郎が きび団子をあげた〕
・浦島太郎が助けた亀 ←〔浦島太郎が亀を助けた〕

外の関係（がいのかんけい）

他の言語には見られない日本語に特徴的な構造で、格関係をもたず、連体修飾節全体が底に関する何らかの説明を与えるもの。内容の面で外の関係の連体修飾節と底は、同一のものを表している。底になる名詞には、①感覚名詞、②発話・思考名詞、③事柄を表す名詞が多い。

①「におい、音、味、気配」などの感覚名詞
　・ピザが焼ける＝におい
②「意見、報告、指摘、指示、約束」などの発話・思考名詞
　・外出を制限するべきだ｛という／との｝＝意見　……引用的
③「事件、事実、状態、仕事、結果」などの事柄を表す名詞
　・外国人に日本語を教える（という）＝仕事　……「という」は任意

》》 ガノ可変 <small>（か へん）</small>

有名な文法現象の一つ。「背 {が／の} 高い人」「火災 {が／の} 起きる危険性」など、連体修飾で、「が」に替わって「の」が用いられること。ただし、「の」には制約がある。「浦島太郎 {が／＊の} 竜宮城へ行った<u>という</u>話」など、被修飾名詞の前に「という」などのつなぎの語句が入った場合は、「の」は現れにくい。

▶▶▶連体修飾（→P.295）、従属節（→P.297）、形式名詞／実質名詞（→P.354）

連母音／二重母音 <small>（れん ぼ いん／に じゅう ぼ いん）</small>　★★

「アイ（愛）」のように2音節で、固有の音価を保持している母音連続を連母音という。一方、英語のI［aɪ］のように、同一音節内で［a］から［ɪ］へ向かって1音節を構成する母音連続を二重母音という。一般に、［aɪ］や［au］などの開口度の大きな母音から小さな母音へと切れ目なく転移する母音連続である。学習者が日本語の連母音を1つの二重母音で発音すると、音色が不自然になったり、長さが短くなったりする問題が出てくる。

連母音	甥　［oi］	2音節（V・V）	＊切れ目がある。
二重母音	boy［bɔi］	1音節（V→v）	＊切れ目がない。

連母音が融合して「高い→タケー」「若い→ワケー」「フコーカ（福岡）」など、自然な発話の中で長母音化する例も見受けられる。

▶▶▶方言孤立変遷論（→P.105）、アクセントの型（→P.246）

ローマ字 <small>（じ）</small>　★★

古代ローマでラテン語を書き表す文字として成立した表音文字。日本には室町末期、宣教師が初めてローマ字をもたらした。ポルトガル語式から江戸時代には、蘭学の隆盛に伴ってオランダ語式が用いられ、明治以降は、西洋列強の表音文字を信奉したローマ字論者の中から漢字の廃止や制限などの議論と並行して、ローマ字の国字化運動が高まった。

日本語のローマ字のつづり方は、キリシタンによるポルトガル語式から始まり、オランダ語式、英語式（ヘボン式）へと変遷してきた。

▶▶▶表音文字（→P.336）、キリシタン版（→P.26）、国語国字問題（→P.28）

「ローマ字のつづり方」 ★★★

ローマ字のつづりは、単音で表す**表音文字**である。**ヘボン式**は、英語に立脚した音声的な表記であるが、**訓令式**は、現代日本語の音素的な表記である。現行の内閣告示「ローマ字のつづり方」（1954）は、「第1表」に戦前に公布された内閣訓令（1937）を踏襲した訓令式を掲げ、「第2表」でヘボン式と日本式で第 1 表から漏れたものを収めて**許容**としている。

	し	ち	つ	ふ	じ	しゃ	じゃ	ちゃ	ん
訓令式	si	ti	tu	hu	zi	sya	zya	tya	n
ヘボン式	shi	chi	tsu	fu	ji	sha	ja	cha	n/m

※ヘボン式の「ん」はb・m・pの前では「m」と表記する。Shimbun（新聞）

›› ヘボン式／標準式

1885年、外山正一、チェンバレンらが結成した羅馬字会が立案した英語式（子音は英語に、母音はイタリア語に準拠）を、アメリカ人の宣教師で医者のヘボンが、日本初の和英辞典**『和英語林集成』**第三版（1886）で採用したことから**ヘボン式**と呼ばれるようになった。ヘボン式を改正したものを、**標準式**という。

›› 日本式

ヘボン式を批判した**田中館愛橘**が発表（1885）、田丸卓郎が命名したローマ字の表記。田中館、田丸らは日本ローマ字会を設立してこれを推進し、ヘボン式（標準式）を推進する羅馬字会と激しく争った。日本式は、五十音図に沿って表記するもので、各行の子音は同一文字が用いられた。「wo（を）」「di（じ・ぢ）」「dya（じゃ・ぢゃ）」が訓令式と異なる。

›› 訓令式

昭和になって、表記法が対立したまま陸軍や官庁方面へは日本式が、鉄道省や民間へはヘボン式が浸透していった。1937年、文部省は日本式を整理した**訓令式**を公布したが、統一されることはなかった。第二次世界大戦後、連合国軍最高司令部からヘボン式を使用する旨の命令が出るが、1954年、訓令式の新表として「ローマ字のつづり方」が内閣告示された。

訓令式は、音素レベルで子音の同一性を忠実に表したもので、ヘボン式は、単音レベルで発音上の違いを忠実に表したものといえる。

▶▶▶ヘボン（→P.346）、田中館愛橘（→P.41）、柴田武（→P.85）、米国教育使節団（→P.325）

和語（わご）

★★★

漢語が渡来する以前から存在した日本固有の言葉。やまとことばとも。日常生活に密着した言葉の多くは**和語**である。現代では、語彙の構成上の割合では、**漢語**に第1位を譲ったが、使用量からみれば50％以上で首位を占める。文を作る際に重要な役割を果たす**助詞**や**助動詞**は、和語であり、このことが和語の使用頻度を高める要因の一つともなっている。

▶▶▶語種（→P.287）、固有語（→P.288）、語感（→P.283）、語種と連濁（→P.307）、内容語／機能語（→P.252）

ヲ格（かく）

★★★

ヲ格には、⑴他動詞を伴って、動作・作用を向ける対象を表す用法と、⑵移動の動詞（自動詞）を伴って、移動の経路や起点を表す用法がある。

⑴ **対象のヲ格**	「橋を　作る」	
	「家を　探す」	
	「穴を　掘る」	（結果として生ずる対象）
	「湯を　沸かす」	（結果として生ずる対象）
⑵ **移動のヲ格**	「橋を　渡る」	（経路・通過）
	「家を　出る」	（起点）

▶▶▶格助詞（→P.265）、格（→P.265）、自動詞／他動詞（→P.293）

参考文献

NHK放送文化研究所編『NHK日本語発音アクセント新辞典』NHK出版、2016
小池生夫編集主幹『応用言語学事典』研究社、2003
藤堂明保編『学研漢和大字典』学習研究社、1978
中島義明ほか編『心理学辞典』有斐閣、1999
日本教育工学会編『教育工学事典』実教出版、2000
日本語教育学会編『日本語教育ハンドブック』大修館書店、1990
日本語教育学会編、水谷修ほか編『新版日本語教育事典』大修館書店、2005
日本語文法学会編『日本語文法事典』大修館書店、2014

● 区分1

パウロ・フレイレ著、小沢有作ほか訳『被抑圧者の教育学』亜紀書房、1979
ルース・ベネディクト著、長谷川松治訳『菊と刀－日本文化の型』(現代教養文庫A501)、講談社、1967
青木直子ほか編『日本語教育学を学ぶ人のために』世界思想社、2001
木村宗男『講座日本語と日本語教育　第15巻　日本語教育の歴史』明治書院、1991
小山悟・大友可能子・野原美和子編『言語と教育－日本語を対象として』くろしお出版、2004
関正昭『日本語教育史研究序説』スリーエーネットワーク、1997
孫暁英『「大平学校」と戦後日中教育文化交流－日本語教師のライフストーリーを手がかりに―日中平和友好条約締結40周年記念出版』日本僑報社、2018
多仁安代『大東亜共栄圏と日本語』勁草書房、2000
土居健郎『「甘え」の構造』弘文堂、1971
中島敦『南洋通信』増補新版、中央公論社2019
中根千枝『タテ社会の人間関係－単一社会の理論』(講談社現代新書)、講談社、1967
文化庁編『地域日本語学習支援の充実－共に育む地域社会の構築へ向けて』国立印刷局、2004
文化庁文化部国語課編『中国からの帰国者のための生活日本語』文化庁、1983
文化庁文化部国語課編『中国帰国者のための日本語教育Q&A』大蔵省印刷局、1997
宮島喬『共に生きられる日本へ―外国人施策とその課題』(有斐閣選書)、有斐閣、2003
山本有三『戦争と二人の婦人』改訂、岩波書店、1938
吉島茂・大橋理枝訳編『外国語教育Ⅱ－外国語の学習、教授、評価のためのヨーロッパ共通参照枠』朝日出版社、2004

● 区分2

P.トラッドギル著、土田滋訳『言語と社会』(岩波新書)、岩波書店、1975
R.ヤコブソン著、池上嘉彦・山中桂一訳『言語とメタ言語』勁草書房、1984
イ・ヨンスク『「国語」という思想　近代日本の言語認識』岩波書店、1996
エドワード・ホール著、日高敏隆・佐藤信行訳『かくれた次元』みすず書房、1970
ジョシュア・A.フィッシュマン著、湯川恭敏訳『言語社会学入門』大修館書店、1974
NHK放送文化研究所編『現代の県民気質―全国県民意識調査』日本放送出版協会、1997
東照二『社会言語学入門－生きた言葉のおもしろさにせまる』研究社出版、1997
菊地康人『敬語』角川書店、1994
北原保雄監修、江端義夫編『朝倉日本語講座10　方言』朝倉書店、2002
国立国語研究所『敬語教育の基本問題(下)』(日本語教育指導参考書)、大蔵省印刷局、1992
佐竹秀雄・西尾玲見『日本語を知る・磨く　敬語の教科書』ベレ出版、2005
真田信治・渋谷勝己・陣内正敬・杉戸清樹『社会言語学』桜楓社、1992
澤田茂保著、内田聖二・八木克正・安井泉編『ことばの実際１　話しことばの構造』(シリーズ 英文法を解き明かす―現代英語の文法と語法)、研究社、2016
柴田武『日本の方言』(岩波新書)、岩波書店、1958

滝浦真人・大橋理枝『日本語とコミュニケーション』(放送大学教材)、放送大学教育振興会、2015
田中春美・田中幸子編著『社会言語学への招待－社会・文化・コミュニケーション』ミネルヴァ書房、1996
田中ゆかり『「方言コスプレ」の時代―ニセ関西弁から龍馬語まで』岩波書店、2011
文化審議会『敬語の指針－文化審議会答申』文化審議会、2007
宮原哲『入門コミュニケーション論』新版、松柏社、2006

● 区分3

A.H.マズロー著、小口忠彦訳『人間性の心理学－モチベーションとパーソナリティ』(改訂新版)、産業能率大学出版部、1987
コリン・ベーカー著、岡秀夫訳編『バイリンガル教育と第二言語習得』大修館書店、1996
スティーブン D.クラッシェン、トレイシー D.テレル著、藤森和子訳『ナチュラル・アプローチのすすめ』(英語指導法叢書)、大修館書店、1986
スティーブン・ピンカー著、椋田直子訳『言語を生みだす本能(上)(下)』(NHKブックス)、NHK出版、1995
フランク・ゴーブル著、小口忠彦監訳「マズローの心理学」産業能率短期大学出版部、1972
レベッカL.オックスフォード著、宍戸通庸・伴紀子訳『言語学習ストラテジー――外国語教師が知っておかなければならないこと』凡人社、1994
ロッド・エリス著、金子朝子訳『第二言語習得序説　学習者言語の研究』研究社出版、1996
鹿取廣人・杉本敏夫編著『心理学』東京大学出版会、1996
小林裕・飛田操編著『教科書　社会心理学』北大路書房、2000
小柳かおる『日本語教師のための新しい言語習得概論』スリーエーネットワーク、2004
酒井邦嘉『言語の脳科学－脳はどのようにことばを生みだすか』(中公新書)、中央公論新社、2002
迫田久美子『日本語教育に生かす第二言語習得研究』アルク、2002
佐々木泰子編『ベーシック日本語教育』ひつじ書房、2007
白井恭弘『外国語学習の科学－第二言語習得論とは何か』(岩波新書)、岩波書店、2008
鈴木孝夫『ことばと文化』(岩波新書)、岩波書店、1973
高野陽太郎編『認知心理学2　記憶』東京大学出版会、1995
中島義明・繁桝算男・箱田裕司編『新・心理学の基礎知識』(有斐閣ブックス)、有斐閣、2005
深田博己編著『コミュニケーション心理学－心理学的コミュニケーション論への招待』北大路書房、1999
古田暁監修、石井敏ほか著『異文化コミュニケーション―新・国際人への条件』(有斐閣選書)、改訂版、有斐閣、1996
森敏昭・井上毅・松井孝雄『グラフィック認知心理学』サイエンス社、1995
森山新『認知と第二言語習得』(新日本語學研究叢書)、図書出版啓明、2000

● 区分4

Eleanor Harz Jorden『Japanese,The Spoken Language』Yale University Press1987-1990
K.ジョンソン.K、K.モロウ編著、小笠原八重訳『コミュニカティブ・アプローチと英語教育』(言語教育・応用言語学叢書)、桐原書店、1984
Osamu Mizutani、Nobuko Mizutani『An Introduction to Modern Japanese』The Japan Times1977
泉　均『やさしい日本語指導９　言語学』凡人社、1999
大村彰道編『教育心理学Ⅰ　発達と学習指導の心理学』東京大学出版会、1996
岡崎敏雄・岡崎眸『日本語教育の実習　理論と実践』アルク、1997
岡崎洋三・西口光一・山田泉編著『人間主義の日本語教育』(日本語教師のための知識本シリーズ)、凡人社、2003
尾﨑明人・中井陽子・椿由紀子著、関正昭・平孝史也・土岐哲編『会話教材を作る』(日本語教育叢書　つくる)、スリーエーネットワーク、2010
鎌田修・川口義一・鈴木睦編著『日本語教授法ワークショップ』増補版、凡人社、2000

佐藤学『教育方法学』(岩波テキストブックス)、岩波書店、1996
白井恭弘『外国語学習の科学－第二言語習得論とは何か』(岩波新書)、岩波書店、2008
田中望『日本語教育の方法　コースデザインの実際』大修館書店、1988
田中望・斎藤里美『日本語教育の理論と実際－学習支援システムの開発』大修館書店、1993
姫野伴子・小森和子・柳澤絵美『日本語教育学入門』研究社、2015
山内進編著『言語教育学入門－応用言語学を言語教育に活かす』大修館書店、2003
横溝紳一郎著、日本語教育学会編『日本語教師のためのアクション・リサーチ』凡人社、2000

● 区分5

ノーム・チョムスキー著、勇康雄訳『文法の構造』研究社出版、1963
フェルディナン.ド.ソシュール著、小林英夫訳『一般言語学講義』岩波書店、1972
庵功雄『新しい日本語学入門　ことばのしくみを考える』第2版、スリーエーネットワーク、2012
今井邦彦『語用論への招待』大修館書店、2001
今田滋子、国際交流基金編『教師用日本語教育ハンドブック6 発音』改訂版、凡人社、1989
大野晋『日本語の文法を考える』(岩波新書)、岩波書店、1978
沖森卓也『日本語全史』(ちくま新書)、筑摩書房、2017
奥津敬一郎『「ボクハウナギダ」の文法－ダとノ』くろしお出版、1979
風間喜代三・上野善道・松村一登・町田健『言語学』東京大学出版会、1993
金田一春彦『日本語(上)(下)』(岩波新書)、岩波書店、1988
窪園晴夫『現代言語学入門2　日本語の音声』岩波書店、1999
国立国語研究所編『語彙の研究と教育(上)(下)』(日本語教育指導参考書)、大蔵省印刷局、1984・1985
国際交流基金『音声を教える』ひつじ書房、2009
佐伯哲夫・山内洋一郎編『国語概説』和泉書院、1983
佐々木泰子編『ベーシック日本語教育』ひつじ書房、2007
三省堂編修所編『新しい国語表記ハンドブック』第八版、三省堂、2018
白藤禮幸・杉浦克己編著『国語学概論』(放送大学教材)、改訂版、放送大学教育振興会、2002
築島裕『国語学』東京大学出版会、1964
寺村秀夫『日本語のシンタクスと意味(Ⅰ・Ⅱ)』くろしお出版、1982
時枝誠記『日本文法口語篇』岩波書店、1950
飛田良文・佐藤武義編『現代日本語講座　第3巻　発音』明治書院、2002
飛田良文・佐藤武義編『現代日本語講座　第5巻　文法』明治書院、2002
名柄迪監修『分野別徹底解説による日本語教育能力検定試験傾向と対策　Vol.1』バベル・プレス、1991
姫野伴子・小森和子・柳澤絵美『日本語教育学入門』研究社、2015
益岡隆志・田窪行則『基礎日本語文法』改訂版、くろしお出版、1993
松崎寛・河野俊之『日本語教育能力検定試験に合格するための音声23』アルク、2010
松下大三郎、徳田政信編『標準日本口語法』増補校訂、勉誠社、1977
三上章『現代語法序説―シンタクスの試み』くろしお出版、1972
三上章『象は鼻が長い―日本文法入門』第6版、くろしお出版、1973
籾山洋介『認知言語学入門』研究社、2010
森田良行『日本語文法の発想』ひつじ書房、2002
渡辺実『日本語概説』(岩波テキストブック)、岩波書店、1996

巻末資料

1 国際音声記号

国際音声記号（改訂 2020）

子音（肺気流）

	両唇音	唇歯音	歯音	歯茎音	後部 歯茎音	そり舌 音	硬口蓋 音	軟口蓋 音	口蓋垂 音	咽頭音	声門音
破裂音	p b			t d		ʈ ɖ	c ɟ	k ɡ	q ɢ		ʔ
鼻音	m	ɱ		n		ɳ	ɲ	ŋ	ɴ		
ふるえ音	ʙ			r					ʀ		
たたき音又は弾き音		ⱱ		ɾ		ɽ					
摩擦音	ɸ β	f v	θ ð	s z	ʃ ʒ	ʂ ʐ	ç ʝ	x ɣ	χ ʁ	ħ ʕ	h ɦ
側面摩擦音				ɬ ɮ							
接近音		ʋ		ɹ		ɻ	j	ɰ			
側面接近音				l		ɭ	ʎ	ʟ			

枠内で記号が対になっている場合、右側の記号が有声音を、左側の記号が無声音を表す。網掛け部分は、不可能と判断された調音を表す。

子音（非肺気流）

吸着音	有声入破音	放出音
ʘ 両唇音	ɓ 両唇音	ʼ 例：
ǀ 歯音	ɗ 歯音/歯茎音	pʼ 両唇音
ǃ (後部)歯茎音	ʄ 硬口蓋音	tʼ 歯音/歯茎音
ǂ 硬口蓋歯茎音	ɠ 軟口蓋音	kʼ 軟口蓋音
ǁ 歯茎側面音	ʛ 口蓋垂音	sʼ 歯茎摩擦音

母音

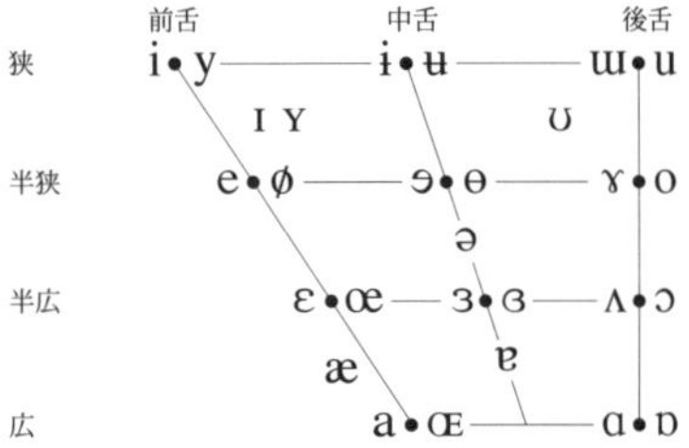

記号が対になっている場合、右側の記号が円唇母音を表す。

その他の記号

ʍ 無声両唇軟口蓋摩擦音
w 有声両唇軟口蓋接近音
ɥ 有声両唇硬口蓋接近音
ʜ 無声喉頭蓋摩擦音
ʢ 有声喉頭蓋摩擦音
ʡ 喉頭蓋破裂音

ɕ ʑ 歯茎硬口蓋摩擦音
ɺ 有声歯茎側面弾き音
ɧ ʃ と x の同時調音

破擦音と二重調音は、必要な場合連結記号でつないだ２つの記号で表すことができる。 t͜s k͡p

超分節的要素

ˈ 主強勢
ˌ 副次強勢 ˌfoʊnəˈtɪʃən
ː 長 eː
ˑ 半長 eˑ
˘ 超短 ĕ
| 小さい（脚）境界
‖ 大きい（イントネーション）境界
. 音節境界 ɹi.ækt
‿ 連結（無境界）

補助記号

記号	名称	例	記号	名称	例	記号	名称	例
̥	無声	n̥ d̥	̤	息漏れ声	b̤ a̤	̪	歯音	t̪ d̪
̬	有声	s̬ t̬	̰	きしみ声	b̰ a̰	̺	舌尖音	t̺ d̺
ʰ	有気音	tʰ dʰ	̼	舌唇音	t̼ d̼	̻	舌端音	t̻ d̻
̹	強い円唇化	ɔ̹	ʷ	唇音化	tʷ dʷ	̃	鼻音化	ẽ
̜	弱い円唇化	ɔ̜	ʲ	硬口蓋音化	tʲ dʲ	ⁿ	鼻音開放	dⁿ
̟	前進	u̟	ˠ	軟口蓋音化	tˠ dˠ	ˡ	側面開放	dˡ
̠	後退	e̠	ˤ	咽頭音化	tˤ dˤ	̚	無音開放	d̚
̈	中舌化	ë	̴	軟口蓋音化または咽頭音化	ɫ			
̽	中央化	e̽	̝	上寄り	e̝（ɹ̝ = 有声歯茎摩擦音）			
̩	音節主音	n̩	̞	下寄り	e̞（β̞ = 有声両唇接近音）			
̯	非音節主音	e̯	̘	舌根前進	e̘			
˞	R音性	ɚ a˞	̙	舌根後退	e̙			

基線の下まで伸びる記号の場合は、補助記号を上に付けてもよい。例 ŋ̊

声調と語アクセント

平板		曲線	
e̋ または ˥	超高	ě または ˩˥	上昇
é ˦	高	ê ˥˩	下降
ē ˧	中	e᷄ ˦˥	高上昇
è ˨	低	e᷅ ˩˨	低上昇
ȅ ˩	超低	e᷈ ˧˦˧	上昇下降
↓	ダウンステップ	↗	全体的上昇
↑	アップステップ	↘	全体的下降

2 現代日本語の音声記号表

ア	イ	ウ	エ	オ			
a	i	ɯ	e	o			
カ	キ	ク	ケ	コ	キャ	キュ	キョ
ka	k^{j}i	kɯ	ke	ko	k^{j}a	k^{j}ɯ	k^{j}o
ガ	ギ	グ	ゲ	ゴ	ギャ	ギュ	ギョ
ga	g^{j}i	gɯ	ge	go	g^{j}a	g^{j}ɯ	g^{j}o
サ	シ	ス	セ	ソ	シャ	シュ	ショ
sa	ɕi	sɯ	se	so	ɕa	ɕɯ	ɕo
ザ	ジ	ズ	ゼ	ゾ	ジャ	ジュ	ジョ
ʣa	ʥi	ʣɯ	ʣe	ʣo	ʥa	ʥɯ	ʥo
タ	チ	ツ	テ	ト	チャ	チュ	チョ
ta	ʨi	ʦɯ	te	to	ʨa	ʨɯ	ʨo
ダ	(ヂ)	(ヅ)	デ	ド	(ヂャ)	(ヂュ)	(ヂョ)
da	(ʥi)	(ʣɯ)	de	do	(ʥa)	(ʥɯ)	(ʥo)
ナ	ニ	ヌ	ネ	ノ	ニャ	ニュ	ニョ
na	ɲi	nɯ	ne	no	ɲa	ɲɯ	ɲo
ハ	ヒ	フ	ヘ	ホ	ヒャ	ヒュ	ヒョ
ha	çi	ɸɯ	he	ho	ça	çɯ	ço
バ	ビ	ブ	ベ	ボ	ビャ	ビュ	ビョ
ba	b^{j}i	bɯ	be	bo	b^{j}a	b^{j}ɯ	b^{j}o
パ	ピ	プ	ペ	ポ	ピャ	ピュ	ピョ
pa	p^{j}i	pɯ	pe	po	p^{j}a	p^{j}ɯ	p^{j}o
マ	ミ	ム	メ	モ	ミャ	ミュ	ミョ
ma	m^{j}i	mɯ	me	mo	m^{j}a	m^{j}ɯ	m^{j}o
ヤ		ユ		ヨ			
ja		jɯ		jo			
ラ	リ	ル	レ	ロ	リャ	リュ	リョ
ɾa	ɾ^{j}i	ɾɯ	ɾe	ɾo	ɾ^{j}a	ɾ^{j}ɯ	ɾ^{j}o
ワ							
ɰa							

3 現代日本語の子音と半母音（声道断面図）

調音法	調音点				
	両唇		歯茎		歯茎硬口蓋
鼻音	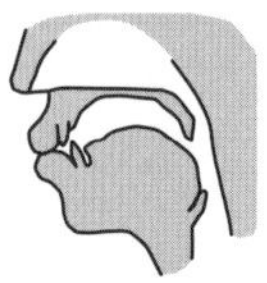 [m]	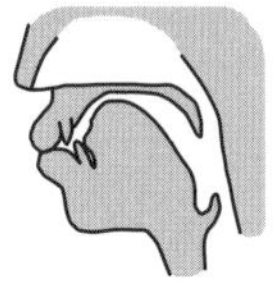 [mʲ]	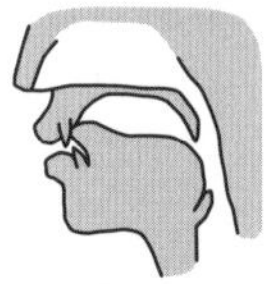 [n]		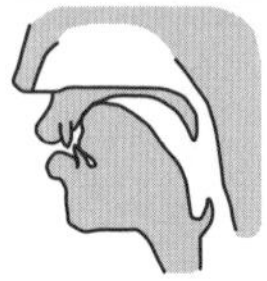 [ɲ]
破裂音	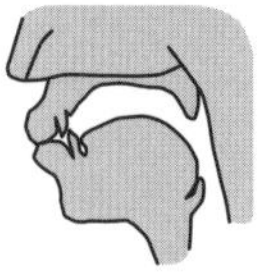 [p / b]	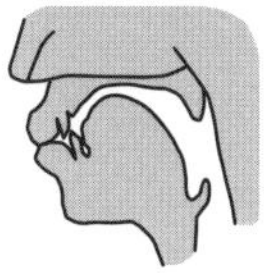 [pʲ / bʲ]	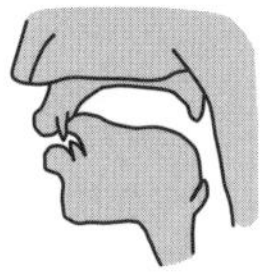 [t / d]		
摩擦音	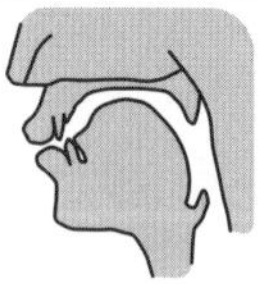 [ɸ]		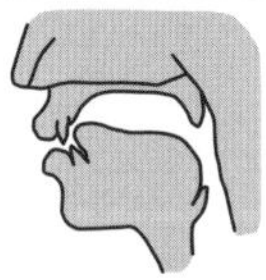 [s / z]		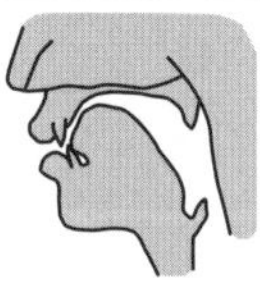 [ɕ / ʑ]
破擦音（の閉鎖）	閉鎖の開放直後に摩擦が生じる。		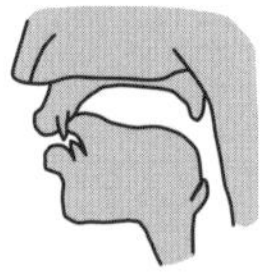 [ʦ / ʣ]		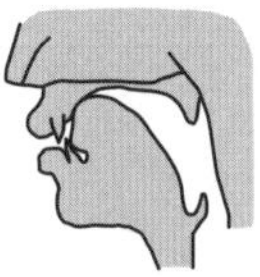 [ʨ / ʥ]
はじき音			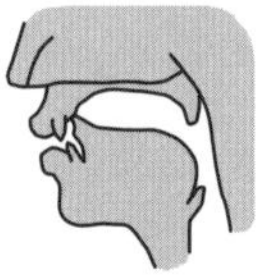 [ɾ]	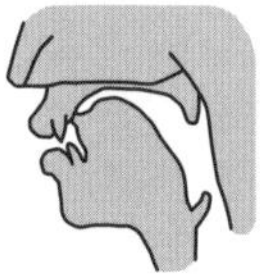 [ɾʲ]	
接近音	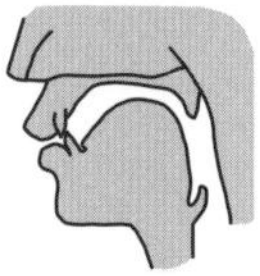 [w]				

※[ɲ]（ニ・ニャ・ニュ・ニョの子音）は国際音声記号では硬口蓋音となっているが、日本語では硬口蓋よりも前寄りが調音点となるため歯茎硬口蓋音としている。

※[w]は、円唇の「有声・両唇軟口蓋・接近音」で、二重調音される。

硬口蓋	軟口蓋		口蓋垂	声門
	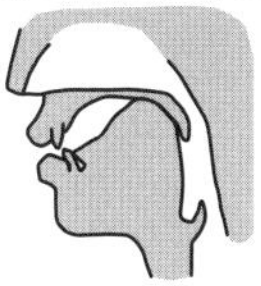 [ŋ]		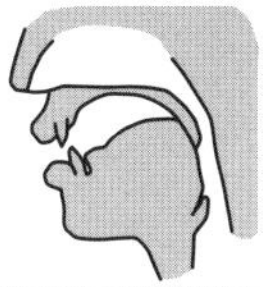 [N]	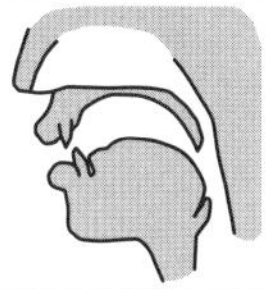 [ã]
	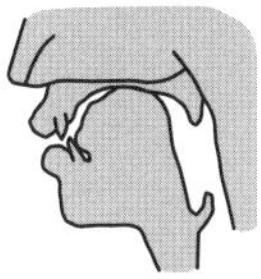 [k^{j} / g^{j}]	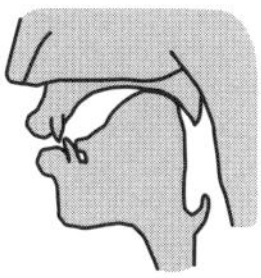 [k / ɡ]		
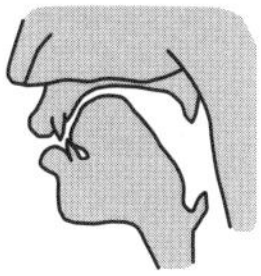 [ç]				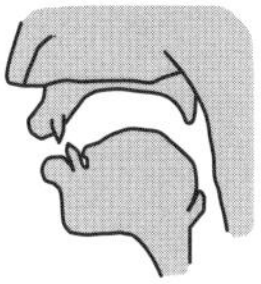 [h]
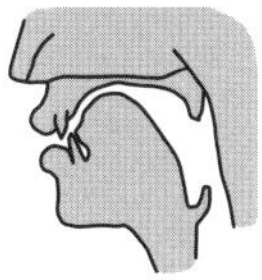 [j]	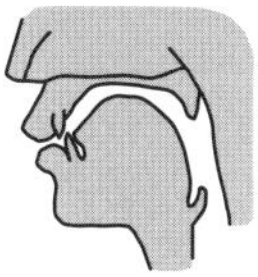 [ɰ]			

※声門の鼻音には鼻母音「ア」のほかに「イ」「ウ」「エ」「オ」がある。音節末の撥音「ン」は、後ろに閉鎖を伴わない母音、摩擦音、接近音がきた場合、鼻母音として現れる。 例:簡易[kaãi]　検査[keẽsa]　今夜[koõja]

※音声記号が対(　／　)になっている場合は、左側が無声音、右側が有声音。

4 日本語文法

動詞の活用表

基本形「読む」				普通体		丁寧体	
				肯定形	否定形	肯定形	否定形
終止形	叙述	断定形	非過去形	よむ	よまない	よみます	よみません
			過去形	よんだ	よまなかった	よみました	よみませんでした
		推量形	非過去形	よむだろう	よまないだろう	よむでしょう	よまないでしょう
			過去形	よんだだろう	よまなかっただろう	よんだでしょう	よまなかったでしょう
	命令形			よめ	よむな	よみなさい	(よみなさんな)
	意志形			よもう	(よむまい)	よみましょう	
連体形			非過去形	よむ	よまない	(よみます)	(よみません)
			過去形	よんだ	よまなかった	(よみました)	(よみませんでした)
中止形	連用形			よみ	よまず(に)		(よみませず)
	テ形			よんで	よまないで よまなくて	よみまして	よみませんで(して)
	タリ(並列)形			よんだり	よまなかったり	よみましたり	よみませんでしたり
条件形	ト形			よむと	よまないと	よみますと	よみませんと
	バ形			よめば	よまなければ		
	タラ形			よんだら	よまなかったら	よみましたら	よみませんでしたら
	ナラ形		非過去形	よむなら	よまないなら	よみますなら	よみませんなら
			過去形	よんだなら	よまなかったなら	よみましたなら	よみませんでしたなら
譲歩形	デモ形			よんでも	よまなくても	よみましても	よみませんでも
	タッテ形			よんだって	よまなくたって	よみましたって	よみませんでしたって

イ形容詞の活用表

基本形「高い」				普通体		丁寧体	
				肯定形	否定形	肯定形	否定形
終止形	叙述	断定形	非過去形	たかい	たかくない	たかいです	たかくないです たかくありません
			過去形	たかかった	たかくなかった	たかかったです	たかくなかったです たかくありませんでした
		推量形	非過去形	たかいだろう	たかくないだろう	たかいでしょう	たかくないでしょう
			過去形	たかかっただろう	たかくなかっただろう	たかかったでしょう	たかくなかったでしょう
連体形			非過去形	たかい	たかくない		(たかくありません)
			過去形	たかかった	たかくなかった		(たかくありませんでした)
中止形	連用形			たかく	たかくなく		(たかくありませず)
	テ形			たかくて	たかくなくて		たかくありませんで(して)
	タリ(並列)形			たかかったり	たかくなかったり		(たかくありませんでしたり)

条件形	ト形		たかいと	たかくないと	たかいですと	(たかくないですと) たかくありませんと
	バ形		たかければ	たかくなければ		
	タラ形		たかかったら	たかくなかったら		たかくありませんでしたら
	ナラ形	非過去形	たかいなら	たかくないなら		たかくありませんなら
		過去形	たかかったなら	たかくなかったなら		たかくありませんでしたなら
譲歩形	デモ形		たかくても	たかくなくても		たかくありませんでも
	タッテ形		たかくたって	たかくなくたって		たかくありませんでしたって

ナ形容詞の活用表

	基本形「好き」			普通体		丁寧体	
				肯定形	否定形	肯定形	否定形
終止形	叙述	断定形	非過去形	すきだ	すきじゃない	すきです	すきじゃないです すきじゃありません
			過去形	すきだった	すきじゃなかった	すきでした	すきじゃなかったです すきじゃありませんでした
		推量形	非過去形	すきだろう	すきじゃないだろう	すきでしょう	すきじゃないでしょう
			過去形	すきだっただろう	すきじゃなかっただろう	すきだったでしょう	すきじゃなかったでしょう
連体形			非過去形	すきな	すきじゃない		(すきじゃありません)
			過去形	すきだった	すきじゃなかった	(すきでした)	(すきじゃありませんでした)
中止形	連用形			すきに	すきじゃなく		(すきじゃありませず)
	テ形			すきで	すきじゃなくて	すきでして	すきじゃありませんで(して)
	タリ(並列)形			すきだったり	すきじゃなかったり	すきでしたり	すきじゃありませんでしたり
条件形	ト形			すきだと	すきじゃないと	すきですと	すきじゃないですと すきじゃありませんと
	バ形			すきであれば	すきじゃなければ		
	タラ形			すきだったら	すきじゃなかったら	すきでしたら	すきじゃありませんでしたら
	ナラ形		非過去形	すきなら	すきじゃないなら	(すきですなら)	すきじゃありませんなら
			過去形	すきだったなら	すきじゃなかったなら	すきでしたなら	すきじゃありませんでしたなら
譲歩形	デモ形			すきでも	すきじゃなくても	すきでしても	すきじゃありませんでも
	タッテ形			すきだって	すきじゃなくたって	すきでしたって	すきじゃありませんでしたって

※ナ形容詞と名詞の否定形には、例えば、普通体に「ではない」と「でない」と「じゃない」とがある。この表ではすべてを掲げることはせず、「じゃない」「じゃありません」で代表させた。

5 学校文法

動詞の活用表

活用の種類	基本形	語幹	未然形	連用形	終止形	連体形	仮定形	命令形	備考
主な続き方			ない・ぬ・う・よう	ます・た・て	—。(言い切り)	とき	ば	—。(命令して言い切り)	
五段活用	書く	か(書)	－か －こ	－き －い	－く	－く	－け	－け	・連用形に、助詞「て」や助動詞「た」が続くときには活用語尾が変化し、音便化する。音便形には、イ音便(い)・撥音便(ん)・促音便(っ)などがある。サ行五段活用の動詞には、音便形は現れない。
	読む	よ(読)	－ま －も	－み －ん	－む	－む	－め	－め	
	切る	き(切)	－ら －ろ	－り －っ	－る	－る	－れ	－れ	
	貸す	か(貸)	－さ －そ	－し	－す	－す	－せ	－せ	
上一段活用	起きる	お(起)	－き	－き	－きる	－きる	－きれ	－きろ －きよ	・「射る」「居る」「着る」「似る」「煮る」「見る」などは、語幹と活用語尾の区別がない。
	見る	－	み	み	みる	みる	みれ	みろ みよ	
下一段活用	食べる	た(食)	－べ	－べ	－べる	－べる	－べれ	－べろ －べよ	・「得る」「出る」「寝る」「経る」などは、語幹と活用語尾の区別がない。 ・可能動詞はすべて下一段活用。
	出る	－	で	で	でる	でる	でれ	でろ でよ	
カ行変格活用	来る	－	こ	き	くる	くる	くれ	こい	・「来る」のみ。
サ行変格活用	する	－	し せ さ	し	する	する	すれ	しろ せよ	・「する」のみ。「〜する」の複合動詞も同じ。

形容詞の活用表

基本形	語幹	未然形	連用形	終止形	連体形	仮定形	命令形	備考
主な続き方		う	た・たり・なる・ない	—。(言い切り)	とき・こと・のに	ば	－	
寒い	寒	－かろ	－かっ －く	－い	－い	－けれ	×	・活用の仕方は1種類。 ・連用形「－く」に「ございます」「存じます」が続くと「－う」に変化する。これをウ音便という。語幹の一部まで変化することもある。
美しい	美し	－かろ	－かっ －く	－い	－い	－けれ	×	

形容動詞の活用表

基本形	語幹	未然形	連用形	終止形	連体形	仮定形	命令形	備考
主な続き方		う	た・ない・なる	—。(言い切り)	とき・の・ので・のに	ば	－	
きれいだ	きれい	－だろ	－だっ －で －に	－だ	－な	－なら	×	・活用の仕方は2種類。 ・「同じだ」は、体言などが続く場合は語幹そのものを用いるが、助詞「の」「ので」「のに」が続くときだけ、「－な」という連体形が現れる。
同じだ	同じ	－だろ	－だっ －で －に	－だ	(－な)	－なら	×	

6 ローマ字のつづり方

まえがき

1. 一般に国語を書き表す場合は、第１表に掲げたつづり方によるものとする。
2. 国際的関係その他従来の慣例をにわかに改めがたい事情にある場合に限り、第２表に掲げたつづり方によってもさしつかえない。
3. 前二項のいずれの場合においても、おおむねそえがきを適用する。

第１表〔(　)は重出を示す。〕

a	i	u	e	o			
ka	ki	ku	ke	ko	kya	kyu	kyo
sa	si	su	se	so	sya	syu	syo
ta	ti	tu	te	to	tya	tyu	tyo
na	ni	nu	ne	no	nya	nyu	nyo
ha	hi	hu	he	ho	hya	hyu	hyo
ma	mi	mu	me	mo	mya	myu	myo
ya	(i)	yu	(e)	yo			
ra	ri	ru	re	ro	rya	ryu	ryo
wa	(i)	(u)	(e)	(o)			
ga	gi	gu	ge	go	gya	gyu	gyo
za	zi	zu	ze	zo	zya	zyu	zyo
da	(zi)	(zu)	de	do	(zya)	(zyu)	(zyo)
ba	bi	bu	be	bo	bya	byu	byo
pa	pi	pu	pe	po	pya	pyu	pyo

第２表

sha	shi		shu	sho
			tsu	
cha	chi		chu	cho
			fu	
ja	ji		ju	jo
di	du	dya	dyu	dyo
kwa				
gwa				
				wo

そえがき

前表にさだめたもののほか、おおむね次の各項による。

1. はねる音「ン」はすべてｎと書く。
2. はねる音をあらわすｎの次にくる母音字またはｙを切り離すひつようがある場合には、ｎの次に ' を入れる。
3. つまる音は、最初の子音字を重ねて表わす。
4. 長音は母音字の上に ^ をつけて表わす。なお、大文字の場合は母音字を並べてもよい。
5. 特殊音の書き表し方は自由とする。
6. 文の書きはじめ、および固有名詞は語頭を大文字で書く。なお、固有名詞以外の名詞の語頭を大文字で書いてもよい。

（昭和29年内閣告示第１号）

7 日本語教育の推進に関する法律（概要）

目的（第一条）

【背景】

日本語教育の推進は、

- 我が国に居住する外国人が日常生活及び社会生活を国民と共に円滑に営むことができる環境の整備に資する。
- 我が国に対する諸外国の理解と関心を深める上で重要である。

【目的】

多様な文化を尊重した活力ある共生社会の実現・諸外国との交流の促進並びに友好関係の維持発展に寄与。

定義（第二条）

この法律において「日本語教育」とは、外国人等が日本語を習得するために行われる教育その他の活動（外国人等に対して行われる日本語の普及を図るための活動を含む）をいう。

基本理念（第三条）

①外国人等に対し、その希望、置かれている状況及び能力に応じた**日本語教育を受ける機会の最大限の確保**

②**日本語教育の水準の維持向上**

③外国人等に係る教育及び労働、出入国管理その他の**関連施策等との有機的な連携**

④国内における**日本語教育が地域の活力の向上に寄与するものであるとの認識**の下行われること

⑤海外における日本語教育を通じ、我が国に対する諸外国の理解と関心を深め、**諸外国との交流等を促進**

⑥**日本語を学習する意義についての外国人等の理解と関心**が深められるように配慮

⑦**幼児期及び学齢期にある外国人等の家庭における教育等において使用される言語の重要性**に配慮

国の責務等（第四条～第九条）

- **国の責務**

  ―基本理念にのっとり、日本語教育の推進に関する施策を策定・実施
- **地方公共団体の責務**

  ―基本理念にのっとり、地域の状況に応じた施策を策定・実施
- **事業主の責務**

  ―外国人等を雇用する事業主は国・地方公共団体が実施する施策に協力するとともに、雇用する外国人等とその家族に日本語学習の機会の提供および支援に努める
- **連携の強化**

  ―国・地方公共団体は関係省庁、日本語教育を行う機関（日本語学校、専門学校など）、外国人等を雇用する事業主、外国人等の生活支援を行う団体等の相互間の連携の強化と体制の整備に努める

—国は独立行政法人国際交流基金、日本語教育を行う機関、諸外国の行政機関および教育機関等との連携の強化と体制の整備に努める

・**法制上、財政上の措置等**

—政府は日本語教育の推進に必要な法制上・財政上の措置を講ずる

・**資料の作成及び公表**

—政府は日本語教育の状況及び政府が日本語教育の推進に関して講じた施策に関する資料を作成し、随時公表する

基本方針等(第十条・第十一条)

・**文部科学大臣及び外務大臣は、基本方針の案を作成**し、閣議の決定を求める。

・地方公共団体は、基本方針を参酌し、地方公共団体の基本的な方針を定めるよう努める。

基本的施策(第十二条〜第二十六条)

第一節　国内における日本語教育の機会の拡充

・**外国人等である幼児、児童、生徒等**に対する日本語教育

・**外国人留学生等**に対する日本語教育

・外国人等の**被用者等**に対する日本語教育

・**難民**に対する日本語教育

・地域における日本語教育

・日本語教育についての国民の理解と関心の増進

第二節　海外における日本語教育の機会の拡充

・**海外における外国人等**に対する日本語教育

・**在留邦人の子等**に対する日本語教育

第三節　日本語教育の水準の維持向上等

・日本語教育を行う機関における教育水準の維持向上

・日本語教育に従事する者の能力・資質の向上等

・教育課程の編成に係る指針の策定等

・日本語能力の適切な評価方法の開発

第四節　日本語教育に関する調査研究等

・日本語教育の実態、効果的な日本語教育の方法等に係る調査研究等

・外国人等のための日本語教育に関する情報の提供等

第五節　地方公共団体の施策

・地方公共団体は、国の施策を勘案し、地域の状況に応じた日本語教育の推進に必要な施策の実施に努める。

日本語教育推進会議等（第二十七条・第二十八条）

・**政府**は、関係行政機関相互の調整を行うため、**日本語教育推進会議**を設ける。

・**関係行政機関**は、**日本語教育推進関係者会議**を設け、関係行政機関相互の調整を行うに際してその意見を聴く。

・地方公共団体に、地方公共団体の基本的な方針その他の日本語教育の推進に関する重要事項を調査審議させるため、**合議制の機関**を置くことができる。

検討事項（附則第二条）

国は、以下の事項その他日本語教育機関に関する制度の整備について検討を加え、その結果に基づいて必要な措置を講ずるものとする。

一　日本語教育を行う機関のうち当該制度の対象となる機関の類型及びその範囲

二　外国人留学生の在留資格に基づく活動状況の把握に対する協力に係る日本語教育機関の責務の在り方

三　日本語教育機関の教育水準の維持向上のための評価制度の在り方

四　日本語教育機関における日本語教育に対する支援の適否及びその在り方

施行日：令和5年12月1日

（文化庁「日本語教育の推進に関する法律」（概要）をもとに作成）

8 日本語教育の適正かつ確実な実施を図るための日本語教育機関の認定等に関する法律（抜粋）

第一章　総則

（目的）

第一条　この法律は、日本語に通じない外国人が我が国において生活するために必要な日本語を理解し、使用する能力を習得させるための教育（以下「**日本語教育**」という。）を行うことを目的とした課程（以下「**日本語教育課程**」という。）を置く教育機関（以下「**日本語教育機関**」という。）のうち一定の要件を満たすものを**認定する制度**を創設し、かつ、当該**認定を受けた日本語教育機関において日本語教育を行う者の資格**について定めることにより、日本語教育の適正かつ確実な実施を図り、もって我が国に居住する外国人が日常生活及び社会生活を国民と共に円滑に営むことができる環境の整備に寄与することを目的とする。

第二章　日本語教育機関の認定

（認定）

第二条　**日本語教育機関の設置者**は、当該日本語教育機関について、**申請**により、日本語教育を適正かつ確実に実施することができる日本語教育機関である旨の**文部科学大臣**の**認定**を受けることができる。

3　**文部科学大臣**は、認定の申請が次の各号のいずれにも**適合**していると認めるときは、**認定**をするものとする。

二　認定を受けようとする日本語教育機関が、次に掲げる事項について文部科学省令で定める基準に適合すること。

イ　**日本語教育課程を担当する教員及び職員の体制**

ロ　**施設及び設備**

ハ　**日本語教育課程の編成及び実施の方法**

ニ　日本語に通じない生徒が我が国において学習を継続するために必要な**学習上及び生活上の支援のための体制**

4　次の各号のいずれかに該当する者は、認定を受けることができない。

一　**拘禁刑以上の刑**に処せられ、又はこの**法律の規定**により**罰金の刑**に処せられ、その執行を終わり、又は執行を受けることがなくなった日から起算して**五年**を経過しない者

二　**認定**を取り消され、その**取消しの日**から起算して**五年**を経過しない者

三　法人であって、その役員のうちに前二号のいずれかに該当する者があるもの

（認定日本語教育機関の表示）

第五条　**認定日本語教育機関の設置者**は、生徒の募集のための広告その他の文部科学省令で定めるもの（次項において「広告等」という。）に、**文部科学大臣**の定める**表示**を付することができる。

（変更の届出等）

第六条　**認定日本語教育機関の設置者**は、第二条第二項各号に掲げる事項を**変更**するときは、文部科学省令で定めるところにより、あらかじめ、その旨を**文部科学大臣**に**届け出**なければならない。

（認定日本語教育機関の教員）

第七条　**認定日本語教育機関**において**日本語教育課程を担当する教員**は、第十七条第一項の**登録を受けた者**でなければならない。

（日本語教育の実施状況に関する評価等）

第八条　**認定日本語教育機関の設置者**は、認定日本語教育機関における日本語教育の実施状況について、文部科学省令で定めるところにより、自ら**点検及び評価**を行い、その結果をインターネットの利用その他の方法により、日本語で公表しなければならない。

（定期報告）

第九条　**認定日本語教育機関の設置者**は、認定日本語教育機関における日本語教育の実施状況について、文部科学省令で定めるところにより、**毎年度**、**文部科学大臣**に**報告**しなければならない。

（報告徴収）

第十一条　**文部科学大臣**は、認定日本語教育機関における日本語教育の適正かつ確実な実施を確保するために必要な限度において、**認定日本語教育機関の設置者**に対し、日本語教育の実施状況に関し必要な**報告又は資料の提出を求める**ことができる。

（勧告及び命令）

第十二条　**文部科学大臣**は、認定日本語教育機関が第二条第三項各号のいずれかに適合しなくなったと認めるときは、当該**認定日本語教育機関の設置者**に対し、これらの規定に適合するため必要な措置をとるべきことを**勧告**することができる。

2　**文部科学大臣**は、前項の規定による勧告を受けた認定日本語教育機関の設置者が、正当な理由がなくてその勧告に係る措置をとらなかったときは、当該**認定日本語教育機関の設置者**に対し、期限を定めて、その勧告に係る措置をとるべきことを**命ずる**ことができる。

（廃止の届出等）

第十三条　**認定日本語教育機関の設置者**は、当該認定日本語教育機関を**廃止**しようとするときは、文部科学省令で定めるところにより、その廃止しようとする日（以下この条において「廃止の日」という。）の**六十日前**までに、その旨及び廃止の日を**文部科学大臣**に**届け出**なければならない。

（認定の取消し）

第十四条　**文部科学大臣**は、認定日本語教育機関の設置者が次の各号のいずれかに該当するときは、その**認定**を**取り消す**ものとする。

一　偽りその他**不正の手段**により認定を受けたとき。

二　第二条第四項第一号又は第三号のいずれかに該当するに至ったとき。

三　第十二条第二項の規定による命令に違反したとき。

2　**文部科学大臣**は、認定日本語教育機関の設置者が次の各号のいずれかに該当するときは、その**認定**を**取り消す**ことができる。

一　第三条第一項、第六条第一項、第八条第一項、第九条第一項又は第十条の規定に違反したとき。

二　第七条の規定に違反して、第十七条第一項の**登録を受けた者以外の者**に認定日本語教育機関の**日本語教育課程**を**担当**させたとき。

三　第十一条の規定による報告若しくは資料の提出をせず、又は虚偽の報告をし、若しくは虚偽の資料を提出したとき。

（審議会等の意見の聴取等）

第十五条　**文部科学大臣**は、第二条第三項第二号の**文部科学省令**を**制定**し、又は**改廃**するときは、あらかじめ、**法務大臣**に**協議**するとともに、**審議会等**（国家行政組織法（昭和二十三年法律第百二十号）第八条に規定する機関をいう。次項において同じ。）で政令で定めるものの**意見**を聴くものとする。

2　前項に規定する場合のほか、次に掲げる場合には、**文部科学大臣**は、あらかじめ、同項の**政令で定める審議会等**の**意見**を聴くものとする。

一　**認定をする**とき又は前条第二項の規定により**認定**を**取り消す**とき。

二　第十二条第一項の規定による**勧告**又は同条第二項の規定による**命令**をするとき。

（関係行政機関の長との協力）

第十六条　**文部科学大臣**及び**法務大臣**その他の**関係行政機関の長**は、認定日本語教育機関における日本語教育の適正かつ確実な実施を図るため、相互に**連携**を図りながら協力するものとする。

第三章　認定日本語教育機関の教員の資格

第一節　登録日本語教員

（登録）

第十七条　**日本語教員試験**（日本語教育を行うために必要な知識及び技能を有するかどうかを判定するために行う試験をいう。以下この章において同じ。）に**合格**し、かつ、**実践研修**（認定日本語教育機関において日本語教育を行うために必要な実践的な技術を習得するための研修をいう。

以下この章において同じ。）を修了した者は、文部科学大臣の登録を受けることができる。

2　次の各号のいずれかに該当する者は、前項の登録（以下この節において「登録」という。）を受けることができない。

一　拘禁刑以上の刑に処せられ、又はこの法律の規定により罰金の刑に処せられ、その執行を終わり、又は執行を受けることがなくなった日から起算して五年を経過しない者

二　第二十一条第一項の規定により登録を取り消され、その取消しの日から起算して五年を経過しない者

3　実践研修を修了した者と同等以上の技術を有する者として文部科学省令で定める要件に該当する者は、第一項の規定の適用については、実践研修を修了した者とみなす。

4　登録は、文部科学大臣が、日本語教員登録簿に氏名、生年月日その他の文部科学省令で定める事項を記載してするものとする。

5　日本語教員登録簿は、文部科学省に備える。

（登録証）

第十八条　文部科学大臣は、登録をしたときは、登録を受けた者（以下この節において「登録日本語教員」という。）に前条第四項に規定する事項を記載した登録証を交付する。

2　登録日本語教員が登録証を亡失し、又は登録証が滅失したときは、文部科学省令で定めるところにより、文部科学大臣に申請をして、登録証の再交付を受けることができる。

（登録事項の変更の届出等）

第十九条　登録日本語教員は、第十七条第四項に規定する事項に変更があったときは、遅滞なく、その旨を文部科学大臣に届け出なければならない。

（登録等の手数料）

第二十条　登録を受けようとする者又は登録証の再交付若しくは訂正を受けようとする者は、実費を勘案して政令で定める額の手数料を国に納付しなければならない。

（登録の取消し）

第二十一条　文部科学大臣は、登録日本語教員が次の各号のいずれかに該当するときは、その登録を取り消すものとする。

一　偽りその他不正の手段により登録を受けたとき。

二　第十七条第二項第一号に該当するに至ったとき。

3　第一項の規定により登録を取り消された者は、その取消しの日から三十日以内に、文部科学大臣に登録証を返納しなければならない。

第二節　日本語教員試験

(日本語教員試験の内容等)

第二十二条　**日本語教員試験**においては、**基礎試験**及び**応用試験**を行うものとし、基礎試験にあっては日本語教育を行うために必要な基礎的な知識及び技能を有するかどうか、応用試験にあってては日本語教育を行うために必要な知識及び技能のうち応用に関するものを有するかどうかを判定するものとする。

2　**日本語教員試験**は、**毎年一回以上**、**文部科学大臣**が行う。

(試験の免除)

第二十三条　次の各号に掲げる者に対しては、その申請により、当該各号に定める**試験**を**免除**する。

一　文部科学大臣の登録を受けた者が実施する日本語教育を行うために必要な基礎的な知識及び技能を習得させるための課程(第六節において「**養成課程**」という。)を**修了**した者又は基礎試験に合格した者と同等以上の知識及び技能を有することを示す資格として文部科学省令で定めるものを有する者　**基礎試験**

二　応用試験に合格した者と同等以上の知識及び技能を有することを示す資格として文部科学省令で定めるものを有する者　**応用試験**

(手数料)

第二十五条　**日本語教員試験**を受けようとする者は、実費を勘案して政令で定める額の**手数料**を**国**に**納付**しなければならない。

(文部科学省令への委任)

第二十六条　この節に定めるもののほか、基礎試験及び応用試験の**科目**、**受験手続**その他の日本語教員試験に関し必要な事項は、**文部科学省令**で定める。

第三節　実践研修

第二十七条　**実践研修**は、**認定日本語教育機関**において日本語教育を行うために必要な実践的な技術を習得することを目的として、文部科学省令で定める科目について、**文部科学大臣**が行う。

2　**実践研修**を受けようとする者は、実費を勘案して政令で定める額の**手数料**を**国**に**納付**しなければならない。

3　前二項に定めるもののほか、受講手続その他の実践研修に関し必要な事項は、**文部科学省令**で定める。

第五節　登録実践研修機関

（登録実践研修機関による研修事務の実施等）

第四十五条　文部科学大臣は、その登録を受けた者（以下この節において「**登録実践研修機関**」という。）に、**実践研修の実施**に関する事務（以下この節並びに第六十九条及び第七十一条第四号において「研修事務」という。）の全部又は一部を行わせることができる。

第六節　登録日本語教員養成機関

（登録）

第六十一条　**養成課程**を実施しようとする者は、申請により、第二十三条第一号の**登録**（以下この節において「登録」という。）を受けることができる。

第四章　罰則

第六十七条　偽りその他**不正の手段**により第二条第一項の**認定**を受けたときは、当該違反行為をした者は、**一年以下の拘禁刑**若しくは**百万円以下の罰金**に処し、又はこれを**併科**する。

第六十八条　第三十三条第一項の規定に違反して、**試験事務**に関して知り得た**秘密**を漏らした者は、**一年以下の拘禁刑**又は**三十万円以下の罰金**に処する。

第六十九条　第四十条第二項、第五十八条第二項又は第六十六条第二項の規定による**試験事務**、**研修事務**又は**養成業務**の全部又は一部の**停止の命令**に**違反**したときは、当該違反行為をした者は、**一年以下の拘禁刑**又は**三十万円以下の罰金**に処する。

第七十条　次の各号のいずれかに該当する場合には、当該**違反行為**をした者は、**五十万円以下の罰金**に処する。

一　第六条第一項の規定による届出をせず、又は虚偽の届出をしたとき。

二　第十条の規定に違反して、帳簿を備えず、帳簿に記載せず、若しくは虚偽の記載をし、又は帳簿を保存しなかったとき。

三　第十一条の規定による報告若しくは資料の提出をせず、又は虚偽の報告をし、若しくは虚偽の資料を提出したとき。

第七十一条　次の各号のいずれかに該当する場合には、当該違反行為をした者は、**三十万円以下の罰金**に処する。

一　第四条又は第五条第二項の規定に違反したとき。

二　第三十六条又は第五十三条（第六十五条において準用する場合を含む。）の規定に違反して帳簿を備えず、帳簿に記載せず、若しくは虚偽の記載をし、又は帳簿を保存しなかったとき。

三　第三十七条第一項又は第五十四条第一項（第六十五条において準用する場合を含む。）の規定による報告若しくは資料の提出をせず、若しくは虚偽の報告をし、若しくは虚偽の資料を提出し、又は当該職員の質問に対して答弁をせず、若しくは虚偽の答弁をし、若しくは検査を拒み、妨げ、若しくは忌避したとき。

四　第三十九条第一項若しくは第五十七条第一項の許可を受けないで、又は第六十四条第一項の規定による届出をしないで、試験事務、研修事務又は養成業務の全部を廃止したとき。

第七十二条　法人の代表者又は法人若しくは人の代理人、使用人その他の従業者が、その法人又は人の業務に関し、第六十七条の違反行為をしたときは、行為者を罰するほか、その法人又は人に対して同条の罰金刑を科する。

施行日:令和6年4月1日

(「令和五年法律第四十一号」より)

9 登録日本語教員の資格取得に係る経過措置

┌─────────────────────┐
│ 令和6年4月1日〜 │ 令和6年4月1日〜令和11年3月31日まで
│ 令和15年3月31日まで※2 │
└─────────────────────┘

※1 平成31年4月1日(法施行5年前)〜令和11年3月31日(法施行5年後)の間に法務省告示機関で告示を受けた課程、大学、認定日本語教育機関で認定を受けた課程、文部科学大臣が指定した日本語教育機関(認定を受けた日本語教育機関が過去に実施した課程)で日本語教員として1年以上勤務した者

(C)

現職者※1に限らず 必須の50項目に対応した 課程修了者

必須の50項目(※3に掲載されたもの。)を実施していることが確認できた現行告示基準教員要件に該当する養成課程等(※5)を修了し、学士以上の学位を有する者

(D-1)

現職者※1のうち 必須の50項目対応前の 課程修了者①

左記の養成課程等以外で、5区分の教育内容(※4に掲載されたもの。)を実施していることが確認できた現行告示基準教員要件に該当する養成課程等(※5)を修了し、学士以上の学位を有する者

(D-2)

現職者※1のうち 必須の50項目対応前の 課程修了者②

左記2つに該当しないものの、現行告示基準教員要件に該当する養成課程等を修了し、学士以上の学位を有する者

		講習Ⅰ 講習修了認定試験
	講習Ⅱ 講習修了認定試験	講習Ⅱ 講習修了認定試験
基礎試験 免除	基礎試験 免除	基礎試験 免除
応用試験	応用試験	応用試験
実践研修 免除	実践研修 免除	実践研修 免除

登録日本語教員

※2 経過措置期間は原則として法施行後5年(令和11年3月31日)までとするが、現行の養成課程を実施する大学等が登録実践研修機関と登録日本語教員養成機関の登録を受ける前に在籍する学生等への配慮として、大学等の準備が遅れ、5年の経過措置期間が終了した直後の令和11年4月1日より登録機関としての実践研修・養成課程が開始された場合を想定し、それ以前から在籍した学生等が経過措置を受けられるよう、大学の修業年限が4年であることを踏まえ、原則である5年に4年を加え、50項目に対応した課程の修了者への経過措置の期間を令和15年3月31日までとする。

経過措置期間

(E-1)

現職者※1のうち 民間試験に合格した者①

昭和62年4月1日～平成15年3月31日の間に実施された日本語教育能力検定試験（公益財団法人日本国際教育支援協会）に合格した者

講習Ⅰ 講習修了認定試験

講習Ⅱ 講習修了認定試験

基礎試験 免除

応用試験 免除

実践研修 免除

(E-2)

現職者※1のうち 民間試験に合格した者②

平成15年4月1日～令和6年3月31日の間に実施された日本語教育能力検定試験（公益財団法人日本国際教育支援協会）に合格した者

講習Ⅱ 講習修了認定試験

基礎試験 免除

応用試験 免除

実践研修 免除

(F)

左記以外の現職者※1

基礎試験

応用試験

実践研修 免除

※3 日本語教育人材の養成・研修の在り方について（報告）改定版（平成31年３月４日）文化審議会国語分科会
※4 日本語教育のための教員養成について（平成12年３月30日）日本語教員の養成に関する調査研究協力者会議
※5（C）及び（D-1）の養成課程等については令和5年度中に文部科学省が確認を行い、それぞれの養成課程等の一覧を公開する予定。

（文化庁国語課「登録日本語教員の登録申請の手引き」より）

10 認定日本語教育機関認定基準（概要）

・印は「留学のための課程を置く日本語教育機関」「就労のための課程・生活のための課程を置く日本語教育機関」共通
★印は「留学のための課程を置く日本語教育機関」
☆印は「就労のための課程・生活のための課程を置く日本語教育機関」に関する事項

総則（第一条～第三条）

教員及び職員の体制（第四条―第十条）

・校長（副校長）、主任教員、事務を統括する職員を置くこと
・情報公表・評価に関する体制、組織的な研修に関する体制を置くこと
★教員数は収容定員数20人に１人（最低３人）
☆教員数は同時に授業を受ける生徒数20人に１人（最低３人）
★本務等教員数は収容定員数40人に１人（原則最低２人）
☆本務等教員数は同時に授業を受ける生徒数40人に１人（原則最低２人）
※教員はすべて登録日本語教員（法第七条）

施設及び設備（第十一条～第十五条）

・校地・校舎の位置・環境が、教育上・保健衛生上適切なこと
・校地は校舎等に必要な面積があり、原則設置者の自己所有
・校舎は115㎡以上かつ同時に授業を受ける生徒１人当たり2.3㎡以上
・校舎は原則設置者の自己所有
・教室、教員室、事務室、図書室、保健室等を備えること。
☆ただし、図書室や保健室は図書館や病院等との連携で代替可能
・教室の面積は同時に授業を受ける生徒１人当たり1.5㎡以上で、机、椅子、黒板等を備えること

日本語教育課程（第十六条～第二十八条）

★B2以上を目標とする課程を１つ以上置くこと
☆B1以上を目標とする課程を１つ以上置くこと
★修業期間は原則１年以上
☆修業期間は課程の目標を勘案して適切に定めること
★授業期間は原則１年35週、授業時数は１年760単位時間以上
★１週当たりの授業時数は20単位時間以上
★１単位時間は45分以上
☆授業時数はB1の課程においては350時間以上、A2の課程においては200時間以上、A1の課程においては100時間以上

★授業は原則午前8:00〜午後6:00の間

・課程の目的・目標、生徒の日本語能力に応じ、適切な授業科目を体系的に開設すること

・授業科目はそれを担当する能力のある教員により、適切な教材を用いて教授されること

・聞く、読む、話す（やり取り）、話す（発表）、書くの5つの言語活動を行うこと

☆個々の生徒の目的等に応じて認定された課程の一部を履修する課程を実施できる

・収容定員数は、新規の場合100人以内、1年経過するごとに1.5倍まで増加可能

・特別の事業がない限り収容定員数を超えて生徒を入学させない

・同時に授業を行う生徒数は原則20人以下

★入学者募集の情報提供や、入学者の日本語能力等の確認を適切に行うこと

☆入学者募集の情報提供を適切に行うこと

・修了要件を適切に定めること

学習上及び生活上の支援体制（第二十九条〜第三十六条）

・学習の継続が困難な生徒への支援体制を整備すること

★出席管理体制を整備すること

・災害時の場合に転学支援等を行う計画策定等を行うこと

★生活指導担当者の配置や、自治体との連携体制を整備すること

☆生活上の支援体制を整備すること

☆企業や自治体との連携体制を整備すること

★健康診断等を行う体制を整備すること

★生徒が我が国に適正に在留するための支援体制を整備すること

施行日:令和6年4月1日

（文化庁「認定日本語教育機関の認定について（案）」・「令和五年文部科学省令第四十号」をもとに作成）

11 「日本語教育の参照枠」の概要

■「日本語教育の参照枠」とは

CEFR（ヨーロッパ言語共通参照枠）を参考に、**日本語の習得段階**に応じて求められる日本語教育の内容・方法を明らかにし、外国人等が適切な日本語教育を継続的に受けられるようにするため、日本語教育に関わる全ての者が参照できる日本語学習、教授、評価のための枠組み。

■「日本語教育の参照枠」全体像

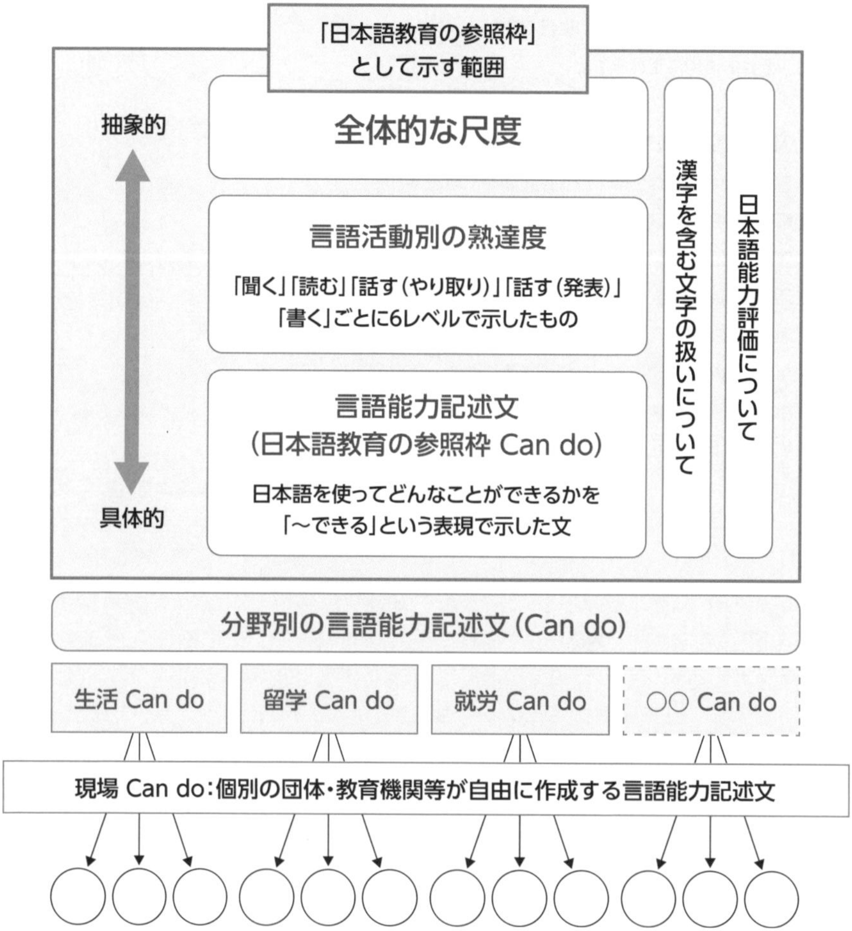

■ 全体的な尺度(抜粋)—日本語能力の熟達度を6レベルで示したもの

熟達した言語使用者	C2	聞いたり、読んだりしたほぼ全てのものを容易に理解することができる。自然に、流ちょうかつ正確に自己表現ができ、非常に複雑な状況でも細かい意味の違い、区別を表現できる。
	C1	いろいろな種類の高度な内容のかなり長いテクストを理解することができ、含意を把握できる。言葉を探しているという印象を与えずに、流ちょうに、また自然に自己表現ができる。社会的、学問的、職業上の目的に応じた、柔軟な、しかも効果的な言葉遣いができる。
自立した言語使用者	B2	自分の専門分野の技術的な議論も含めて、具体的な話題でも抽象的な話題でも複雑なテクストの主要な内容を理解できる。お互いに緊張しないで熟達した日本語話者とやり取りができるくらい流ちょうかつ自然である。
	B1	仕事、学校、娯楽でふだん出合うような身近な話題について、共通語による話し方であれば、主要点を理解できる。身近で個人的にも関心のある話題について、単純な方法で結び付けられた、脈絡のあるテクストを作ることができる。
基礎段階の言語使用者	A2	ごく基本的な個人情報や家族情報、買い物、近所、仕事など、直接的関係がある領域に関する、よく使われる文や表現が理解できる。簡単で日常的な範囲なら、身近で日常の事柄についての情報交換に応じることができる。
	A1	具体的な欲求を満足させるための、よく使われる日常的表現と基本的な言い回しは理解し、用いることもできる。もし、相手がゆっくり、はっきりと話して、助け船を出してくれるなら簡単なやり取りをすることができる。

・各レベルについての説明は、CEFR日本語版(追補版)の訳文を基にし、CEFR補遺版を参考に一部修正を加えた。

(文化審議会国語分科会「日本語教育の参照枠報告」をもとに作成)

索引

【こ】

【さ】

【し】

【す】

【せ】

【そ】

【た】

【ち】

【つ】

【て】

【と】

【な】

【に】

【ね】

【の】

【は】

【ひ】

【ふ】

泉　均

外国人技術者を企業に派遣する業務に携わる中で異文化に興味をもつようになり、一転、日本語教育の世界へ。現在、一般社団法人言語デザイン研究所代表理事、日本語学校校長を兼務。日本語教育を通じた多文化共生社会の実現と、それを支える日本語教師の養成・育成に力を注いでいる。日本語教師養成歴は35年。「可視化」した明快な授業に定評があり、大学や養成講座などに数多く出講。毎年多くの日本語教師を世に送り出している。言語デザイン研究所主催のセミナーには、全国から受講者が集まってくる。立教大学経済学部卒業。著書に『やさしい日本語指導９言語学』（凡人社）、『図表でスッキリわかる 日本語教育能力検定試験 合格キーワード1400』（晶文社）等。

図表でスッキリわかる
日本語教員試験 合格キーワード1400

2024年6月25日　初版

著　　者　泉 均
発 行 者　株式会社 晶文社
〒101-0051 東京都千代田区神田神保町1-11
電話（03）3518-4940（代表）・4943（編集）
URL　https://www.shobunsha.co.jp
装　　丁　grab 等々力嘉彦
印刷・製本　ベクトル印刷株式会社

ISBN978-4-7949-9554-4　Printed in Japan